suhrkamp taschenbuch
wissenschaft 414

W0045107

Hans Lenks Studien beschäftigen sich mit ausgewählten Perspektiven der Technik und der von der Technik geprägten Welt. Sie konzentrieren sich auf methodologische, sozialphilosophische, sozialpolitische und soziologische, ideologische und moralphilosophische Probleme. Sie berücksichtigen Probleme, denen sich die »Macher« der Technik ausgesetzt sehen, ebenso wie solche der Verwender im Alltag und der Betroffenen. Sie analysieren »die Technik« als soziales und kulturelles Phänomen.

Hans Lenk, geboren 1935 in Berlin, ist seit 1969 ordentlicher Professor für Philosophie an der Universität Karlsruhe. Veröffentlichungen u. a.: *Kritik der logischen Konstanten. Philosophische Begründungen der Urteilsformen vom Idealismus bis zur Gegenwart*, Berlin 1968; *Philosophie im technologischen Zeitalter*, Stuttgart 1971; *Erklärung – Prognose – Planung. Skizzen zu Brennpunktproblemen der Wissenschaftstheorie*, Freiburg 1972; *Leistungssport: Ideologie oder Mythos? Zur Leistungskritik und Sportphilosophie*, Stuttgart u. a. 1972; *Metalogik und Sprachanalyse. Studien zur analytischen Philosophie*, Freiburg 1973; *Wozu Philosophie? Eine Einführung in Frage und Antwort*, München 1974; *Pragmatische Philosophie. Plädoyers und Beispiele für eine praxisnahe Philosophie und Wissenschaftstheorie*, Hamburg 1975; *Sozialphilosophie des Leistungshandelns. Das humanisierte Leistungsprinzip in Produktion und Sport*, Stuttgart u. a. 1976; *Technische Intelligenz im systemtechnologischen Zeitalter* (mit G. Ropohl), Düsseldorf 1976; *Team Dynamics*, Champaign, Ill. 1977; *Social Philosophy of Athletics*, Champaign, Ill. 1979; *Pragmatische Vernunft. Philosophie zwischen Wissenschaft und Praxis*, Stuttgart 1979.

Hans Lenk
Zur Sozialphilosophie
der Technik

Suhrkamp

CIP-Kurztitelaufnahme der Deutschen Bibliothek
Lenk, Hans:
Zur Sozialphilosophie der Technik / Hans Lenk.
– 1. Aufl. – Frankfurt am Main : Suhrkamp, 1982.
(Suhrkamp-Taschenbuch Wissenschaft ; 414)
ISBN 3-518-28014-7
NE: GT

————

suhrkamp taschenbuch wissenschaft 414
Erste Auflage 1982
© Suhrkamp Verlag Frankfurt am Main 1982
Suhrkamp Taschenbuch Verlag
Alle Rechte vorbehalten, insbesondere das
des öffentlichen Vortrags, der Übertragung
durch Rundfunk und Fernsehen
sowie der Übertragung, auch einzelner Teile
Satz und Druck: Georg Wagner, Nördlingen
Printed in Germany
Umschlag nach Entwürfen von
Willy Fleckhaus und Rolf Staudt
1 2 3 4 5 6 – 87 86 85 84 83 82

Inhalt

Vorwort

Wir leben in einer von der Technik geprägten Welt, in einer Technokultur, einem »technetronischen« Zeitalter.

Die ins nahezu Unermeßliche gewachsene technologische Verfügungsmacht des Menschen hat geradezu eine prinzipiell neuartige ethische Situation erzeugt: Nie zuvor hatte der Mensch die Macht, alles Leben auf der Erde (oder auch nur in einem regionalen oder kontinentalen Teilsystem) zu vernichten oder durch seinen technischen Eingriff entscheidend zu schädigen – sei es durch Waffengewalt, radioaktive Verseuchung oder industrielle Abfallstoffe. Angesichts der neuen Möglichkeiten der Gentechnologie kann der Mensch durch gezielten experimentellen Eingriff Arten variieren, unter Umständen sogar sich selbst erbmäßig verändern. In vielerlei Hinsicht wird der Mensch Objekt technischer, auch biotechnischer und soziotechnischer sowie informationstechnologischer Manipulation. Der Mensch hat auch seine natürliche Umwelt durch industrielle und technische Eingriffe derart verändert, daß seine Welt gleichsam zu einem künstlichen Produkt, fast zu einer Artefaktwelt wurde. Mit unvorhergesehenen, zum Teil unvorhersehbaren Nebenfolgen, Verschmutzungen, gar Schädigungen von Natur und Kreatur, Beeinträchtigungen der Lebensbedingungen des Menschen selbst beginnt »die Natur« zu reagieren. Sie scheint sich geradezu zu »rächen«. Erweisen sich die Hypertechnisierung und die Vollindustrialisierung als eine technokratische Hybris des *homo faber technologicus*? Muß nun zusätzlich zur bisherigen Ethik der Handlungsverantwortung zwischen einzelnen Menschen eine ökologische Mitverantwortung für die Gesamtnatur und nichtmenschliche Mitkreatur sowie für die Lebensmöglichkeiten künftiger Generationen und eine sich bescheidende, die Hybris beschränkende Ethik technologischen Maßhaltens entwickelt werden, die sich auf das (für Mensch und Natur) Zuträgliche ausrichtet und evtl. Wachstum und Fortschrittsdenken einschränkt? Gilt es angesichts der neuen, technikbedingten Verfügungsmacht des Menschen gar ein Recht der Tierarten – oder der Gesamtnatur – und besonders ein Recht der nachgeborenen Generationen zu kodifizieren? Sollen Ombudsmänner oder Bundesbeauftragte die Rechte der Natur und Mitkreatur sowie die der künftigen Generationen vertreten? Muß der Mensch sich für alles Machbare und für alles von ihm Beeinflußbare verantwortlich fühlen? Steigt mit der Macht die Verantwortung?

Auch im Sozialen erzeugte die auf der technischen Entwicklung beruhende Industrialisierung Wandlungen, Umbrüche, Strukturveränderungen, deren Expansion, Kumulation, Geschwindigkeit und Beschleunigung das Schlagwort von technisch-industriellen »Revolutionen« – nunmehr im Zeitalter der Computer und der Mikroelektronik schon der »dritten« oder gar »vierten« – verbreiteten. Ganze traditionsreiche Berufe verschwinden von heute auf morgen. Automation erhöht die Rationalisierung und Effizienz der Produktion und erzeugt zugleich strukturbedingte Arbeitslosigkeit wie für hochqualifizierte Fachleute neue Steuerungsaufgaben, neue dispositionelle, systemkontrollierende Tätigkeiten, die eine höhere, systemtheoretische und informationstechnologische Ausbildung erfordern. Wie kann dem Problem technologiebedingter Arbeitslosigkeit begegnet werden? Wie soll besonders der junge Mensch lernen, in seiner wachsenden Freizeit weise, selektiv, kreativ mit den neuen technisch produzierten, multiplizierten und ins Haus gelieferten Technomedien und der Informationslawine umzugehen?

Ist der Mensch überhaupt in der Lage, die technische Entwicklung zu steuern, zu kontrollieren? Lief die Technologie – besonders in der Waffenentwicklung – schon aus dem Ruder? Rollt die technische Entwicklung schon mit der Eigendynamik einer Lawine auf eine ökologische oder militärische Katastrophe zu?

Sind demgegenüber nicht auch von früheren Jahrhunderten nicht vorauszuahnende Fortschritte der Lebensbedingungen, des Lebensstandards von Massen erreicht? Scheint nicht das »technologische Schlaraffenland« greifbar nahe? Oder entpuppt es sich weniger als der versprochene Himmel der Befreiung von harter körperlicher und zeitaufwendiger Arbeit denn eher als die Hölle des Großen Bruders, als ein allumfassendes technologisches Inspektions-, Kontroll- und Manipulationssystem nahezu totaler Machbarkeit und Durchsichtigkeit? Alles scheint kontrollierbar, dokumentierbar – Privatheit eine bloße Nische noch in der alles durchdringenden Technoinspektion? Die Welt als verwaltete Megamaschine, als Syndrom und System perfektionierter Technokratie und Bürokratie? Verdrängt die Systemtechnokratie des informations- und systemtechnologischen Zeitalters die Humanität, die Freiheit, die von Menschen zu entscheidende Politik? Bedeutet Perfektion der Organisation, der Effizienz notwendig Inhumanität? (Die Intensivstationen modernster Krankenhäuser und die Totaltechnisierung der Intensivmedizin lassen einiges von den Gefahren der Bedrückung, Zurückdrängung des Humanen durch perfekte Technologie ahnen. Wer aber wollte schon auf optimale Leistungsqualität der technologischen Medizin verzichten, wenn es um sein eigenes Leben, seine eigene Gesundheit geht?)

Fragen nach dem weisen Maß zwischen expansivem Fortschritt und humaner Bescheidung, zwischen technologischem Perfektionsdrang und menschlichen Dimensionen, zwischen lawinenartiger Beschleunigung der technischen Veränderungen und humaner Fähigkeit zu deren Verarbeitung tauchen auf.

Könnten wir aber andererseits noch auf den technisch-industriellen Fortschritt verzichten, ohne soziale Katastrophen zu provozieren? Wenn ohnehin schon fast ein Viertel der Erdbevölkerung unterernährt ist, jedes Jahr Millionen Kinder verhungern – von anderen Versorgungsproblemen einmal abgesehen – heißt: die Frage stellen – sie verneinen.

Die Menschheit ist von ihrer Technokultur abhängig geworden. Sie kann sie nicht abschaffen, nicht rückgängig machen. Sie muß aber lernen, weise mit der Technik umzugehen, zwischen Wildwuchs und Stillstand (dem allemal ein Rückfall folgte), zwischen Totaltechnokratie und Technikabstinenz, zwischen Dämonisierung und Verharmlosung, zwischen passiver Unterwerfung und unbeschränkter Fortschrittsbegeisterung verantwortlich hindurchzusteuern. »Alles-oder-Nichts!« ist keine Lösung hier.

Wird der Mensch zum Zauberlehrling im faustischen Pakt mit Wissenschaft und Technologie? Wird er die Gratwanderung zwischen den Extremen – die gleicherweise unerwünscht sein müssen – meistern? Kann der Mensch – und können die vielen unabhängig oder gar konkurrierend handelnden, Technologien implementierenden und innovierenden Akteure oder Gruppen die Situation überhaupt noch kontrollieren, regeln – vielleicht gar noch steuern?

Alles dies sind Fragen, die eng mit der neuartigen Situation und den grundlegenden strukturellen Veränderungen zusammenhängen, die durch die ungemein gewachsene technologische Verfügungsmacht entstanden sind – Folgefragen von technologisch bedingten Strukturwandlungen, die als wirkliche »Umbrüche« wirkten.

Philosophisch wurden sie noch recht wenig, zu wenig untersucht. Die Philosophen haben – von wenigen Ausnahmen abgesehen – zu lange, zu sehr die drängenden Probleme der Technik und der angewandten Wissenschaften sowie der von der Industrie geprägten Welt vernachlässigt – besonders was die methodologischen, sozialphilosophischen und moralphilosophischen Probleme angeht. Ethik, Sozialphilosophie und Methodologie sind durch die geschilderte zwiespältige Situation gleichermaßen herausgefordert. Künftige Philosophien werden vermehrt Philosophien der Technik, des technischen Menschen und der Technokultur umfassen müssen, sollen/wollen sie noch relevant für die Welt sein, den Zeitgeist »auf den Begriff« bringen.

Die nachfolgenden Studien beschäftigen sich mit ausgewählten Perspektiven der Technik und der von der Technik geprägten Welt. Sie konzentrieren sich auf methodologische, sozialphilosophische, sozialpolitische und soziologische, ideologische und moralphilosophische Probleme. Sie berücksichtigen Probleme, denen sich die »Macher« der Technik ausgesetzt sehen, ebenso wie solche der Verwender im Alltag und der Betroffenen. Sie analysieren »die Technik« als soziales und kulturelles Phänomen – zum Teil auch angesichts der bedrohten Natur. Sie versuchen schließlich einen verantwortbaren realistischen Mittelweg zwischen hochfliegendem Totaloptimismus einerseits und Katastrophenstimmungsmache andererseits einzuschlagen. – Zu einer umfassenden Philosophie der von der Technik geprägten Welt können ausgewählte Aufsätze, die aus unterschiedlichen Anlässen entstanden, natürlich nur einzelne Bausteine liefern. Vielleicht lassen sie wenigstens den Umriß oder Aufriß eines praktisch verwirklichbaren Gebäudes erahnen. Die Philosophie der von der Technik geprägten Welt muß pragmatisch – in enger Verbindung mit Praxis und Wissenschaft, unter Berücksichtigung der »Sender« und »Empfänger« – ansetzen, sollte keine bloßen Luftschlösser bauen. Die pragmatischen Probleme der Technik und der technischen Welt sind zu wichtig, als daß man sie den Technikern (und den Politikern) allein überlassen könnte. Aber sie sind auch zu wichtig, als daß man sie, auf geistigen Wolken thronend, nur von einem philosophischen Luftschloß aus – ohne die Praktiker und Erfahrungswissenschaftler zu befragen – in den Blick nehmen dürfte.

Technik zwischen Philosophie, Wissenschaft und Gesellschaft

Technik als soziale Prägekraft

Wissenschaft, Technik und Industrie – dies ist eine allgemein verbreitete Meinung – prägen das Leben in der Gegenwart. Schlagworte wie »das technische Zeitalter«, »die industrielle Gesellschaft«, »die technisch-wissenschaftliche Zivilisation« heben diese These schon durch die Wortwahl heraus. In der Tat: Während die Wissenschaft schon seit mehreren Jahrhunderten die abendländische Kultur bestimmt – wenigstens in deren geistigem Selbstverständnis –, nimmt der Einfluß von Technik und Industrie (und mittelbar damit auch der angewandter Wissenschaften) im letzten Jahrhundert auffällig zu. Jaspers meinte sogar (1955, 98), die Technik sei »heute vielleicht das Hauptthema für die Auffassung unserer Lage«, »ihre Folgen für schlechthin alle Lebensfragen« könne man »gar nicht überschätzen«. Ist dies richtig – und wer möchte noch ernstlich daran zweifeln? –, so ist eine intellektuelle Auseinandersetzung, eine Kultur- und Sozialphilosophie der technisch-wissenschaftlichen Welt unter besonderer Berücksichtigung eben dieser Prägekräfte der Wissenschaften, der Industrie und der Technik dringend nötig, um die Situation des Menschen in der modernen Gesellschaft überhaupt verstehen zu können. Dieses Verständnis wiederum dürfte eine unerläßliche Vorbedingung für die Bewältigung aller Probleme und Konflikte darstellen, die durch die wachsende und kaum noch zu überschätzende Wirkkraft der Verflechtung dieser drei bestimmenden Bereiche gekennzeichnet sind. In der Tat scheint für die gegenwärtigen hochentwickelten Industriegesellschaften eine besonders innige innere Wirkungsverflechtung, eine Vermaschung dieser drei Bereiche charakteristisch zu sein: Technische Mittel und Verfahren werden in Bereichen angewendet – und zwar mit sprunghaft zunehmendem Erfolg –, die herkömmlicherweise dem Zugriff der Technik entzogen zu sein schienen. Kennzeichnend ist dabei besonders die ausgedehnte Anwendung von Informationsverarbeitungsverfahren und elektronischer Datenverarbeitung. Die Information und ihre Handhabung sind in den letzten Jahrzehnten in ausgedehntem Maße dem systematischen technischen Zugriff zugänglich geworden. Nicht mehr umfassende Maschinentechnik allein und kühne technische Materialkonstruktionen scheinen noch Symbole des sogenannten technischen Zeitalters zu sein, sondern neben der erwähnten Ausweitung technischer Verfahren ist insbesondere die durchgreifende rationelle Systematisierung durch Informationsverarbeitung und Produktionsautomatisierung immer mehr zum kennzeichnenden Zug der gegenwärtigen technischen und von der Technik geprägten Welt geworden. Der Trend zur umfassenderen Systemtechnik und zur Organisationstechnologie zeigt sich auch in der immer noch sprunghaft zunehmenden Anwendung von Informationsmanagementsystemen, Informationsverbundsystemen, von einzelne Bereiche übergreifenden systemtechnischen Projekten und Verfahren samt deren formalen Wissenschaften wie Operations Research, von Programmierungstechniken, Optimierungsverfahren, steuerungs- und regelungstechnischen Ansätzen, Struktur- und Netzplantechniken sowie einem auffällig um sich greifenden Trend zur Automatisierung und zum Einsatz des Computers auf nahezu allen erfaßbaren Gebieten der Organisation. Alle diese Trends sind Gesichtspunkte einer wahrhaft umfassenden Systemrationalisierung in den hochindustrialisierten Gesellschaften der Gegenwart. Die nur sehr wenige Jahrzehnte alten Medien der technischen Kommunikation und der Informationsübertragung ermöglichten natürlich erst die umfassende Anwendung und Auswirkung von Informationssystemen. Um diese deutlichen Veränderungen und Verlagerungen in den technischen Einflüssen auf die gegenwärtige hochindustrialisierte Gesellschaft durch einen schlagwortartigen Ausdruck zu kennzeichnen, könnte man davon sprechen, daß das »technische Zeitalter« sich zum »informations- und systemtechnologischen Zeitalter«, kurz: zum »systemtechnologischen Zeitalter« wandelt.

Zu den schon länger bekannten technischen Herausforderungen etwa durch die Konzentration technischer Anlagen und ihrer Folgeprobleme in industriellen Ballungsgebieten gesellen sich abstraktere »systemtechnologische« oder gar »technokratische« Herausforderungen, beispielsweise durch umfassende Dateien, Dokumentationssysteme, die über eine Einzelperson u. U. mehr Informationen komprimieren und speichern können, als diesem Individuum selbst gegenwärtig sind. Die Notwendigkeit von Datenschutzgesetzen zeigt, wie technokratische Trends durch umfassende Computeranwendung sich allenthalben abzeichnen, tendenziell in Privatsphären eindringen oder diese einengen, jedenfalls dazu führen, daß dieser Raum des Privaten ein besonders schutzwürdiger Bereich wird. Ist die nur mit einem scheußlichen Wort zu bezeichnende »Computerokratie« unaufhaltsames Schicksal der industriellen Massengesellschaften im systemtechnologischen Zeitalter?

Zweifellos stellen sich hier ganz neue Probleme für die intellektuelle, besonders für die kultur- und gesellschaftsphilosophische Auseinandersetzung. Gab es nach der ersten technisch-industriellen Revolution, wie übrigens schon bei der Einführung der ersten Webstühle und Maschinen zuvor, Ausbrüche von Maschinenstürmerei und eine intellektuelle, gegen die Technik, ihren Geist und ihre Auswirkung gerichtete Kulturkritik, so ist nun ein ähnlicher Aufstand gegen die um sich greifende »Systemtechnokratie« und eine intellektuelle Kritik an deren Voraussetzungen, Tendenzen und Folgen zu erwarten. Man muß hoffen, daß diese kritische Auseinandersetzung mit den systemtechnokratischen Tendenzen nicht in jene Einseitigkeit verfällt, welche die traditionelle Kulturkritik an der Technik kennzeichnete, die sich aus den Wurzeln einer rückwärtsgewandten Romantik und einer humanistisch-literarischen Bildungsgesellschaft speiste, aber keine eingehende intellektuelle Auseinandersetzung mit den Bereichen Wissenschaft und Technik gesucht hatte.

Die kulturkritische Auseinandersetzung mit den Bereichen Wissenschaft und Technik krankte in der Vergangenheit daran, daß insbesondere keine differenziert ausgearbeitete Philosophie der Technik vorhanden war und daß auch die Philosophie der Wissenschaften keineswegs Allgemeingut der intellektuellen Öffentlichkeit geworden war. Ähnliche Gefahren lassen sich auch für die Gegenwart und die nächste Zukunft voraussehen. Während zwar die Wissenschaftstheorie der anorganischen Naturwissenschaften – weniger der Biologie, insbesondere aber kaum der Sozialwissenschaften und der angewandten Technikwissenschaften – sich zu einer recht verzweigten Disziplin entwickelt hat (allerdings vom Gros der naturwissenschaftlichen Forscher nicht genügend zur Kenntnis genommen wird), ist die philosophische Auseinandersetzung mit der Technik, insbesondere mit deren neuester Ausdehnung in Richtung auf umfassendere Systemtechniken immer noch überfällig bzw. nur in sporadischen Ansätzen eher programmatischer als inhaltlich wohlbegründeter Art vorhanden.

Die traditionelle Technikphilosophie

Jaspers' Wort über das Hauptthema »Technik und ihre Folgen für schlechthin alle Lebensfragen« ist zumindest von den Philosophen bisher nicht genügend ernst genommen worden, jedoch ebenfalls nicht von Technischen Universitäten, denen immer noch dringlich notwendige Lehrstühle für Wissenschaftstheorie der Technikwissenschaften, allgemeine Technologie, Philosophie und Soziologie der Technik und ihrer Auswirkungen und Bedingungen fehlen. Selbst die Max-Planck-Gesellschaft schließt ein eben gerade erst gegründetes Institut, das sich die Lebensbedingungen der technisch-wissenschaftlichen Zivilisation zum Hauptforschungsgegenstand gewählt hat. In vordergründiger Orientierung an Einzelprojekten und Einzelfachforschung nimmt man die übergreifenden Probleme des informations- und systemtechnologischen Zeitalters, insbesondere auch ihre sozialwissenschaftlich und sozial- wie kulturphilosophisch zu erfassenden Aspekte kaum zur Kenntnis. Besonders den technischen Hochschulen und Technischen Universitäten wird man das dereinst vorhalten ...
Was die philosophische Abstinenz gegenüber dem Technischen seit dem Beginn der Industrialisierung betrifft, so läßt sich diese vielleicht auch nur aus der traditionell bildungshumanistisch-geisteswissenschaftlichen Ausrichtung der Philosophie verstehen, die sich eben herkömmlicherweise der geisteswissenschaftlich-literarischen Kultur zuordnete. (Allerdings ist die Auseinandersetzung mit dem Bereich der Naturwissenschaften, deren Triumph offenbar stets die große Herausforderung für die Philosophie darstellte (auch schon etwa für Kant), nicht unterblieben: etwa weil die Naturwissenschaften als *reine* theoretische Wissenschaften und eher als respektabel galten als die »Niederungen« der angewandten Wissenschaften und Technik?) Neben dem relativ wenig bekannten Ökonomen Johann Beckmann, der 1777 unter dem Titel »Anleitung zur Technologie oder zur Kenntnis der Handwerke, Fabriken und Manufakturen, vornehmlich derer, die mit der Landwirtschaft, Polizei und Kameralwissenschaft in nächster Verbindung stehen (nebst Beiträgen zur Kunstge-

schichte)« eine erste technikphilosophische Abhandlung, einen Traktat über allgemeine Technologie, ihren Begriff und ihr Wissenschaftsprogramm, und später (1806) einen »Entwurf der allgemeinen Technologie« veröffentlichte, war es eigentlich erst Karl Marx, der sich mit den allgemeineren Gesichtspunkten der »Maschinerie«, wie Technik und Technologie bei ihm hießen, befaßte und deren gesellschafts- und umweltprägende, ja allgemein weltverändernde Kraft wohl als einer der ersten erkannte. Doch selbst in der marxistischen Tradition trat dieser auf Technik und Technikwissenschaft ausgerichtete Gesichtspunkt in den Hintergrund, der ökonomische obsiegte. Erst in der neuesten Zeit ist dieser wesentliche Teil der Marxschen Theorie wiederentdeckt und gerade erst (1982) publiziert worden. Die neomarxistische Gesellschaftsphilosophie hatte allerdings schon vorher zu einer weltweiten kritischen Auseinandersetzung mit den Strukturen der technisch-wissenschaftlichen Zivilisation und der von ihnen geprägten Gesellschaft (etwa bei H. Marcuse 1967) geführt.

Marx sah die grundlegende Rolle der Technik als Mittel der Produktion, der Bearbeitung und Aneignung der Natur durch den arbeitenden Menschen mit Hilfe der Produktionsmittel sehr deutlich. Er betonte auch die bedürfnisprägende Kraft der technischen Entwicklung und – das ist besonders bemerkenswert – den Trend zur umfassenden Systematisierung und Verwissenschaftlichung: Für ihn beruht »die ganz moderne Wissenschaft der Technologie« auf dem »Prinzip, jeden Produktionsprozeß, an und für sich und zunächst ohne Rücksicht auf die menschliche Hand«, in seine konstituierenden Elemente aufzulösen und die aller »Maschinerie« gemeinsamen Grundmerkmale – wie Antrieb, Energieübertragung, Arbeitsbewegung – wieder in einem geplanten Produktionsvorgang systematisch zu vereinigen. Schließlich tritt »an die Stelle der einzelnen selbständigen Maschinen ein eigentliches Maschinensystem, wo der Arbeitsgegenstand eine zusammenhängende Reihe verschiedener Stufenprozesse durchläuft, die von einer Kette verschiedenartiger, aber einander ergänzender Werkzeugmaschinen ausgeführt werden«. Marx sieht ganz klar, daß die technische Entwicklung zu umfassenden Systembildungen neigt, schließlich in Automatisierung mündet: Das »automatische System der Maschinerie« sei »nur die vollendetste adäquateste Form derselben und verwandelt die Maschinerie erst in ein System« (Marx 1872, 192 ff., 57, 510, 393 f., 400; 1974, 584). Pointiert kann man sicherlich sagen: Marx war ebensosehr Technologe wie Ökonom – und in dieser Hinsicht, als Technikphilosoph, war er seiner Zeit vielleicht eher voraus denn als Ökonom und Klassentheoretiker.

Das erste Buch zur Philosophie der Technik, Kapps »Grundlinien einer Philosophie der Technik«, ist gerade zum hundertjährigen Jubiläum seines Erscheinens (1877) wieder in 2. Auflage (1978) veröffentlicht worden – und schon dies ist ein Anzeichen dafür, daß dieses Werk ebenfalls seiner Zeit zu weit voraus war, um sowohl in der Philosophie als auch darüber hinaus Resonanz gefunden zu haben. Kapp entwickelte die Theorie, Werkzeuge und Maschinen seien wirkungsverstärkende Organverlängerungen bzw. Organprojektionen des Menschen, und blieb mit dieser Deutung enger auf das Anthropologische eingeschränkt als etwa Marx, der sowohl Naturprozesse als auch die »gesellschaftliche Tätigkeit« berücksichtigte.

Bedenkt man, daß diese Ausnahmen zunächst relativ wirkungslos blieben, so ist es nicht verwunderlich, daß sich die Philosophie der Technik nicht als eine besondere Teildisziplin entwickeln konnte, obwohl dies durchaus nahegelegen hätte, wenn man von einer recht verstandenen Theorie der antiken *Techne*, ausgegangen wäre, die entgegen manchen Mißverständnissen nicht bloß handwerkliche Erfahrenheit und Kunstfertigkeit umfaßte, sondern bereits bei Platon und Aristoteles auf Begründung und gesetzmäßiges Wissen ausgerichtet war.* (Freilich hätte man diesen

---

* Der Begriff »Technik« stammt vom griechischen τέχνη ab. Entgegen manchen Mißverständnissen umfaßte der Technebegriff nicht eine bloße handwerkliche Erfahrenheit, Geschicklichkeit, Kunstfertigkeit, die sich auf vom Menschen hergestellte Dinge und Routinen bezieht, sondern bereits bei Platon (u. a. Gorgias, 450 a-b, Phaidros 260 e, 268 c, 270 b) und Aristoteles (Met., 981 a 5 ff., 29-30) unterscheidet sich der τεχνίτης vom Handwerker dadurch, daß er um die Gründe, die Rechtfertigung, die Gesetzmäßigkeiten weiß, denen ein Verfahren folgt. Der Techniker hat Überlegungen, systematisches Denken für sein Herstellen, Machen anzuwenden. Die Techne liegt »auf einer prinzipiell höheren Ebene als Erfahrungskönnen, Übung und Routine, die noch nichts mit technischem Wissen und Verständnis zu tun haben« (Moser in: Lenk-Moser, 49). Für Platon (Philebos 55d-56e) ist kennzeichnendes Merkmal der Techne, daß sie ἐπιστήμη (Einsehen, Wissen, meist zu pauschal als »Wissenschaft« übersetzt) ist, also *wissenschaftlich* vorgeht

Zweig der Tradition mit dem neuzeitlichen experimentellen Zugriff zur Natur verbinden müssen.) Platon betonte das Wissen und das Wissenschaftliche in der Technik, während Aristoteles das praktische Überlegen bei der *Techne* in den Vordergrund rückte. Für beide aber gilt: Die Techniken bedienen sich begründender, also wissenschaftlich-systematischer Methoden, die auf die praktische Weltbewältigung ausgerichtet sind (Moser 1973, 49 ff.) – übrigens ein Doppelsinn, der auch in den neuzeitlichen Technikdeutungen wieder wesentlich wird.

Vielfach gerieten aber die neuzeitlichen Arbeiten zur Technikphilosophie im Gefolge der Begriffsverherrlichung des Deutschen Idealismus sozusagen »begriffsfetischistisch«, verblieben in mehr oder minder leeren Begriffsspielereien und fielen recht pauschal aus. In der Regel begann oder endete man mit der eigenen, einen oder einzigen Definition *der* Technik oder *des Wesens* der Technik und leitete aus »dem Begriff der Technik« durch Eingebung und weiterspinnende Wortverbindungen alle vermeintlichen Wesensaussagen über technische Verfahren, Gebilde und Vorgänge ab, indem man Begriffsdeutungen mit gehaltvollen Erfahrungsaussagen verwechselte und manchmal theoretisch gebildete Begriffe als wirkliche Wesenheiten unterstellte. Dabei wurde oft nicht gesehen, daß weder Begriffe noch deren Vorausbestimmungen theoretische Behauptungen mit Gehalt ersetzen können, sondern lediglich notwendige Mittel zur Formulierung allgemeiner Aussagen und Theorien sind.

Selbst die einst viel beachtete und umfassende Arbeit Dessauers, »Streit um die Technik« (1956), beruht auf solchen wesensphilosophischen und begriffsrealistischen Denkmustern, obwohl Dessauer nicht nur Technikphilosoph, sondern zugleich Forschungsingenieur war, der als erster Lehrstuhlinhaber für physikalische

---

und auch *in* den Wissenschaften stattfindet. Aristoteles hingegen unterscheidet strikt zwischen Wissenschaften und Techniken (Nik. Eth., VI, 4. Kap.); die letzteren beziehen sich trotz ihres Logos nicht auf das theoretische Erkennen, sondern auf das praktische Überlegen (Moser, ebd., 51). Die nötige Verbindung und akzentuierende Unterscheidung von Technik und Wissenschaft sind somit bereits im antiken Technebegriff vorentworfen: Die Techniken bedienen sich logisch-systematischer, begründender, also wissenschaftlicher Methoden, sie richten sich aber nicht ausschließlich auf das theoretische Erkennen, sondern auf die praktische Weltbewältigung aus.

Grundlagen der Medizin, später für Radiologie und Biophysik selbst entscheidend an der Entwicklung von Geräten und Verfahren der Röntgenkinematographie beteiligt war und über eine langjährige Erfahrung mit der Anwendung von natur- und technikwissenschaftlichen Theorien verfügte; dennoch war dieser eigentlich »ideale ›Philosoph der Technik‹« (Moser 1973, 11), der naturwissenschaftliche, technikwissenschaftliche und philosophische Erfahrung und schöpferische Fähigkeiten in Personalunion verkörperte, offensichtlich nicht in der Lage, den Fallstricken der verbegrifflichenden Spekulation zu entgehen. Er bestimmte »Technik« als »reales Sein aus Ideen durch finale [also zweckgerichtete, H. L.] Gestaltung und Bearbeitung aus naturgegebenen Beständen« (Dessauer 1956, 234). Der Ausdruck ›aus Ideen‹ wurde dabei von ihm so mißdeutet, daß in einem überwirklichen »Reich« der eindeutig vorausbestimmten »Lösungsgestalten« nach göttlichem Plan jede technische Lösung schon vorgegeben sei und durch die Entdeckung des technischen Erfinders oder des Konstrukteurs lediglich noch enthüllt werden müsse. Wenn man weiß, daß es oft in der Geschichte der technischen Entwicklungen gleichwertige verschiedenartige Lösungen gegeben hat, die gelegentlich sogar nebeneinander Bestand haben (man denke etwa an Elektromotor, Benzinmotor, Dieselmotor, Raketenmotoren usw.), so kann die These von der eindeutig vorgegebenen technischen Lösung eines Problems nicht aufrechterhalten werden. Übrigens müßte sich eine technisch eindeutige Lösung auch theoretisch vollständig erfassen und durchformulieren lassen; eigentümlicherweise gibt es aber bis heute noch keine Möglichkeit, alle Vorgänge in Verbrennungsmotoren theoretisch genau und vollständig zu beherrschen. Einerseits wird in Dessauers Deutung das Schöpferische der technischen Entwicklung gegenüber dem bloßen »Entdecken« unterschätzt, andererseits sieht er in technischen Werken fälschlich eine Fortsetzung des göttlichen Schaffens mit anderen Mitteln, eine Art »Weiterschöpfung« des göttlichen Urschaffens, und in der Technik »eine Begegnung mit Gott« (1927, 31). Nicht nur wird eine äußerst zweifelhafte idealistische Behauptung von einem überwirklichen Reich idealer technischer Lösungsgestalten vertreten, sondern auch noch in einem falschen Vergleich zwischen technischer Gestaltung einerseits und traditionell verstandener göttlicher Schöpfung aus dem Nichts andererseits zum Angelpunkt einer Art Technik-Theologie gemacht.

Sollte auch das Motiv dahinterstehen, den herkömmlicherweise gesellschaftlich nicht genügend geschätzten Ingenieurstand und das technische Handeln aufzuwerten? Auch aus anderen Gründen ist Dessauers philosophische Deutung der Technik überholt: Es entgehen ihm nämlich die geschichtliche und die soziale Bedingtheit alles Technischen und die gesellschaftliche Verflechtung der Technik mit anderen Lebensbereichen sowie schließlich auch der bei Marx schon vorhandene Gesichtspunkt des Systemverbundes des Technischen, des Wirtschaftlichen und der gesellschaftlichen Entwicklung in industriellen Gesellschaften insgesamt. Künftig jedenfalls wird eine philosophische Deutung des Technischen und der Technik nicht entwickelt werden können, wenn sie die geschichtliche und gesellschaftliche Bedingtheit und Wechselwirkung sowie die »Verflechtung aller einzelnen Fortschritte zur Gesamtbewegung der Technik« und zu einem »einheitlichen System der technischen Fragestellung« (Gottl-Ottlilienfeld 1923, 174 ff., 179 f.), also die systemhafte Vermaschung und positive Rückkopplung der technischen Entwicklung nicht berücksichtigt.

Es würde an dieser Stelle zu weit führen, wenn man die verschiedenen Entwürfe der herkömmlichen Technikphilosophie im einzelnen nachzeichnen wollte. Nur einige kennzeichnende und bestimmende Merkmale seien zusammengestellt, die oft als der *eine* wesentliche oder kennzeichnende Zug der Technik oder als »das Wesen der Technik« (miß)verstanden wurden.

So wurde und wird Technik sehr oft schlicht als angewandte Naturwissenschaft verstanden, eine grobe oberflächliche und fehlerhafte Deutung, die nicht darauf Rücksicht nimmt, daß die geschichtliche Entwicklung der Technik viel früher als die der experimentellen und theoretischen Naturwissenschaft begann und daß technische Entwicklungen und Erfindungen oft selbst heute noch anderen Zielsetzungen folgen als naturwissenschaftliche Erkenntnisse und trotz der zunehmenden Verwendung naturwissenschaftlichen Wissens noch zusätzliche andersartige Entstehungsbedingungen aufweisen: Eine gute oder bestmögliche technische Konstruktion läßt sich nicht einfach aus einem naturwissenschaftlichen Gesetz ableiten, hierzu gehört sehr viel mehr Fähigkeit zum schöpferischen Entwurf als die bloße Anwendung eines Gesetzes auf Einzelfälle. Im übrigen wird auf diese Deutung später noch genauer eingegangen.

Zumeist wurde die Technik als ein System von Mitteln verstanden, die zur Erreichung beliebiger Zwecke und Ziele eingesetzt werden können, indem ein systematisch geplanter Umweg Anstrengungen erspart oder diese Ziele überhaupt erst zu verwirklichen gestattet. (Spencer, Simmel, Jaspers und neuerdings etwa Sachsse haben die Technik so verstanden.) Oft wird das System technischer Mittel von vornherein auf die Deckung des wirtschaftlichen Bedarfs, auf Daseinsentlastung und Abwendung von Not sowie auf verbesserte Lebensqualität sowie Existenzvorsorge und Naturbeherrschung ausgerichtet (so etwa von Gottl-Ottlilienfeld, Gehlen, Jaspers). Die Frage ist natürlich, ob der Mittelcharakter die kennzeichnenden Merkmale des Technischen erschöpfen kann – gerade auch angesichts der unsere Welt heute prägenden scheinbaren Eigendynamik der Technik und ihrer Entwicklung im Wechselspiel mit gesellschaftlichen Einflüssen –, oder ob nicht der Technik tieferliegende kulturelle Bedingungen und Auswirkungen zukommen, wie sie z. B. die folgenden Deutungen umfassen.

Man sah in der Technik den Ausdruck menschlichen Machtstrebens und Ausbeutungswillens gegenüber der Natur, eine organisierte Anwendung des systematisch erarbeiteten »Leistungswissens« (Scheler, Spengler, Ellul, aber auch Buchanan meinten, hierin den Grundzug des technischen Handelns erblicken zu können).

Heidegger deutet demgegenüber die Technik als seinsgeschichtliche Entwicklung, in der die Natur »entborgen« und vom Menschen »gestellt« wird, d. h. zu einer Reaktion, insbesondere zur Lieferung von Energie gezwungen wird. An den Menschen ergeht die Aufforderung, diese so gewonnene Energie zu lenken, kontrolliert einzusetzen, und allgemein, die »gestellte« Natur »als Bestand zu bestellen«, also zu kultivieren.

Technik wurde auch als geschichtlich sich in Verwirklichung befindliche oder als angestrebte Selbsterlösung des Menschen durch sein eigenes Handeln, »durch werktätiges Gestalten der Wirklichkeit« verstanden, eine Deutung, die der marxistischen Tradition nahestehen könnte, aber auch von eher konservativen Technikphilosophen (wie Brinkmann oder Freyer – letzterer spricht von der technischen »Emanzipation von den Schranken der organischen Natur«) vertreten wurde.

Im Zusammenhang damit steht eine Deutung, welche die technische Entwicklung als den Entwurf einer künstlichen Umwelt insgesamt und als die fortschreitende Ersetzung der natürlichen Umwelt durch eine »selbstgeschaffene Kulturwelt« (Schilling) sieht.

Das Konstruieren, das Schaffen von künstlichen Objekten (Artefakten) und Sachsystemen sowie das Entwerfen von technischen Handlungssystemen und die wechselseitige Verzahnung und Vermaschung dieser Elemente in weiteren gesellschaftlichen Zusammenhängen, in den sogenannten soziotechnischen Systemen, wird von neueren sozial- und systemwissenschaftlichen Autoren als Hauptmerkmal einer systemtheoretischen und dennoch »die Sachen« nicht vergessenden Deutung der Technik gemacht (so z. B. von Linde und Ropohl).

Ortega y Gasset sah das Hauptkennzeichen der Technik in der Erzeugung des objektiv eigentlich Überflüssigen, das jedoch den Menschen erst zum Kulturwesen, zum kulturschaffenden »technischen Wesen« macht und für ihn daher im weiteren Sinne zur Selbstverwirklichung nötig ist.

Ähnlich wie für Marx der Mensch sich nur durch Arbeit, d. h. durch Bearbeitung von Naturrohstoffen, selbst und gesellschaftlich verwirklichen kann – also durch technische Produktion –, so ist auch für Gehlen das handelnde Wesen, der Mensch, darauf angewiesen, sich in seinen Werken auszulegen, selbst zu deuten, sich in einem von ihm geschaffenen »Nicht-Ich« zu spiegeln: Für seine Selbstdeutung ist er auf Reaktionen und Resonanz von Dingen und Partnern verwiesen: Technisches Handeln ist somit ein Mittel der Selbstdeutung, indem es menschliche Arbeit und Leistung objektiviert, vergegenständlicht, faßbar, kontrollierbar macht.

Wenn man die zuvor erwähnten klassischen Deutungen der Technik als Organverlängerung (Kapp), als »Realwerden aus Ideen« (Dessauer) und als produktive Selbstverwirklichung durch Bearbeitung der Natur (Marx) hinzunimmt, so hat man schon ein ganzes Bündel von Deutungen des Technischen und der Technik, das sich nicht auf einen einzigen Grundzug allein zurückführen läßt, sondern ein ganzes Spektrum vielfältiger Elemente eröffnet, die erst insgesamt eine grobe Umschreibung des vielschichtigen Phänomens ergeben können. Man kann nur sagen, daß nicht ein einziger Zug allein *die* Technik, *das* Wesen der Technik kennzeichnet, daß eine Ein-Faktor-Theorie der Technik und ihrer Zusammenhänge mit anderen Lebensbereichen nicht zu vertreten ist und daß alle globalen Wesensaussagen über die Technik zu stark vergröbern und verzerren, um die Vielfalt des Technischen angemessen beschreiben zu können.

All dies gilt natürlich vermehrt im anhebenden »informations- und systemtechnologischen Zeitalter«, das durch eine sich stark ausdehnende Informationshandhabung und -kontrolle, durch sich immer enger vermaschende Systemzusammenhänge, durch zunehmende Verwissenschaftlichung und industrielle Organisation, durch die steigende Anwendung von abstrakteren Verfahren und Verallgemeinerungen sowie von formalen und funktionalen Gesichtspunkten gekennzeichnet ist und alle diese Merkmale bzw. Verfahren auf bislang von ihnen scheinbar nicht erfaßbare Bereiche ausdehnt. Eine fachübergreifende theoretische Beschreibung technischer Gegenstände, Verfahren, Systeme (einschließlich der soziotechnischen Strukturen und der technischen Handlungssysteme sowie der natürlichen Umweltbedingungen, kultureller und politischer Einflüsse, von ökonomischen ganz zu schweigen) muß ebenso wie eine praxisnahe und wirklichkeitsangemessene Technikphilosophie alle die genannten Entwicklungstendenzen und sicherlich noch weitere berücksichtigen. Das Gesamtphänomen der Technik und ihrer Einbettung in andere gesellschaftliche Lebensbereiche und kulturelle Traditionen kann daher nur von Ansätzen verstanden werden, die über einzelne Fächer hinausgreifen, die überfachliche (interdisziplinäre) Verfassung dieser Fragen berücksichtigen und die systemhaften Zusammenhänge zwischen allen Einflußfaktoren herausstellen.

Gewandelte Einstellung zur Technik

»Eine Systemtheorie der Technik«, welche die methodologischen wie die allgemein-technologischen sowie die sozialwissenschaftlichen Perspektiven berücksichtigt, tut not: Dies ist der Titel eines Buches (Ropohl 1979), das einen solchen Ansatz zugrunde legt und sich nicht wie bisherige Technikphilosophien vorrangig auf die Untersuchung neuer technischer Konstruktionen und Erfindungen beschränkt, sondern auch die vielfältigen Fragen der Verwendung der Technik im Alltag ansatzweise systemtheoretisch und fachübergreifend behandelt. Zu den Problemen der Verwendung der Technik und der Alltagseinstellungen zur Technik gibt es bisher – außer zu dem Thema »Technik im Spiegel der Presse« – kaum sozialwissenschaftliche Untersuchungen, die einigermaßen umfassend und angemessen das Verhalten der Bevölkerung im Umgang mit technischen Geräten, ihre Einstellung zur Technik und zum technischen Wandel sowie zu der erwähnten Ausdehnungstendenz in andere Lebensbereiche hinein wiedergibt. Dabei drückt sich in Einstellungen zum Umgang mit technischem Gerät, im unmittelbaren Verhalten bei der Anwendung von Geräten und Verfahren sowie in der Einstellung zur Technik, zu technischen »Sachen« und Systemen sowie zum technischen Fortschritt besonders deutlich die soziale Verzahntheit des Technischen aus: Es handelt sich hierbei keineswegs nur um ein naturwissenschaftlich-»technisches« Phänomen, sondern um einen Bereich von erheblicher sozialer Prägekraft, der wesentliche Einstellungen, Klischees, Verhaltensweisen und Verhaltensänderungen mitprägt, aber auch von kulturellen Traditionen und Konventionen mitbestimmt wird. Die bestimmenden Faktoren liegen hier nicht so unmittelbar auf der Hand wie etwa im politischen Bereich, sie sollten als untergründig wirksame Einflußgrößen aber nicht vernachlässigt werden. Wenn die Sozialwissenschaft solche im Alltag wirksamen versteckten Selbstverständlichkeiten, Einstellungen und Vorfixierungen ans Licht bringen, »aufklären« kann, so gewinnt dies für eine vernünftig abwägende Theorie des Technischen und der Technik und auch für eine Technikphilosophie umso mehr an Bedeutsamkeit, als technische und systemtechnologische Zusammenhänge immer stärker unsere weitgehend künstlich gewordene Umwelt und auch unser soziales Zusammenleben beeinflussen.

Gerade hinsichtlich der allgemeinen Einstellung zur Technik und ihren Problemen und auch bezüglich des technischen Interesses einzelner lassen sich aus den wenigen zugänglichen Befragungsergebnissen des Instituts für Demoskopie in Allensbach charakteristische Unstimmigkeiten, Verzerrungen und drastische Wandlungen im letzten Jahrzehnt ablesen. Während 1963 Universitätsstudenten (n=450) zu 78% die Technik als das Gebiet einordneten, das »die Menschen heute besonders« »beeinflußt« und »prägt« – noch vor Wirtschaft (71%) und Politik (45%) –, interessiert sich der einzelne Student weit nach seiner Anteilnahme an Politik (39%), Kunst (37%), Philosophie (37%), Psychologie (36%) offensichtlich nur zu 17% für die Technik, die erst an achter Stelle gleichauf mit Physik als Gegenstand starken eigenen

Interesses genannt wurde. Demgegenüber war ein Gesamtquerschnitt der männlichen Bevölkerung 1973 (n=2000) zu 44% »sehr« und zu 37% »etwas« an technischen Fragen interessiert (besonders die unter 45jährigen mit 50% am meisten). Hängt die Abstinenz der Studenten mit der bereits erwähnten traditionell geisteswissenschaftlich-humanistischen Erziehung und deren Nachwirkung in der höheren Schule zusammen?

Was den angedeuteten Einstellungswandel im letzten Jahrzehnt betrifft, so kann man Daten von 1966, 1976 und 1981 vergleichen: Auf die Frage, ob »die Technik alles in allem eher ein Segen oder eher ein Fluch für die Menschheit« sei, betonten 1966 noch 72% der erwachsenen Bevölkerung die segensreiche Wirkung der Technik, 1976 waren es nur noch 57% (vgl. aber u. S. 82 Anm., S. 186 ff.), 1981 gar nur noch 30%, während der Anteil derer, für die die Technik »eher ein Fluch« bedeutet, im selben Zeitraum von 3 über 10 auf 13% stieg. (Die Wandlung war in allen Altersgruppen festzustellen, besonders groß aber bei Heranwachsenden und in den mittleren Bildungsschichten. Bei den 16-20jährigen fiel der Wandel weitaus am drastischsten aus: Die »eher Segen«-Antworten sanken von 83% auf 23%; die »eher Fluch«-Reaktionen sprangen von 3% auf 19%!) Im selben Zeitraum stieg der Anteil der Bevölkerung, der ein Gesundheitsrisiko bei der Stromerzeugung durch Atomenergie sieht, von 38 auf 70%, während sich der Anteil derer, die darin keine Gefahr für die menschliche Gesundheit sehen, von 39% auf 19% halbierte. Der Anteil der Bevölkerung, der eine Bedrohung der Natur und der Lebensbedingungen für Menschen, Tiere und Pflanzen in der Ausbeutung durch die Technik sieht, stieg im selben Zeitraum von einem Drittel bis auf die Hälfte, während der Anteil der »Optimisten« (»so schlimm wird das gar nicht – mit diesen Gefahren werden wir schon fertig«) von einem Fünftel auf unter ein Zehntel absank. Ölschock, Energiekrise, Rezessionsentwicklungen der letzten Jahre haben einen allgemeinen Pessimismus und Skeptizismus in den allgemeinen Zukunftserwartungen bewirkt: Glaubte 1967 noch ein Drittel der erwachsenen Bevölkerung, »daß unsere Kinder besser und glücklicher leben werden als wir«, so war es 1975 nur noch ein Viertel. Dieser Einstellungswandel drückt sich natürlich auch in bezug auf den Fortschritt allgemein und den technischen Fortschritt insbesondere aus: Der Glaube »an den Fortschritt«, an »eine bessere Zukunft der Menschheit« nahm von 1972 bis 1975 von 60% auf 48% ab, der Prozentsatz der Skeptiker, die nicht an einen Fortschritt glauben, stieg von 19 auf 30% (der Trendwandel war jeweils stärker bei den Frauen). Dementsprechend ist ein drastischer Wechsel in der Einstellung zum raschen technischen Fortschritt festzustellen, dessen Befürwortung bei der Bevölkerung (über 16 Jahre, n=2000) allein von 1970 bis 1973 von 40 auf 30% sank, während der Anteil der Skeptiker von 49 auf 59% stieg. Besonders drastisch zeigte sich der Wandel bei den 16- bis 29jährigen (absinkende Befürwortung von 53% auf 35%), bei den 30- bis 40jährigen (Absinken von 44% auf 31%) und bei den Absolventen höherer Schulen (Mittlere Reife: Absinken von 46 auf 28%, bei Abiturienten von 50 auf 29%).

Es muß also wohl insgesamt festgestellt werden, daß ein deutliches Unbehagen an der Technik und ihren Nebenfolgen, am Leben in der technisierten Welt sich im angehenden systemtechnologischen Zeitalter ausgeprägt hat. (Zu weiteren Daten vgl. Jetter 1978, Lenk-Ropohl 1978 sowie den detaillierteren Datenbericht über Alltagseinstellungen zur Technik in diesem Band S. 76 ff.)

Zu Marcuses Technikkritik

Philosophisch-literarisch hatte sich die skeptische Einstellung gegenüber der Technik und der technisierten Welt schon früher angedeutet, z. B. bei H. Marcuse. Sie war noch vor Eintritt der krisenhaften Rezessionsentwicklungen im Zuge der sogenannten Studentenrebellion weltweit bekannt und wirksam geworden. Deshalb ist in einem kurzen Exkurs darauf einzugehen, zumal die gegen die Technik gerichteten kulturkritischen Vorwürfe in ähnlicher Weise wie nach dem Ersten Weltkrieg von der politischen Rechten nunmehr von der politischen Linken vorgebracht wurden. In beiden Fällen war diese Kulturkritik nicht frei von Zügen des romantischen Intellektualismus und einer gewissen Wirklichkeitsfremdheit sowie einer doktrinären und ideologischen Besserwisserei. Während aber die ersten Wellen der antitechnischen Kulturkritik eher von bildungshumanistischen Thesen über das geistige »Wesen des Menschen« und durch ein romantisches »Zurück zur Natur« charakterisiert waren, gab sich die Technikkritik des letzten Jahrzehnts politisch und sozialwissenschaftlich, besser: sozialphilosophisch. Wie einst wurde auch diese Kritik vorgebracht von der »räsonierenden« Intelligenz: gleichsam »geborenen Maschinenstürmern« (Snow), die über wenige Kenntnisse vom wirklichen Ablauf und den Bedingungen und Funktionen hochqualifizierter technischer Produktion verfügen. Natur- und technikwissenschaftliche Erfahrungen wurden dabei nur in höchst ungenügendem Maße berücksichtigt. Dieser Mangel steht in auffälligem Gegensatz zu der Öffentlichkeitswirksamkeit dieser Kritiken in den Medien und Feuilletons. Abgesehen von der sozialwissenschaftlichen Drapierung und der anderen politischen Einordnung sind allerdings die Unterschiede zu den früheren, eher romantischen Phasen der Technikkritik nicht so groß. Die romantischen und traditionellen Züge dieser Kritiken überraschen jedoch nicht so sehr, wenn man weiß, daß Marcuse, dessen Bücher – darunter besonders »Der eindimensionale Mensch« (1967) – an der Verbreitung dieser neuen Kritik entscheidenden Anteil hatten, vom Deutschen Idealismus herkommend, ein durchaus traditioneller Denker ist. Marcuse hat zwar in gewissem Sinne die Technik als einen entscheidenden Entwicklungsfaktor moderner Industriegesellschaften »wiederentdeckt« (Hortleder), indem er den Akzent von den Produktionsverhältnissen (der Wirtschaft) wieder auf die Produktivkräfte (Technik) verlagert. Er schließt hier offensichtlich wieder an Marx' Thesen zur Technologie an. Freilich hat diese Akzentverlagerung zur Folge, daß sich die Sozialkritik nicht mehr bloß gegen kapitalistische Gesellschaften, sondern gegen die Verhältnisse in allen industriellen »Leistungsgesellschaften« richtet. Sogenannte sozialistische Gesellschaften werden nunmehr ebenso zum Zielpunkt der Kritik wie die sogenannte kapitalistische Industriegesellschaft. Ähnliche Einsichten spiegeln sich auch in Buchholz' These wider, daß der naturwissenschaftlich-technische Fortschritt relativ unabhängig von gesellschaftlichen und politischen Verhältnissen stattfindet und in Ländern verschiedenartiger gesellschaftlicher Organisation durchaus sehr ähnliche Entwicklungsphasen und Konsequenzen aufweist. Die wachsende Abhängigkeit und die Verflechtung soziotechnischer Systeme haben zur Folge, daß die Chancen politisch oppositioneller Gruppen, grundlegende Systemumwälzungen herbeizuführen, desto geringer werden, je höher der Industrialisierungsgrad des Landes und je größer die Bedeutung des technischen Fortschritts sind. Marcuses letztlich überwiegend fatalistische und resignative These von der Unmöglichkeit einer Revolution durch die konsum-korrumpierte Arbeiterschaft und von der ohnmächtigen »Großen Weigerung« scheinen all dies mehr oder minder deutlich widerzuspiegeln. Eine Ironie der Argumentation findet sich besonders darin, daß Marcuse offenbar nur den Ausweg sieht, »technokratische Hoffnungen« auf die »Perfektion« der Automation, auf Technik und Wissenschaft als die großen »Vehikel der Befreiung« zu setzen. Diese Konsequenz kontrastiert eigentümlich mit seiner Diagnose und Kritik der vergangenen und gegenwärtigen »technologischen Welt«. Beides sei hier kurz resümiert.

Nach Marcuse vergaß das abendländische Denken die entscheidende Rolle der Werte und rationalen philosophischen Wertdiskussionen; es war »eindimensional« nur noch auf die effektive Verwirklichung von gegebenen Zielen und Werten ausgerichtet, ohne die grundlegenden Wertsetzungen selbst noch zu diskutieren. Die Erkenntnis wurde nur instrumentell als Herrschaftsinstrument eingesetzt, die wissenschaftliche Rationalität ist nach Marcuse in sich instrumentalistisch, operationalistisch, technologisch. Rationalität ist von vornherein Technologie – »das Apriori einer spezifischen Technologie – nämlich Technologie als Form sozialer Kontrolle und Herrschaft«, einer »Herrschaft nicht nur vermittels der Technologie, sondern als Technologie« (1967, 172 f.). Die »Unterwerfung unter den technischen Apparat«, die »fortschreitende Versklavung des Menschen durch den Produktionsapparat« hat eine »große Rationalisierung der Unfreiheit des Menschen und . . . die ›technische‹ Unmöglichkeit, autonom zu sein«, zur unvermeidlichen Folge. Eine »Instrumentalisierung des Menschen« fand statt. So wurde der »Logos der Technik in den Logos fortgesetzter Herrschaft überführt«. »Die befreiende Kraft der Technologie – die Instrumentalisierung der Dinge« – verkehrt sich in eine »Fessel der Befreiung« (ebd., 173). Technik sei so zum »großen Vehikel der Verdinglichung« geworden (ebd., 183) und zum politischen Manipulationsapparat. Die Naturbeherrschung durch technische Verfahren wird zur Menschenbeherrschung ausgenutzt: Herrschaft über Sachen wird zur Zementierung und Effektuierung der Herrschaft des Menschen über den Menschen genutzt. Selbst die Logik versteht Marcuse als ein Insgesamt von Denktechniken und damit Herrschaftstechniken der Kalkulation und Manipulation. Die »Logik der Herrschaft« sei in allen rationalen systematisch operierenden Verfahren an sich schon enthalten (1979, 112). Doch diese Thesen von Verdinglichung und Herrschaftslogik, von technokratischer Manipulation beleuchten nur die eine Seite von Marcuses Thesen zur Technologie.

Auf der anderen Seite erhofft Marcuse gerade die Überwindung der gegenwärtigen Entfremdung und Verdinglichung, der Unterwerfung unter den Produktionsapparat durch einen vermehrten Einsatz von »Wissenschaft und Technik« als den großen »Vehikeln der Befreiung«; er fordert eine »Technologie der Befreiung«, eine »Technik der Befreiung«, da »Freiheit ... großenteils vom technischen Fortschritt, von der Fortentwicklung der Wissenschaft« abhängt (1967, 251; 1969, 27, 37). Allerdings muß es sich um eine *neue* Technik, eine neue Richtung von Wissenschaft und Technik handeln, damit die Technologie in »nachtechnologische(r) Rationalität« »selbst das Mittel der Befriedung, das Organon der ›Kunst des Lebens‹« werden kann (1967, 249). Die neue Technik soll nach Marcuse in einer Kultur unter dem Spieltrieb durch Ausnutzung der Möglichkeiten der Automation geprägt sein. Leistungszwänge und das nach Marcuse historisch veraltete Leistungsprinzip, das kulturhistorisch seine Schuldigkeit getan habe, seien durch und nur durch eine Perfektion der Technik zu überwinden. Die Anthropologie des jungen Marx vom frei schöpferischen Erfinderingenieur als dem Vorbild des Facharbeiters, als dem Prototyp des technischen Humanismus, scheint bei Marcuses utopischem Entwurf der postindustriellen Gesellschaft Pate gestanden zu haben. Spezialistenwissen und Arbeitsteilung werden durch Perfektion der Technik selbst überflüssig, indem das ökonomische und industrielle Leistungsprinzip nach Marcuse seine eigene Überwindung historisch ermöglicht. »Die Vollendung der technologischen Wirklichkeit wäre nicht nur die Vorbedingung, sondern auch die rationale Grundlage, die technologische Wirklichkeit zu transzendieren« (ebd., 242).

Diese Thesen Marcuses sind nun wiederum selbst technizistisch oder »technokratisch«. Nach seiner Diagnose der technisch verwalteten, eindimensional organisierten »technokratischen Welt« und seiner Kritik an der »Repressivität« des Apparates, die mit jedem systematisch organisierenden Verfahren zusammenhängt, sollte man erwarten, daß er nunmehr in seinen programmatischen Entwürfen andere Auswege aufzeigt, als sich wiederum geradezu als »technokratischer Prophet« zu gerieren, der auf eine umfassende technische Automatisierung hofft, die hinreicht, um die befriedete Gesellschaft der Zukunft zu ermöglichen. Marcuse selbst unterliegt gleichsam technokratisch der »Eindimensionalität«, die er konstatiert und selbst kritisiert. Der Diagnostiker und Kritiker der Technokratie verfällt selbst einem technokratischen Fehlschluß: Er macht unversehens eine notwendige Bedingung (die technische Entwicklung und Perfektionierung zur Automatisierung) zu einer hinreichenden Bedingung der Befreiung des Menschen. Obwohl er an einer Stelle betont, daß Technologie stets noch von anderen Werten abhängig ist, unterschlägt er Details der sozialen und politischen Wert-, Zielsetzungs- und Entscheidungsprobleme. Er spricht von der nötigen »Neubestimmung der Werte in technischen Begriffen als Elementen des technologischen Prozesses« und von der »Übersetzung der Werte in technische Aufgaben« (1967, 243). Fällt er auch hier einem technokratischen Fehlschluß von der Fungibilität, der (bloß technischen) Durchführbarkeit, auf die entsprechenden Wertaussagen zum Opfer? Marcuse betont zwar, daß »Wissenschaft und Technologie ihre gegenwärtige Richtung und ihre gegenwärtigen Ziele ändern« müßten, aber außer dem Hinweis, daß sie »im Einklang« mit der »neuen« ästhetischen »Sensibilität« »rekonstruiert« werden müßten (1969, 37), gibt er keine näheren Details. Seine These von der Technisierung der Wertsysteme ist unpolitisch.

Ferner ist die Utopie von der reibungslosen, »mühelosen« Technik, »ohne das Herrschaftsgesetz entfremdeter Arbeit« (1970, 151) in einer Kultur ohne Unterdrückung, d. h. ohne unnötige Repression im Arbeitsprozeß, auf lange absehbare Zeit praxisfremd. Auch eine künftige Kultur läßt sich nicht allein unter dem Spieltrieb organisieren. Will man nicht auf globale Versorgungskatastrophen hinsteuern, so ist eine rationale Organisation und Allokation der Versorgung auf lange Sicht unerläßlich.

Selbst Marcuses Begriff von der »Logik der Herrschaft«, die in jedem technisch rationalen, systematisch operierenden, zerlegenden und synthetisierenden Verfahren an sich schon stecke, bedingt notwendig, daß er seiner eigenen Kritik von der Herrschaft des Apparates zum Opfer fällt: Wenn Repression und Herrschaft in jedem systematischen Verfahren impliziert sind, so ist auch der Schluß von jeder systematischen Technologie und von jeder systematisierten, geplanten Leitung sowie Organisation auf ihre Repressivität notwendigerweise gültig.

Da bei Marcuse jedes systematische Verfahren per se kalkulierend und manipulierend, repressiv unterdrückend ist, muß es notwendigerweise auch seine geforderte neue Technik sein, soweit sie überhaupt systematisch vorgeht, und dies ist angesichts ihres ausgedehnten Anwendungsbereiches unvermeidlich. Die neue, repressionsfreie Technik und Technologie ist unmöglich, weil ihre Theorie nach Marcuses eigenen Voraussetzungen nicht widerspruchsfrei ist. Die Utopie von der schönen neuen Welt unter dem Spieltrieb gerät in die Nachbarschaft illusionärer Gedankenspielerei; romantizistische Idyllik paart sich mit akademischem weltfremdem Intellektualismus. Die Praxisfremdheit dieser angeblich so praxisorientierten Sozialphilosophie ist kaum zu überbieten.

Obwohl Marcuse dem sogenannten Leistungsprinzip für die Vergangenheit eine historische Notwendigkeit zuerkennt, zieht er global und voreilig den Schluß, jede künftige Institutionalisierung und Sanktionierung des Leistungsprinzips (also des Prinzips, soziale Chancen, Positionen, Gratifikationen und Einflußmöglichkeiten im Idealfall ausschließlich nach der persönlich erbrachten individuellen – insbesondere der beruflichen – Leistung zuzumessen) sei repressiv. Überraschenderweise zieht Marcuse diesen Schluß von der systematischen allgemeinen Anwendung auf ihre Repressivität für die Technologie nicht, obwohl ein analoger Schluß mit der gleichen Zwangsläufigkeit aus seinen Definitionen und Annahmen folgt. Obgleich Leistungskritik und Technologiekritik bei Marcuse ineinander münden, obzwar Marcuse die Prämissen der traditionellen antitechnischen Kulturkritik teilt, vollzieht er den Schluß auf die Repressivität jeder künftigen systematischen Technik und Technologie nicht, wie er es für das »Leistungsprinzip« tut. Warum nicht? Offenbar aus ideologischen Gründen; die technologische Perfektion könnte sonst nicht das »Vehikel der Befreiung« bilden. Weil sonst nicht so sein kann, was sein soll, muß es die repressionsfreien nicht-verwalteten, nicht-systematischen, nicht-arbeitsteiligen Technologien und Arbeitsrollen geben, im Widerspruch zu Marcuses eigenen theoretischen Voraussetzungen: Technologien ohne eine bestimmte systematische Organisation und Rationalisierung sind in den hochindustrialisierten Massengesellschaften weder zweckentsprechend noch umfassend anwendbar. Auch hier zeigt sich wiederum eine bestimmte naive Idyllik in Marcuses Utopie von der automationstechnischen Zukunft, wie sie vielleicht von Marx' bukolischer Vision des Arbeiters herrührt, der zwischen den Rollen des schöpferischen Konstrukteurs, der gelegentlichen (freudebringenden) Arbeit, des erholungssuchenden Anglers sowie des räsonierenden Kritikers hin und her wechselt.

Sachsse (1972, 92) konstatiert zu Recht: »So kann nur jemand reden, der keine konkrete Kenntnis vom technischen Arbeitsprozeß hat.« Marcuse schwankt zwischen Technokratiediagnose, Technokratiekritik und einer geradezu naiven technokratischen Hoffnung auf die befreienden Potenzen von Wissenschaft und Technik hin und her. Wenn einmal die durchgängige Herrschaft des Apparates, die Herrschaftslogik der systematisch angewendeten technologischen Verfahren überwunden sein würden, dann sollten wohl die neuen Technologien unter ästhetisch gerichteter Zielsetzung die Möglichkeiten eines befriedeten Daseins gleichsam automatisch realisieren.

Marcuses These von der Eindimensionalität des Lebens in der modernen Industriegesellschaft (die sich charakteristischerweise »die pluralistische Gesellschaft« nennt) nimmt kaum Rücksicht auf empirisch-wissenschaftliche Resultate; er ignoriert in gewissem Sinne die Vielfalt der möglichen subkulturellen Ausweichmöglichkeiten sowie gewisse konstante biologische Grundgegebenheiten, daß etwa physiologisch-biologisch bedingte Triebstrukturen nicht durch soziale und pädagogische Maßnahmen abgeschafft bzw. unwirksam gemacht, sondern höchstens überformt werden können.

Zu der schnellfertigen Elimination der Erfahrungswissenschaften, insbesondere der Natur- und Technikwissenschaften sowie der Biologie, gehört auch Marcuses Zirkel, daß erst die neue ästhetische Triebstruktur des Menschen, die neue Sensibilität des neuen Menschen die Revolution ermögliche, die neue Triebstruktur ihrerseits aber erst durch die revolutionäre Gesellschaftsveränderung erzeugt werden könne. Die Thesen über die neue Sensibilität und die Kultur ausschließlich unter dem Spieltrieb sind aber nicht nur wissenschaftsfremd und praxisfremd, sondern letztlich im präzisen Sinne auch kommunikations- und gemeinschafts- oder gesellschaftsfremd. Ein solcher Lustmonopolismus, der zugleich ein individueller Lustmechanizismus sowie ein idealistischer Hedonismus ist, kann keine hinreichende Basis für die verantwortliche Gesellschaftsethik oder Gesellschaftsbildung begründen. Der bloße psychisch-physische (teilweise bei Marcuse anscheinend physiologisch gedeutete) Befriedigungszustand des einzelnen und bloßes Luststreben können keine rationale Basis für eine soziale Organisation in Massengesellschaften darstellen. Marcuse selbst schien dies in letzter Zeit empfunden zu haben; denn später ersetzte er (etwa in seiner Rede zum 50jährigen Bestehen des Frankfurter Instituts für Sozialforschung) das Freudsche »Lustprinzip« durch die Forderung eines »Lebensprinzips«. Eine neue ökologische Wende in der Technokratiekritik?

Die technisch fundierte Realisierung des Lustprinzips (oder des »Lebensprinzips«) ist weder durch die »historische Auflösung biologischer Triebdeterminanten« noch durch die Hoffnung »um der Hoffnungslosen willen« (1967, 268) allein, weder durch die höchstens für parasitäre Hippiegruppen mögliche »Große Weigerung«, noch durch eine technizistische Hoffnung auf Automatismen der technischen Entwicklung oder durch Abschaffung oder Stillstellung des »Leistungsprinzips« herbeizuführen. Besonders in Zeiten, in denen die Menschheit zahlenmäßig explodiert und ein Drittel von ihr in Entwicklungsländern schon heute hungert, sind das Einfrieren der Produktion auf dem gegenwärtigen Stand und leistungsdefätistische Thesen angesichts dringender sozialer Probleme die schlechtesten Mittel für erwünschten gesellschaftlichen Fortschritt sowohl in der weltweiten Versorgungstechnologie als auch in der Erhöhung eines wohlverstandenen humanen Lebensstandards. Dabei kann und sollte man durchaus, Marcuse folgend, die humane Zielsetzung einer weitgehenden Minimierung unnötigen Leistungszwangs und einer Humanisierung der Arbeitsverhältnisse als sinnvoll anerkennen. Man kann Marcuse den humanen und humanistischen Antrieb in keiner Weise absprechen. Doch Leistungsorientierung angesichts sinnvoller sozialer Probleme, eine Erziehung der Jugendlichen zu einer durchaus auch sozial orientierten Leistungsmotivation kann nicht einfach mit Leistungszwängen gleichgesetzt werden. Langfristig und schrittweise unnötige Leistungszwänge zu reduzieren ist sicherlich ein sinnvolles soziales Ziel. Da man keine sozialen Katastrophen riskieren darf, kann diese Reduktion nur allmählich geschehen. Daß dieser humanisierende Abbau von Leistungszwängen nichts zu tun hat mit dem Verzicht auf jegliche Leistungsbereitschaft oder auf die Selbstdarstellung in und Selbstbekräftigung durch persönlich vollbrachte Leistungen, steht auf einem anderen Blatt.

Marcuses Humanitätsappelle allgemeiner Art, vermischt mit Schwarz-Weiß-Zeichnungen über exzessive Leistungszwänge und Entfremdungserscheinungen und mit unrealistischen technizistischen Hoffnungen auf den Automatismus von perfekter Technologie, reichen allein nicht aus, um die Versorgungs- und Entwicklungsprobleme der künftigen Menschheit wirksam lösen zu können. Auf absehbare Zeit werden sogar bestimmte Leistungszwänge noch unvermeidlich sein, wenn eine auch nur annähernd angemessene Versorgung der Menschheit sichergestellt werden soll. Dies verträgt sich durchaus mit einer tendenziell zunehmenden Abmilderung der Zwänge im industriellen Produktionsprozeß, wie sie in vielen hochindustrialisierten Ländern auf den meisten Produktionssektoren tatsächlich schrittweise stattfindet und sich in programmatischen Formulierungen von der »Humanisierung der Arbeitsbedingungen« niederschlägt.

Insgesamt hatte Marcuses Hin- und Herschwanken zwischen der Technokratiediagnose und -kritik und seinem inkonsequenten Vertrauen auf eine technokratische Programmatik zur Lösung aller Weltprobleme zur Folge, daß auch manche Angehörige der sich progressiv gebenden neuen Sozialkritik zwischen Technokratievorwurf und einem naiven Wissenschafts- und Technikverständnis geradezu technizistischer Art schwanken und Marcuses Hoffnungen auf einen technischen Automatismus der Lebensstandardsicherung teilen. Wie Marcuses Konzeption, so ist auch diese Kritik weitgehend geprägt von einer gewissen Ignoranz über die Verfahren, Initiations- und Organisationsmöglichkeiten technischer und technikwissenschaftlicher Entwicklungen und Innovationen. Vielfach wird ein relativ naives Alltagsverständnis in geisteswissenschaftlich hochtrabender Terminologie nur verbal »kritisch« reflektiert.

Die Mehrdeutigkeit und der globale Charakter der system- und technikkritischen Thesen erleichtert dabei deren ideologische Verwendung. Pauschalaussagen verdecken Widersprüchlichkeiten, vernachlässigen empirisch-wissenschaftliche Untersuchungsergebnisse und eignen sich trefflich als polemische Kampfklischees, die man fast beliebig auf den jeweiligen sozialpolitischen Gegner anwenden kann. An den Beispielen der Ausdrücke ›Technokrat‹, ›technokratisch‹ usw. und deren verschiedenartigen Deutungen wird dies offenbar, wie in einem kurzen Exkurs über die Technokratiediskussion verdeutlicht werden soll.

Das klassische Programm der Technokraten nach Saint-Simon im Sinne einer ehrenamtlichen Industriellen-Honoratioren-Herrschaft in Staat und Gesellschaft ist heute ebensowenig noch aktuell wie die Programme der amerikanischen Technokraten Veblen und Scott, die eine politische Herrschaft der Ingenieure, eine »Ingenieurokratie«, forderten, weil die Ingenieure am besten vorgebildet und fähig seien, große komplexe Maschinen effizient zu bedienen, den Erfolg zu maximieren und die Kontrolle zu optimieren. Der Vorschlag dieser Technokraten, das Geldsystem durch Energieeinheiten in Wattsekunden und Leistungseinheiten in Watt zu ersetzen, kann heute angesichts der deutlich gewordenen sozialen, ja soziokulturellen Prägung und der Unvergleichbarkeit sozialer Leistungen in bloß physikalischen Dimensionen nur noch ein Lächeln abnötigen.

Aktuell sind jedoch noch drei Varianten der Technokratiethese:

a) Technokratie als *Expertokratie,*
b) Technokratie als *Sachzwangdominanz und Herrschaft des Apparats,*
c) Technokratie als *Normativität technischer Möglichkeiten.*

a) *Expertokratie*

Aus dem Zentrum der Europäischen Kommission verlauteten Diskussionsbeiträge (Mozer), die eine faktische Entmachtung der verantwortlichen Minister konstatierten. Diese seien auf die fast vollständige Entscheidungsvorbereitung und Vorentscheidung der sachverständigen europäischen Beamten, der sogenannten Eurokraten, angewiesen und könnten selbst nicht mehr das Dickicht der Bestimmungen und Bedingungen der von ihnen zu verantwortenden Entscheidungen überblicken.

Eine entsprechende Abhängigkeit vom technischen Experten läßt sich leicht in jedem größeren Industriebetrieb für die betriebspolitischen oder kaufmännischen Manager in entsprechender Weise feststellen. Diese »Technokraten« als Expertokraten schränken praktisch die Entscheidungsfreiheit der verantwortlichen Repräsentanten – in der Politik also der demokratisch gewählten Repräsentanten – ein. Sie sind andererseits nicht etwa mit dem technokratischen Apparatschik der Sowjetgesellschaft zu vergleichen, der eher politisch orientiert, unserem Wirtschaftsingenieur vergleichbar und nicht so ausschließlich sachorientiert sein dürfte.

Insgesamt jedoch hat die nunmehr über zwei Jahrzehnte währende Technokratiediskussion gezeigt: »Es gibt keine Verschwörung der Techniker, die sie in den Besitz der Macht bringen soll, aber es gibt eine wachsende Bedeutung technischer Funktionen« (Meynaud). Mit zunehmender Komplexität der sozialen und soziotechnischen wie ökonomischen und ökologischen Systeme gibt es zweifellos auch eine stark anwachsende Bedeutung technischen und organisatorischen Sachverstandes, der sich allgemeiner auch in einem erhöhten Bedarf an generalistischen und universalistischen »Spezialisten für das Allgemeine« bei interdisziplinären Komplexen, Problemverkettungen und Zielsetzungs- wie Zielerreichungsprozessen dokumentiert.

b) *Sachzwangdominanz und »Herrschaft des Apparats«*

Die zweite aktuelle Variante der Technokratiethese wurde am pointiertesten von Schelskys Modell des »technischen Staates« umschrieben. Das Modell der Expertokratie wird hier umfassend ausgedehnt auf Systembeherrschung und -kontrolle insgesamt. In der künstlichen Umwelt des Menschen ersetzen Sachgesetzlichkeiten und Sachzwänge den ursprünglichen Naturzwang. Experten lösen Organisations-, Verfahrens- und Entscheidungsprobleme ausschließlich nach dem »scientifically best one way«. Technisch-organisatorische Problemlösungen ersetzen politische Entscheidungen und Fragen: Nach Schelsky herrscht niemand mehr, sondern nur eine Apparatur werde »sachgemäß bedient«. Die Demokratie als Prozeß demokratischer Mehrheitsbildung und Entscheidungsfindung stirbt angesichts der wissenschaftlichen eindeutigen Problemlösungen und Systemoptimierungen ab. Eine politisch-demokratische Kontrolle kann im idealisierten technischen Staat Schelskys nicht mehr stattfinden. Nicht mehr die Sachverständigen, sondern die Sachen selbst gewinnen die Herrschaft. Ein Apparat funktioniert wohlkontrolliert in unausweichlichen Bahnen wissenschaftlich begründeter Optimierung.

c) *Normativität technischer Möglichkeiten*

Mit diesem Modell des technischen Staates ist die dritte Variante der Technokratiethese, die der »Normativität technischer Möglichkeiten«, eng verbunden: Der Mensch produziert sich gleichsam selbst als »technischen Menschen«; es ist ihm unmöglich, diesen geschilderten Prozeß der apparativen Optimierung und bestmöglichen wissenschaftlichen Adaptierung zu übersteigen. Es gibt keine unabhängigen Ziel- und Wertvorgaben mehr; in einem eigendynamisch funktionierenden Apparat, in der sich selbst regulierenden großen Maschinerie des »technischen Staates« ist es der reibungslose Prozeß des Ablaufens und Funktionierens selbst, sind es die Mittel und technischen Verfahren, welche die Zielzustände bestimmen. Die technische Machbarkeit bestimmt gleichsam, was gemacht werden soll – nicht nur in dem Sinne, daß nur das hergestellt werden soll, was auch hergestellt werden kann, sondern daß alles gemacht werden soll, was hergestellt werden kann. Diese »Normativität technischer Möglichkeiten«, die sich in der Perfektionierung der Mittel erschöpft und diese gleichsam zum einzigen Ziel erhebt, wird von Ozbekhan in dem Schlagwort zusammengerafft: »Can implies ought«. Technische Machbarkeit und die verfügbaren Mittel determinieren alle (oder wenigstens die meisten) Ziele, bestimmen sogar die Bedürfnisse und Werteinstellungen der in das System integrierten Funktionsträger. (Ludwig Marcuse und später Lem sprachen vom »technologischen Imperativ«.)

Die von H. Marcuse so genannte Eindimensionalität der hochindustrialisierten Gesellschaften, die eine Krise der Wertsysteme und eine Verkehrung der Ziel-Mittel-Beziehungen sowie die Ausschaltung allgemeiner Zieldiskussionen bedeutet, manifestiert sich in allen drei erwähnten Varianten der technokratischen Modelle.

Zur Kritik der Modelle ist festzustellen (Lenk 1973): Ein merklicher Kulturpessimismus hinsichtlich der technischen Leistungen findet sich auch hier. Kaum einmal wird die große Chance der Humanisierung von Daseinsbedingungen durch technische Entwicklungen betont. Die Fortsetzung der antitechnischen Kulturkritik läßt sich in der Technokratiediskussion ohne Schwierigkeiten verfolgen.

Ein wesentliches Ergebnis der Technokratiediskussion des letzten Jahrzehnts ist auch darin zu sehen, daß komplexe politische Entscheidungen nicht in technologische eindeutige Lösungsverfahren aufzulösen sind. Ohne Zielvorgaben wenigstens impliziter

Art ist keine Entscheidungsmöglichkeit gegeben. Zielkatalogserstellungen und Zielplanungsmethoden kennzeichnen dementsprechend auch eine neuere, entwickeltere Phase systemanalytischer und systemtechnischer Ansätze. Der »scientifically best one way« existiert nicht einmal in komplexen technologisch-organisatorischen Projekten wie etwa dem Mondlandeunternehmen der Vereinigten Staaten, wo oft nur bis auf funktionale Äquivalenz geplant und nicht eindeutig die einzige beste wissenschaftliche Lösung gleichsam deduktiv gewonnen werden konnte. Es scheint ein Zerrbild von der Eindeutigkeit und Exaktheit technikwissenschaftlicher Lösungen in Schelskys Modell vorgeherrscht zu haben, »wie sie der Geisteswissenschaftler bei den Naturwissenschaftlern vermutet« (Bahrdt), wie sie sich aber in den Bereichen angewandter Technikwissenschaften mit ihrer Unmöglichkeit einer vollständigen Variablenisolierung in komplexen Zusammenhängen kaum einmal realisiert finden. Der Sozialwissenschaftler gerät zu leicht in die Gefahr, sich einen Strohmann des exakt und eindeutig deduzierenden und konstruierenden Technikers aufzubauen.

Auch Schelskys These vom Absterben der Politik und der politischen Entscheidungen sowie der Demokratie beschreibt die soziale Realität in keiner Weise zutreffend. Nicht einmal eine absolute Machtkonzentration beim Staat ist feststellbar, sondern eher ein pluralistisches Interessendurcheinander und ein Zusammenspiel verschiedener Verbands-, Parteien-, Gewerkschafts- und Unternehmensbürokratien, die gerade eine politische Konsensusbildung und Entscheidungsfindung erfordern.

Das Modell des »technischen Staates« kann nicht als diagnostisches Totalmodell verstanden werden, obwohl einzelne Trends, die in dieses Modell eingehen, zutreffend manche Züge beschreiben mögen: So macht Greiffenhagen auf das Problem des Informationsmangels der politisch verantwortlichen Repräsentanten, etwa der Parlamentarier, oder der Minister in der Europäischen Gemeinschaft aufmerksam, der zu einer strategischen Privilegierung der Ministerialbürokraten führt. Die Forderung nach einer besseren Information der Parlamente hat hier ihren demokratisch motivierten Ansatz.

Wie schon früher (von Ropohl in: Lenk (Hg.) 1973, 66 ff., vgl. a. Kogon 1976) festgestellt wurde, ist Schelskys Modell des technischen Staates darüber hinaus zu soziologistisch-formalistisch, ungeschichtlich und allgemein-anthropologisch, um auch nur einigermaßen realistisch Macht- und Herrschaftsprobleme, Interessengruppenkonfrontierungen oder auch die Existenzsicherungs- und Versorgungsinstitutionen des Staates im sozialen und geschichtlichen Kontext treffend darstellen zu können. Schelskys Modell vernachlässigt fast jedes soziologische Detail und abstrahiert geradezu von den eigentlich soziologischen Perspektiven bei der Analyse von Macht- und Interessengruppierungen.

Schelskys eigener Lösungsvorschlag einer ständigen »metaphysischen Dauerreflexion« über die Grundfragen des Daseins, die Ausbildung und Propagierung von Schelskys eigenem Modell des »technischen Staates« sowie sein gelegentliches Eingeständnis, daß Interessengruppen dem Modell entgegenstehen werden, widerlegen die zentrale These des Modells selbst, der Mensch könne prinzipiell nicht über die technologisch bestimmte Mitteldimension hinausdenken.

Es ist allerdings zu konstatieren, daß die Technokratiekritik sehr oft ebenfalls nicht viel informierter gewesen ist als die Theoretiker der Technokratiethese – insbesondere hinsichtlich der Komplexität und Rationalisierungsmöglichkeiten für politische Problemlösungen. Nach A. von Cube blieben die Technokratiekritiker in ihrer systematischen Abwertung und Verketzerung des rationalen Aspekts einem gegenaufklärerischen Mythos des Politischen verhaftet, d. h., sie blieben im Grunde selbst Adepten des Dezisionismus, den sie dezidiert bekämpfen. Das pragmatische Modell der institutionalisierten Dauerkommunikation zwischen Experten und Entscheidern (Habermas, Fritsch) ist in den Diskussionen um die Technokratie demgegenüber bisher zu wenig entwickelt worden. Doch auch dieses Modell ist noch unzureichend. Die politischen Entscheider sind oft zu kurzfristig an Wahlen und Wahlperioden orientiert, um langfristig im echten Allgemeininteresse planen zu können; die Experten bestimmter Einzelfächer sind zu sehr auf ihre erlernten Methoden fixiert, um angesichts komplexer interdisziplinärer Probleme über die Grenzen ihres Faches und über den Anwendungsbereich ihrer erlernten Techniken hinausblicken und planen zu können. – Das pragmatische Modell des Zusammenspiels von Experten und Entscheidern muß also, durchaus unter demokratischer Letztkontrolle, ergänzt werden durch den Beitrag von wissenschaftlichen Generalisten und philosophischen Universalisten, die in der öffentlichen Kontrolldiskussion kritisch Zielsetzungen analysieren, vorschlagen und zur Diskussion stellen können (Lenk 1973, 121 ff.). Die heute schon teilweise unerläßliche Berücksichtigung von Systemaspekten, interdisziplinären, weil bereichsübergreifenden Aufgabenstellungen (z. B. in der Regionalplanung) lassen immer deutlicher die Bedeutsamkeit generalistischer und universalistischer Beiträge unter ausdrücklicher Berücksichtigung sozialer Zielfindungs- und Zielplanungsprozesse mit einer im Idealfall möglichst vollständigen Partizipation der betroffenen Bevölkerung erkennen.

Die bisherige Technokratiediskussion war zu kontrastprofiliert, um differenziert über die Pro- und Kontraklischees hinaus die Vorgänge sozialer Entscheidungsbildung angemessen darstellen zu können.

Hinzu kommt eine bisher nicht entdeckte Diskrepanz zwischen der von der Technikkritik gleichzeitig behaupteten Allmacht der Technokraten einerseits und der politischen Ohnmacht der Technischen Intelligenz andererseits. Wenn man nämlich Macht überhaupt als einen einheitlichen Begriff auffassen kann, so kontrastieren die Thesen von der gleichzeitigen funktionalen Allmacht der Technokraten und der politischen Ohnmacht der Technischen Intelligenz eigentümlich miteinander. Dies übersah die neue Kulturkritik an Technik und Technischer Intelligenz bisher völlig. Es ist allerdings zweifelhaft, ob Macht als ein einheitliches Phänomen gefaßt werden kann. Wahrscheinlich sollten Machtchancen im Sinne des politischen Einflusses aufgrund einer durch Verfahren erworbenen Gruppenrepräsentation deutlich unterschieden werden von funktionalen Einflußchancen, die auf der Einnahme strategischer Positionen an Schaltstellen von Institutionen beruhen.

Angesichts einer solchen weitergehenden Differenzierung läßt sich heute weder eine umfassende Technokratiethese noch realistisch vertreten – politische Entscheidungen lassen sich nicht in den einzigen besten wissenschaftlich auszeichenbaren Problemlösungsweg durch Rückgang auf ein einziges technisches Verfahren auflösen –, noch läßt sich die These von der politischen Ohnmacht der Technischen Intelligenz für die erwähnten funktionalen Einflußmöglichkeiten in dem umfassenden Maße aufrechterhalten, wie es etwa Hortleder (1973) für die Vergangenheit und Gegenwart der Ingenieurvertretung konstatiert, trotz einer gewissen Überrepräsentation etwa der Ingenieure in den kommunalen Parlamenten (rd. 5% der Mitglieder von Kommunalparlamenten waren Mitte der sechziger Jahre Ingenieure – gegenüber etwa 1,5% der Erwerbsbevölkerung).

Auf die Mitwirkungsmöglichkeiten für die Technische Intelligenz an strategischen Punkten unserer Publizitätsgesellschaft, etwa im Fernsehen, bei Diskussionen über Umwelt- und Energieprobleme oder bei Bürgerinitiativen sowie auch bei der Festlegung von Toleranzwerten (z. B. von Schadstoffemissionen) oder in Kontrollämtervorschriften oder Parteiprogrammen ist schon hingewiesen worden. Wenn sich die Technische Intelligenz bisher nicht wirksam genug politisch in Szene gesetzt hat, weil sie sich nicht artikulierte und politisch organisierte, so darf gerade die politische Einflußchance der Technischen Intelligenz etwa über die Mobilisierung der heute für solche Probleme sehr sensitiv erscheinenden Öffentlichkeit nicht unterschätzt werden.

Selbst wenn sich eine These von der umfassenden Technokratie weder im Sinne einer Herrschaft der technischen Experten noch im Sinne einer totalen, alle politische Entscheidung überrollenden Herrschaft des »Apparats« aufrechterhalten läßt, sind doch gewisse Modellvorstellungen technokratischer Tendenzen nicht so ganz wirklichkeitsfremd, auch wenn diese keine Grundlage für eine Beschreibung der Entscheidungsstrukturen in der Gesellschaft liefern können. Wie eingangs erwähnt, prägen angewandte Wissenschaften, Technik und Industrie die Entwicklung der abendländischen Gesellschaft im letzten Jahrhundert so sehr, daß man angesichts der wachsenden Verflechtung und Ausdehnung dieser drei Bereiche geradezu von einem wissenschaftlich-technisch-industriellen Systemsyndrom, einem immer mächtiger werdenden systemtechnologischen Komplex sprechen könnte. Gehlen hat versucht diesen Verbund, in dem sich die erwähnten Teilbereiche gegenseitig stabilisieren, beeinflussen und bedingen, mit dem Ausdruck »Superstrukturen« zu kennzeichnen, in denen »Wissenschaft, technische Anwendung und industrielle Auswertung« zusammenwüchsen, sich selbst automatisierten und somit eine Eigendynamik gewönnen und für den einzelnen immer weniger durchschaubar würden (Gehlen 1957, 54, 13 u. a.). Es ist dies eine Erscheinung, die als Tendenz zur »Systemtechnokratie« erwähnt und durch Beispiele wie umfassende Informationsmanagementsysteme und Dateien illustrierend belegt wurde. Die wissenschaftliche Analyse und philosophische Durchleuchtung sowie Kritik dieses übergreifenden, noch wenig durchsichtigen Verflechtungszusammenhanges läßt derzeit noch zu wünschen übrig, bedarf aber zu ihrer dringend notwendigen Ausarbeitung einer beträchtlichen zwischenfachlichen und überfachlichen Ausweitung der Forschungsansätze, damit man diese bereichsübergreifenden Systemprobleme genauer erfassen und beschreiben und dadurch einer eventuellen späteren Lösung sowie zuvor einer philosophischen Beurteilung näherbringen kann. Das Problem der systemtechnokratischen Tendenzen darf nicht naiv als ein technikwissenschaftliches mißverstanden oder als bloße praktische Anwendung gar einer naturwissenschaftlichen Theorie gedeutet werden. Technische Projekte, besonders systemtechnische Großunternehmungen, sind so entscheidend in politische, soziale, ökonomische und ökologische Handlungszusammenhänge und Bedingungen eingebettet, daß eine rein naturwissenschaftlich und im engeren Sinne ingenieurwissenschaftlich vorgehende Untersuchung zu einseitig wäre. Die soziale Einbettung des wissenschaftlich-technisch-industriellen Komplexes und der meisten technischen Vorhaben erfordert zusätzlich zur technikwissenschaftlichen Untersuchung der betreffenden Verfahren, Gebilde, Geräte und Strukturen weitergesteckte fachübergreifende Untersuchungen, die den vielen verschiedenartigen Gesichtspunkten, insbesondere auch den gesellschaftlichen, gerecht werden können. Systemtheoretische Modellansätze hierzu (Ropohl 1979) sind sicherlich nötig, aber vorerst nur sehr skizzenhaft und versuchsweise entwickelt; sie bieten zunächst eigentlich nur beschreibende Begriffe und abstrakte Strukturtypen, die zur Einordnung und Einteilung, aber noch nicht zu Darstellungen von gehaltvollen Gesetzesaussagen geeignet sind. Wenn eine übergreifende interdisziplinäre Theorie des Technischen und seiner Einbettung noch nicht zur Verfügung steht, so müssen vorerst allgemeinere systemtheoretische Modelle und technologische Regeln sowie oft noch wissenschaftlich nicht genügend abgesicherte Voraussage-, Planungs- und Problemlösungsverfahren angewendet werden, die eher Handlungsleitregeln als wissenschaftlichen Aussagesätzen gleichen. Auch hierzu fehlen noch methodologische Untersuchungen. Ein Anfang läßt sich durch den Vergleich zwischen Wissenschaft und Technik, zwischen Methoden der Naturwissenschaft und der Technikwissenschaften gewinnen.

Zuvor ist aber (gerade auch angesichts der Tendenzen zur »Systemtechnokratie«, der sich abzeichnenden besonderen Art der Technokratie im sich anbahnenden »informations- und system-technologischen Zeitalter«) festzuhalten, daß Systemsteuerung, Systemplanung, Systemtechnik und der Aufbau sowie die Miß-brauchsmöglichkeiten umfassender Informationssysteme zu einer neuen »technokratischen« Gefahr führen, die nur technik- *und* sozialwissenschaftlich angemessen zu erfassen ist. Sozialphiloso-phen, Wissenschaftstheoretiker und Technikwissenschaftler dür-fen dabei nicht wieder den Politologen und Soziologen allein das Feld überlassen. Die Technokratiediskussion krankt bis heute daran, daß sie ausschließlich von Soziologen und Politologen be-stritten worden ist. Wie heute jedoch allgemein deutlich gewor-den ist, sind Probleme des Technischen im systemtechnischen Zeitalter fast immer auch soziotechnische und soziale, großenteils sogar sozialpolitische Probleme mit entsprechend zu berücksich-tigenden gesellschaftlichen Nebenfolgen. Daher muß für alle Be-teiligten, für Politiker, Wissenschaftler der Technikwissenschaf-ten und der Sozialwissenschaften, für Ingenieure, Planer und Wirtschaftsfachleute gelten: Nur die wirksame überfachliche Ab-stimmung, Sicherung und Kontrolle der vielfältigen Einflußgrö-ßen und Gesichtspunkte kann den Gefahren der fachspezialisti-schen Einseitigkeit einerseits und der kurzfristigen Ausrichtung politischer Entscheidungen an Wahlterminen andererseits begeg-nen, ohne daß politische Beschlüsse ausschließlich in »technokra-tische« Rezeptanwendung aufgelöst, ohne daß Demokratie und Humanität, Freiheit und Wertorientierung aufgegeben würden. Angesichts der überfachlichen Verkopplung und Verflechtung der Einflußgrößen müssen Fachwissenschaftler mit einem über die Einzelfächer hinausgehenden Blickwinkel, sogenannte Gene-ralisten, ihren Beitrag leisten, um die Verständigung über die Fachgrenzen hinaus zu ermöglichen. Ebenso müssen philosophi-sche »Spezialisten für das Allgemeine«, Universalisten, die Wert- und Zielprobleme sowie die wissenschaftstheoretischen und me-thodologischen Grundfragen behandeln. Schließlich muß auch in der öffentlichen Diskussion und in der Ausbildung und Weiter-bildung der Technischen Intelligenz, der Naturwissenschaftler und Ingenieure in strategischen Stellungen, alles getan werden, um diese fachübergreifenden Gesichtspunkte einzubringen und problemnah wirksam werden zu lassen. Die Möglichkeiten eines sozialwissenschaftlichen und philosophisch-wissenschaftstheoretischen Ergänzungsstudiums für Technikstudenten sind dabei noch keineswegs erschöpft – zumal drei Viertel aller Ingenieure ihre Ausbildung als zu fachbezogen empfinden und in dem Maße, in dem sie Leitungsaufgaben übernommen haben, auf eine Vermehrung nicht-technischer Ergänzungsstudien innerhalb ihrer Ausbildung drängen (Hillmer u. a. 1976, 104): So wünschten Maschinenbauingenieure zusätzliche Studien über Fragen der Wirtschaft, Arbeitsorganisation und über rechtliche sowie ökologische Grundlagen (s. u. in diesem Band S. 175 f.). Daneben wird besonders eine Ausdehnung allgemein-technologischer, sozusagen generalistischer Studien wie der Systemanalyse und Systemtechnik (zu + 72%!), der Meß- und Regeltechnik gefordert. – Da in der Tat der höher qualifizierte und aufsteigende Ingenieur zunehmend von der technischen Sacharbeit getrennt und mit anderen, etwa organisatorischen, Verantwortungs- und Leitungsaufgaben betraut wird, ist diesem Anforderungswandel nur voll Rechnung zu tragen, wenn vermehrt nicht-technische bereichs- und fachübergreifende, aber direkt fachproblembezogene Studien – besonders sozialwissenschaftlicher Art – in die Ausbildung aufgenommen werden (vgl. dazu u. S. 176). Den leitenden und besondere Verantwortung tragenden Mitgliedern der Technischen Intelligenz sollte der Blick auf diese bereichs- und fächerübergreifenden Probleme ebenso geöffnet werden wie etwa Sozialplanern und Politikern der Blick für systemtechnische Fragen in deren sozialer Einbettung.

Über die erfahrungswissenschaftliche Untersuchung sozio-technischer Systeme und ihre Verzahnung mit umfassenderen gesellschaftlichen Einflußgrößen und Strukturen hinaus ist eine Weiterführung der bisherigen geschichts- und kulturphilosophischen Deutung der Technik zu sozialphilosophischen Interpretationen nötig. Die Wiederentdeckung der Geschichtlichkeit und kulturellen Geprägtheit der technischen Entwicklung (etwa bei Freyer, Ortega y Gasset, Heidegger, Blumenberg, Hübner) reicht hierzu allein nicht aus. Es sind noch allgemeinere sozialphilosophische Entwürfe über mögliche Zukunftsgestaltungen, über Humanisierungsprogramme und Wertbeurteilungen charakteristischer Grundtendenzen der technischen Entwicklung und über soziale Leitvorstellungen im systemtechnologischen Zeitalter nötig. Dies kann und sollte durchaus auch in pointierter Form oder auch in kontrastierender utopischer Ausmalung wie etwa bei Marcuses

Modell einer Kultur unter dem Spieltrieb und Lustprinzip geschehen, damit bewußt ausgewählte Modellzüge herausgehoben werden, die unter Umständen provokativ die Aufmerksamkeit auf künftige kritische Punkte lenken. Die sozialphilosophischen Deutungen müssen nicht notwendig schon in eine geschlossene, einheitliche erfahrungswissenschaftliche Theorie eingebettet werden, obwohl sie nach Möglichkeit an bestätigte Erfahrung angeschlossen werden sollten. Sozialphilosophische Modelldeutungen stilisieren eher allgemeine Leitlinien und Grundzüge und unterstellen sie auch einer wertenden Beurteilung. Im übrigen sind solche allgemeineren Deutungen leichter zu leisten als der Aufbau einer umfassenden beschreibenden Theorie der Technik. Gehlens erwähnte These von den »Superstrukturen« ist eine solche pointierte gesamtgesellschaftliche Deutung. Außerdem lassen sich auch die erwähnten traditionellen philosophischen Deutungen der Technik hier einordnen, soweit sie die soziale und geschichtliche Prägung des Technischen berücksichtigen. Man wird sich nicht mehr damit begnügen können, einseitig einen einzigen Grundzug hervorzuheben, der gleichsam das »Wesen« der Technik kennzeichnen könnte. Komplexe soziale Phänomene dieses Umfangs lassen sich nur mit Ansätzen erfassen, in denen viele Fachdisziplinen unter Berücksichtigung vieler Einflußgrößen zusammenarbeiten. So müssen die traditionellen Ansätze nebeneinandergestellt und nur als Teildeutung in die Vielfalt der Modellzüge und Dimensionen des Technischen und seiner Bedingungen und Folgen eingeordnet werden. Kühnere sozialphilosophische Konstruktionen können die ersten Schritte dazu sein, um diese Vielfalt versuchsweise systemhaft zu vereinheitlichen.

Von der sozialphilosophischen Deutung zur wert- und normenphilosophischen Beurteilung soziotechnischer Phänomene ist es nur ein kleiner Schritt – zumal, wenn unter alternativen Planungsstrategien bei beschränkten Ressourcen Prioritätsentscheidungen anhand von systematischen Bevorzugungsordnungen nötig sind. Probleme der humanen und vernünftigen Beurteilung technischer Entwicklungen und Innovationen, ihrer Ziele und Folgen, der moralischen Verantwortlichkeit und der immer wieder neu in einer kulturellen und gesellschaftlichen Gesamtsituation zu interpretierenden Wertvorstellungen werden nicht nur von Sozialwissenschaftlern und Politikern, sondern auch von reflektierenden Planern, Systemanalytikern und Technikwissenschaftlern als

Herausforderung empfunden, die eine situationsgerechte philosophische Analyse erfordert. Ozbekhan, Steinbuch, Feinberg und andere Repräsentanten der Technischen Intelligenz fordern schon seit einigen Jahren die Entwicklung neuer Wertkonzeptionen, neuer Orientierungsleitlinien für die Langfristplanung, neuer ›Führungsgrößen‹ für den technischen Fortschritt.

Zur normen- und wertphilosophischen Diskussion der soziotechnischen Probleme ist bisher jedoch nur relativ wenig Fundiertes beigesteuert worden. Dieser Mangel dürfte darauf zurückzuführen sein, daß die traditionelle Technikphilosophie zu lange den Extremen einer pessimistischen Kulturkritik einerseits und einer euphorischen Technikapologie andererseits gehuldigt hat. Eines der ersten und umfassenden interdisziplinären Projekte (Baier-Rescher) behandelte im wesentlichen den Einfluß technischer Veränderungen auf die Wertsysteme und ist auch eher als informatorische Beratungsgrundlage für politische Entscheidungs- und Regierungsinstanzen gedacht. Immerhin sind in diesem Band interessante Ausblicke auf künftige Wertänderungen zu finden – wenn auch zumeist in Einschränkung auf amerikanische Verhältnisse. Trendextrapolationen und Szenariobeschreibungen von wahrscheinlichen Werteinstellungsveränderungen wurden durch interdisziplinäre Expertengremien erstellt. Charakteristisch ist dabei allerdings: Wissenschaftstheoretische und analytisch-philosophische Methoden sowie Modelle der Wertlogik werden bei Fragen der inhaltlichen Wertdiskussion, der Dynamik der Wertänderungen und der Prognose wahrscheinlicher Wertprioritäten für die nächsten Jahrzehnte überhaupt nicht herangezogen; methodologisch blieben die zweifellos notwendigen, unorthodoxen sozialwissenschaftlichen Methoden bislang unanalysiert.

Der Natur- und Technikwissenschaftler Sachsse hat kürzlich mit Recht die Bedeutung ethischer und normenphilosophischer Probleme im systemtechnologischen Zeitalter hervorgehoben: Nicht nur »die Lösungen der technischen, sondern die der ethischen Probleme werden unsere Zukunft bestimmen«. Er schildert eine Reihe dieser Probleme, die aufgrund von technologischen Innovationen und technischen Neustrukturierungen der Situation eine normative Neuorientierung erfordern: So ist insbesondere der Begriff des Informationsbesitzes noch allzu sehr am klassischen Gütereigentum und an der Substanzkategorie ausgerichtet und verfehlt die Probleme der systemtechnischen Informationsverbreitung und -kontrolle. Die moralischen Probleme und die Pressions-, Manipulations- und Kontrollmöglichkeiten, die durch ein monopolistisches Informationssystem einer machtbesessenen Regierung eröffnet werden, deuten auf Mißbrauchsgefahren, die durch die wachsende technische Effektivität der Informationssysteme drastisch erhöht werden.

Dringlich ist der Bedarf an neuen moralischen Orientierungsnormen auf dem Gebiet der Genetik und Medizin (etwa in der Empfängnisverhütung und bei der Feststellung des Todeseintritts), beim Umgang mit unpersönlichen Institutionen oder insbesondere angesichts der möglichen Anwendung fernwirkender Großvernichtungswaffen. Hier wird deutlich, wie im Umgang mit technologischen Wirkungen neue Durchsetzungsmittel und Ausführungsbestimmungen für Moralgebote nötig sind, die freilich auf alten Wertvorstellungen beruhen. In der Tat geht es zumeist nicht um neue Grundwerte, sondern um neuumschriebene Anwendungsmöglichkeiten und Bedingungen in der technischen Welt. Selbst Ozbekhans angeblich neuer Grundwert der Ethik im planetarischen Zeitalter, jener des »ökologischen Gleichgewichts« auf unserem Raumschiff Erde, ist wohl kaum der neue Fundamentalwert aller künftigen Ethiken, sondern ein ableitbarer Sekundärwert – ableitbar aus dem Wert eines zu sichernden menschenwürdigen Überlebens der Menschheit.

Wenn Ozbekhan meint, die Technologen hätten ihre Schuldigkeit getan, nun seien die Philosophen an der Reihe, so ist der erste Teilsatz sicherlich falsch, so richtig der letzte allerdings ist. Kann auch die moral- und sozialphilosophische Diskussion angesichts der Herausforderungen des systemtechnologischen Zeitalters keine absolut gesicherten inhaltlichen Rezepte und Rechtfertigungsmethoden apriorisch-rationalistischer Art geben (dies dürfte ein kaum bezweifelbares Ergebnis der jüngsten diesbezüglichen Philosophie sein), so muß doch die Philosophie im interdisziplinären Konzert diese Herausforderungen wieder aufnehmen und neue konstruktive Entwürfe wagen. Sie muß heraustreten aus dem Elfenbeinturm der Seminarphilosophie, ohne falsche Sicherheiten zu versprechen. Soziale und überdisziplinäre Probleme des Technischen gerade in seiner Verzahnung mit anderen Lebensbereichen sind zu wichtig, als daß man sie allein den Technikwissenschaftlern überlassen könnte: Sie sind eben soziale, politische und Wertprobleme. Aber wie die vieldimensionalen

Probleme der technologischen Welt nicht ohne die Beteiligung sozialwissenschaftlicher Generalisten und philosophischer Universalisten mit einiger Aussicht auf Erfolg angegriffen werden können, genauso wenig können sie ohne das entscheidende realistische Korrektiv der technikwissenschaftlichen Experten, der Systemanalytiker und Systemplaner problemangemessen und realitätsnah gelöst werden. Eine fruchtbare und realistische Zusammenarbeit über die veralteten Fakultätsgrenzen hinweg, insbesondere zwischen Natur- und Geisteswissenschaften, zwischen Sozial- und Technikwissenschaften, ist heute nötiger denn je.

Zum methodologischen Vergleich von Technik und Naturwissenschaft

Wie schon erwähnt, taucht in der wissenschaftstheoretischen Diskussion um die Technik immer wieder die Frage auf, ob die Technik ausschließlich als angewandte Naturwissenschaft aufzufassen sei. So plausibel diese Gleichsetzung auf den ersten Blick erscheinen mag, als so oberflächlich stellt sie sich bei genauerer Untersuchung heraus. Einerseits ist zwar deutlich, daß neuentdeckte physikalische Effekte ganz neue Technikbereiche erzeugen oder ermöglichen und daß neue präzisere Geräte die Möglichkeit ganz neuartiger naturwissenschaftlicher Experimente eröffnen. Auch auf der Seite der Technikwissenschaften ist eine Verzahnung mit naturwissenschaftlichen Methoden und eine zunehmende Theoriebildung im Sinne der Naturwissenschaften unübersehbar.

Die moderne Technik übernimmt in der Technikforschung – in den Technik- und Ingenieurwissenschaften – nicht nur relevante Ergebnisse der Naturwissenschaften, sondern auch deren experimentelle Forschungsmethoden. Anstelle des durchaus noch vorhandenen probierenden Tastens und praxisnaher, aber ad hoc ausgelegter Prototyp-Lösungen tritt immer mehr die systematische quantifizierende Theoriebildung, durch möglichst variablen-isolierende Versuche überprüft und auf umfassendere, oft im Sinne zweckfreier Grundlagenarbeit zu erschließende Anwendungsbereiche gerichtet. Die Verflechtung von Technik und Naturwissenschaften zeigt sich besonders deutlich in der technologischen Großforschung (Big science), zumal wenn die technischen Probleme vorgegeben sind und wissenschaftlich begründete und abgesicherte Lösungen gefunden werden sollen; doch dies gilt ebenfalls für die zunehmenden Fälle, daß für bereits bekannte naturwissenschaftliche Forschungsergebnisse erst neue technische Anwendungsmöglichkeiten systematisch erschlossen werden. Der Verwissenschaftlichung der Technik steht übrigens eine wachsende Technisierung der Experimentalwissenschaften gegenüber: Die technische Geräteentwicklung bietet neue Hilfsmittel (Präzisionsmeßgeräte, Transportmöglichkeiten, Verstärkerfunktionen, Kontrollmöglichkeiten usw.), die den experimentellen und den beschreibenden Naturwissenschaften (aber zunehmend auch den Sozialwissenschaften) ganz neue Phänomenbereiche zugänglich machen oder gar schaffen. Raumsonden, Radioastronomie, künstliche Elemente und die Computertechnik seien als hervorstechende Beispiele genannt. Technische Probleme stellen den Naturwissenschaften neue Aufgaben (Beispiele: das Theoriedefizit bei Strömungsmaschinen, Verbrennungsmotoren, Supraleitung) – und umgekehrt (Halbleitertechnik). Selbst wenn die Verflechtung von Technik, Experimentalwissenschaft und Industrieproduktion sowie -entwicklung, wie erwähnt (S. 40, 212), als das Entstehen eines übermächtigen, fast alle anderen Lebensbereiche durchdringenden technisch-wissenschaftlich-industriellen Komplexes gedeutet werden kann, zeigen sich dem genauer differenzierenden Blick dennoch wichtige Bereichs-, Akzent-, methodologische und Zielunterschiede zwischen Technik, Technologie (Technikwissenschaft bzw. wissenschaftlicher Technik) und Naturwissenschaft. Für die Technik sind etwa wirksame Verfahrensbeherrschung, Wirkungsgrad, praktische Anwendung, Konstruktion (z. B. von Prototypen), Planung und Durchführung industrieller Herstellung, Kostenverkleinerung der Produktion (etwa durch Massenherstellung und Automation) sowie zweckgünstige Benutzung, Kontrolle und Einsetzbarkeit der Artefakte von vorrangiger Bedeutung (Rapp, Lenk in: Lenk-Moser 1973, 120, 207). Daher kann trotz der festzustellenden wachsenden Verflechtung und weitgehender, aber nicht vollständiger Überlappung beider Bereiche die Technik nicht einfach als angewandte Naturwissenschaft aufgefaßt werden (Moser, Rapp, Lenk ebd., 17 ff., 22 ff., 27 f., 80 f., 177 ff., 206 ff., Huning, 80 ff.). (Auch wissenschaftstheoretisch dürfte sich die instrumentalistisch-technizistische Deutung der Naturwissenschaft als unhaltbar erwiesen haben.) Besonders die prinzipielle Ausrichtung auf Zwecke, auf die Lösung praktischer Bedarfs- oder Mangelprobleme (selbst wenn Bedarf und Bedürfnisse z. T. erst durch neue technische Produkte geprägt, »erzeugt« werden – dies wird z. T. bewußt angestrebt) kennzeichnet den bei aller Verflechtung deutlichen Unterschied: »In der technischen Entwicklung wird vorrangig nicht die Realität erforscht, sondern es werden neue reale Artefakte entsprechend den Entwürfen, Zwecksetzungen und naturgesetzlichen Bedingungen geschaffen. Erst nach dem Entwurf entsteht gleichsam ›Realität‹« (Lenk-Moser 1973, 205 f.). »Während die Wissenschaft sich mit dem befaßt, was ist, richtet sich die Technologie (Technik) auf das, was sein soll« (Skolimowski 1966, 374 f.) – besser: auf das, was man herstellen kann/soll, auch: darf. Diese etwas zu lose umschriebene unterschiedliche Zielsetzung bleibt trotz der Verflechtung und partiellen Überlappung (etwa trotz der »technischen« und/oder naturwissenschaftlichen Erzeugung künstlicher Elemente) erhalten und analytisch sinnvoll durchführbar. Sie hat auch ihre methodischen und methodologischen Konsequenzen: Während die wissenschaftliche Forschung theoretische Tiefe, Präzision, Reichweite, riskante Neuansätze sucht, prämiiert die technologische Entwicklung praktische Bewährtheit, Haltbarkeit, Sicherheit, Verläßlichkeit, Standardisierung, Routinisierung, Empfindlichkeit, Schnelligkeit, Kostenminimierung, Nutzwert, Effektivität und Effizienz der Verfahren. Die Aufgabenstellung und Mentalität des praktischen Ingenieurs ist von der des theoretischen Naturforschers wenigstens idealtypisch durchaus zu trennen (Lenk-Ropohl 1976 (a), (b)).

Wenn die Technik trotz teilweiser Überlappung mit dem Phänomenbereich der Naturwissenschaften durch eigene Zielsetzungen und Methoden gekennzeichnet ist, so muß sich diese besondere Akzentsetzung teilweise auch in einer andersartigen Methodologie, einer anderen Wissenschaftstheorie der Technikwissenschaften ausdrücken. Wenn z. B. ein hoher Wirkungsgrad, ein möglichst großes Verhältnis von Output zu Input, das Ziel einer techn(olog)ischen Entwicklung ist, so muß dies auch die methodologischen Beurteilungen bestimmen. Das hat zur Folge, daß sich die Methodologie der Technikwissenschaften insoweit nicht allein oder vorrangig auf die Überprüfung einer umfassenden naturwissenschaftlichen Theorie im Hinblick auf Wahrheit beschränken kann, sondern sie muß sich eben um Beurteilungen der Wirkung und der Wirksamkeit, des Wirkungsgrades bei technischen Verfahren und Gebilden sowie bei deren Zusammenschaltungen kümmern.

Da Naturwissenschaften und Technik sich ähnlich zueinander verhalten wie Theorie und Praxis, wie Erkenntnis und Handeln, so meinte man (Rapp 1973, 130), im Unterschied und zusätzlich zur »idealisierenden Abstraktion« und der hypothetisch-deduktiven Methode der Naturwissenschaften ein Prinzip der »realisierenden Konzentration« in der Technik am Werke zu sehen. Besser wäre es sicher, von der auf die Verwirklichung von Prototypen, also auf die praktische Bewährung am tatsächlich erstellten und erprobten Beispiel ausgerichteten Konkretion in der technischen Entwicklung zu sprechen; es scheint somit in den Technikwissenschaften eine »projektiv-pragmatische Methode« (Rapp 1973, 128 ff.) im Hinblick auf gegebene oder zu entwickelnde Zielsetzungen oder Funktionen zu herrschen – wenigstens dort, wo die praktische Erfahrung, die technische Konstruktions- und Entwicklungsarbeit den Hauptakzent setzen. Dies gilt etwa in der Bau- und Bergbautechnik, in der Verkehrs- und Fördertechnik, in der metallurgischen und chemischen Technik, aber auch noch in manchen Bereichen der Verfahrens- und (Verbrennungs-)Maschinentechnik (im Gegensatz zu den viel stärker an naturwissenschaftlichen Grundlagen orientierten Bereichen der Kern-, Meß-, Regelungs- und Computertechnik). Eine eigene praxisorientierte technikwissenschaftliche Theoriebildung hat sich in den erstgenannten Gebieten deshalb ausgeprägt, weil sich die wesentlichen Größen bei verwickelten technischen Vorgängen aufgrund von Zugriffsschwierigkeiten und Problemen der Systemkomplexität oder aus Kosten- und Zeitgründen nicht sauber in naturwissenschaftlich sezierender Weise einzeln isolieren, manipulieren und untersuchen lassen. Technische Vorgänge erfordern z. T. eine die Einzeldisziplin übergreifende Ausarbeitung von umfassenderen Struktur- und Verhaltensgesetzen technischer Systeme, die über die derzeitigen Auflösungsmöglichkeiten naturwissenschaftlicher Grundtheorien noch hinausgehen und demgemäß nur pragmatisch an Systemkomplexen »ausprobiert« werden können. Selbst bei den über 100 Jahre alten Ottomotoren oder gar bei neueren Raketenverbrennungsmotoren lassen sich die Verhältnisse noch nicht durch eine ins einzelne gehende naturwissenschaftliche Theorie völlig beherrschen oder durch variablenisolierende Experimente exakt überprüfen. Es gibt in vielen Bereichen der Technikwissenschaften also über die naturwissenschaftlichen, oft noch allzuweit von der konkreten Anwendungspraxis entfernten Grundlagentheorien hinaus spezielle technische Gesetze, die Erfahrungswerte über komplexe, oft bereichsübergreifende Systemzusammenhänge zusammenfassen. Oft stellen sie nur eine Vergleichs- und Zusammenhangsregel über Input und Output zusammen oder geben nur eine äußere Verhaltensbeschreibung des als Black box aufgefaßten Systemmodells. Dies genügt aber zumindest vorerst für die Konstruktions- und Kontrollpraxis. Wenn man technische Zielsetzungen wie Effizienz oder Sicherheit hinzunimmt, die sich in entsprechenden Begrenzungskoeffizienten ausdrücken, so fließen auf diese Weise ökonomische oder gar soziale Gesichtspunkte ein, die zu einer theoretisch kaum exakt auflösbaren Mischung von naturwissenschaftlichen theoretischen Grundansätzen, technischen Erfahrungswerten, heuristischen Konstruktionsprinzipien und sozialwissenschaftlichen Faktoren und zu komplexen Bewertungen führen. Ob es hierbei grundsätzlich »technikspezifische methodologische Gesetze« (Müller 1967, 1448) gibt, bleibt noch umstritten; praktisch gibt es aber sehr spezifische konkrete, der Praxis verbundene gesetzesähnliche Regeln und Modelle, die Erfahrungswerte in »Daumenregeln« zusammenfassen, auch heute noch in vielen Bereichen der Technik. Wichtige Unterschiede zwischen technikspezifischen »Erfahrungsgesetzen«, technologischen »Regeln« und formalen Methoden sind dabei ebenfalls zu berücksichtigen. Unabhängig hiervon besteht jedoch die zunehmende Verwissenschaftlichung der Technik darin, daß immer mehr inhaltliche naturwissenschaftliche Grundtheorien bei technischen Entwicklungen angewendet werden, daß in technikwissenschaftlichen Untersuchungen mehr und mehr die Voraussetzungen derart manipuliert werden, daß echte Gesetze angewendet und so den techn(olog)ischen Regeln zugrundegelegt werden. Dabei ist zu beachten, daß technologisch erfolgreiche »Theorien« u. U. durchaus (naturwissenschaftlich gesehen) streng genommen falsifiziert (widerlegt) sein können (Satellitenbahnen werden immer noch nach Newtons Schwerkraftgesetz berechnet, obwohl Einsteins Gravitationstheorie prinzipiell überlegen scheint) und daß umgekehrt wissenschaftlich hochbestätigte Theorien praktisch-technisch unbrauchbar sein können (wie wiederum das letztere Beispiel zeigt). Die erfolgreiche Praxis liefert weder einen wissenschaftlichen, die Größen echt isolierenden Test für eine Theorie noch eine theoretische Einsicht (der Mensch schlug jahrhundertelang Feuer, ohne eine angemessene chemische Theorie der Verbrennungsvorgänge zu besitzen). Auch braucht Wissen nicht zum Handeln zu befähigen (wir wissen einiges über Sternaufbau und Sternentwicklung, ohne solche herstellen zu können (Bunge 1972, 67 f.)). Theoretisches Wissen (über Gegenstände und Prozesse) ist nicht zugleich (und weder hinreichend noch notwendig für) instrumentelles Know-how, ist nicht automatisch auch ein Handlungswissen darüber, wie Gegenstände und Prozesse zu erzeugen oder zu beherrschen sind. Dennoch gilt, daß theoretisches Wissen die Konzeption und Erfolgsprüfung von Know-how meist erheblich erleichtert (daher die zunehmende Verwissenschaftlichung der Technik). (Umgekehrt wird vom erfolgreichen Know-how aus meist nicht einmal die Bildung der wissenschaftlichen Grundlagentheorie erleichtert, geschweige denn bestimmt.) Dementsprechend ist sorgfältig zwischen der Methodologie techn(olog)ischer Regeln und der Wissenschaftstheorie der inhaltlichen wissenschaftlichen Grundlagentheorien zu unterscheiden – selbst dann, wenn die ersteren auf den letzteren basieren oder auf technologischen Aussagen, die durch eine bloße Umformulierung von wissenschaftlichen Gesetzeshypothesen entstehen. Gesetze beschreiben, erklären und deuten, erheben Anspruch auf Wahrheit: sind beschreibend-theoretisch; techn(olog)ische Regeln schreiben Handlungen vor, sind nicht wahrheitsfähig, aber mehr oder weniger wirksam (effektiv), d. h.: sie sind praktisch-pragmatisch und wenigstens zum Teil bewertend, beurteilend, bedingt, handlungsempfehlend. Da Effektivität nicht allein durch den (zwar notwendigen, aber nicht hinreichenden) bisherigen praktischen Erfolg gewährleistet werden kann, kann das Verständnis für die Gründe der Wirksamkeit nur durch Einsicht über die zugrundeliegenden Gesetzeszusammenhänge, durch Zuordnung zu betreffenden wissenschaftlichen Gesetzen ermöglicht werden. Eine Regel kann so durch Gesetze »begründet« werden (Bunge ebd.). Eine angemessenere Beurteilung, eine Verbesserung oder Ersetzung von Regeln durch überlegene Regeln wird u. U. auf diese begründete Weise ermöglicht. Die Gültigkeit der Gesetzeshypothese garantiert zwar nicht notwendig die Wirksamkeit der Regel (die Voraussetzungen für die entsprechenden Maßnahmen müssen z. B. auch *durchführbar* sein) – und umgekehrt erst recht nicht, wie erwähnt. Bunge (ebd., 70) formuliert daher den pragmatischen Zusammenhang in einer (vorsichtigeren methodischen) Faustregel: »Ist ›A → B‹ eine Gesetzesformel, so probiere man die Regeln: ›Um B zu erhalten, stelle man A her‹ und/oder ›um B zu verhindern, verhindere man A‹.«

Wenn ein Mittel zur Erreichung eines Zieles gar nicht eingesetzt wird (werden kann), so bleibt das Urteil über die Wirksamkeit eben unbestimmt. Eine von einer technologischen Regel vorausgesetzte Maßnahme nicht anzuwenden bedeutet eben: die Regel selbst nicht anzuwenden. Weitere Verfeinerungen müßten jeweils mit Hilfe einer Gradabstufung oder gar quantitativen Erfassung der Wirksamkeit eingeführt werden.

Aufgrund solcher technologischer Regeln (Regelsysteme) lassen sich auch technologisch bedingte Voraussagen oder gar Planungen sowie Entwicklungsstrategien ausarbeiten. Es handelt sich hier um Handlungsentwürfe, um Eingriffe, Zusammenhänge zwischen Zweck und Mitteln sowie eventuell um deren politische und gesellschaftliche Durchsetzung bzw. Verbreitung. All dies führt zu besonderen und besonders schwierigen Methodenproblemen.

Das Ziel, beim Schaffen von bestimmten materiellen Artefakten, von künstlich planmäßig im Hinblick auf bestimmte Funktionen geschaffenen »Sachen« Zweckentsprechung und hohen Wirkungsgrad zu erreichen, bedingt natürlich andere Methoden, als die Theoriebildung, -differenzierung und -überprüfung des reinen Wissenschaftlers sie erfordern – zumal außer den Nutzwert- und Wirkungsgradbeurteilungen noch i. e. S. ökonomische, aber auch politische, ethische und ästhetische Bewertungen technische Innovationen und oft schon deren Konstruktionen mitbeeinflussen. Manche Ingenieurwissenschaftler (Rodenacker) fordern daher statt einer Wissenschaftstheorie der Technikwissenschaften die Ausbildung einer »Schaffenstheorie«, einer Kompositionslehre (Kesselring), Konstruktionssystematik (Hansen) oder -wissenschaft als Teil einer allgemeinen vergleichenden und verbindenden Heuristik (Müller). Soweit dabei Konstruktionsmethoden entwickelt werden, handelt es sich nicht um wissenschaftstheoretische (methodologische) Fagestellungen, sondern um solche der Handlungsmethodik, die eher der Praxeologie, der allgemeinen Theorie der Wirksamkeit von Handlungen, unterzuordnen sind (Skolimowski 1966, 377). Das gilt sicherlich für Nutzwertanalysen in der Technik, besonders der Systemtechnik. Das Zusammenspiel der inhaltlichen Technikwissenschaft und der formalen Theorien zur Optimierung und zur Beurteilung von technischen Verfahren, Entscheidungen und Handlungen muß noch genauer untersucht werden. Wegen der Vielschichtigkeit der Technik und der zugehörigen Technikwissenschaften (zugleich Praxisverbundenheit *und* Theoriegeladenheit, beschreibende *und* bewertende Teile, natur- *und* sozialwissenschaftliche Einflußgrößen, Analyse *und* Konstruktion/Synthese, schöpferische Einfälle *und* praktische Realisierung) dürfte die konkrete Ausarbeitung einer einheitlichen Wissenschaftstheorie der Technikwissenschaften und einer Methodologie der technischen Verfahren und Handlungsweisen äußerst schwierig sein.

Insgesamt scheint es also sinnvoll zu sein, sorgfältiger zu unterscheiden zwischen naturwissenschaftlicher und technikwissenschaftlicher Grundlagenforschung, technisch-konstruktiver Entwicklung, systemtechnischen Planungen und Verfahren und den systemwissenschaftlichen und teilweise sozialwissenschaftlichen Untersuchungen zu den übergreifenden gesellschaftlichen Verzahnungen des Technischen und der Technik ebenso wie zwischen Naturwissenschaft, Technik und Technikwissenschaft. Natürlich setzen solche begrifflichen Unterscheidungen nur grobe Leitlinien, verschiedene Akzente innerhalb eines Bereiches, der durch stark anwachsende Wechselbeziehungen zwischen den genannten Teilgebieten gekennzeichnet ist. Sie sind nichtsdestoweniger aufschlußreich. Der schon eingangs erwähnte Gesamttrend zur systemhaften Verflechtung, zur Ausdehnung besonders der organisations- und informationstechnischen Verfahren, zur Systemtechnik und zu Systemtechnologien läßt sich so einsichtiger machen. Er dürfte als ein Grundzug des sich anbahnenden informations- und systemtechnologischen Zeitalters kaum noch bezweifelt werden können.

Literatur

Agassi, J.: The Confusion between Science and Technology in the Standard Philosophies of Sciences. In: Technology and Culture 7 (1966), 348-366 (Nachdruck in: Rapp 1974).

Ayres, R. U.: Prognose und langfristige Planung in der Technik. München 1971.

Baier, K. – Rescher, N. (Hg.): Values and the Future. New York–London 1969.

Brinkmann, D.: Mensch und Technik. Bern 1946.

Brocke, B.: Technologische Prognosen. Freiburg–München 1978.

Buchanan, S.: Nature, Science and Technology. In: Technology and Culture 3 (1962), 535 ff.

Bunge, M.: Toward a Philosophy of Technology. In: Mitcham, C. – Makkey, R. (Hg.): Philosophy and Technology. New York–London 1972, 62-76.

Bunge, M.: Technology as Applied Science. In: Technology and Culture 7 (1966), 329-347 (Nachdr. in: Rapp 1974).

Dessauer, F.: Streit um die Technik. Frankfurt 1956.

Dessauer, F.: Philosophie der Technik. Bonn 1927.

Durbin, P. (Hg.): Research in Philosophy and Technology. Bd. I, II. Greenwich, Conn. 1978 und 1979.

Ellul, J.: La technique ou l'enjeu du siècle. Paris 1954 (The Technological Society. New York 1964).

Feinberg, G.: The Prometheus Project. New York 1968.

Freyer, H.: Zur Philosophie der Technik. In: Blätter für Deutsche Philosophie 3 (1929), 192-201.

Gehlen, A.: Die Seele im technischen Zeitalter. Hamburg 1957.

Gottl-Ottlilienfeld, F.: Wirtschaft und Technik. Tübingen 1923.

Habermas, J.: Technik und Wissenschaft als ›Ideologie‹. Frankfurt 1968.

Hansen, F.: Konstruktionssystematik. Berlin 1965.

Heidegger, M.: Die Technik und die Kehre. Pfullingen 1962.

Heyde, J. E.: Zur Geschichte des Wortes »Technik«. In: Humanismus und Technik 9 (1963), 25-43.

Hillmer, H. – Peters, R. W. – Polke, M.: Studium, Beruf und Qualifikation der Ingenieure. Düsseldorf 1976.

Hübner, K.: Von der Intentionalität der modernen Technik. In: Sprache im technischen Zeitalter 1968, Nr. 25, 27-48.

Huning, A.: Das Schaffen des Ingenieurs. Düsseldorf 1974.

Ihde, D.: Technics and Praxis. Dordrecht 1979.

Jantsch, E.: Technological Forecasting in Perspective. Paris (OECD) 1967.

Jaspers, K.: Vom Ursprung und Ziel der Geschichte. Zürich 1949 (Hamburg 1955).

Jetter, U.: Technik und Ingenieure in der öffentlichen Meinung. In: Ropohl, G. (Hg.): Maßstäbe der Technikbewertung. Düsseldorf 1978, 67-87.

Jobst, E.: Philosophische Probleme des Wechselverhältnisses von technischer Wissenschaft und Naturwissenschaft. In: Wissenschaftliche Zeitschrift der TH Karl-Marx-Stadt 9 (1967), 81-92.

Jobst, E.: Spezifische Merkmale der technischen Wissenschaft in ihrem Wechselverhältnis zur Naturwissenschaft. In: Deutsche Zeitschrift für Philosophie 16 (1968), 928-935.

Kapp, E.: Grundlinien einer Philosophie der Technik. Braunschweig 1877. (Düsseldorf 1978²).

Kesselring, F.: Technische Kompositionslehre. Berlin u. a. 1954.

Kogon, E.: Die Stunde der Ingenieure. Düsseldorf 1976.

Lenk, H.: Erklärung, Prognose, Planung. Freiburg 1972.

Lenk, H. (Hg.): Technokratie als Ideologie. Stuttgart 1973.

Lenk, H. – Moser, S. (Hg.): Techne – Technik – Technologie. Pullach bei München 1973.

Lenk, H. – Ropohl, G.: Technische Intelligenz im systemtechnologischen Zeitalter. Düsseldorf 1976 (a).

Lenk, H. – Ropohl, G.: Praxisnahe Technikphilosophie. Entwicklung und Aktualität der interdisziplinären Technologiediskussion. In: Zimmerli 1976 (b), 104-145.

Lenk, H. – Ropohl, G.: Technik im Alltag. Materialien zur Soziologie des Alltags. In: Kölner Zeitschrift für Soziologie und Sozialpsychologie. Sonderheft 20/1978, 265-298. (In diesem Band S. 58 ff.).

Lundgreen, P. (Hg): Zum Verhältnis von Wissenschaft und Technik. Bielefeld (Univ.-Forschungsschwerpunkt Wissenschaftsforschung) 1976.

Marcuse, H.: Der eindimensionale Mensch. Neuwied–Berlin 1967.

Marcuse, H: Versuch über die Befreiung. Frankfurt 1969.

Marcuse, H.: Triebstruktur und Gesellschaft. Frankfurt 1970.

Marx, K.: Exzerpte über Arbeitsteilung, Maschinerie und Industrie. Frankfurt/M.–Berlin–Wien 1982.

Mitcham, C. – Mackey, R. (Hg.): Philosophy and Technology. New York–London 1972.

Moser, S.: Kritik der traditionellen Technikphilosophie. In: Lenk – Moser 1973, 11-18.

Müller, J.: Zur Bestimmung der Begriffe »Technik« und »Technisches Gesetz«. In: Deutsche Zeitschrift für Philosophie 15 (1967 a), 1431-1449.

Müller, J.: Zum Verhältnis von Naturwissenschaft und Technik. In: Freiburger Forschungshefte D. 53 (1967), 163-170.

Müller, J.: Probleme der Entwicklung einer systematischen Heuristik in den technischen Wissenschaften. Karl-Marx-Stadt 1968.

N. N.: Grundlagenforschung und Technik. Sitzungsberichte der Deutschen Akademie der Wissenschaften zu Berlin (Klasse für Mathematik, Physik und Technik) Nr. 1 Berlin 1967.

Ortega y Gasset, J.: Betrachtungen über die Technik. Der Intellektuelle und der Andere. Stuttgart 1949.

Ozbekhan, H.: Toward a General Theory of Planning. In: Jantsch, E. (Hg.), Perspective of Planning. Paris (OECD) 1969, 47-155.

Pfeiffer, W.: Allgemeine Theorie der technischen Entwicklung. Göttingen 1971.

Rapp, F.: Die Technik in wissenschaftstheoretischer Sicht. In: Lenk, H. (Hg.): Neue Aspekte der Wissenschaftstheorie, Braunschweig 1971, 179-185.

Rapp, F.: Technik und Naturwissenschaften – eine methodologische Untersuchung. In: Lenk – Moser 1973, 108-132.

Rapp, F.: Contributions to a Philosophy of Technology. Dordrecht–Boston 1974.

Rapp, F.: Analytische Technikphilosophie. Freiburg–München 1978.

Rapp, F.: Philosophy of Technology. In: Contemporary Philosophy. A new survey. Bd. II, Den Haag-Boston-London 1982, 361-412.

Ropohl, G. (Hg.): Systemtechnik – Grundlagen und Anwendung. München 1975.

Ropohl, G. (Hg.): Eine Systemtheorie der Technik. München 1979.

Ropohl, G. (Hg.): Interdisziplinäre Technikforschung. Berlin 1981.

Rumpf, H.: Gedanken zur Wissenschaftstheorie der Technikwissenschaften. VDI-Zeitschrift 111 (1969), 2-10 (überarbeiteter Nachdruck in: Lenk – Moser 1973, 82-107).

Rumpf, H.: Technik zwischen Wissenschaft und Praxis. Düsseldorf 1981.

Rumpf, H. – Rempp, H. – Wiesinger, M.: Technologische Entwicklung. Bd. 1: Allgemeine Entwicklungslinien. Göttingen 1976.

Skolimowski, H.: The Structure of Thinking in Technology. In: Technology and Culture 7 (1966), 371-383 (Nachdruck in: Rapp 1974).

Staudt, E.: Struktur und Methoden technologischer Voraussagen. Göttingen 1974.

Steinbuch, K.: Mensch – Technik – Zukunft. Stuttgart 1971.

Ullrich, O.: Technik und Herrschaft. Frankfurt 1977.

Zimmerli, W. (Hg.): Technik – oder: wissen wir, was wir tun? Basel–Stuttgart 1976.

Technik und Alltagswelt[*]

Zur Soziologie der Technikverwendung und der Einstellungen zur Technik

Obwohl die Technik zu den lebensbestimmenden Phänomenen der Gegenwart gehört, widmet ihr die Forschung in der Philosophie, in den Human- und in den Sozialwissenschaften nur wenig Aufmerksamkeit. Von einer eigentlichen Soziologie der Technik, so führen Hans Linde (1972) und Peter Weingart (1976) übereinstimmend aus, kann kaum die Rede sein. Zwar haben sich Sozialphilosophen, Historiker, Wirtschaftstheoretiker, Kulturanthropologen und andere hin und wieder auch mit Fragen der Technik beschäftigt (W. Rammert 1975; H. Lenk – G. Ropohl 1976); die Vielfalt der angeschnittenen Aspekte und die Widersprüchlichkeit der vorgelegten Auffassungen blieb jedoch durchweg auf sich beruhen, da sich keine institutionalisierte Forschergemeinschaft dafür zuständig fühlte. Erst neuerdings sind gewisse Ansätze zu einer interdisziplinären Technikforschung zu verzeichnen (H. Lenk – S. Moser 1973; K.-H. Ludwig 1976), bei denen die soziale Dimension der Technik eine große Rolle spielt. Mit den folgenden Überlegungen wollen wir versuchen, vor dem Hintergrund dieser interdisziplinären Technikdiskussion die Rolle der Technik im Alltagsleben zu beschreiben und zu analysieren. Über einen ersten Versuch werden wir dabei nicht hinauskommen können, weil zum einen noch kaum empirische Erhebungen und Aufarbeitungen zu unserem Problem vorliegen und zum anderen auch das theoretische Niveau der Technikforschung bislang sehr zu wünschen übrig läßt.

Der erste Teil dieses Beitrages wird sich mit der Verbreitung technischer Gebrauchsgüter im Alltagsleben beschäftigen und daran einige Elemente zu einer Theorie der Technikverwendung

[*] Dieses Kapitel wurde zusammen mit Günter Ropohl (Teil I) verfaßt, dem der Verfasser für jahrelange Zusammenarbeit über Probleme der Technikphilosophie und -soziologie dankt. (Zuerst veröffentlicht unter dem Titel »Technik im Alltag« in: Hammerich, K. – Klein, M. (Hg.): Materialien zur Soziologie des Alltags. Sonderheft 20/1978 der Kölner Zeitschrift für Soziologie und Sozialpsychologie, 265-298.)

knüpfen. Im zweiten Teil werden dann Einstellungen und Meinungen repräsentativer Bevölkerungsquerschnitte zur Technik, zu ihrer Rolle und ihrer Verwendung dargestellt, die einige Rückschlüsse darauf zulassen, welchen Stellenwert die Technik im Alltagsleben des einzelnen besitzt.

I. Technik und Lebenswelt
1. Verbreitung technischer Gebrauchsgüter

Längst ist die technische Kultur so weit gediehen, daß unsere alltägliche Lebenswelt ohne hochentwickelte Technik kaum noch vorstellbar erscheint. Die Technisierung der Alltagsumwelt ist inzwischen erheblich über jenes Maß hinausgegangen, das jahrtausendelang keine dramatischen Änderungen erfahren hatte: Auch wenn es in der Geschichte hin und wieder einige bemerkenswerte technische Neuerungen gab, so beschränkte sich doch die technische Ausstattung des Alltagslebens durchweg auf sehr einfache Bedarfsgüter, die Behausung, die Bekleidung und die notwendigsten Haushaltsgeräte. Heute jedoch ist es uns zur Selbstverständlichkeit geworden, die private Lebenspraxis mit technischen Artefakten mannigfacher Art auszugestalten. Wohin immer wir uns wenden, wie immer wir zu handeln beabsichtigen: überall und stets bieten sich technische Produkte an.

Nur selten machen wir uns klar, daß die Technisierung des Alltagslebens erst in unserem Jahrhundert, in wesentlichen Zügen sogar erst in dessen zweiter Hälfte eingesetzt hat. Nichts zeigt dies deutlicher als die Statistik technischer Gebrauchsgüter, die in *Tabelle 1* dargestellt ist und schon für den Zeitraum von zwei Jahrzehnten eindrucksvolle Entwicklungen belegt (M. Euler 1974; vgl. ä. a. Institut der deutschen Wirtschaft 1982, Tab. 25).

An erster Stelle dieser Tabelle steht der *Personenkraftwagen*; in der Tat ist dieses technische Produkt zur Inkarnation der technischen Kultur geworden, und manches Kleinkind lernt als erste sprachliche Äußerung das Wort »Auto«. Personenkraftwagen verbreiteten sich in den letzten drei Jahrzehnten mit einer selbst für Experten unerwarteten Schnelligkeit. Im Jahre 1950 gab es im Gebiet der Bundesrepublik Deutschland nur etwas mehr als eine halbe Million Personenautos; auf 100 Einwohner entfielen 1,1 Personenautos (Statistisches Bundesamt 1970). Während eine

Prognose aus dem Jahr 1961 unter günstigsten Umständen mit 18,5 Millionen Autos für das Jahr 1980 rechnete (K. Steinbuch 1966, 219), ist tatsächlich bereits 1978 die Zwanzig-Millionen-Grenze überschritten worden – und dies trotz des zwischenzeitlichen Schocks der Ölkrise; das entspricht mehr als 30 Personenkraftwagen je 100 Einwohner. Wohl jeder zweite Erwachsene und,

Tabelle 1: Ausstattung privater Haushalte mit ausgewählten langlebigen Gebrauchsgütern

Art der Gebrauchsgüter	Anteil aller damit ausgestatteten Haushalte		Anteil der Haushalte mittleren Einkommens	
	1962 v. H.	1973 v. H.	1965* v. H.	1981* v. H.
Personenkraftwagen	27	55	30	84
Telefon	14	51	8	90
Fernsehgerät	34	87	69[3]	97[1]
Radiogerät	79	86	92	84[1 2]
Plattenspieler	18	44	38	63
Tonbandgerät	5	25	14	35[1]
Fotoapparat	42	68	78	96
Kühlschrank	52	93	86	~100
Tiefkühlschrank	3	28	2	86
Geschirrspülmaschine	0	7	1	28
Elektrogrill	2	16	4	46
Nähmaschine, elektrisch	10	37	} 26	78
Nähmaschine, mechanisch	47	29		.
Waschautomat	9	59	20	~100
Staubsauger	65	91	90	99

(Quelle: Euler 1974. GLOBUS nach Basisdaten des Statistischen Bundesamtes 1982 (nach Pressemeldungen))

1 1980 (Statistisches Jahrbuch 1981)
2 Andere Erhebungsgrundlagen: ohne Stereo.
3 Schwarzweißfernsehgeräte 1970: 89,4 v. H.; Farbfernsehgeräte 1970: 3,5 v. H., 1980: 74 v. H.

* Für Vier-Personen-Arbeitnehmerhaushalte mit mittlerem Einkommen (Haushaltstyp 2). Nach Daten des Statistischen Bundesamtes (Statistisches Jahrbuch 1981). (Die Vergleichbarkeit der linken und rechten Tabellenhälfte ist problematisch, da links *alle* Haushalte die Basis darstellen. Deshalb wurden rechts entsprechend frühere Vergleichsdaten des Haushaltstyps 2 aufgeführt.)

wie die Tabelle zeigt, über vier Fünftel der Haushalte mit mindestens mittlerem Einkommen verfügen also heute über ein eigenes Auto.

Die negativen Auswirkungen dieser gigantischen Motorisierung, die Überlastung der Fernstraßen und die Verstopfung der Innenstädte, die hohe Zahl von Unfallopfern und die Abgasvergiftung der Luft sind zu allgemein bekannt, als daß wir ausführlicher darauf eingehen müßten. Freilich ist der Autobesitzer noch immer bereit, all diese Belästigungen und Unzuträglichkeiten hinzunehmen, weil ihm der vergrößerte Handlungsspielraum, den ihm das Auto schafft, wichtiger scheint. Benutzt er es für die Fahrt zum Arbeitsplatz, so ist er von den zeitlichen und räumlichen Beschränkungen öffentlicher Verkehrsmittel befreit; das lockert die lokale Bindung an bestimmte Arbeitsstätten und macht es möglich, den Wohnsitz an die Peripherie der Ballungsgebiete zu verlegen. Dieses Bedürfnis ist so ausgeprägt, daß dafür tägliche Fahrzeiten in Kauf genommen werden, welche die Arbeitszeitverkürzungen der letzten Jahre häufig übertreffen. Je weiter der Wohnsitz vom Siedlungsmittelpunkt entfernt ist, desto wichtiger wird das Auto für Einkauf und Transport der lebensnotwendigen Verbrauchsgüter. Einkaufszentren und Supermärkte haben sich an Standorten angesiedelt, die fast nur noch mit dem privaten Wagen erreichbar sind; und die familiären Konsumgewohnheiten haben sich, in Verbindung mit Verpackungs-, Lagerhaltungs- und Kühltechnik – schon fast ein Drittel aller Haushalte besitzt einen Tiefkühlschrank –, vielfach dahingehend gewandelt, daß der tägliche Gang zum »Tante-Emma-Laden« durch die wöchentliche Bevorratungsfahrt zum Supermarkt ersetzt wurde. Aber auch die Freizeitgestaltung hat durch das Auto erhebliche Veränderungen erfahren: Theater, Konzertsäle, Kinos und Vergnügungsstätten lassen sich für den Autobesitzer auch noch aus weiterem Umkreis erreichen. Bei Verwandten, Freunden und Bekannten macht man Wochenendbesuche, auch wenn sie 50 oder 100 Kilometer entfernt wohnen, so daß das Netz sozialer Kontakte Areale beträchtlichen Ausmaßes überspannen kann. Selbstverständlich geworden ist der sonntägliche Familienausflug in landschaftlich reizvolle Gebiete, und die Ferienreise mit Zeltausrüstung oder Wohnwagenanhänger erschließt individuelle Urlaubsmöglichkeiten auch solchen Kreisen der Bevölkerung, die ohne eigenes Auto ihrem Fernweh kaum würden folgen können.

Eine kaum geringere Bedeutung für das Alltagsleben haben die *Medien der Informationsübermittlung* erlangt, unter denen die übermächtige Faszination des Fernsehens herausragt. Erst in den fünfziger Jahren allgemein zugänglich geworden, verbreitete sich das Fernsehen innerhalb von zwanzig Jahren bis nahe an die Sättigungsgrenze: 98% der rund 21 Millionen Haushalte in der Bundesrepublik, das sind mehr als 20,5 Millionen Haushalte, besaßen im Jahre 1979 ein eigenes Fernsehgerät; damit gelang es dem Fernsehen, den Hörrundfunk, der doch hinsichtlich des Programmangebotes wesentlich vielseitiger ist, zu überrunden. Diese über 20 Millionen Fernsehgeräte werden in den meisten Haushalten allabendlich in Betrieb gesetzt, und die äußeren Auswirkungen dieser neuen Gewohnheit auf das gesellschaftliche Verhalten sind allseits feststellbar. Fernsehteilnehmer verlassen seltener das Haus, führen weniger Gespräche im Familienkreis und gehen im Durchschnitt später zu Bett; für Millionen ist der Feierabend zum Fernsehabend geworden. Und schon empfiehlt der Knigge des Fernsehzeitalters, man solle, um sich höflich zu zeigen, während der Zeit der Fernsehnachrichten von Besuchen und Telefonanrufen absehen. Wenn wichtige Sportveranstaltungen oder besonders beliebte Unterhaltungssendungen auf dem Bildschirm flimmern, sind Straßen und Plätze menschenleer, während eine totale Öffentlichkeit millionenfach in die totale Privatheit der Wohnstuben dringt – in einer Gleichzeitigkeit und Allseitigkeit gesellschaftlicher Kommunikation, daß es noch immer schwer fällt, die nüchternen Zahlen in konkrete Vorstellungen zu übersetzen. Man bedenke: Bei kulturellen oder politischen Veranstaltungen finden sich einige Dutzend, einige Hundert oder, im Höchstfall, einige Tausend Menschen zusammen; die Einschaltquoten des Fernsehens hingegen zählen grundsätzlich nach Millionen! So unbestreitbar dieses äußere Erscheinungsbild zu konstatieren ist, so kontrovers sind die Deutungen des Phänomens und seiner Folgen. Wir stehen nicht an, in wenigen Sätzen das breite Spektrum zustimmender und kritischer Würdigungen des Fernsehens (z. B. H. Holzer 1969; H. Pross 1967; A. Silbermann 1970) referieren zu wollen, und versagen es uns, aus der Vielzahl kontroverser Emanzipations- und Manipulationsvermutungen eine weitere Stellungnahme herauszudestillieren. Immerhin muß man festhalten, daß den meistverbreiteten technischen Medien, dem Fernsehen und dem Radio, bestimmte Qualitäten fehlen, die für gesellschaftliche Kommunikation grundlegend sind, insbesondere die Wechselseitigkeit von Informationsproduktion und Informationsempfang. Ohne technologisch naive oder dem möglichen Kommunikationsniveau abträgliche Allheilmittel vorschlagen zu wollen – der Mißbrauch wertvoller Sendezeit unserer Rundfunkanstalten durch Hörertelefonate höchster Belanglosigkeit ist abschreckendes Beispiel genug –, müssen wir doch fragen, ob nicht das exzessive Übergewicht der Informationsproduktion und -übermittlung in einem krassen Mißverhältnis zu den Verarbeitungs- und Reaktivierungsfähigkeiten der Informationskonsumenten steht. Immerhin entstammt nur noch ein Bruchteil individuellen Wissens und Problemverständnisses der unmittelbaren persönlichen Lebenserfahrung; alles andere ist Information aus zweiter Hand, vermittelt durch die »magischen Kanäle« (M. McLuhan 1968) der Medien.

Freilich belegt die Tabelle auch, daß die Verbreitung solcher Kommunikationsmedien gestiegen ist, bei denen sich der Benutzer durch Informationsauswahl oder gar eigene Informationsproduktion aktiv beteiligen kann: Die Ausstattung der Haushalte mit Plattenspielern hat sich innerhalb von 11 Jahren mehr als verdoppelt, die Ausstattung mit Tonbandgeräten gar verfünffacht. Vor allem aber ist, insbesondere seit Anfang der siebziger Jahre, die Anzahl der Telefonanschlüsse beträchtlich gewachsen und hat sich 1973 gegenüber 1962 nahezu vervierfacht. In Verbindung mit dem Ausbau der automatischen Wählvermittlung sogar über die Landesgrenzen hinaus ist auch hier der Aktionsradius des einzelnen erheblich vergrößert worden und umfaßt Kontakte über weite Distanzen hinweg; diese technische Möglichkeit fördert also, ebenso wie der private Personenkraftwagen, ebenfalls die regionale Streuung zugunsten einer qualitativen Konzentration der Sozialkontakte.

Die weiteren Zahlen in *Tabelle 1* verdeutlichen, in welchem Ausmaß die Technik in die private *Haushaltführung* eingedrungen ist. Neben den statistisch erfaßten Großgeräten darf man die vielen Kleingeräte, die elektrischen Kaffeemühlen, Saftpressen, Rührstäbe usw., nicht vergessen und die qualitativen Verbesserungen nicht übersehen, die zum Beispiel in Form von elektrischen Antrieben – man beachte das Vordringen elektrischer gegenüber mechanischen Nähmaschinen –, Thermostaten; Zeitschaltwerken und automatischen Programmsteuerungen die Bedienung der Haushaltsgeräte vereinfacht haben. Zwar bewältigen diese Geräte nur Teilabläufe der Hausarbeit, so daß bei Koch- oder Reinigungsarbeiten menschliche Mitwirkung weiterhin erforderlich ist; nichtsdestoweniger kann man beim gegebenen Technisierungsgrad des Haushaltes durchaus von einer spürbaren Rationalisierung sprechen.

Die partielle Technisierung des Haushalts wirkt sich auf den Familienalltag in mehrfacher Weise aus. Da die Hausarbeit nun weniger Zeit in Anspruch nimmt, ist es für verheiratete Frauen leichter, wenn auch nur halbtags, einer beruflichen Tätigkeit nachzugehen und die damit verbundenen Emanzipationschancen wahrzunehmen. Gleichzeitig ändert sich mitunter die Aufgabenverteilung zwischen Mann und Frau: Eher ist ein Mann bereit, die Haushaltsmaschine zu bedienen, als manuelle Hausarbeit zu verrichten. Und schließlich mag die Bereitschaft wachsen, Geselligkeiten im eigenen Hause zu veranstalten, wenn die dadurch verursachte Hausarbeit mit Hilfe technischer Geräte schneller und leichter erledigt werden kann. Allerdings finden die technischen Möglichkeiten nicht selten ihre Grenze im traditionellen Selbstverständnis der Hausfrau. So wird etwa ein technisch erreichter Zeitgewinn nicht produktiv genutzt, weil objektiv gegebene Verhaltensalternativen subjektiv nicht erkannt werden. Kompliziertere technische Geräte werden in ihren Möglichkeiten nicht ausgeschöpft, da emotionale Barrieren einem unbeschwerten Umgang mit der Technik entgegenstehen. Oder Geschirrspülautomaten werden beispielsweise darum abgelehnt, weil die Hausfrau die liebgewordene Beschäftigungstherapie des manuellen Abwaschens nicht glaubt missen zu können. Ganz offensichtlich zeigt sich hier ein »cultural lag« (W. F. Ogburn 1972), ein Rückstand des soziokulturellen Bewußtseins gegenüber den Chancen des technischen Entwicklungsstandes. Aufs Ganze gesehen scheinen jedoch die befreienden Effekte technischer Hervorbringungen im Bereich der Haushalttechnik sehr bewußt genutzt zu werden.

Anhand dieser Beispiele, der Motorisierung, der Unterhaltungselektronik und der Haushalttechnik, haben wir einen Eindruck davon gewonnen, in welchem Umfang technische Produkte das private Alltagsleben zu beeinflussen und umzugestalten vermögen. Schon dieser essayistisch-phänomenologische Überblick hat aber auch deutlich werden lassen, daß alle diese Entwicklungen nicht nur in einer Begegnung zwischen dem einzelnen Menschen

und der Technik stattfinden, sondern in erheblichem Umfang sich
erst in gesellschaftlicher Vermittlung realisieren. Diese Einsicht
gilt es im Auge zu behalten, wenn wir im nächsten Abschnitt eine
theoretische Durchdringung der Technikverwendung versuchen.

2. Zur Theorie der Technikverwendung

Unter den Defiziten der Technikforschung, von denen eingangs
schon die Rede war, fällt eines ganz besonders auf: Die Verwendung technischer Artefakte in der alltäglichen Lebenswelt ist bislang nahezu völlig unerforscht geblieben. Wenn Verwendungszusammenhänge der Technik überhaupt problematisiert wurden –
und das geschieht selten genug –, dann bezogen sich solche Untersuchungen auf den Umgang mit Maschinen und technischen
Hilfsmitteln in der Arbeitswelt; lediglich die physiologischen und
die psychologischen Aspekte der Technikverwendung in der industriellen Produktion wurden für die Ergonomie oder Arbeits-
wissenschaft zum Gegenstand eines Forschungsschwerpunkts,
während arbeitssoziologische Fragen erst neuerdings größere
Aufmerksamkeit auf sich ziehen können. Für die private Lebenswelt dagegen liegen eigentlich nur mehr oder minder feuilletoni-
stische Betrachtungen vor, wenn man von wenigen Einzelstudien
zum Individualverkehr und zur Massenkommunikation absieht.
Interessanterweise ist diese Forschungslücke auch von den Wa-
rentest-Aktivitäten bislang nicht ausgefüllt, ja, möglicherweise
gar nicht einmal bemerkt worden; es hat den Anschein, als wenn
die Testprogramme für die jeweiligen Gebrauchsgüter durchweg
ad hoc improvisiert würden, ohne daß man dabei auf eine explizite oder auch nur implizite Theorie der Technikverwendung
Bezug nähme. Für eine derartige Theorie der alltäglichen Technikverwendung wollen wir im folgenden einige Gesichtspunkte erörtern. Hinter diesen Überlegungen steht ein Modellkonzept soziotechnischer Handlungssysteme, das wir an anderer Stelle (vgl.
Ropohl 1979) ausführlich dargestellt und begründet haben. Hier
wollen wir uns demgegenüber auf ein konkretes Beispiel konzentrieren und anhand der privaten Verwendung des Personenkraftwagens, dessen Bedeutung wir ja bereits erörtert haben, einige
Hypothesen skizzieren, die in eine Theorie der Technikverwendung einmünden können.

Zunächst müssen wir jedoch betonen, daß die Verwendung technischer Artefakte keineswegs völlig isoliert von deren Entstehung diskutiert werden kann. Zwar hat die gesellschaftliche Arbeitsteilung die Herstellung und die Verwendung von Gebrauchsgütern unterschiedlichen Handlungseinheiten zugeordnet, doch darf man darüber nicht vergessen, daß nach wie vor *Produktion* und *Konsumtion* in jener mehrfachen Weise aufeinander bezogen sind, die Karl Marx (1974, 11 ff.) mit großem Scharfsinn analysiert hat. Zunächst setzt natürlich eine in Aussicht genommene Verwendung der Produktion überhaupt erst ihren Zweck; nur wenn Verwender beabsichtigen, sich mittels motorgetriebener Fahrzeuge fortzubewegen, kann die Entstehung von Personenkraftwagen zum Sachziel der Produktion werden. An diesem grundsätzlichen Bedingungsverhältnis ändert auch der bekannte Umstand nichts, daß die Verwendungsabsicht oft nicht selbständig vom Verwender entwickelt, sondern vom Hersteller oder von Dritten beeinflußt oder gar geschaffen wird; erst wenn durch Zielübertragung die Verwendungsabsicht und -bereitschaft sich beim Konsumenten eingestellt hat, erhält die Produktion, wenn auch unter den Bedingungen des anonymen Marktes vielleicht erst im nachhinein, ihr wirkliches Ziel. Das liegt nicht zuletzt daran, daß in gewisser Weise die Verwendung den Entstehungsprozeß erst vollendet: »Eine Eisenbahn, auf der nicht gefahren wird, die also nicht abgenutzt, nicht konsumiert wird, ist nur eine Eisenbahn dynamei (der Möglichkeit nach), nicht der Wirklichkeit nach«, sagt Marx (1974, 12), und das Gleiche gilt für das Auto, das unverkauft auf Halde steht. Technische Produkte blieben, würden sie nicht genutzt, tote Dinge, und werden, was sie dem Produktionsziel gemäß sein sollen, »erst und nur durch notwendig hinzutretende Akte der Verwendung« (Linde 1972, 12). Anders ausgedrückt, werden die technischen Artefakte, systemtheoretisch als Sachsysteme aufgefaßt, bei der Herstellung lediglich mit Potentialfunktionen ausgestattet, die erst in der Verwendung zu Realfunktionen werden.

Umgekehrt ist die Konsumtion in dreifacher Weise von der Produktion abhängig. Trivialerweise liefert zunächst der Entstehungsprozeß den Gegenstand der Verwendung; die Benutzung eines Personenautos wäre unmöglich, wenn dieses nicht zuvor produziert worden wäre. Weniger trivial dagegen ist zweitens die Erkenntnis, daß der Entstehungsprozeß, so, wie er sich im Produkt vergegenständlicht hat, auch die Art und Weise der Verwendung prägt; erst die im Auto eingebaute Lichthupe schafft die Rücksichtslosigkeit derer, die auf der Autobahn immer die ersten sein wollen; wer einen Kombinationswagen besitzt, wird sehr schnell zum Warenspediteur seines gesamten Bekanntenkreises avancieren, und der funktionell völlig überflüssige Hochglanz an Lack und Chromteilen nötigt den Autobesitzer zu regelmäßigen Putz- und Polierarbeiten. Drittens schließlich beeinflußt die Produktion die Konsumtion dadurch, daß sie oft das Bedürfnis nach dem erzeugten Produkt erst weckt; das Bedürfnis, das die Konsumtion nach einem Gegenstand fühlt, »ist durch die Wahrnehmung desselben geschaffen« (Marx 1974, 14). So dürfte tatsächlich das Bedürfnis, mit einem Campingbus durch die Lande zu vagabundieren, bei vielen Konsumenten erst dadurch entstanden sein, daß ihnen entsprechend ausgestattete Autos vorgestellt wurden. In bemerkenswertem Kontrast zur neomarxistischen Diskussion der letzten Jahre (vgl. hierzu S. Moser, G. Ropohl und W. Ch. Zimmerli 1978) hat übrigens Marx selbst solche Bedürfnisinnovation durch neu entstehende Produkte keineswegs negativ beurteilt, sondern sogar an anderer Stelle (1959 (MEW 3), 28) diese Erzeugung neuer Bedürfnisse, den Vorgang, »daß das befriedigte erste Bedürfnis selbst, die Aktion der Befriedigung und das schon erworbene Instrument der Befriedigung zu neuen Bedürfnissen führt«, als »erste geschichtliche Tat« gewürdigt.

Alle diese Verflechtungen und Wechselwirkungen zwischen der Entstehung und der Verwendung von technischen Gebilden erhalten dadurch ihre besondere Problematik, daß in modernen Industriegesellschaften Produktion und Konsumtion nicht mehr in einer Person oder doch wenigstens in einer überschaubaren Organisation miteinander verbunden, sondern durchweg institutionell voneinander getrennt sind. Auch wenn wir im folgenden davon ausgehen werden, daß die technischen Gebilde, deren Verwendung wir analysieren, bereits existieren, dürfen wir nicht vergessen, daß sie natürlich nicht vom Himmel gefallen sind, sondern aus zielstrebigen und planmäßigen soziotechnischen Entstehungszusammenhängen hervorgehen.

Jede Verwendung eines technischen Gebildes bzw. Sachsystems ist in das Handeln eines personalen oder sozialen Systems eingebettet. Definiert man als *Handlungssystem* diejenige Instanz, die Handlungen ausführt, und unterstellt man, daß technikverwendende Handlungen bestimmte Funktionen von Sachsystemen als konstitutiven Bestandteil enthalten, so gelangt man zu der Modellvorstellung des soziotechnischen Handlungssystems; im soziotechnischen Handlungssystem sind personale bzw. soziale und technische Systeme zu einer komplexen Handlungseinheit integriert. Betrachten wir als Handlung das Autofahren, so vollzieht sich diese Handlung im Zusammenwirken der Kraftfahrzeugfunktionen mit den Steuerungsfunktionen des menschlichen Fahrers; weder das Kraftfahrzeug noch der Mensch allein könnten diese Handlung ausführen, so daß sich das Handlungssystem in diesem Fall als die Verknüpfung von Mensch und Kraftfahrzeug erweist. Mensch und technisches Gebilde gehen also im Verwendungsakt eine integrale Handlungseinheit ein, die als Handlungssystem sowohl das personale wie das technische System als konstituierende Subsysteme enthält. Diese Auffassung der Technikverwendung unterscheidet sich nachdrücklich von jenen bekannten Philosophemen, wonach technische Gebilde reine Mittel wären, die dem Handelnden bloß äußerlich blieben; weil eine solch oberflächliche Deutung die systemkonstitutive Rolle der Technik im Handlungssystem verkennt, übersieht sie entweder die tiefgreifenden Einflüsse von Sachsystemen auf Handlungsplan und -vollzug oder dämonisiert sie als »Verselbständigung der technischen Mittel«, während in Wirklichkeit gerade nicht die Verselbständigung, sondern die Integration ins Handlungssystem dessen Modifikation bewirkt. Nun muß sich ein solches soziotechnisches Handlungssystem natürlich erst bilden, wobei menschliche Handlungsziele und technische Handlungs»mittel« unterschiedlichen Einfluß ausüben können. Bei der privaten Technikverwendung im Alltagsleben überwiegt der schon in Anschluß an Marx erwähnte Fall, daß die möglichen *Handlungsziele* mit dem Sachsystem sozusagen mitgeliefert werden. Dies ist eines der Phänomene, die in der Technokratiedebatte als »Sachzwang« oder »Sachgesetzlichkeit« bezeichnet wurden (H. Schelsky 1965), doch liegt bei genauerer Betrachtung allenfalls eine gewisse »Sachdominanz« (Linde 1972) vor: Einerseits werden die Handlungsziele nicht von den Sachen selbst, sondern von den Produzenten der Sachsysteme vorgeprägt und übertragen, und andererseits macht sich das Handlungssystem die angebotenen Zielmöglichkeiten in einem zumindest akklamativen Akt freiwillig zu eigen, wobei freilich nicht zu verkennen ist, daß diese »Freiwilligkeit« durch psy-

chosoziale Mechanismen de facto eingeschränkt wird. Der hoch-
gezüchtete Motor unter der Haube zwingt den Autofahrer nicht
dazu, Privatrennen auf öffentlichen Straßen zu veranstalten, denn
prinzipiell ist es immer seine eigene Entscheidung, wie weit er mit
dem Fuß aufs Gaspedal drückt; aber der Automobilhersteller hat
dem Benutzer mit dem schnellen Wagen auch den Nimbus von
Sportlichkeit angeboten und verkauft, und der Benutzer fühlt sich
dann Freunden, Bekannten und unbekannten Kleinwagenfahrern
gegenüber geradezu verpflichtet, die erwartete Sportlichkeit
durch überhöhte Geschwindigkeiten einzulösen. Zielsetzungen
der Technikverwendung können mithin durchaus sachvermittelt
sein; doch hat die *zielprägende Potenz der Sachsysteme* ihre
menschlichen Urheber. Wenn schon die Zielsetzungen der Technikverwendung, unbeschadet der theoretisch-prinzipiell verblei-
benden personalen Autonomie, dennoch durch »die Technik«
geprägt werden, so ist dies nicht den Sachsystemen selbst zuzuschreiben, sondern jenen Instanzen, welche die Sachsysteme er-
finden, produzieren und verkaufen. Der »Sachzwang« erweist
sich mithin, weit entfernt davon, irgendeine »Dämonie der Technik« zu enthüllen, schlicht und einfach als *sozialer* Zwang, als
sachvermittelte »Herrschaft des Menschen über den Menschen«.
Indessen liegt die Eigenart solcher »Herrschaft« darin, daß sie sich
»hinter dem Rücken« nicht nur der Beherrschten, sondern auch
der Beherrscher etabliert. Sachvermittelte »Herrschaft« dieser Art
dürfte von ihren Trägern kaum planmäßig und ausdrücklich aus-
geübt werden; sie verdankt sich nicht subjektiver Absicht, sondern stellt sich lediglich als objektives Nebenprodukt unaufge-
klärt arbeitsteiliger Produktionsverhältnisse her. Insofern könnte
man mit Linde (1972) versucht sein, diese Sachdominanz mit der
überpersönlichen »Herrschaft« der gesellschaftlichen Institutionen und Normen zu vergleichen. Allerdings scheint uns diese
Analogie nur hinsichtlich der Wirkungen von Sachsystemen trag-
fähig zu sein. Hinsichtlich der Entstehungsgründe dagegen sehen
wir einen eklatanten Unterschied zwischen gesellschaftlichen
Normen und Artefakten in der Tatsache, daß letztere in aller Regel ihrer Herkunft nach auf ganz bestimmte personale oder orga-
nisatorische Systeme zurückzuführen sind, während erstere kaum
je der Verantwortung identifizierbarer Urheber zuzuschreiben
sind. Sachsysteme besitzen also aufgrund ihrer zielprägenden Potenz durchaus normenähnlichen Charakter, doch teilen sie mit

den Normen keineswegs die Anonymität der Herkunft, sondern gehen auf namhaft zu machende Personen und Organisationen zurück. Insofern das soziale Verhältnis, das sich über ein Sachsystem vermittelt, recht eindeutig dingfest zu machen ist, kann dann auch die Legitimationsfrage in gezielter Form gestellt werden und zu Antworten führen, die ein höheres Maß gesellschaftlicher Kontrolle über die technische Entwicklung nahelegen.

Bevor Handlungsziele mit Hilfe von Sachsystemen verfolgt und verwirklicht werden, muß jedoch zunächst die Funktion eines bestimmten Sachsystems als handlungsrelevant identifiziert werden. Diese Feststellung ist keineswegs so trivial, wie sie zunächst klingen mag. Jedes Gebrauchsgut nämlich – und wieder können wir uns eine »techniktheoretische« Einsicht von K. Marx (MEW 23, 49 f.) zunutze machen – »ist ein Ganzes vieler Eigenschaften und kann daher nach verschiedenen Seiten nützlich sein. Diese verschiedenen Seiten und daher die mannigfachen Gebrauchsweisen der Dinge zu entdecken, ist geschichtliche Tat.« Natürlich erlaubt ein Artefakt um so mehr verschiedene Gebrauchsformen, je unspezifischer seine kennzeichnende Funktion ist. Aber auch bei der Funktionsspezialisierung moderner Industrieprodukte finden sich immer wieder zusätzliche Potentialfunktionen, die in *ungeplanten Verwendungen* realisiert werden. So werden Autos nicht nur regelmäßig zur gesteuerten Ortsveränderung benutzt; der Behausungscharakter der Fahrzeugkarosserie wird bei bestimmten Gelegenheiten, so bei diskreten Begegnungen oder im Autokino, für »Wohn«-Zwecke entdeckt, die Pflege- und Wartungsbedürftigkeit des Autos wird für manche Besitzer zum Mittelpunkt ihrer Putz- und Bastelleidenschaft, und Subjekte politischer oder krimineller Gewalt pervertieren gar das Fahrzeug zum Barrikadenbaustein oder zur Mordwaffe. So ist es die *Multifunktionalität der Sachsysteme*, welche die Identifikation einer bestimmten Sachsystemfunktion durchaus zu einem kreativen Akt des Verwenders machen kann.

Wenn eine Sachsystemfunktion als handlungsrelevant identifiziert worden ist, müssen sich personales bzw. soziales System und das betreffende Sachsystem zum soziotechnischen Handlungssystem integrieren. Für diese Integration sind zwei Prinzipien zu unterscheiden: das Prinzip der Substitution und das Prinzip der Komplementation. Bei der *Substitution* übernimmt das Sachsystem Teilfunktionen der Handlung, die zuvor von Menschen geleistet wurden; so substituiert der Personenkraftwagen die menschlichen Gehwerkzeuge. Bei der *Komplementation* dagegen stellt das Sachsystem Handlungsfunktionen zur Verfügung, die vom Menschen grundsätzlich nicht erbracht werden könnten; für die reine Form der Komplementation können wir unser durchlaufendes Fallbeispiel nicht heranziehen, sondern müssen auf das Flugzeug verweisen, das eine Fortbewegungsmöglichkeit realisiert, die dem Menschen als Naturwesen grundsätzlich nicht zu Gebote steht. Am Beispiel des Kraftfahrzeuges indessen erkennen wir, daß es auch Mischformen von Substitution und Komplementation gibt; qualitativ betrachtet, leistet das Auto das Gleiche wie die menschlichen Beine, doch in quantitativer Hinsicht überbietet es die physische Leistungsfähigkeit des Menschen beträchtlich. Insbesondere das Komplementationsprinzip bedarf einiger interpretierender Bemerkungen, die das etwas düstere Bild der Technikverwendung, das wir zuvor zeichnen mußten, wieder ein wenig aufzuhellen vermögen. Denn so richtig es ist, daß die sachvermittelte Zielinduktion einen herrschaftsähnlichen Einfluß auf die Handlungswahl personaler Systeme darstellen kann, so vergrößert doch andererseits das Sachsystemangebot im Falle des Komplementationsprinzips auch das Spektrum möglicher Ziele. Definiert man operational die Freiheit eines personalen Systems als Maß für die Menge der möglichen Handlungsalternativen, so kann es gar keinem Zweifel unterliegen, daß diese Freiheit durch Sachsysteme objektiv erweitert wird. Offenbar liegt darin die Faszination begründet, die von vielen Artefakten ausgeht und oft genug auch beträchtliche Nachteile und Belastungen vergessen läßt; man denke nur an die finanziellen Opfer, die viele für den persönlichen Besitz eines Autos aufbringen müssen, oder gar an die Unfallgefahren, die mit der Kraftfahrzeugnutzung verbunden sind, Einwände freilich, die nur allzu gern in den Wind geschlagen werden, weil man den Zuwachs an Handlungs- und Erlebnismöglichkeiten, den das Auto vermittelt, keinesfalls missen möchte. Diesen *Zuwachs an Freiheit* also, den die Technik auch bietet, wollen wir keineswegs unterbewerten oder gar abstreiten, und der Vorzug, aus sachvermittelter »Herrschaft« entlassen zu werden, wöge für die meisten Menschen gering, wenn sie ihn nur um den Preis erkaufen könnten, aufs neue dem Zwang naturhafter Beschränkung ausgeliefert zu werden. Es liegt wohl eine Art Antinomie der Sachsystemverwendung auch darin, daß das Individuum, indem es den erweiterten Freiheitsspielraum, den die Artefakte ihm versprechen, ausschöpft, zugleich gezwungen ist, sich der sachvermittelten Fremdbestimmung anheimzugeben.

Schon die bisherige Analyse zeigt deutlich, daß auch die individuelle *Technikverwendung als soziales Verhältnis* begriffen werden muß. Diese Einsicht verdichtet sich, wenn wir uns nun gewissen Bedingungen zuwenden, die für eine erfolgreiche Technikverwendung regelmäßig erfüllt sein müssen. Da ist zunächst die *Bedingung der Verfügbarkeit* zu nennen; ein Sachsystem ist verfügbar, wenn seiner sofortigen und uneingeschränkten Nutzung nichts im Wege steht. Unter den Umständen industrieller Warenproduktion jedoch ist der Zugang zur Sachsystemnutzung ganz bestimmten gesellschaftlichen Reglementierungen unterworfen; das sind insbesondere das Eigentum, der Besitz auf Zeit (Pacht, Miete, Leasing), die begrenzte Teilhabe sowie das Verhältnis der Lohnarbeit. Alle diese Reglementierungen schränken die Verfügbarkeit der Sachsysteme ein, indem sie sie an bestimmte Konditionen knüpfen; indem sie die Verteilung von Nutzungsmöglichkeiten regeln, sind sie gesellschaftlicher Natur. Die weitestgehende Garantie der Nutzungsmöglichkeit ist natürlich das *Eigentum*, und es ist insofern verständlich, wenn sich beispielsweise die meisten Personenkraftwagen im Privateigentum natürlicher Personen befinden und wenn andere Formen der Verfügbarkeit für dieses Produkt nur selten in Betracht gezogen werden. Die Institutionalisierung der Nutzungsmöglichkeit qua Eigentum macht aus der Mensch-Maschine-Beziehung ein Sachverhältnis: Die »personotechnische« Handlungseinheit, die aus der Integration zwischen dem personalen und dem Sachsystem erwächst, gewinnt ihre Beständigkeit aus einer gesellschaftlichen Norm; wäre nicht die ständige Verfügbarkeit des Sachsystems überindividuell gesichert, so bliebe das individuelle Handlungspotential, soweit es auf der Technisierung beruht, unkalkulierbar. So muß man bereits die Systembildung, die das Individuum mit dem Artefakt eingeht, als eine soziotechnische bezeichnen: Ohne soziale Gewährleistung wäre die relative Dauerhaftigkeit dieser Systembildung in Frage gestellt. Freilich ist mit solcher Aneignung auch eine zumindest finanzielle Festlegung verbunden, die den gleichzeitigen Erwerb anderer Sachsysteme häufig unmöglich macht: Die Anschaffungskosten eines Personenkraftwagens etwa sind so hoch, daß sich die meisten Konsumenten nicht auch zur gleichen Zeit eine neue Kücheneinrichtung leisten könnten. Indem also die Sachappropriation eine bestimmte Handlungsmöglichkeit eröffnet, schließt sie aus ökonomischen Gründen gleichzeitig andere soziotechnische Handlungsmöglichkeiten aus.

Indessen reicht die Verfügbarkeit eines bestimmten Sachsystems keineswegs aus, wenn dessen Nutzung nur im Rahmen eines umfassenderen Sachsupersystems möglich ist. Die teuer erkaufte Nutzungsgarantie würde dem Autoeigentümer in wegloser Wildnis gar nicht helfen, da das Auto seine Funktion nur als Subsystem eines größeren Verkehrssystems leisten kann. Wären nicht Straßen, Brücken, Verkehrssignalanlagen usw. eingerichtet worden, ließe sich das Auto überhaupt nicht verwenden. Diese übrigen Sachsystemkomponenten des Verkehrssystems aber werden durchweg aus öffentlichen Mitteln erstellt und unterhalten und sind dem einzelnen nur in der Form der begrenzten Teilhabe verfügbar; die private Nutzung von Sachsystemen ist also auf *öffentliche Nutzungsvoraussetzungen* angewiesen (vgl. Th. Krämer-Badoni, H. Grymer und M. Rodenstein 1971, 55). Bedenken wir des weiteren, daß Personenkraftwagen regelmäßig mit Kraftstoff, Schmier- und Kühlmitteln versorgt werden müssen, so erkennen wir als eine weitere Bedingung der Technikverwendung die Existenz von *logistischen Umgebungssystemen*, die in unserem Fall durch ein ausgedehntes Tankstellennetz repräsentiert werden. Des weiteren ist die Bedingung der *Zuverlässigkeit* zu nennen, die nicht nur die momentane, sondern vor allem auch die dauerhafte Funktionssicherheit des Sachsystems umfaßt; aus diesem Grunde ist der Autobesitzer auf Service- und Reparaturwerkstätten angewiesen, weil ihm selbst durchweg der Sachverstand fehlt, die Dauerfunktion seines Fahrzeugs sicherzustellen.

Im Vorgriff auf den zweiten Teil dieses Kapitels haben wir hier zu erwähnen, daß 39% aller Autofahrer – und 74% der weiblichen Autofahrer – im Reparaturfall grundsätzlich die Werkstatt aufsuchen und weitere 43% lediglich kleinere und leichtere Reparaturen selbst erledigen (U. Jetter 1977, 21). Nun ist es für die private Technikverwendung von ausschlaggebender Bedeutung, daß Sachsupersysteme, die für die Funktion des Sachsystems unentbehrlich sind, daß auch logistische Umgebungssysteme, die der Ver- und Entsorgung des Sachsystems dienen, daß schließlich auch Wartungs- und Reparatursysteme, welche die Dauerfunktion eines Sachsystems zu gewährleisten haben, kurz, daß alle diese *verwendungsbedingenden Systeme* durchweg nicht unmittelbar jenem Handlungssystem zugeordnet sind, in dem das betroffene Sachsystem verwendet wird, sondern nur im Wege der begrenzten Teilhabe verfügbar sind; offensichtlich relativiert dieser Umstand das private Eigentum am Sachsystem selbst beträchtlich. Jedenfalls spricht auch diese Überlegung für die These, daß schon die individuelle Technikverwendung – und sei sie noch so privat – letztlich gesellschaftlichen Charakter trägt, ja, ohne gesellschaftlichen Bedingungsrahmen gar nicht denkbar wäre.

Wenden wir uns nun den Folgen der Technikverwendung zu, so ist vor allem, über die bereits früher erwähnte zielprägende Potenz der Sachsysteme hinaus, die *Prägung der Handlungsfunktion* selbst zu nennen. Auch wenn ein Handlungsziel ursprünglich autonom vom Menschen gesetzt wurde, kann der Handlungsablauf durch die Benutzung des Sachsystems tiefgreifende Veränderungen erfahren. Wer einen Urlaubsort erreichen möchte und sich dann entschließt, für die Reise das Auto zu verwenden, wird seinen Handlungsplan völlig anders anlegen, als wenn er öffentliche Verkehrsmittel gewählt hätte. Darüber hinaus kann die Festlegung auf ein bestimmtes technisches Mittel sogar die ursprüngliche Zielsetzung verändern; so mag ein Mensch, der für seine Reisen grundsätzlich das Auto benutzt, einen bestimmten Urlaubsort in den Schweizer Bergen aufsuchen wollen, aber, wenn er erfährt, daß dieser Ort mit Individualverkehrsmitteln nicht erreichbar ist, durchaus sein Urlaubsziel ändern, damit er das Sachsystem Auto weiterhin vollständig nutzen kann. Schließlich gibt es genügend Fälle – und wir nannten im ersten Abschnitt ja bereits einige Beispiele –, bei denen das Sachsystem nicht nur die Zielsetzung, sondern auch das vollständige Handlungsprogramm inkorporiert, so daß sich, sobald der Verwender dem Zielangebot zugestimmt hat, nachgerade eine Art von Handlungsdetermination einstellt. Dabei muß man sich der Tatsache bewußt sein, daß die individuelle Handlungsprägung durch *kollektive Vervielfachung* sozusagen repliziert und verstärkt wird. Das berühmte Regenschirmbeispiel, das Max Weber anführt, um reaktives, gleichmäßiges Massenhandeln vom sozialen Handeln in seinem engeren Sinn abzugrenzen – »wenn eine Menge Menschen beim Beginn des Regens gleichzeitig den Regenschirm aufspannt« (Max Weber 1921, Kap. I, § 1) –, scheint uns gerade ein eindrucksvolles Exempel für den gesellschaftlichen Charakter sachsystemvermittelter Handlungsprägung zu sein (vgl. auch Linde 1972, 39 ff.). Die Gleichmäßigkeit solchen Massenhandelns nämlich ist weder ein Zufall noch lediglich die Folge des massenhaft verbreiteten, doch je individuellen Zieles, nicht naß zu werden, sondern resultiert vor allem aus der massenhaften Verbreitung des Sachsystems Regenschirm und des darin inkorporierten Verwendungsprogramms, das zu befolgen der einzelne nicht nur durch die Verfügbarkeit des Regenschirms veranlaßt, sondern auch durch das gleichgerichtete Handeln der anderen bestärkt wird; und diese Verstärkung wiederum ist daran geknüpft, daß den anderen eben auch das gleiche Sachsystem zur Verfügung steht. Wie auch die schon früher erwähnten Folgen der massenhaften Verwendung des Personenkraftwagens belegen, bewirkt die Sachsystemverwendung nicht nur eine auf Dauer gestellte Standardisierung und Typisierung des individuellen Handelns, sondern in ihrer Massenhaftigkeit auch eine Normierung kollektiven Handelns.

Weitere Folgen der Technikverwendung, die wir hier nur noch erwähnen, aber nicht mehr im einzelnen erörtern können, sind: die Modifikation menschlich-sozialer Subsysteme, die zumindest partielle Irreversibilität der soziotechnischen Integration, die logistische Abhängigkeit und die Entfremdung des Handlungssystems, wobei wir letztere, ohne tiefschürfende Spekulation, schon in der schlichten Tatsache sehen, daß sich das Handlungssystem aufgrund der Integration eines Sachsystems in seinen Handlungsvollzügen auf eine fremde Instanz einläßt, die in vergegenständlichter Form die Arbeit und das Wissen anderer Handlungssysteme verkörpert. Schließlich entstehen bei der Technikverwendung zusätzliche soziotechnische Relationen, die sich häufig auf spezifische Nebenfunktionen der Sachsysteme gründen. Dazu gehört zum Beispiel die Informationsfunktion eines Sachsystems, die es als *Statussymbol* für den gesellschaftlichen Rang seines Verwenders erscheinen läßt. Nichts belegt unsere grundlegende Auffassung von der integrativen Handlungseinheit aus Mensch und Artefakt eindrucksvoller, nichts zeigt die Engmaschigkeit dieser soziotechnischen Integration deutlicher als die Tatsache, daß das Sachsystem zur Quelle von Information über seinen Verwender wird. Kaum jemand verzichtet völlig darauf, einen neuen Bekannten nach dessen Automarke einzuschätzen; die Eigenschaften des verwendeten Sachsystems werden mithin als Signale für vermutete Eigenschaften seines Verwenders interpretiert, indem man dessen Identifikation mit dem attachierten Sachsystem ohne weiteres unterstellt. In der Tat ist es im Rahmen unserer Theorie der Technikverwendung durchaus verständlich, daß sich das Prestige eines individuellen Handlungssystems in dem Maße an die – insbesondere durch Eigentum – ihm verfügbaren Sachsysteme knüpft, als diese die individuelle Handlungseinheit auch funktional überhaupt erst konstituieren.

Diese Überlegungen berühren aber bereits das Problem der Einstellung zur Technik, dem sich der zweite Teil dieses Beitrages zuwenden wird.

II. Alltagseinstellungen zur Technik, zu ihrer Rolle und Verwendung

Verhaltensweisen zu Elementen bestimmter Sozialbereiche werden zweifellos durch verbreitete Einstellungen mitgeprägt. Dies gilt mit Sicherheit auch gegenüber dem Bereich der Technik. Die durch Meinungsforschung zu ermittelnden Einstellungen gegenüber der Technik allgemein, über Zukunftserwartungen, Erleichterungen und Wandlungen im Alltagsleben durch die technische Entwicklung, besonders aber über gegenwärtige Verwendungszusammenhänge technischer Instrumente und Verfahren im täglichen Leben und deren Beurteilung dürften das Verhalten der Bevölkerung gerade bei der Anwendung und Beurteilung technischer Hilfsmittel im Alltag deutlich beeinflussen.

Leider gibt es unseres Wissens keine repräsentative umfassende und geschlossene empirische Erhebung über die Einstellung zur Technik und zu der Verwendung und Beurteilung technischer Hilfsmittel und Instrumente im täglichen Leben. Allerdings stehen der VDI-Hauptgruppe »Der Ingenieur in Beruf und Gesellschaft« und insbesondere ihrem Ausschuß für »Grundlagen der Technikbewertung« ausgewählte Umfrageergebnisse des Instituts für Demoskopie in Allensbach zur Verfügung, die durch ein besonderes, von der genannten VDI-Gruppe erteiltes Projekt von U. Jetter aus den Archivunterlagen des Allensbacher Institutes für Demoskopie zusammengestellt worden sind. Die nachfolgend genannten Umfrageergebnisse basieren auf dem von ihm erstellten Bericht über die Allensbacher Unterlagen.

Hinsichtlich der allgemeinen Einstellungen zur Technik, zum Technischen und zu technischen Problemen sowie hinsichtlich des technischen Interesses des einzelnen lassen sich aus den Befragungsunterlagen gewisse Unstimmigkeiten, Verzerrungen und drastische Wandlungen im letzten Jahrzehnt ablesen.

Eine auf 450 Universitätsstudenten von 1963 beschränkte Umfrage nach den Gebieten, die nach Ansicht der Befragten »die Menschen heute besonders« »beeinflussen« und »die heutigen Menschen stark« »prägen«, ergab, daß 78% der Technik (die damit an erster Stelle vor Wirtschaft (71%) und Politik (45%) rangiert) einen besonders prägenden Einfluß zusprechen. Hingegen kontrastiert das starke eigene Interesse deutlich hiermit: Nach Politik (39%), Kunst (37%), Philosophie (37%), Psychologie (36%) wurde die Technik erst an achter Stelle und gleich mit Physik nur zu 17% als Gegenstand starken eigenen Interesses genannt.

Ein repräsentativer Querschnitt der Gesamtbevölkerung ab 16 Jahren (N = 2000) erklärte hingegen 1973 bei den Männern zu 44%, daß sie »sehr«, zu 37%, daß sie »etwas« an technischen Fragen interessiert seien. Verständlicherweise bekundeten auf die Frage: »Interessieren Sie sich für technische Fragen, z. B., wie irgendwelche Maschinen oder Apparate funktionieren oder welche neuen Entwicklungen es auf dem Gebiet der Technik gibt oder so – oder sind Sie technisch nicht so interessiert?« die 16-29jährigen Männer wie die 30-44jährigen mit 52% beziehungsweise 50% das größte Interesse. Das technische Interesse sinkt bei den 45-59jährigen auf 45% und bei den über 60jährigen auf 25% herab.

Eine deutliche, aber erwartete Diskrepanz ergibt sich beim technischen Interesse der Frauen, von denen nur 7% »sehr«, 28% »etwas«, jedoch 60% nicht technisch interessiert sind (*Tabelle 2*). 1972 wurde einem repräsentativen Sample der Bevölkerung ab 16 Jahren (N = 2000) eine Liste von 20 möglichen Hauptinteressengebieten vorgelegt. Wie nach den bisher angeführten Ergebnissen zu erwarten, stehen ausgesprochen technikorientierte Tätigkeiten bei den Hauptinteressengebieten an relativ untergeordneter Stelle: So treten Basteln, Do-it-yourself-Arbeiten erst an 14. Stelle und Fotografieren und Filmen erst an 18. Stelle auf (vgl. *Tabelle 3*). Das Hauptinteresse »Auto« findet sich zwar erst an 11. Stelle (wiederum besonders bei den 16-29jährigen), wird aber

Tabelle 2: Interesse an technischen Fragen

	Sehr interessiert v. H.	Etwas interessiert v. H.	Nicht interessiert v. H.	Keine Auskunft v. H.
Insgesamt	24	32	40	4
Männer	44	37	17	2
Frauen	7	28	60	5
Männer				
16-29 Jahre	52	36	11	1
30-44 Jahre	50	32	16	2
45-59 Jahre	45	36	19	0
60+ Jahre	25	45	27	3
Frauen				
16-29 Jahre	7	31	59	3
30-44 Jahre	8	35	54	3
45-59 Jahre	8	28	60	4
60+ Jahre	5	18	68	9

Frage: »Einmal ganz allgemein: Interessieren Sie sich für technische Fragen, z. B. wie irgendwelche Maschinen oder Apparate funktionieren oder welche neuen Entwicklungen es auf dem Gebiet der Technik gibt oder so – oder sind Sie technisch nicht so interessiert?« (Bevölkerung ab 16 Jahre – 1973; N = 2000)

Tabelle 3: Hauptinteressengebiete

	Autos v. H.	Basteln, Do-it-yourself v. H.	Fotografieren, Filmen v. H.
Insgesamt	23	19	12
Männer	39	27	17
Frauen	10	13	7
Altersgruppen			
16-29 Jahre	36	21	12
30-39 Jahre	25	18	17
40-49 Jahre	22	24	12
50-59 Jahre	17	18	9
60+ Jahre	9	16	7

Frage: »Könnten Sie mir nach dieser Liste sagen, welches Ihre Hauptinteressengebiete sind, für was davon Sie sich besonders interessieren?« (Bei Rückfragen: »Auch wenn Sie beruflich damit zu tun haben, können Sie es hier angeben!«) (Bevölkerung ab 16 Jahre – April 1972; N = 2000)

insgesamt durch die wesentlich geringere Neigung der Damen auf diesen tiefen Rang gedrückt, bei den Männern steht dieses Gebiet mit 39% mit an vorderster Stelle. Angeführt werden die Hauptinteressen von »Unterhaltungsmusik« (42%), »Pflanzen-, Blumen-, Gartenpflege« (35%), »Sport« (33%) und »Reisen« (31%).

Die schon genannte relativ große Diskrepanz zwischen der Einschätzung der prägenden Rolle der Technik und dem persönlichen Interesse drückt sich also auch bei den genannten Hauptinteressengebieten der Bevölkerung wiederum deutlich aus.

Der in der Rezession und Energiekrise des letzten Jahrfünfts stark angewachsene Pessimismus und Skeptizismus in den allgemeinen Zukunftserwartungen (1967 glaubte noch ein Drittel (32%) der Bevölkerung über 16, »daß unsere Kinder besser und glücklicher leben werden als wir«, 1975 ist es nur noch ein Viertel (26%) – die Pessimisten nahmen im selben Zeitraum von 29% auf 35% zu) prägt sich auch in Hinsicht auf die Einstellung zum technischen Fortschritt und zum Fortschritt allgemein aus: Der Glaube »an den Fortschritt«, an »eine bessere Zukunft« der »Menschheit« nahm von 1972 bis 1975 von 60% auf 48% (Männer: 54%, Frauen: 43%) ab. Der Prozentsatz der nicht an den Fortschritt Glaubenden stieg von 19% auf 30% (Männer: 25%, Frauen: 33%). Dementsprechend ist ein drastischer Wandel in der Einstellung zum raschen technischen Fortschritt festzustellen, dessen Befürwortung bei einer repräsentativen Umfrage der Bevölkerung von über 16 Jahren (N = 2000) von 1970 bis 1973 von 40% auf 30% sank, während zurückhaltende Äußerungen im Sinne der Zustimmung zu einem vorgelegten Text von 49% auf 59% stiegen. Besonders drastisch stellte sich der Wandel bei den 16-29jährigen (absinkende Befürwortung von 53% auf 35%, Ansteigen der zurückhaltenden Äußerungen von 37% auf 52%) und den 30-40jährigen (von 44% auf 31% abgesunkene Befürwortung, von 44% auf 57% angestiegene Zurückhaltung) dar (vgl. *Tabellen 4-6*).

Eine drastische Veränderung ergab sich auch in bezug auf die stereotype Frage: »Glauben Sie, daß die Technik alles in allem eher ein Segen oder eher ein Fluch für die Menschheit ist?« Während 1966 noch 72% die segensreiche Wirkung der Technik betonten, waren es unter dem Eindruck der Energiekrise und der sich anbahnenden Rezession 1973 nur noch 55% eines Bevölke-

Tabelle 4: Einstellung zu technischem Fortschritt*

		Befür-wortung	Zurück-haltung	Unent-schieden
Insgesamt	v. H.	40	49	11
Männer	v. H.	46	44	10
Frauen	v. H.	35	53	12
Altersgruppen				
16-29 Jahre	v. H.	53	37	10
30-44 Jahre	v. H.	44	44	12
45-59 Jahre	v. H.	36	55	9
60+ Jahre	v. H.	24	62	14
Berufskreise				
Facharbeiter	v. H.	49	42	9
Angelernte und Hilfsarbeiter	v. H.	36	50	14
Leitende Angestellte und Beamte	v. H.	37	53	10
Sonstige Angestellte und Beamte	v. H.	41	49	10
Selbständige und Freie Berufe	v. H.	40	50	10
Landwirte	v. H.	25	61	14
Politische Orientierung				
SPD-Anhänger	v. H.	49	42	9
CDU/CSU-Anhänger	v. H.	36	55	9
FDP-Anhänger	v. H.	44	42	14

* Vorgelegtes Bild zweier Männer im Gespräch mit folgenden Sprechblasentexten:

O. sagt –
(Zustimmung)

»Wir müssen alles daransetzen, daß die Entwicklung der Technik weiter fortschreitet und durch nichts aufgehalten wird. Nur durch eine rasche technische Entwicklung wird für uns das Leben immer leichter und angenehmer.«

U. sagt –
(Zurückhaltung)

»Ich finde, man sollte das nicht übertreiben. Ist es denn wirklich nötig, daß wir überall nur noch die neuesten, perfektesten Apparate und Anlagen haben wollen? Man sollte viel öfter den natürlichen Dingen des Lebens ihren Lauf lassen; denn im Grunde kann alle Technik nicht die Wunder und Schönheiten der Natur ersetzen.«

Dazu wurde dann die Frage gestellt: »Hier unterhalten sich zwei über unsere Zeit. Welchem würden Sie eher zustimmen, dem O. oder dem U.?« Die Zustimmung zu O. gilt bei den Tabellen als *Befürwortung* des raschen technischen Fortschritts. Die Zustimmung zu U. gilt als *zurückhaltende Einstellung* zum technischen Fortschritt (Zitat nach Jetter). (Bevölkerung ab 16 Jahre – Dezember 1970; N = 2000)

Tabelle 5: Einstellung zu technischem Fortschritt – 1970 und 1973

			Befür- wortung	Zurück- haltung	Unent- schieden
Insgesamt	1970	v. H.	40	49	11
	1973	v. H.	30	59	11
Altersgruppen					
16-29 Jahre	1970	v. H.	53	37	10
	1973	v. H.	35	52	13
30-44 Jahre	1970	v. H.	44	44	12
	1973	v. H.	31	57	12
45-59 Jahre	1970	v. H.	36	55	9
	1973	v. H.	30	61	9
60$^+$ Jahre	1970	v. H.	24	62	14
	1973	v. H.	24	65	11

Tabelle 6: Einstellung zu technischem Fortschritt (Fortsetzung)

			Befür- wortung	Zurück- haltung	Unent- schieden
Schulabschluß					
Volksschule	1970	v. H.	38	50	12
	1973	v. H.	31	58	11
Mittlere Reife	1970	v. H.	46	45	9
	1973	v. H.	28	61	11
Abitur	1970	v. H.	50	42	8
	1973	v. H.	29	60	11

rungssamples ab 16 Jahren (N = 2000), 1976 (N = 1000) etwa
unverändert 57%*, 1981 gar nurmehr 30%! Der Anteil derer, für
die die Technik »eher einen Fluch« bedeutet, stieg von 3% über
10% auf 13% (vgl. *Tabelle 7*). Kennzeichnend ist, daß der Rückgang gleichmäßig alle Altersgruppen betrifft, besonders stark
aber bei jungen Erwachsenen und Heranwachsenden (vgl.
Tab. 5) sowie in der mittleren Bildungsschicht zum Ausdruck
kam, die 1966 noch relativ optimistisch eingestellt die Reihe
derjenigen, welche die Technik »als Segen« auffaßten, deutlich
anführte.

Theoretisch wäre es zweifellos möglich, daß Kohorten-Effekte
diesen drastischen Wandel zu insinuieren scheinen, jedoch dürfte
diese Deutung deshalb nicht zutreffen, weil die Wandlungen bei

Tabelle 7: Bewertung von Technik – »Segen« oder »Fluch«?

	1966 Insgesamt v. H.	1973 Insgesamt v. H.	1976 Insgesamt v. H.	1981 Insgesamt v. H.
Die Technik ist alles in allem –				
eher ein Segen	72	55	57	30
eher ein Fluch	3	10	10	13
weder/noch bzw. teils/teils	17	28	26	53
Kein Urteil	8	7	7	(14)

Frage: »Glauben Sie, daß die Technik alles in allem eher ein Segen oder ein Fluch für die Menschheit ist?« (Bevölkerung ab 16 Jahre – 1966 und November 1973, N = 2000, und September 1976, N = 1000)*

* Die Befragung wurde 1981 im Auftrag des Ministeriums für Wissenschaft und Kunst Baden-Württemberg wiederholt. (Angaben nach dessen Informationen »Gründe und Hintergründe« 2 (1982), Nr. 2, 1-3 (N.N. (1982)). Allerdings differieren diese von Jetters (1978, 76) Originaldaten, indem sie für 1976 nur noch 50% »eher Segen«-Antworten aufführen. (Die prozentualen »eher Fluch«-Antworten stimmen überein.) Natürlich kommt es hier statt auf zahlenmäßige Genauigkeit der Einzelwerte mehr auf die Aussagekraft und Verläßlichkeit des Gesamttrends an.

den Gruppen der 16-29jährigen und der 30-40jährigen in gleicher Weise feststellbar waren – abgeschwächt übrigens auch bei den 40-59jährigen. Nur die Altersklasse ab 60 Jahre hat ihre Einstellung bei diesen Fragen zum raschen technischen Fortschritt fast nicht verändert. Zudem bietet sich mit der veränderten Gesamtsituation aufgrund der Energiekrise und der sich abzeichnenden Rezession ein unmittelbar plausibler Erklärungsfaktor für den drastischen Wandel an.

Entsprechende Trends zeichneten sich übrigens auch in speziellen Bereichen ab, besonders in der Kernenergie- und Umweltdiskussion. Von 1966 bis 1976 stieg der Anteil der Bevölkerung (ab 16 Jahre, 1966: N = 2000, 1976: N = 1000), der ein Gesundheitsrisiko bei der Stromerzeugung durch Atomenergie sieht, von 38% auf 70%, während sich der Anteil derer, die darin keine Gefahr für die menschliche Gesundheit sehen, von 39% auf 19% halbierte (vgl. *Tabelle 8*). Während 1970 noch 8% der Bevölkerung (N = 2000) über 16 Jahre die Aussage: »Wenn es mit der Umwelt so weiter geht, wird die Menschheit ihrem Untergang entgegen gehen, alles Leben stirbt aus«, zustimmten, waren es 1973 bereits 14%. Die Bestätigungen der Stellungnahme: »Natur wird zu einem großen Teil vernichtet, und es wird für Menschen, Tiere und Pflanzen immer bedrohlicher, unter diesen Bedingungen weiterzuleben«, stiegen im selben Zeitraum von 34% auf 52%, während der Anteil jener, die glauben: »So schlimm wird das gar nicht – mit diesen Gefahren werden wir schon fertig«, von 19% auf 9% absank.

Eine interessante Wandlung in den Einstellungen zum technischen Fortschritt und ihren Trägern spiegelt sich auch in den Beurteilungen der Weltraumforschung wider, insbesondere im amerikanisch-sowjetischen Vergleich. Während man 1958 in der deutschen Bevölkerung (ab 16, N = 2000) noch zu 26% sowjetische Astronauten als erste auf dem Mond erwartete – gegenüber 10% der Befragten, die amerikanische Weltraumfahrer favorisierten –, war dieses Verhältnis im Januar 1969 (also noch vor der aktuellen Landung, aber nach der ersten Mondumkreisung von Apollo 8) auf 15% zu 53% umgeschwenkt. Anfang 1966 hatte dagegen die Bevölkerung zu 39% gegenüber 20% noch den Russen einen Vorsprung in der Weltraumforschung zugebilligt.

Tabelle 8: Atomstromrisiko

	Aug. 1966 v. H.	Jan. 1971 v. H.	Jan. 1972 v. H.	Juni 1973 v. H.	Juni 1975 v. H.	Sept. 1976 v. H.	Dez. 1976 v. H.
Keine Gefahr für menschliche Gesundheit	39	40	40	40	28	24	19
Gewisses Risiko ist dabei	38	40	41	48	58	65	70
Unentschieden, weiß nicht	23	20	19	12	14	11	11

Frage: »Wenn man mit Atomkraft Strom erzeugt: Glauben Sie, daß man das so machen kann, daß keine Gefahr für die menschliche Gesundheit entsteht, oder fürchten Sie, daß da vielleicht doch ein gewisses Risiko dabei ist?« (Bevölkerung ab 16 Jahre – August 1966, Januar 1971, Januar 1972, Juni 1973 und 1975, Dezember 1976, jeweils N = 2000; September 1976, N = 1000)

Tabelle 9: Einschätzung der Weltraumtechnik

	Januar 1963 v. H.	Januar 1964 v. H.	Februar 1966 v. H.	Januar 1969 v. H.
Begrüße ihn	34	39	50	66
Begrüße ihn nicht	30	28	23	12
Egal, unentschieden	36	33	27	22

Frage: »Was halten Sie davon, daß die Menschen jetzt im Weltraum immer größere Erfolge erzielen: Begrüßen Sie diesen Fortschritt der Technik, oder begrüßen Sie ihn nicht, oder würden Sie sagen, das Ganze ist Ihnen egal?« (Bevölkerung ab 16 Jahre – Januar 1963 und 1964, N = 1000; Februar 1966 und Januar 1969, N = 2000)

Tabelle 10: Einstellung zu technischem Fortschritt (Februar 1966)

		Begrüße den Fortschritt	Begrüße ihn nicht	Egal, Unentschieden
Insgesamt	v. H.	50	23	27
Männer	v. H.	61	19	20
Frauen	v. H.	41	25	34
Altersgruppen				
16-29 Jahre	v. H.	68	15	17
30-44 Jahre	v. H.	54	19	27
45-59 Jahre	v. H.	45	26	29
60+ Jahre	v. H.	28	33	39
Schulabschluß				
Volksschule	v. H.	45	24	31
Mittelschule	v. H.	67	16	17
Abitur	v. H.	70	15	15
Berufskreise				
Arbeiter	v. H.	46	25	29
landw. Berufe	v. H.	38	22	40
Angest. u. Beamte	v. H.	58	20	22
Selbst. Geschäftsleute u. freie Berufe	v. H.	53	21	26

Allgemein wurde im Zuge der raschen Entwicklung und der großen Publicity der Weltraumfahrt die Beurteilung der Astronautik durch das deutsche Publikum im Laufe der sechziger Jahre sehr viel positiver: Während zu Beginn der sechziger Jahre nur ein Drittel den Fortschritt der Weltraumtechnik begrüßte, waren es kurz vor der amerikanischen Mondlandung im Januar 1969 zwei Drittel der Bevölkerung, vorwiegend Männer, jüngere Jahrgänge und Angehörige höherer Bildungsschichten (vgl. *Tabellen 9-11*).

Größere Skepsis drückte sich drei Jahre später (1972) (N = 1000 ab 16 J.) aus in bezug auf die Frage, ob »die amerikanische Mondlandung eine Geldverschwendung oder ... es sinnvoll (war), so viel Geld dafür auszugeben?« Ein Drittel (35%) hielt die Ausgabe für Verschwendung, während 43% sie für sinnvoll hielten. Drastisch dabei der Unterschied zwischen Absolventen der Volksschule, welche die Ausgaben nur zu 37% für sinnvoll, und den Absolventen der höheren Schule, die sie zu 59% für sinnvoll hielten.

Tabelle 11: Einstellung zu technischem Fortschritt (Januar 1969)

		Begrüße den Fortschritt	Begrüße ihn nicht	Egal, Unentschieden
Insgesamt	v. H.	60	12	22
Männer	v. H.	76	9	15
Frauen	v. H.	57	15	28
Altersgruppen				
16-29 Jahre	v. H.	80	5	15
30-44 Jahre	v. H.	72	11	17
45-59 Jahre	v. H.	61	15	24
60+ Jahre	v. H.	46	21	33
Schulabschluß				
Volksschule	v. H.	63	13	24
Höhere Schule	v. H.	77	11	12
Berufskreise				
Arbeiter	v. H.	64	11	25
landw. Berufe	v. H.	54	16	30
Angest. u. Beamte	v. H.	72	12	16
Selbst. Geschäftsleute u. freie Berufe	v. H.	68	16	16

Ein ähnlicher Unterschied spiegelt sich auch in der Stellungnahme zu einer bundesrepublikanischen Weltraumforschung (vgl. *Tabelle 12*).

Die Einstellung zu technischen Großprojekten, insbesondere im Entwicklungs- und Forschungsstadium, scheint sehr stark mit der Schulbildung zu korrelieren. Absolventen der höheren Schulen sind stärker für eine Förderung der Weltraumforschung und wohl auch der technischen Forschung allgemein eingestellt, zumal sie (vgl. *Tabelle 6*) in stärkerem Maße eine befürwortende Einstellung zum technischen Fortschritt äußerten – zumindest bis 1970 einschließlich. Gerade in Kreisen mit höherer Bildung scheint der drastische Wandel in der Einstellung zum technischen Fortschritt sich besonders deutlich ausgeprägt zu haben.

Interessant scheint auch, daß allgemein der Stand der technischen Entwicklung eines Landes – insbesondere der beiden Super-

Tabelle 12: Bundesdeutsche Weltraumforschung

		Dafür	Da-gegen	Unent-schieden
Insgesamt	v. H.	46	28	26
Männer	v. H.	58	27	15
Frauen	v. H.	37	28	35
Altersgruppen				
16-29 Jahre	v. H.	54	23	23
30-44 Jahre	v. H.	53	25	22
45-59 Jahre	v. H.	44	31	25
60 Jahre und älter	v. H.	32	32	36
Schulabschluß				
Volksschule	v. H.	42	29	29
Höhere Schule ohne Abitur	v. H.	57	25	18
Abitur	v. H.	65	23	12
Berufskreise				
Arbeiter	v. H.	43	30	27
Landwirtsch. Berufe	v. H.	39	24	37
Angestellte und Beamte	v. H.	52	26	22
Selbständige Geschäftsleute und freie Berufe	v. H.	53	23	24

Frage: »Sind Sie dafür oder dagegen, daß auch Westdeutschland Weltraumforschung betreibt?« (Bevölkerung ab 16 Jahre – März 1966; N = 2000)

mächte Sowjetunion und USA – augenscheinlich sehr stark am Maßstab von Prestigeobjekten wie etwa der Weltraumforschung beurteilt wird. So spiegelten sich der erste Start eines sowjetischen Satelliten, der Sputnikschock in den USA und die wachsenden Erfolge der amerikanischen Weltraumforschung sicherlich in der Einschätzung der deutschen Bevölkerung (ab 16 Jahre, N = 1000) wider – angesichts der Frage: »Was meinen Sie, welches Land hat ganz allgemein heute den größten technischen Vorsprung – Amerika oder Rußland?« Während 1957 Rußland mit 37% zu 35% führte, kehrte sich das Verhältnis bald darauf um und erreichte 1966 ein Ausmaß von 66% zu 13% für die USA und blieb bis 1973 mit 63% zu 12% konstant.

Die Einstellung zur Technik im Alltag ist stark von sozialen Vorurteilen und Rollenimages geprägt, wie wir schon bei der Frage nach den technischen Interessen feststellen konnten. Frauen sind kaum »von Natur aus« so wenig an Problemen des technisch Machbaren interessiert. Generell scheint das Interesse sozial induziert zu sein, wobei historische Traditionen zweifellos eine besondere Bedeutung haben. Indirekt sind diese gesellschaftlichen Rollenprägungen auch aus Verhaltensbeobachtungen der Kinder deutlich zu eruieren. Wenn 36% der Jungen, aber nur 3% der Mädchen nach Auskunft der Eltern mit Autos, Eisenbahnen und Motoren spielen, 21% der Jungen, aber nur 4% der Mädchen basteln, 10% der Jungen mit Bauklötzen und Baukästen, aber nur 3% der Mädchen damit spielen, so sind die sozialen Rollenprägungen bereits im Kindesalter deutlich ausgeprägt (vgl. *Tabelle 13*).

   Interessanterweise setzt die Differenzierung dieser ausgesprochen entgegengesetzten Rollenerwartungen erst deutlich bei den Über-zweijährigen ein, bei den 3-5jährigen und 6-9jährigen sind die Rollenunterschiede nach Auskunft der Eltern dann sogleich besonders stark ausgeprägt: 3-5jährige Jungen spielen zu 52% mit Autos, Eisenbahnen und Motoren, jedoch nur 3% der gleichaltrigen Mädchen (vgl. *Tabelle 14*). Natürlich ist hier zu berücksichtigen, daß die spezifischen Rollenimages und dementsprechende Verhaltenserwartungen der Eltern die Antworten erheblich beeinflußt haben können: Ein Vater, der seinem Sohn eine Eisenbahn schenkt, erwartet auch, daß dieser damit spielt – und der Junge wird es auch sicherlich, zumindest unmittelbar nach dem Empfang des Geschenks, tun. Ein Mädchen, das etwa keine Ei-

Tabelle 13: Kinderspiele – geschlechtsspezifisch – nach Auskunft von Eltern

	Jungen v. H.	Mädchen v. H.
Mit Autos, Eisenbahn, Motoren spielen	36	3
Spiele im Freien	33	22
Basteln	21	4
Lesen, Bilderbücher ansehen	13	21
Mit Bauklötzen, Baukästen spielen	10	3
Malen, modellieren	7	10
Briefmarken sammeln	4	10
Mit Spielzeugtieren umgehen	3	3
Beschäftigung mit lebenden Tieren	3	2
Musizieren, Musik hören	3	4
Gesellschaftsspiele, Kinderspiele	3	2
Puppen, Puppenwagen	1	39
Nähen, Kochen, Hausarbeit	1	17
Phantasiespiele	1	9
Sonstiges	8	14
Keine Angabe	1	3
Summe	140	157

Frage: »Können Sie mir noch sagen, was der Junge (das Mädchen) am liebsten macht, wofür er (es) sich am meisten interessiert?« (Personen mit Jungen zwischen 2 und 16 Jahren, Februar 1957; Personen mit Mädchen zwischen 2 und 16 Jahren, Februar 1957)

Tabelle 14: Spielpräferenzen

	Mit Autos, Eisenbahn, Motoren spielen		Mit Bauklötzen, Baukästen spielen		Bilderbücher ansehen, lesen	
	Jungen v. H.	Mädchen v. H.	Jungen v. H.	Mädchen v. H.	Jungen v. H.	Mädchen v. H.
Alter						
um 2 Jahre	39	15	20	20	6	8
3-5 Jahre	52	3	24	4	5	13
6-9 Jahre	40	2	12	0	9	20
10-11 Jahre	28	2	1	0	16	24
12-16 Jahre	25	0	0	0	22	29

senbahn, kein Auto erhalten hat, wird auch kaum ein Interesse am Spiel mit einem solchen Spielzeug entwickeln (können).

Insofern prägt das Verhalten der Eltern – etwa hinsichtlich der Auswahl der Geschenke – das Rollenverhalten der Jungen und Mädchen bereits geschlechtsspezifisch mit, induziert wirksam Rollenerwartungen und Rollenimages im frühen Kindesalter.

Eine um dieselbe Zeit durchgeführte Befragung der Erwachsenen (ab 18 Jahre, N = 2000) nach ihrer Erinnerung an frühere Kinderspiele und Spielzeuge, denen sie ihre Zeit in der Jugend gewidmet hatten, ergibt im wesentlichen gleichartige Ergebnisse: Rund ein Viertel der Befragten gibt technikorientierte oder technikverwandte Spieltätigkeiten wie Basteln, Laubsägearbeiten, Spielen mit Bausteinen, Bauklötzen, Metallbaukasten, Eisenbahn, Burgenbau an, jedoch sind die geschlechtsspezifischen Unterschiede ebenso deutlich ausgeprägt wie bei der Beobachtung von Kindern durch ihre Eltern: 49% der Männer, jedoch nur 8% der Frauen erinnerten sich an Bastel- und Laubsägearbeiten, 40% der männlichen Bevölkerung spielten mit Bausteinen, Bauklötzen und Metallbaukästen, jedoch wiederum nur 8% der weiblichen. Ein ähnliches Verhältnis von 40% zu 5% ergab sich beim Spiel mit Eisenbahnen und von 35% zu 4% beim Spiel mit Burgen und Spielzeugsoldaten.

Gleichlautend auch eine im Jahre 1976 vorgenommene Umfrage der Bevölkerung (N = 2600, ab 16 J.): das Spiel mit einer Eisenbahn, insbesondere einer elektrischen Eisenbahn, scheint besonders beliebt und »prägend« zu sein: Ein Drittel der Bevölkerung hat als Kind mit der Eisenbahn gespielt, wiederum vorwiegend (mit 53%) die Männer – Frauen dagegen mit nur zu 13%. Dabei besitzen die Familien der Facharbeiter, der leitenden Angestellten und Beamten zu einem erheblich höheren Prozentsatz eine elektrische Spielzeugeisenbahn als andere Haushalte. Insgesamt war 1976 in 15% aller Haushalte eine elektrische Spielzeugeisenbahn vorhanden, 2% der Haushalte planten, eine solche anzuschaffen – überwiegend für die Jungen unter 14, jedoch spielten auch ältere, aber meist männliche Jugendliche und die Männer in der Familie mit diesem Spielzeug (vgl. *Tabelle 15*).

Besonders deutlich stellen sich die geschlechtsspezifischen Rollenimages und Rollenerwartungen auch in der Beurteilung der Begabung von Mädchen und Jungen dar, wie sie eine Umfrage von 1963 bei der Bevölkerung über 16 Jahre (N = 2000) ergab.

Tabelle 15: Beschäftigung mit der Eisenbahn

	Besitzer einer elektrischen Eisenbahn v. H.
Es spielen mit der Eisenbahn	
nur Jungen unter 14 Jahren	12
Jungen unter 14 Jahren, zusammen mit Jugendlichen und Erwachsenen	39
Nur Jugendliche ab 14 Jahre und Männer	23
Jugendliche ab 14 Jahre mit Mädchen und Frauen	9
nur Mädchen und Frauen	2
Niemand spielt zur Zeit damit	15

Frage: »Wer beschäftigt sich alles in Ihrer Familie mit der Eisenbahn, wer macht mit, wenn sie läuft?« (Bevölkerung ab 16 Jahre – November 1976, N = 2600)

Während den Mädchen zu 36% gegenüber 4% bei den Jungen größere Begabung beim Erlernen von Sprachen und im Umgang mit Menschen sowie mit 47% zu 4% musische Begabung zuerkannt wird, eignen sich nach Einschätzung von 79% beziehungsweise 81% der Bevölkerung die Jungen besonders für Ingenieurberufe und technische Tätigkeiten, gegenüber nur 1%, die den Mädchen eine gleiche oder größere Begabung zuschreiben. Naturwissenschaftliche Begabung wird von 41% der Bevölkerung eher den Jungen als den Mädchen (bei 9%) zuerkannt (vgl. *Tabelle 16*). Allerdings ist hier zu bemerken, daß die Anordnung der Liste mit der Formulierung »Jeweils begabter sind Mädchen/Jungen« ausgesprochen kontrastprofilierend-suggestiv wirkt und die Einschätzungskluft besonders erhöht haben dürfte.

Entsprechend fielen auch Berufsempfehlungen für junge Männer im Gegensatz zu denen für junge Mädchen aus: 80% der Bevölkerung ab 16 Jahren (N = 1000) würden 1966 einem jungen Mann zum Ingenieurberuf geraten haben, 70% zum Architektenberuf und 76% zum Arztberuf (Studienrat, Diplomchemiker, Apotheker, Rechtsanwalt, Zahnarzt folgten mit Prozentsätzen zwischen 51% und 56%), während bei den Mädchen auch 72% den Arztberuf empfahlen (gefolgt von 60%, welche die Apothekerinnenlaufbahn, und 55%, die eine Studienrätinnenausbildung anrieten). »Nur«, aber immerhin doch 29% der Bevölkerung rieten auch

Tabelle 16: Einschätzung geschlechtsspezifischer Begabung (v. H.)

| | Begabung | | Jeweils begabter sind | |
	gleich	verschieden	Mädchen	Jungen
Intelligenzmäßig	82	18	8	10
Für den Arztberuf	65	35	4	31
Im Umgang mit Menschen	60	40	36	4
Sprachlich	60	40	36	4
Logisches Denken	54	46	8	38
Naturwissenschaftlich	50	50	9	41
Musisch	47	53	47	4
Für Ingenieurberufe	20	80	1	79
Technisch	18	82	1	81

Frage: »Es gibt verschiedene Ansichten darüber, ob sich die Begabungen von Jungen und Mädchen unterscheiden. Was meinen Sie?« (Bevölkerung ab 16 Jahre – Dezember 1973; N = 2000)

Mädchen zu einer Ingenieurausbildung, 45% zur Wahl des Berufes einer Architektin, 41% zur Diplomchemikerin.

Gegenüber den bisher geschilderten geschlechtsspezifischen Unterschieden bei den Rollenimages und Rollenerwartungen erscheinen die 29% der Bevölkerung, die einem jungen Mädchen eine Ingenieurausbildung empfehlen, als beachtlich hoch. Kündigte sich hier doch ein gewisser Wandel in den Einschätzungen an, oder war eine Ingenieurtätigkeit Mitte der sechziger Jahre ein besonders aussichtsreicher Beruf, der keine Probleme der Stellensuche und so weiter eröffnen würde? Allerdings spielte zu jener Zeit das Problem eines potentiellen Stellenmangels wohl gar keine Rolle bei der Entscheidung beziehungsweise Beratung zur Berufswahl. Eine 1972 durchgeführte, 1975 wiederholte Befragung der Bevölkerung ab 16 Jahre (N = 2000) ergab als besonders wichtig eingeschätzte Erziehungsziele bei der deutschen Bevölkerung: »gutes Benehmen«, »Durchsetzungsvermögen«, »ordentliches Arbeitsverhalten« und »Toleranz« sowie »Sparsamkeit« (von 74% bis 63%), während das »Streben nach Wissen« nur für weniger als die Hälfte ein wichtiges Erziehungsziel war. »Technisches Verständnis«, »der Umgang mit der modernen Technik« folgten in der Einschätzung der Bevölkerung erst an 12. Stelle und bildeten für nur 29% der Bevölkerung ein wichtiges Erziehungsziel (vgl. *Tabelle 17*).

Tabelle 17: Wichtige Erziehungsziele (-werte)

| | Okt. 1972 | Juli 1975 | | |
| | | | Schulbildung | |
	Insgesamt v. H.	Insgesamt v. H.	Volksschule v. H.	Höhere Schule v. H.
Höflichkeit und gutes Benehmen	74	74	76	69
Sich durchsetzen, sich nicht so leicht unterkriegen lassen	64	69	69	68
Die Arbeit ordentlich und gewissenhaft tun	67	67	71	58
Andersdenkende achten, tolerant sein	63	67	61	82
Sparsam mit Geld umgehen	63	65	70	52
Gesunde Lebensweise	56	57	56	58
Menschenkenntnis, sich die richtigen Freunde und Freundinnen aussuchen	58	56	54	63
Sich in eine Ordnung einfügen, sich anpassen	51	56	58	50
Wissensdurst, den Wunsch, seinen Horizont ständig zu erweitern	48	49	42	67
Interesse für Politik, Verständnis für politische Zusammenhänge	34	33	27	47
Freude an Büchern haben, gern lesen	29	30	26	40
Bescheiden und zurückhaltend sein	30	30	32	24
Technisches Verständnis, mit der modernen Technik umgehen können	29	29	29	29
Festen Glauben, feste religiöse Bindung	28	26	28	22
An Kunst Gefallen finden	16	17	13	28

Frage: »Eine Frage zur Erziehung. Wir haben einmal eine Liste zusammengestellt mit den verschiedenen Forderungen, was man Kindern für ihr späteres Leben alles mit auf den Weg geben soll, was Kinder im Elternhaus lernen sollen. Was davon halten Sie für besonders wichtig?« (Bevölkerung ab 16 Jahre – Oktober 1972, Juli 1975; N = 2000)

Wie schon bei der Einschätzung der Rolle der Technik als einer Prägekraft in der modernen Welt und dem im Vergleich dazu weit abfallenden persönlichen Interesse an technischen Fragen bei Studenten ergibt sich auch hier eine Diskrepanz zwischen der Bedeutsamkeit und der Einschätzung der Wichtigkeit. Das technische Verständnis, das Lernen, mit technischen Geräten und Verfahren sowie Problemen umzugehen, wird unverhältnismäßig gering eingeschätzt im Vergleich zu anderen Erziehungszielen. Auch hier zeigt sich wieder: Im Bereich der Erziehung hat die Technik und der Umgang mit ihr eine traditionell »schlechte Presse« – ein Nachhall unserer geisteswissenschaftlich-bildungs-humanistisch ausgerichteten Erziehung, besonders in höheren Schulen?

Zum Umgang mit technischen Geräten im Haushalt, zur Anwendung technisch-handwerklicher Fähigkeiten und zur eigenen Ausführung von Reparaturen im Haushalt, zum Basteln und zur Do-it-yourself-Mode, zum Fotografieren und Filmen sowie schließlich zur Benutzung des Autos und der Einstellung hierzu sind nach der von Jetter zusammengestellten Befragungsauswahl des Instituts für Demoskopie in Allensbach eine Reihe von charakteristischen Stellungnahmen zur Rolle der Technik im täglichen Leben erarbeitet worden.

Reparaturen im Haushalt, Do-it-yourself-Hobbies, besonders das eigene Auto, aber überraschenderweise auch elektrische Haushaltsgeräte werden im Haushalt nicht nur extensiv benutzt, sondern scheinen den meisten Menschen auch Spaß zu bereiten – selbst vielen Frauen. Nur bei Älteren läßt sich ein Zögern feststellen. Die Durchführung einfacher Reparaturen ist eine Aufgabe der Männer, die von der überwiegenden Zahl wahrgenommen wird. Während über die Hälfte der Männer sich einmal im Monat handwerklichen Arbeiten im Haushalt zuwendet, findet sich nur jede fünfte Frau hierzu bereit.

Als Freizeitbeschäftigung und Hauptinteresse in der Freizeit treten Tätigkeiten technischer Ausrichtung gegenüber anderen Interessen stark zurück. Eine gewisse Ausnahme könnte das Autofahren bedeuten, das Auto scheint einer der prägendsten technischen Gegenstände des täglichen Gebrauchs geworden zu sein.

Im einzelnen ergaben die ausgewählten Befragungen folgende Resultate: Zu Eigenreparaturen und handwerklichen Arbeiten im

Haushalt sowie zu Do-it-yourself-Tätigkeiten liegen die 1962, 1964 und 1966 durchgeführten Befragungen vor, die in den *Tabellen 18-21* dargestellt sind.

Das geschlechterspezifische Rollenverständnis dokumentiert sich auch in der Art der technischen und handwerklichen Tätigkeiten im Haushalt wieder recht deutlich, weniger beim bloßen Auswechseln von elektrischen Birnen und Sicherungen, aber deutlich etwa beim Anbringen von Lampen, Steckern, beim Reparieren von Steckdosen oder Schaltern oder gar beim Verlegen elektrischer Leitungen. Während zwei Drittel der Männer etwa eine Lampe anschließen und über die Hälfte Steckdosen und Schalter reparieren und immerhin doch mehr als ein Drittel eine elektrische Leitung selbst verlegt, sind die entsprechenden Anteile bei Frauen weit unter 10%: Nur jede zwanzigste Frau repariert Steckdosen oder Schalter, nur jede fünfzigste kann eine elektrische Leitung verlegen (vgl. *Tabelle 18*).

82% der Frauen haben etwa (1964) in den letzten vier Wochen keine eigenen Reparaturen an Haus, Wohnung oder Auto durchgeführt (vgl. *Tabellen 19-20*). Nach Berufskreisen (unter Ein-

Tabelle 18: Technische und handwerkliche Eigenarbeiten

	Insgesamt v. H.	Männer v. H.	Frauen v. H.
Elektroarbeiten			
Elektrische Birne auswechseln	86	93	79
Elektrische Sicherung auswechseln	70	88	55
An der elektrischen Schnur einen Stecker anbringen	45	76	18
Eine elektrische Lampe an der Decke oder an der Wand anschließen	35	65	9
Steckdose oder Schalter reparieren	26	51	5
Elektrische Leitung verlegen	18	37	2
Andere handwerkliche Arbeiten			
Eine Tür, die quietscht, ölen	83	96	72
Einen Nagel gerade in die Wand schlagen	76	93	62
Ein Brett durchsägen	64	92	41

Frage: »Auf dieser Liste steht Verschiedenes, was manche Leute selber machen. Was davon können Sie persönlich gut selbst machen?« (Bevölkerung ab 16 Jahre – August 1966; N = 2000)

schluß ihrer Angehörigen) wird bei den Beamten, den Facharbeitern und den Landwirten am meisten selbst repariert und handwerklich im Sinne des Do-it-yourself gearbeitet. Hilfsarbeiter dagegen reparieren unter den Berufsgruppen am wenigsten selbst zu Hause.

An den Umgang mit elektrischen Geräten hat sich die Bevölkerung soweit gewöhnt, daß fast zwei Drittel Spaß dabei empfinden,

Tabelle 19: Reparaturen zu Haus

| | Insgesamt | | Männer | | Frauen | |
	1962 v. H.	1964 v. H.	1962 v. H.	1964 v. H.	1962 v. H.	1964 v. H.
Etwas repariert oder gemacht	35	36	53	54	17	18
Nichts repariert oder gemacht	65	64	47	46	83	82

Tabelle 20: Reparaturen zu Haus (Fortsetzung)

	In den letzten vier Wochen haben zu Hause etwas repariert (1964) v. H.
Bevölkerung	35
Männer	54
Frauen	18
Altersgruppen	
16-29 Jahre	33
30-44 Jahre	42
45-59 Jahre	29
60+ Jahre	29
Berufskreise (mit Angehörigen)	
Facharbeiter	43
Angelernte und Hilfsarbeiter	28
Landwirte	39
Angestellte	33
Beamte	44
Selbständige, Freie Berufe	29

Frage: »Haben Sie in den letzten vier Wochen einmal zu Hause etwas repariert oder gemacht, wozu andere den Handwerker bestellen: zum Beispiel am Haus, in der Wohnung oder am Fahrzeug oder sonst Sachen?« (Bevölkerung ab 16 Jahre – Februar 1962, September 1964; N = 2000)

elektrische Geräte zu verwenden; übrigens Frauen fast gleich stark wie Männer. Jeweils einem Fünftel der Frauen und über 60jährigen ist allerdings beim Umgang mit diesen Geräten »nicht ganz wohl« (vgl. *Tabelle 21*). Insbesondere reparieren zwei Drittel der Frauen nicht gern eine elektrische Leitung oder einen Schalter gegenüber nur einem Fünftel bis einem Viertel bei den Männern (vgl. *Tabelle 22*). Die geschlechtsspezifischen Unterschiede scheinen sich also stärker auf der Risikoseite und hierbei bei den emotionalen Begleitreaktionen auszudrücken als bei der eigentlichen Funktion und in der gefühlsmäßigen Reaktion hierauf. (Allerdings sind die Fragestellungen wie »Macht Spaß?« äußerst vage und umfassend.)

Des deutschen Michels liebstes Kind, das Auto, spielt im Umgang mit technischen Geräten des Alltags natürlich eine besonders hervorragende Rolle und findet demgemäß auch vermehrt Niederschlag in Umfrageergebnissen, von denen nachfolgend einige genannt werden sollen. Fast drei Viertel der Bevölkerung haben »große Freude am Autofahren«, indem sie »sehr gern« oder »ganz gern« fahren. Überraschenderweise empfinden mehr als die Hälfte (51%) der autofahrenden Frauen sehr große Freude am

Tabelle 21: Umgang mit Elektrogeräten

	Insgesamt v. H.	Männer v. H.	Frauen v. H.
Macht Spaß	61	66	57
Nicht ganz wohl dabei	13	8	17
Kommt darauf an	17	16	18
Weder noch	9	10	8

Altersgruppen			
	16-29 v. H.	30-44 v. H.	45-59 v. H.	60$^+$ Jahre v. H.
Macht Spaß	66	66	60	48
Nicht ganz wohl dabei	11	10	13	21
Kommt darauf an	15	16	18	19
Weder noch	8	8	9	12

Frage: »Macht es Ihnen Spaß, mit elektrischen Geräten umzugehen, oder ist Ihnen da nicht immer ganz wohl dabei?«

Autofahren – auf die mögliche Deutung »emanzipatorischer« Selbstbestätigung bzw. der in der Beweglichkeit ausgedrückten Freiheitsbewußtheit sei hingewiesen. Verständlicherweise ist der Anteil der begeisterten Autofahrer bei den Jüngeren, den 18-29jährigen besonders groß (54%), jedoch fährt auch ein Drittel der älteren Autofahrer »sehr gern«, ein weiteres Drittel »ganz gern« (*Tabelle 23*).

Tabelle 22: Angst bei Elektrogeräten

	Insgesamt v. H.	Männer v. H.	Frauen v. H.
Über Nacht ein Heizkissen unter der Bettdecke eingeschaltet lassen	51	50	53
Einen kaputten elektrischen Schalter auswechseln	47	25	67
Eine Lampe an die elektrische Leitung montieren	46	22	66
Bei Gewitter am Radio drehen	32	24	39
Eine elektrische Zahnbürste benutzen	27	22	32
Elektrische Sicherungen erneuern	21	9	32
Unter einer Hochspannungsleitung herlaufen	18	12	23

Frage: »Es gibt ja Verschiedenes, was man gern vermeidet, wenn es geht. Könnten Sie von dieser Liste alles heraussuchen, was Sie nicht gern tun, wobei ihnen nicht recht wohl wäre?« (Bevölkerung ab 16 Jahre – August 1966; N = 2000)

Tabelle 23: Autofahren

	Insgesamt v. H.	Männer v. H.	Frauen v. H.	Altersgruppen 18-29 Jahre v. H.	30-49 Jahre v. H.	50-70 Jahre v. H.
Fahre sehr gern	41	39	51	54	35	33
Fahre ganz gern	33	34	30	28	37	31
Es geht	20	22	13	15	22	26
Nicht besonders gern	5	5	5	2	6	9
Keine Antwort	1	0	1	1	0	1

Frage: »Haben Sie eigentlich große Freude am Autofahren, oder fahren Sie mehr, weil es sein muß?« (Autofahrer bis 70 Jahre – Oktober 1971; N = 2100)

Während 1969 bereits 70% der Männer einen Führerschein besaßen, hatten erst 28% der Frauen einen Führerschein in ihrem Besitz. Die geschlechterspezifischen Unterschiede im Umgang mit dem technischen Gerät Auto drücken sich auch darin deutlich aus, daß die praktische Führerscheinprüfung (1969) nach einer Umfrage bei Besitzern von PKW-Führerscheinen (N = 840) von 16% der Frauen, jedoch nur von 6% der Männer wiederholt werden mußte (Wiederholungsrate insgesamt 9%), während mit jeweils 4% die Wiederholungsrate der theoretischen Prüfung bei beiden Geschlechtern gleich war. Seit Mitte der fünfziger Jahre ist der Anteil der Prüfungswiederholungen – besonders bei der praktischen Prüfung – erheblich gestiegen – vermutlich aufgrund erhöhter Anforderungen in der Prüfung.

Tabelle 24: Reparatur und Pflege des Autos

	Insgesamt v. H.	Männer v. H.	Frauen v. H.
Reparaturen			
»Ich repariere an meinem Auto nach Möglichkeit alles selbst«	18	19	6
»Ich mache nur kleinere oder leichtere Reparaturen an meinem Auto selbst«	43	47	17
»Wenn an meinem Auto etwas zu reparieren ist, gebe ich es immer in die Werkstatt, ich selbst repariere gar nichts«	39	33	74
Andere Antworten	1	1	3
Waschen			
»Ich wasche meinen Wagen immer selbst«	54	56	42
»Ich wasche meinen Wagen manchmal selbst, manchmal lasse ich ihn waschen«	34	33	39
»Ich lasse meinen Wagen immer waschen, selber wasche ich ihn nie«	12	11	18
Andere Antworten	0	0	1

Frage: »Auf diesen Karten stehen jeweils drei verschiedene Möglichkeiten, wie man sich verhalten kann. Könnten Sie sagen, wie Sie es im allgemeinen machen?« (Autofahrer bis 70 Jahre – Oktober 1971, N = 2100)

Eigene Reparaturen am Auto sind, wenn sie überhaupt durchgeführt werden, vorwiegend Domäne der Männer: Nur ein Drittel von ihnen repariert gar nichts, während drei Viertel der Frauen den Wagen immer in die Werkstatt geben, wenn etwas zu reparieren ist. Beim Waschen des Autos hingegen beteiligen sich die Frauen viel stärker, wie auch *Tabelle 24* zeigt.

Zu den Fahrgewohnheiten und Einstellungen der Autofahrer gegenüber anderen Verkehrspartnern im Wagen gibt eine Umfrage von 1971 unter Autofahrern (N = 2100) Aufschluß: Über die Hälfte der Autofahrer meint selber »lieber etwas langsamer zu fahren, dafür … auch sicher ans Ziel« zu gelangen. Dennoch hat schon die Hälfte einen Fast-Unfall erlebt und ebenfalls fast die Hälfte fühlt sich beim Autofahren gefährdet. Nur etwas über einem Drittel der Fahrer – vorwiegend wohl der jüngeren – macht es »richtig Spaß«, den Wagen »voll auszufahren«. Die Hälfte der Befragten hält Taxifahrer, mehr als ein Drittel Lastwagenfahrer für ziemlich rücksichtslos. Mehr als ein Drittel der Autofahrer (männlich *und* weiblich) hält Frauen für schlechtere Autofahrer als Männer (vgl. *Tabelle 25*).

Interessant ist besonders, daß die Männer in höherem Maße in Unfälle, besonders in Mehrfachunfälle verwickelt waren als die Frauen. Dem zuvor deutlich geäußerten (Vor-)Urteil, Frauen seien schlechtere Autofahrer, widerspricht diese Tatsache recht deutlich. Zumindest sind sie wohl vorsichtigere Fahrer. 6% der Unfälle waren Unfälle mit Schwerverletzten. Ein Viertel der rund tausend in Unfälle verwickelten Autofahrer gibt sich selbst die volle Schuld, die Hälfte meint, daß andere Schuld an dem Unfall hätten (vgl. *Tabelle 26*).

Hinsichtlich der Verbesserung von Sicherheitsvorkehrungen im Autoverkehr existieren Umfragen aus den Jahren 1971 und 1972 zur damals anstehenden Herabsetzung der Strafbarkeitsgrenze für den Alkohol im Blut (0,8 Promille). Etwa zwei Drittel (61%) bis drei Viertel (*nach* der Einführung der 0,8-Promillegrenze 1972: Männer 72%, Frauen 87%) begrüßen die Neuregelung. Nur weniger als ein Fünftel (Männer 19%, Frauen 18%) sind 1972 noch dagegen eingestellt. 1971 nahm die Befürwortung zur Neueinführung der Promillegrenze mit dem Alter erheblich zu (von 55% bei den 18-29jährigen über 62% der darauffolgenden Altersgruppierung bis zu 70% bei den 50-70jährigen). Besonders Beamte und Angestellte (zu 71% bzw. 66%) votierten für die Neuregelung.

Tabelle 25: Einstellungen von Autofahrern

	Insgesamt v. H.
Auszug aus den Aussagen nach vorgelegten Karten:	
»Ich fahre lieber etwas langsamer, dafür komme ich auch sicher ans Ziel«	52
»Ich habe schon häufiger Situationen erlebt, wo ich um Haaresbreite um einen Unfall herumgekommen bin«	50
»Taxifahrer verhalten sich im Straßenverkehr häufig ziemlich rücksichtslos«	49
»Beim Autofahren habe ich oft das Gefühl, daß es doch sehr gefährlich ist, daß es auch mal mich treffen könnte«	47
»Es macht mir richtig Spaß, meinen Wagen voll auszufahren«	36
»LKW-Fahrer verhalten sich im Straßenverkehr oft ziemlich rücksichtslos«	36
»Schlechte Autofahrer findet man unter den Frauen doch etwas häufiger als unter den Männern«	36
»Oft kann man schon an der Automarke erkennen, was da wohl für ein Fahrer hinter dem Steuer sitzt«	23
»Bei Autokennzeichen aus bestimmten Orten oder Landkreisen weiß ich schon, daß es oft schlechte Fahrer sind«	21

Frage: »Könnten Sie bitte diese Karten hier einmal durchlesen und alles herauslegen, was auf Sie persönlich zutrifft, was auch Ihre Meinung ist?« (Autofahrer bis 70 Jahre – Oktober 1971; N = 2100)

Tabelle 26: Verkehrsunfälle

		Ein Unfall	Mehrere Unfälle	Kein Unfall
Autofahrer insgesamt	v.H.	32	16	52
Männer	v.H.	34	18	48
Frauen	v.H.	23	7	70
Altersgruppen				
18–29 Jahre	v.H.	33	16	51
30–49 Jahre	v.H.	30	17	53
50–70 Jahre	v.H.	37	14	49

Frage: »Waren Sie eigentlich selbst schon mal in einen oder mehrere Verkehrsunfälle verwickelt, ich meine als PKW-Fahrer?« (Autofahrer bis 70 Jahre – Oktober 1971; N = 2100)

Fast drei Viertel der Bevölkerung (72% gegenüber 8% der dagegen Eingestellten) unter den über 16jährigen (N = 2000) votierten 1972 für den pflichtmäßigen Einbau von Sicherheitsgurten, obwohl nur ein Drittel (35%) bereits Gurte im eigenen Wagen hatte. 1971 legten Autofahrer mit Sicherheitsgurten im Fahrzeug diese bereits zu 77% auf längeren Strecken »meistens« auch an (zu 12% »gelegentlich«), dagegen legten in der Stadt und im Ortsverkehr 31% »meistens« (»gelegentlich«: 29%) Sicherheitsgurte an.

Im Umgang mit dem eigenen Auto scheint sich also entsprechend den Befragungen nach der eigenen Einstellung eine recht maßvolle und vernünftige Fahr- und Umgangsweise bei der deutschen Bevölkerung ausgeprägt zu haben – übrigens noch vor der Ölkrise und den seinerzeit eingeführten sogenannten »autofreien Sonntagen«; beides hatte zu einem für mindestens mehrere Monate geänderten, defensiven Fahrverhalten der Deutschen geführt. Einstellungsbefragungen decken aber natürlich nicht Befunde über das wirkliche Fahrverhalten auf.

Vergleiche zwischen der weitverbreiteten sehr aggressiven Fahrweise der Deutschen und der (nicht in den großen Cities fahrenden) Amerikaner sind für jeden Fahrer, der auf deutschen Autobahnen und auf amerikanischen Interstates gefahren ist, allzu deutlich und vielsagend, um noch kommentiert werden zu müssen. Zwingen die größeren Entfernungen die Amerikaner zu einer defensiveren, rücksichtsvolleren Fahrweise? Die geringere Verkehrsdichte an sich kann dies allein ja nicht bewirken. Oder ist in den weiten Strecken des Westens noch die Empfindung der nachbarschaftlichen Begegnung und der Mithilfe so hervorstechend, daß sie auch auf das Autofahren im Sinne eines aktivierten Halo-Effekts übergreift? Fragen, die sich ohne genauere Untersuchungen nicht klären lassen, die aber auch im Interesse der Verbesserung der Fahrverhaltensweisen der deutschen Bevölkerung einer eingehenden Untersuchung wert wären. Vorurteile über die Fahrweise anderer, besonders der Taxifahrer, Lastwagen-Fahrer und der Frauen, aber auch über das eigene Fahren (»Ich fahre lieber langsamer«), drücken sich natürlich in den angeführten Ergebnissen aus. Hier wird besonders deutlich, wie stark soziale Klischees die eigenen Einstellungen und damit die Beurteilung des Umgangs mit technischen Geräten beeinflussen. Aus diesen Daten kann nicht entnommen werden, wie stark der wirkliche Umgang von solchen Einstellungen modifiziert wird: Die Diskrepanz etwa zwischen der Beurteilung der Fahrfähigkeit der Damen und ihrer wesentlich geringeren Unfallhäufigkeit sollte jeden voreiligen Schluß von Einstellungen auf Verhaltensprägungen ausschließen.

In Einstellungen zum Umgang mit technischen Geräten, zur Technik und zum technischen Wandel und Fortschritt insgesamt drückt sich besonders deutlich die soziale Integration der Technik aus: Es handelt sich keineswegs nur um ein naturwissenschaftlich-»technisches« Basisphänomen, sondern um einen Bereich von erheblicher *sozialer* Prägekraft, der wesentliche Einstellungen, Klischees usw. mitprägt und von Etiketten und Traditionen mitgeprägt wird – besonders stark, soweit es um die soziale Beurteilung durch die Bevölkerung geht. Einstellungserhebungen, Umfragen, Hypothesen zu den Beurteilungen sind daher für eine Alltagssoziologie äußerst wesentlich. Jedes Phänomen, das zum Gegenstand einer Soziologie des Alltags werden kann, ist ein bewertetes, mit Einschätzungen und (zumeist Vor-)Urteilen besetztes soziales Phänomen, zu dem der Zugang und mit dem der Umgang nicht ohne diese sozialen Orientierungsschemata, wie sie durch vorurteilsmäßige oder ideologische Vorfixierung gegeben sind, möglich sind. Bei der Technik liegen diese Einstellungsprobleme nicht unmittelbar auf der Hand wie etwa in anderen sozialen Bereichen (z. B. im politischen). Als untergründig wirksame Orientierungsfaktoren und mitprägende Handlungsleitlinien dürfen sie aber gerade deswegen nicht vernachlässigt werden, weil sie untergründig, meist unerkannt wirken. Wenn Soziologie eine aufklärerische Funktion hat, so gehört es auch zu ihrer Aufgabe, im Felde einer zu entwickelnden Soziologie des Alltags untergründige Selbstverständlichkeiten, Einstellungen und Vorfixierungen hervorzuheben, ans Licht zu bringen – eben »aufzuklären«. Zweifellos steht die Soziologie der Technik im Bereich einer Soziologie des Alltags noch am Beginn ihrer Entwicklung. Sie dürfte aber in dem Maße an Dringlichkeit gewinnen, als technische und sogar systemtechnologische Zusammenhänge immer stärker unsere weitgehend künstlich gewordene Umwelt und sekundär auch unser soziales Zusammenleben beeinflussen.

Die hier gegebenen ersten Orientierungen für eine Soziologie der Technik im Alltag müssen daher mit besonderer Dringlichkeit weiter verfolgt und über den derzeitigen sehr spürbaren Mangel

an empirischen Untersuchungen hinaus entwickelt und gezielt gefördert werden.

Literatur

Euler, M.: Die Ausstattung privater Haushalte mit ausgewählten langlebigen Gebrauchsgütern im Januar 1973. In: Wirtschaft und Statistik, 30
(1974), 476-481.

Holzer, H.: Massenkommunikation und Demokratie in der Bundesrepublik Deutschland, Opladen 1969.

Institut der deutschen Wirtschaft (Hg.): Zahlen zur wirtschaftlichen Entwicklung der Bundesrepublik Deutschland, Köln 1982.

Jetter, U.: Technik und Ingenieure in der öffentlichen Meinung, Kelkheim
1977 (unveröffentlichte Studie im Auftrag des Vereins Deutscher Ingenieure VDI). Stark gekürzt veröffentlicht in: Ropohl, G. u. a. (Hg.):
Maßstäbe der Technikbewertung, Düsseldorf 1978, 67-87.

Krämer-Badoni, T., Grymer, H. und Rodenstein, M.: Zur Sozio-ökono-
mischen Bedeutung des Automobils, Frankfurt/M. 1971.

Lenk, H., Moser, S. (Hg.): Techne – Technik – Technologie, Pullach b.
München 1973.

Lenk, H., Ropohl G.: Praxisnahe Technikphilosophie. In: Walter C. Zimmerli (Hg.), Technik oder: wissen wir, was wir tun? Basel-Stuttgart
1976, 104-145.

Lenk, H., Ropohl, G.: Technische Intelligenz im systemtechnologischen
Zeitalter, Düsseldorf 1976.

Linde, H.: Sachdominanz in Sozialstrukturen, Tübingen 1972.

Ludwig, K-H. (Hg): Die historische Funktion der Technik. In: Technikgeschichte, 43 (1976), 89-164.

Marx, K., Engels, F.: Die deutsche Ideologie. In: *dieselben*, Werke, Bd. 3
(MEW 3), Berlin 1959, 9-530.

Marx, K.: Das Kapital, Bd. 1 (MEW 23), Berlin 1959.

Marx, K.: Grundrisse der Kritik der politischen Ökonomie, Berlin
1974.[2]

McLuhan, M.: Die magischen Kanäle, Düsseldorf-Wien 1968.

Moser, S., Ropohl, G., Zimmerli, W. C. (Hg.): Die »wahren« Bedürfnisse
oder Wissen wir, was wir brauchen? Basel Stuttgart 1978.

N.N.: Technikfeindlichkeit? In: Gründe und Hintergründe, Stuttgart 2
(1982), Nr. 2, 1-3.

Ogburn, W. F.: Die Theorie des »Cultural Lag«. In: Hans Peter Dreitzel
(Hg.), Sozialer Wandel, Neuwied-Berlin 1972[2], 328-338.

Pross, H.: Moral der Massenmedien, Köln-Berlin 1969.

Rammert, W.: Technik, Technologie und Technische Intelligenz. In: Geschichte und Gesellschaft, Bielefeld 1975.

Ropohl, G.: Eine Systemtheorie der Technik, München-Wien 1979.

Schelsky, H.: Der Mensch in der wissenschaftlichen Zivilisation. In: ders.: Auf der Suche nach Wirklichkeit, Düsseldorf-Köln 1965, 439-480.

Silbermann, A. (Hg.): Die Massenmedien und ihre Folgen, München 1970.

Statistisches Bundesamt (Hg.): Statistisches Jahrbuch für die Bundesrepublik Deutschland 1970, Stuttgart-Mainz 1970.

Statistisches Bundesamt (Hg.): Statistisches Jahrbuch für die Bundesrepublik Deutschland 1981, Stuttgart-Mainz 1981.

Steinbuch, K.: Die informierte Gesellschaft, Stuttgart 1966.

Weber, M.: Wirtschaft und Gesellschaft, Tübingen 1921.

Weingart, P.: Die historische Funktion der Technik aus der Sicht der Soziologie. In: Ludwig, K. H. (Hg.): Die historische Funktion der Technik. In: Technikgeschichte, 43 (1976), 152-157.

Systemtheorie zwischen Wissenschaft und Technik*

Wissenschaftstheoretische Thesen zu neuen, interaktiven Technologien

Systemanalyse und Systemdenken

Wer Schlagworte bevorzugt, die doch oft ein Körnchen Wahrheit – wenn auch vergröbert – wiedergeben, könnte sagen: Wir leben in einer zunehmend von Systemzusammenhängen geprägten Welt, einer Welt der Systemverflechtungen. Das sogenannte technische Zeitalter scheint sich mehr und mehr zum informations- und systemtechnologischen Zeitalter zu wandeln.

Komplexe Systeme wurden zwar auch früher schon in Einzeldisziplinen der Wissenschaft untersucht – man denke etwa an die prototypischen Beispiele der Massenpunktsysteme in der Mechanik oder an die thermodynamischen Systeme –, doch finden sich überzeugende Argumente dafür, daß sich Systemaspekte in den letzten Jahrzehnten der wissenschaftlichen Entwicklung immer mehr in den Vordergrund schieben mußten. Die Komplexität der Problemverzahnungen in einer zunehmend von interdisziplinären und interarealen Wirkungsverflechtungen gekennzeichneten Welt sprengen die Problemerfassungs- und Problemlösungskapazität jeder Einzelwissenschaft wie auch jedes einzelnen Wissenschaftlers in so offensichtlichem Maße, daß eine systemhafte Integration der Perspektiven verschiedener Einzeldisziplinen und dementsprechend eine über die Fachgrenzen hinweggreifende projekt- und problemorientierte Zusammenarbeit der Experten nötig wurden.

Der Systemanalytiker wurde als der neue Prototyp eines wissenschaftlichen Generalisten kreiert, der strukturell gleichartige Probleme in verschiedenen Disziplinen und Bereichen mit gleichartigen, meist formalisierten Modellen zu bearbeiten in der Lage ist

---

* Zuerst unter dem Titel »Wissenschaftstheorie und Systemtheorie« veröffentlicht in Lenk, H. – Ropohl, G. (Hg.): Systemtheorie als Wissenschaftsprogramm, Königstein 1978, 239-269.

und Problemstellungen über Fächergrenzen hinaus auf relativ abstrakte Modelle abziehen und möglichst einer Lösung zuführen kann. Auswirkungen der Technisierung in der industriell geprägten Welt erweisen sich immer deutlicher als ein verwickeltes Geflecht von kulturellen, sozialen, politischen, ökonomischen, technischen, wissenschaftlichen, ökologischen, geographischen, klimatischen und biologischen Faktoren. Selbst Probleme der technischen Innovation – etwa der kostensparenden Herstellung, effizienten Ausnutzung und sozialen Verbreitung eines neuen Produktes – stellen sich unter Umständen zugleich als technische, soziale, ökonomische und politische dar und erfordern somit einen überdisziplinären Zugang. Bei Energieversorgungssystemen und Verkehrs- sowie Infrastrukturentwicklungsplanungen wird dies besonders deutlich. Dem nachdenklichen Bürger im industriellen Massenzeitalter drängt sich geradezu mit einer gewissen Dramatik auch der Systemcharakter der Probleme auf, die sich beim Verfolgen mancher zu schützender Grundwerte stellen, etwa lebensgünstiger Umweltbedingungen oder des Schutzes der Privatsphäre gegenüber möglichen bürokratisch-dirigistischen Zugriffen durch Managementinformationssysteme.

Systemperspektiven und die zu ihnen gehörigen überfachlichen Problemstellungen sowie die nötige interdisziplinäre Integration der Expertenbeiträge erweisen sich also als unerläßlich. Das ›Systemdenken‹ wird und muß zweifellos umso mehr forciert und gefördert werden, als nur dieses in einer sich ständig schnell verkomplizierenden Welt, die auf eine planetarische Gesellschaft der Fernwirkungsverflechtungen zuzielt, offenbar noch gangbare Wege zur Bewältigung der exponentiell wachsenden Problemkomplexität zu bieten scheint. Dieser Trend ist nicht zu bezweifeln und muß dementsprechend angesichts der gewandelten Situation, insbesondere der angewandten Wissenschaften, zu programmatischen Änderungen in der Zielsetzung und Verfahrensweise mancher Wissenschaften – aber auch der Wissenschaftstheorie – führen.

Die Dringlichkeit der Systemansätze läßt erwarten, daß gerade deren neue Methoden einer intensiven wissenschaftstheoretischen Analyse unterzogen worden seien. Leider ist genau das Gegenteil der Fall. Man muß konstatieren, daß bisher keine ernsthafte Untersuchung der systemtheoretischen Methoden und Ansätze von seiten der Wissenschaftstheorie stattgefunden hat. Ähnlich wie angesichts unorthodoxer, aber praktisch nötiger Methoden mancher Sozialwissenschaften harrt auch hier noch ein wichtiges Feld von schnell zunehmender wissenschaftlicher Bedeutsamkeit fast gänzlich der detaillierten wissenschaftstheoretischen Durchdringung.

Der vorliegende Beitrag soll – zugegebenermaßen, aber unvermeidlich – anhand einer noch skizzenhaften Übersicht über einige Grundbegriffe und Grundprobleme systemtheoretischer Ansätze Anknüpfungspunkte für die wissenschaftstheoretische Diskussion der Systemanalyse herausstellen, programmatische Thesen zu einer zu entwickelnden Epistemologie der Systemwissenschaft(en) entwickeln und stichpunktartig auf die methodisch und praktisch vorteilhaften Auswirkungen dieser wissenschaftstheoretischen Untersuchungen hinweisen.

Systembegriffe und abstrakte Systemtheorie

Zunächst seien einige Bemerkungen zur abstrakt-axiomatischen Grundlegung einer Systemtheorie – oder traditionell gesprochen: zum Systembegriff – formuliert.

Die Diskussion darüber, was alles System genannt werden kann, soll hier nur kurz berührt werden, da sie eher terminologischen Charakter hat und für praktische Aufgabenstellungen unfruchtbar bleibt.

Wenn ›System‹ als Menge von Elementen (›Objekten‹ oder ›Teilen‹) definiert wird, zwischen denen (und deren Attributen) Wechselbeziehungen bestehen (v. Bertalanffy (in Kurzrock 1972, 18), auch: Klir, 1967, 24, Klaus 1969, II, 634, Hall/Fagen 1968, Rapoport 1972, Ropohl 1979, und in: Lenk–Ropohl 1978, 14 f.), so bezeichnet dieser Begriff nichts weiter als den mathematischen Begriff der strukturierten Menge oder des Gebildes (Relativs). Eine so weite – obschon verbreitete – Definition ist zweifellos nicht zu empfehlen, da erstens ein schon etablierter allgemeiner Begriff wie der der strukturierten Menge (bzw. des Relativs) einfach wiederholt und die Einführung von etwas Neuem nur vorgespiegelt wird. Zweitens wäre die Systemtheorie mit der gesamten mengentheoretisch interpretierten Mathematik identisch – auch eine unangemessene Regelung, weil nichts Spezifisches für die mathematische Systemtheorie gegenüber der allgemeinen mathematischen Strukturtheorie übrigbliebe. Und drittens – eine wiederholt (etwa von Buck) vorgebrachte Kritik – gäbe es nichts, was nicht selbst ein System und Teil von Systemen wäre. Ein Begriff ohne Kontrast, ohne Möglichkeiten anzugeben, was nicht unter ihn fällt, ist nutzlos, weil allumfassend. Freilich muß diese Kritik eingeschränkt werden: Offensichtlich handelt es sich beim Systembegriff um einen *perspektivischen* Begriff. Nicht jeder Gegenstand ist ein Relativ (oder ein System), sondern fast jeder Gegenstand kann als solches analysiert, unter einem bestimmten Ansatz als System interpretiert werden. Das schließt ein, daß es andere Perspektiven gibt, die eine solche Analyse mit Hilfe des Systembegriffs – bzw. einen systemtheoretischen Ansatz – nicht erlauben. Der allumfassende Charakter existiert also nicht, wenn man auf den Perspektivismus achtet. Dieser hat weitreichende Konsequenzen für den Modellcharakter jeder Systemerfassung (s. u. S. 131 f.).

Aufgrund der genannten Kritik scheint es jedoch vorteilhaft, wenn man sich bei der mathematischen Formulierung des Systembegriffs und der Systemtheorie einschränkt. Nicht jede Relation auf abstrakten Mengen

$$R \subset X_1 \times X_2 \times \ldots \times X_n \times \ldots$$

(wobei das Symbol X_i beliebige Mengen und der Ausdruck rechts des Inklusionszeichens in üblicher Weise das direkte Produkt dieser Mengen bezeichnet) sollte die Grundentität der Systemtheorie bilden wie bei Mesarović, sondern eine disjunkte Teilklassenzuordnung (eine Klasseneinteilung oder Partition) – etwa (aber nicht notwendig auf *diese* Weise) in Inputs und Outputs – sollte zusätzlich eingeführt sein: Man hätte also die Ausgangsmengen nach (mindestens) zwei Indexmengen i_i und i_o disjunkt zu unterteilen[1]:

$$I = \underset{i}{X} \{ x_i; i \in i_i \}$$

$$O = \underset{k}{X} \{ x_k; k \in i_o \} \qquad x_i \in X_j \quad i, j, k = 1, \ldots, n, \ldots$$

---

1 Vgl. a. Ropohl (1975, 1978), der den Systembegriff zwar zunächst allgemeiner als beliebige Objektmenge mit aufgeprägten Relationen – also als Relativ – definiert, dann aber doch sogleich eine Partition disjunkter Attributenmengen einführt.

Ein System S könnte dann verstanden werden als eine Teilrelation des direkten Produktes dieser Input- und Output-Menge

   $S \subset I \times O$

oder – vielleicht – plastischer – als das Tripel (I, O, S).

Man hätte somit den Systembegriff im Sinne eines durch bestimmte Mengeneinteilungen spezifizierten Relativs – etwa als Input-Output-System – eingeführt.

Dasselbe könnte natürlich auch für den Begriff eines Umgebungssystems geleistet werden, da ersichtlich jedes mit einer Umgebung interagierende System ein Input-Output-System ist – und umgekehrt.

Zusätzlich zu einer Klasseneinteilung (Partition) der Grundmenge in X und Y kann man natürlich auch in leichter Abweichung von Mesarovićs Vorschlag z. B. eine Ergebnis- oder Prozeßfunktion (outcome or process function) E und eine Leistungsfunktion (performance-function) L annehmen:

   $E: \quad X \times M \to Y$
   $L: \quad M \times Y \to W,$

wenn eine ausgezeichnete Entscheidungsobjektmenge M und ein Wertgegenstand bzw. wertvoller Zustand (evtl. als Menge) W gegeben sind. Dann wäre ein zielorientiertes System S_{zi} zu definieren als

$$\bigwedge_{x \in X} \bigwedge_{y \in Y} \{(x,y) \in S_{zi} \leftrightarrow \bigvee_{m_x \in M} \bigwedge_{m \in M} [\quad (L(m_x, E(x, m_x))$$
$$\geq L (m, E (x, m)) \wedge y = E (x, m_x)]\}$$

d. h., wenn die entsprechende Leistungsfunktion (bei Auswahl eines Entscheidungsobjektes unter Berücksichtigung von Nebenbedingungen der Prozeßfunktion) maximiert wird. Die Maximierung der Leistungsfunktion kann dann als Systemziel angesehen werden. (Selbstverständlich läßt sich die Leistungsfunktion auch so definieren, daß sie – wie bei Mesarović – minimiert wird.)

Während generell in einem Input-Output-System die Outputs den Inputs nur mehrdeutig zugeordnet zu sein brauchen, kann man durch Einführen des Zustandsbegriffs sekundär eine funktionale Eindeutigkeit erzeugen, ohne daß das System selbst notwendig zu einem deterministischen werden muß. Zugleich gewinnt man die Begriffe ›Zeitsystem‹ und ›dynamisches System‹.

Durch Einführung einer Zeitfolge (meist irreführend »Zeit-menge« genannt)

$$(T, \leqslant, t_o)$$

(T: vollständiger Verband, t_o: minimales Element hinsichtlich der vollständigen Ordnung $\leqslant$ in T) läßt sich ein *allgemeines Zeitsystem* kennzeichnen.

Und durch Angabe einer Zustandsrepräsentationsfunktion

$$r: Z \times I \times T \to O \times T$$

und einer Zustandsübergangsfunktion

$$ü: Z \times I \times T \times T \to Z$$

mit

$$\bigvee_z [r(z, x, t) = (y, t)] \leftrightarrow (x, y) \in S \qquad x \in I$$

und $\qquad\qquad\qquad\qquad\qquad\qquad\qquad\qquad\qquad y \in O$

$$r(ü(z, x, t, t^{\text{l}}), x, t^{\text{l}}) = (y, t^{\text{l}})$$

ist dann der Begriff eines *abstrakten dynamischen Systems* (Mesarović) zu gewinnen und der Satz zu erhalten, daß jedes allgemeine Zeitsystem als ein dynamisches System repräsentiert werden kann. Die Übergänge zu deterministischen oder probabilistischen, zu diskreten oder kontinuierlichen, inputfreien oder outputfreien und anderen Systemarten sind nun wie üblich anzuschließen.

Hingewiesen werden sollte nur noch auf die Einführung des Feed-back-Systems mit einem Regler(teilsystem)(IR, OR, SR). Es wird definiert als das System (I,O,S), das durch Bildung eines Outputdurchschnitts zustandekommt und durch

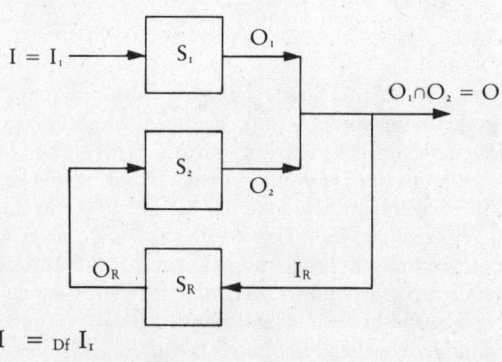

$$I \quad =_{\text{Df}} I_{\text{I}}$$
$$O =_{\text{Df}} O_{\text{I}} \cap O_2 \qquad\qquad\qquad x \in I$$
$$S \quad =_{\text{Df}} \{ (x, y): xS_{\text{I}}\, y \wedge y\, S_R \circ S_2 y\} \qquad y \in O$$

definiert ist (wobei das Zeichen o die relationenlogische Verkettung

$$xA \circ By = {}_{Df} \underset{d}{V} (xAd \wedge dBy) \text{ bezeichnet).}$$

Wissenschaftstheoretisch gesehen ist an diesem Vorgehen insgesamt zweierlei interessant: Erstens gelingt es, eine strukturtheoretisch allgemeine axiomatische Grundlegung einer mathematischen Systemtheorie zu geben und den Anschluß an übliche systemtheoretische Ansätze – besonders der dynamischen Systeme – zu gewinnen. Zweitens ist der hier entworfene – gegenüber den allgemeinsten Theorien mathematischer Relative spezialisierte – Ansatz trotz seiner Allgemeinheit nicht allumfassend und/oder unpräzise, sondern auf die Besonderheiten der Systemanalysen – insbesondere der dynamischen oder Input-Output-Systeme – zugeschnitten.

Offen bleibt an dieser Stelle freilich noch das auf der Basis der mathematischen Systemtheorie allein nicht zu lösende Problem der theoretischen und empirischen Interpretation des Kalküls. Offensichtlich ist bisher ja nicht eine Menge empirisch gehaltvoller Sätze gewonnen, sondern nur eine mathematische Darstellungssprache, die als Instrument bei der Entwicklung von Systemtheorien mit empirischem Gehalt dienen kann.

Vielfalt der Systemtheorien

Im folgenden sei nun auf das Problem der Vielfalt der sogenannten Systemtheorien eingegangen – aus Raumgründen ein wenig summarisch.

Von Systemtheoretikern wird nicht nur die allgemeine Systemtheorie (von Bertalanffy z. B. in Klir, Hg., 1972, 36 und in Laszlo 1972, XIX, Laszlo (ebd., 298)) als ein oder gar *das* neue Paradigma der wissenschaftlichen Forschung dargestellt, sondern »die Systemtheorie« wird von einigen ihrer engagierten Vertreter geradezu als der Zauberstab zur Lösung aller überdisziplinären Systemprobleme präsentiert. Hier sind allerdings einige wissenschaftstheoretische Einschränkungen oder modifizierende Ergänzungen am Platze. Sie sind schon deshalb nötig, um überfliegende Hoffnungen auf *die* Methode der Systemtheorie und der Systemtechnik (als angewandter Systemtheorie) auf dem Boden des realistisch Erwartbaren zu halten und der nicht grundlosen Befürchtung entgegenzuwirken, daß eine Systemideologie oder gar Ideologie der ›Systemtechnokratie‹ propagiert oder mehr oder minder unbewußt verbreitet wird.

Es gibt zweifellos nicht *die* Systemtheorie: von Bertalanffys, an biologischen Fließgleichgewichtssystemen orientierte allgemeine Systemtheorie offener Objekt- und Zustandssysteme (vgl. von Bertalanffy 1968) unterscheidet sich durchaus erheblich von Forresters instrumentaler Deutung von Simulationsmodellen als in Computern darstellbaren Mengen von Differenzengleichungen aus Zustands- bzw. Flußratengrößen, die je abwechselnd in (positiven oder negativen) Rückkopplungsschleifen vorkommen, durch problemadäquat gewählte Lösungsintervalle gepulst und, diesen entsprechend, ausgehend von plausibel gewählten Ausgangsdaten, in ihrem Werteverlauf »geplottet« werden (Forrester 1972). Auch zur modelltheoretisch-mathematischen Fassung der Theorie allgemeiner Systeme bei Mesarović oder Klir, in der dimensionslose Variable ohne besondere Interpretation in ihrem augenblicklichen oder permanenten Verhalten sowie in ihrem strukturellen Größenzusammenhang und -bereich und in ihrer Zustandsübergangsstruktur auf bestimmten vorgegebenen Auflösungsebenen untersucht werden (Klir 1969, 93, 52), finden sich Unterschiede. Das gleiche gilt im Verhältnis zu Ashbys (1956) allgemeiner Theorie der Transformationssysteme oder zur Theorie der speziellen sequentiellen und der Input-Output-Systeme (vgl. z. B. Pichler 1975). Gegenüber diesen allgemeinsten systemtheoretischen Ansätzen weist die aus den Problemen der Nachrichten- und Regelungstechnik heraus entwickelte ingenieurwissenschaftliche »Systemtheorie« im engeren Sinne wiederum formale Eigentümlichkeiten spezieller, z. B. informations- und signaltheoretischer Art auf (vgl. z. B. Unbehauen 1969). Noch ausgeprägter stößt man auf Unterschiede im Vergleich mit den Theorien sozialer Systeme (Parsons 1957, Luhmann 1971, Gilles 1974, Tjaden, Hg., 1971, Greven 1974) und politischer Systeme (Deutsch 1969, 1966). Von *der* einen Systemtheorie zu sprechen ist zweifellos Ausdruck eines dem Systemdenken natürlich eigenen Vereinheitlichungsstrebens, aber eines Wunschdenkens, das zum Teil unbemerkt die Namenswahl und das Image der Sammeldisziplin beeinflußte. *Die eine* Systemtheorie, wie sie der Ausdruck zu unterstellen scheint, gibt es jedenfalls (wenigstens bis-

her) nicht. Das bisher Erörterte sei als *These 1* zusammengefaßt:[2]

Systemtheoretische Ansätze ordnen sich nicht in eine einheitliche
empirisch-wissenschaftliche Theorie, sondern stellen sich, wenig-
stens zur Zeit noch, als ein Sammelreservoir theoretisch und me-
thodologisch unterschiedlicher, disziplinübergreifender, aber
durch Projektbezogenheit verbundener Modellansätze dar. Sie
folgen noch keinem einheitlichen systematischen, methodologi-
schen und terminologischen Konzept.

Daraus ergibt sich die *Folgerung:* Die wissenschaftstheoretische
Analyse systemwissenschaftlicher Ansätze muß stark intensiviert
werden, da die methodologische Durchsicht am ehesten die Möglichkeiten der Koordination und Vereinheitlichung systemanalytischer Ansätze gewährleisten kann. Die praktischen Konsequenzen der wissenschaftstheoretischen Analyse werden damit bereits
deutlich.

Einige Autoren, wie Klir (1969) und Orchard (in Klir 1972,
205 ff.) sind sich allerdings der Vielfalt bisheriger verschiedener,
mit dem Abstraktionsniveau variierender Systemtheorien durchaus bewußt: Orchard (ebd., 206 ff.) unterscheidet beispielsweise:

1. disziplinorientierte spezielle Theorien über Systeme, die auf
niedrigem Verallgemeinerungsniveau viel spezifischen Gehalt aufweisen und als *spezielle Systemtheorien* bezeichnet werden können;

2. *generalisierte Systemtheorien*, die ein oder mehrere Züge unterschiedlicher Systeme verschiedener Disziplinen verallgemei-
nern und vergleichend formal aufeinander beziehen;

3. *allgemeine Systemtheorien* (general-system-oriented system
theories), die versuchen, alle grundlegenden systemhaften Züge
aller Systeme zu erfassen, und demgemäß auf alle (zumindest auf
alle endlichen) Systeme anwendbar sind und allgemeinen strukturellen Gehalt sowie besonderen methodologischen Inhalt aufweisen;

4. *mathematische Theorien abstrakter Systeme*, die ohne besonderen Informationsgehalt auf dem höchsten formal abstrakten

---

2 Die im folgenden entwickelten zehn Thesen fassen jeweils das Erörterte
  wiederholend zusammen oder werden zunächst programmatisch formuliert und danach erläutert.

Verallgemeinerungsniveau nur Leitlinien angeben, aber keine anwendungsorientierte Methode erzeugen können.

Orchard führt noch »*Systemtheorien mit einigen Resultaten über allgemeine Systeme*« auf, die er ebenfalls zum Bereich der »general-system-oriented system theories« rechnet.

Diese nützliche Unterteilung, die sich im übrigen an Klir (1969) anschließt, muß allerdings noch weiter ergänzt werden, um gewissen Mißdeutungen und Verwechslungen von, wissenschaftstheoretisch gesehen, Theorien sehr unterschiedlichen Charakters und auch der Unterstellung einer Kontinuitätsbehauptung zu begegnen, die auch Klir (1969, 96) unterläuft, indem er meint, »viele Systemtheorien liegen irgendwo zwischen den beiden Grenzen« der inhaltsleeren abstrakt-algebraischen Systeme einerseits und der speziellen disziplinären Theorien über Systeme andererseits.

Dieses bei Klir verwendete Bild scheint zu unterstellen, daß es ein kontinuierliches Spektrum zwischen diesen beiden Extremtypen gibt, daß von der allgemeinsten gehaltleeren formalen Kalkülisierung ohne verschiedene qualitative und kriteriumsgebundene Veränderungen ein allmählicher Übergang zu mehr inhaltlichen und disziplinorientierten Theorien möglich ist, daß sich aber grundsätzlich die Funktionen dieser Theorien auf verschiedenen Abstraktionsebenen ähneln, daß sie etwa alle – wenn auch mit verschiedenem Verallgemeinerungsgrad – Gesetzesbeziehungen von Systemen beschreiben (s. u.).

Hier muß nun allerdings eine differenzierende wissenschaftstheoretische Untersuchung einsetzen, die methodologisch und qualitativ unterschiedliche Funktionen von Theorien, von theoretischen Instrumenten (wie deskriptiven Begriffen) und von formalen Hilfsmitteln (wie etwa logischen und mathematischen Kalkülen) unterscheidet. Es gibt keinen kontinuierlichen Übergang zwischen einer gehaltvollen empirisch-wissenschaftlichen und einer bloß logisch-formalen Theorie. Während die erstere im wissenschaftstheoretischen Sinne Gesetzescharakter aufweisen muß, werden Kalküle der zweiten Art – solange sie rein mathematisch, also uninterpretiert sind – nur als instrumentelle Regeln aufgefaßt werden können.

Bunge (1967, I, 502 ff.) unterscheidet zwischen *substantiven* Theorien, *instrumentalen* und *operativen* Theorien: Während die substantiven Theorien inhaltliche Gesetze mit Erfahrungsgehalt umfassen und gleichsam die inhaltliche Substanz, den Informationsgehalt beinhalten, der für erfahrungswissenschaftliche Erklärungen und Prognosen notwendig ist, enthalten die instrumentalen Theorien[3] nicht die erklärenden nomologischen Hypothesen, sondern die bei einer Erklärung bzw. Prognose aus praktischen Gründen erst undiskutiert unterstellten theoretischen Voraussetzungen, die in den Aufbau der Meßinstrumente und der experimentellen Anordnung eingehen. Darüber hinaus – und das ist wichtig für den vorliegenden Zusammenhang – sind bei Bunge operative Theorien formale Regelkonstruktionen, Kalküle, Strukturzusammenhänge, die in ihrem Instrumentalcharakter eher sprachlichen Formen vergleichbar sind und nicht selbst nomologische Hypothesen mit Erfahrungsgehalt darstellen, obwohl sie zur Formulierung von Gesetzen unerläßlich sind. Sie müssen durch nomologische Hypothesen erst ergänzt, durch diese mit ›Inhalt‹ gefüllt werden.

Viele der höchst nützlichen mathematischen Instrumentarien der Systemwissenschaften wie auch schon der traditionellen exakten Wissenschaften weisen diesen operativen Charakter auf: So sind etwa die Techniken der Entscheidungslogik, der mathematischen Spieltheorie, der linearen Programmierung, der Aussagen- und Prädikatenlogik, der Graphentheorie, der Wahrscheinlichkeitsanalyse über Ereigniskörpern usw. solche operativen »Theorien« (besser sollte man hier von »Kalkülen« sprechen statt von »Theorien«). Die meisten Ansätze, die als »Systemtheorie« präsentiert werden, sind in dieser Weise operative Modelle.

Als *These 2* sei daher formuliert:

Systemtheorie ist – wenigstens entsprechend ihren meisten, bisher vorgelegten Ansätzen – keine Theorie, d. h. keine substantive, nomologische Hypothesen umfassende, erfahrungswissenschaftlich erklärende Theorie. Vielmehr stellt sie zumeist operative Modelle,

---

3 Besser, weil weniger mißverständlich gegenüber den operativen Theorien, wäre vielleicht der Ausdruck »interpretierende Theorie« oder einfach »Theorie der Meßinstrumente«.

Formalisierungs- oder Kalkülisierungsinstrumente bereit, die instrumentellen Charakter aufweisen zur Darstellung der erst zu liefernden inhaltlichen Modellaussagensysteme oder der empirisch-wissenschaftlichen Theorien und die somit der diesbezüglichen Ergänzung bedürfen.

Dies wird besonders deutlich etwa an Forresters »Principles of Systems« (1972): Hier werden nicht inhaltliche Modellhypothesen oder Gesetzesaussagen über Systeme entwickelt, sondern Behandlungstechniken, Darstellungstechniken, die die Systemanalyse im inhaltlichen Einzelfall erst ermöglichen. Es handelt sich also nicht um Theorien und Gesetze, sondern um Darstellungsund Berechnungsprinzipien, also um formale Hilfsmittel, die die notwendigen Voraussetzungen zu einer computergerechten Verarbeitung bieten. Forresters systemtheoretisches Modell ist keine Theorie, sondern ein operatives Modell mit Instrumentalcharakter zur Behandlung von Problemen – ein Modell, das die inhaltliche Theorie eines entsprechenden Gegenstandsbereiches nicht ersetzen kann, wenn es um eine vollständige wissenschaftliche Erklärung geht, sondern diese Theorie zur Anwendung – implizit – erfordert. Forrester gibt keine substantive Theorie ausdrücklich an – diese versteckt sich in der Auswahl seiner Variablen und in der Struktur seiner Blockschaltbilder. Forresters Systemmethode kann aber, wenigstens vorläufig, als ein (auch bei sehr komplexen unübersichtlichen Systemen anwendbares) Prognoseinstrument dann Anwendung finden, wenn (eventuell noch) keine explizite detaillierte Theorie des überaus komplexen Systems vorliegt oder gar nicht umfassend formuliert werden kann.

Der Vorteil systemtheoretischer Ansätze liegt zum großen Teil gerade in diesem Instrumentalcharakter, in ihrer Anwendbarkeit auf noch nicht übersehbare komplexe Zusammenhänge, in ihrer Verwendbarkeit für wissenschaftlich noch nicht durch Gesetze und Erklärungsmöglichkeiten abgesicherte Prognosen und für hochkomplexe Probleme, die einer analytischen Lösung gar nicht zugänglich sind. Die Rolle der systemtheoretischen Ansätze ist in gewissem Sinne der praktischen Verwendung deskriptiv-statistischer Methoden vergleichbar, die auch bei Systemen fruchtbar angewendet werden können, die einer vollständigen gesetzesorientierten Analyse noch nicht oder prinzipiell nicht zugänglich sind. Manche Problembereiche systemhaften Zuschnitts sind eben so komplex, daß auf unabsehbar lange Zeit oder gar nie eine vollständige inhaltliche empirisch-wissenschaftliche Theorie zur Erfassung aller Einzelphänomene des jeweils betreffenden Bereichs vorliegen wird. Aus Gründen der Dringlichkeit von Prognosen und Problemlösungen kann man aber nicht noch Jahrhunderte auf die eventuelle vollständige, gesetzesartige Durchforschung des Bereiches warten, zumal man nicht sicher sein kann, ob hierzu überhaupt Erfassungsmöglichkeiten und Techniken entwickelt werden können, die den strikten Standardanforderungen nomologischer Gesetzeswissenschaften genügen. Nicht nur in den Sozialwissenschaften, sondern eben auch in den interdisziplinär orientierten Systemwissenschaften hat es sich als nötig erwiesen, unorthodoxe Beschreibungs- und Prognosemethoden zu verwenden, die sich noch nicht völlig auf eine gesetzesanalytische Erfassung des entsprechenden Problembereiches stützen können. Die Dringlichkeit der Probleme und die unbestreitbaren Teilerfolge dieser unorthodoxen Methode sind unübersehbare Anlässe und Veranlassung, wenn auch noch keine wissenschaftstheoretische Rechtfertigung, für deren Verwendung.

Man darf allerdings nicht in das andere Extrem verfallen, sie nun völlig unkritisch und ohne jede wissenschaftstheoretische Durchleuchtung zu verwenden – gleichsam als vollwertigen Theorieersatz – oder sie gar unmittelbar als System neuartiger nomologischer Hypothesen zu deuten.

Interaktive Theorien/Technologien und ihre methodologischen Probleme

These 3: Die Konstruktionen systemtheoretischer Ansätze sind in den meisten Fällen nicht nur nicht nomologisch, sie umfassen keine Gesetze im naturwissenschaftlichen oder sozialwissenschaftlichen Sinne, sondern sie genügen auch sehr oft nicht den strikten Bestätigungs- und Prüfungskriterien, die an exakte empirische Gesetzeswissenschaften zu stellen sind.

So wurden z. B. von Forrester (1971) geschätzte Gewichtungsfaktoren etwa für die Bestimmung der Lebensqualität durch die vier Komponenten Nahrungsmittelangebot, materieller Lebensstandard, Bevölkerungsdichte (Ballungsgrad) und Verschmutzungsgrad in die Computermodelläufe eingegeben und diese Gewichtungsfaktoren wieder rückwirkend, aufgrund der Plausibilität der herauskommenden Resultate nachträglich korrigiert. So ist es z. B. das Ergebnis eines solchen, keineswegs apriori einsichtigen und auch nicht empirisch-wissenschaftlich fundierten, subjektiven Abwägungsprozesses, wenn die Maßzahl der Lebensqualität beim völligen Schwinden des materiellen Lebensstandards nicht auf Null, sondern gerade auf ein Fünftel des Ausgangswertes von 1970 (= 1) absinkt. Mindestens ebenso schwierig sind die Zusammenhänge zwischen Lebensqualität und Verschmutzungsgrad irgendwie verläßlich zu quantifizieren.

Die Plausibilität diente bei diesen Einschätzungen gleichsam als Beurteilungskriterium für die Realistik der eingegebenen Randbedingungen – sowie zum Teil der angenommenen Flußratengleichungen. Bei unplausiblen Resultaten wurde rückwirkend entweder der Variationsbereich der Variablen oder der Zusammenhang der Variablen durch Einschieben und Veränderung von Verzögerungsgliedern oder unter Umständen durch Hinzunahme von Hilfsvariablen manipuliert.

Ein Karlsruher Systemanalytiker, der am Mesarović-Pestel-Projekt mitgearbeitet hat, kommentierte in einem Vortrag selbstironisch: »Man dreht so lange an den Knöpfen, bis einem etwas einfällt.«

Dieses Ad-hoc-Verfahren hat natürlich nur heuristischen Wert. Als solches ist es nützlich, wenn es nicht unkritisch resultat- und zahlengläubig als bestätigte empirische Theorie genommen wird. Sind die Festsetzung oder Annahme von Randbedingungen und die empirische Überprüfung des Modells prinzipiell nicht voneinander getrennte Prozesse, so kann natürlich – im strikt wissenschaftstheoretischen Sinne gesehen – von einer empirischen Bestätigung keine Rede sein: Die Festsetzung und schrittweise Korrektur des Modells anhand der Eingangswerte und Plausibilitätsbeurteilungen kann zwar zu einer fortschreitenden Angleichung an plausibel erscheinende Erwartungswerte und deren Variabilitätsspannen führen, kann aber natürlich keine strikte Theoriebildung und -prüfung ersetzen. Methodologisch und wissenschaftstheoretisch gesehen müßte man sonst, wollte man die sukzessive Adjustierung des Modells für eine empirisch-wissenschaftliche Validierung nehmen, von einem »teuflischen Regelkreis«, einem Zirkel, sprechen, der keinen gesicherten oder irgendwie gestützten empirischen Gehalt erzeugt, sondern in erster Linie eben nur heuristische Bedeutung hat. Man darf nicht in den

Fehler mancher Leser, aber auch mancher systemtheoretischer Autoren verfallen und die Heuristik für eine gesicherte Theorie nehmen. Das Modellspiel ist flexibel, in der heuristischen Interaktion zwischen Wissenschaftler und Systemmodell schrittweise aufgebaut und schwebt gleichsam als fiktive Modellkonstruktion ohne strikte Gesetzeskraft über dem »Boden der Realität«.

Die heuristische Flexibilität und Variabilität des Modells stellt zugleich seine methodologische Schwäche dar, obwohl wiederum bei Unterstellung geeigneter Kontinuitätshypothesen in dieser wissenschaftstheoretisch unorthodoxen heuristischen Ausrichtung gerade die Fruchtbarkeit und die Vielfalt der Anwendungsmöglichkeiten begründet sind, die die praktisch-inhaltliche Stärke der Systemanalyse ausmachen.

Intuitiv sind sich die meisten Systemanalytiker dieser Schwierigkeiten und dieses heuristischen Charakters durchaus bewußt (vgl. Mesarović-Pestel 1974, 39 f., 51-55), indem sie auf den Werkzeugcharakter des Modells, auf die Vereinfachungen und die subjektive Manipulation der Datenmengen und Größenbeziehungen sowie auf die »Interaktion« und den »Dialog« zwischen dem Systemanalytiker und dem Modell hinweisen[4]. Ein unterlegtes

---

4 Vereinfachungen zur Erfassung des Verhaltens überaus komplexer Systeme sind allgemein unerläßlich, es ist aber eine Frage der Resultatbeurteilung wie auch der methodologischen Kriterienwahl, *welche* Vereinfachungen gewählt werden sollen: So hat sich entsprechend bei einer solchen kritischen Beurteilung des Meadows-Modells, wie es in dem Buch *Grenzen des Wachstums* dargestellt ist, gezeigt, daß die Konstruktion eines nichtregionalisierten Gesamtmodells, das die Unterschiede zwischen hochindustrialisierten und entwickelten Gesellschaften einerseits und den Entwicklungsländern andererseits vernachlässigt, zu einfach ist, um zu akzeptablen Empfehlungen für die Wachstumspolitik und die Rohstoffpolitik etwa der Entwicklungsländer in den nächsten Jahrzehnten führen zu können. Auch der Unterschied zwischen rohstoffreichen Entwicklungsländern (etwa Ölländern) und rohstoffarmen Ländern der Dritten Welt dürfte gravierend die Prognosen und dementsprechend zu vertretenden Empfehlungen beeinflussen. – Die bei Mesarović-Pestel durchgeführte Regionalisierung des Gesamtmodells auf zehn Weltsektoren stellt demgegenüber schon einen erheblichen Fortschritt dar. Ebenfalls soll hier ein anderer Mangel des Meadows-Modells, die fehlende Berücksichtigung politischer und sozialer Faktoren und Traditionen, dem Vernehmen nach berücksichtigt worden sein, obwohl kaum ersichtlich ist, wie diese

»Kausalmodell«, das gesetzesartigen Zusammenhängen in der Naturwissenschaft, obwohl auch hier vereinfacht, entspricht, wird etwa bei Mesarović-Pestel überformt von einem durch Strategien und Plausibilitätsbetrachtungen mitbestimmten »Entscheidungsmodell«, in das nicht nur Ziel- und Wertdeutungen und »Policy«-Entscheidungen eingehen, sondern auch Strategieerwägungen, methodologische Beurteilungen usw.

Faktoren in die den Computerläufen zugrundegelegten Datenbasen eingegangen sind und eingehen konnten. Immerhin ist im verbalen Begleittext und in der Gesamtbeurteilung des Werkes auf diese Faktoren, einschließlich der Notwendigkeit und der eventuellen Chancen eines neuen »ethischen Bewußtseins«, verwiesen worden. Man ist sich über die Problematik der Integration von sozialen, normativen und kulturellen Faktoren sowie politischer Interessen klar, ohne jedoch grundsätzlich die Methoden und eine angemessene Methodologie zu besitzen, wie diese – außer über den Weg von notwendig subjektiv bleibenden Grenzenabschätzungen – etwa in die Flußratengleichungen eingehen können.

Um Mißverständnissen vorzubeugen, sei wiederholt: Die vorstehenden, von wissenschaftstheoretischer Seite nötigen, einschränkenden Bemerkungen zur erkenntnisliefernden Funktion der globalen Systemmodelle sollen nicht den grundsätzlichen heuristischen Wert dieser Modelle bezweifeln – von der Notwendigkeit muß man heute angesichts fehlender alternativer empirischer Globaltheorien geradezu überzeugt sein –, sondern sie sollen nur einer Überschätzung dieser Modellsimulationen und ihrer Hochrechnungen und ihrer Mißdeutung als gesetzes- und erfahrungswissenschaftlich gesicherte Erkenntnisse begegnen.

Diese Warnung ist nicht nur negativ zu verstehen, sondern auch positiv als Aufforderung, über die formalen operativen Modelltechniken hinaus möglichst nach nomologischen, bereichs- und abstraktionsniveauübergreifenden Hypothesen zu suchen: So sind etwa die von J. G. Miller exponierten 165 »cross-level hypotheses« für lebende Systeme Beispiele von solchen Hypothesen mit nomologischem Gehalt, die zwar großenteils nur rein qualitativ formuliert sind und vielfach logisch relativ unverbunden nebeneinanderstehen, jedoch von informationstechnischen, energiewissenschaftlichen und organisationswissenschaftlichen sowie thermodynamischen und allgemeinbiologischen Grundlagen ausgehen und versuchen, eine Systemtheorie lebender Systeme fruchtbar auf einem mittleren Abstraktionsniveau zwischen der Biologie der einzelnen Organismen und abstrakten uninterpretierten Systemkalkülen überhaupt zu entwickeln (J. G. Miller, 1965, III, 380-411, vgl. a. ebd., I, 193-237 und II, 337-379).

Die Szenariomethode, bei Mesarović und Pestel »interaktiv« zwischen Computer und Interaktor (dem Systemanalytiker und gegebenenfalls dem Entscheidungsträger) durchgeführt, ist keine wissenschaftliche Theoriebildung – und auch nicht die bloße Anwendung einer wissenschaftlichen Theorie zur Gewinnung einer Erklärung oder von Prognosen. Sondern »in der Szenario-Analyse wird eine Folge möglicher Entscheidungen und Ereignisse gewählt, welche die Eingangsgrößen« für das Computermodell »bestimmt« (ebd., 54).

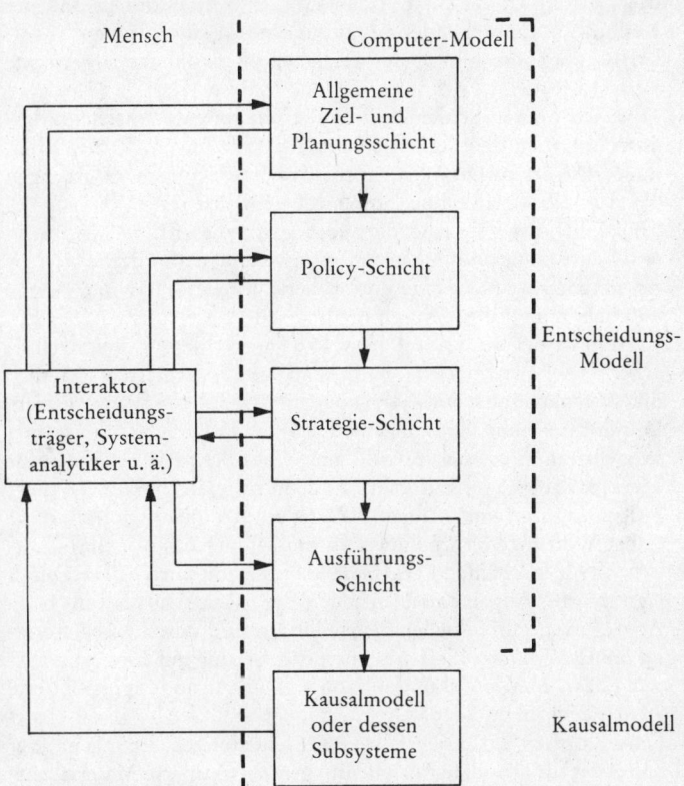

Der Zusammenhang von Entscheidungsmodell und Kausalmodell bei interaktiven Simulationen (Mesarović-Pestel 1974, 53).

Auf den beiden obersten Schichten, der »allgemeinen Ziel- und Planungsschicht« und der Policy-Schicht, befinden sich qualitative Antizipationen »zukünftiger Bedürfnisse und möglicher Ereignisse« (ebd., 52) sowie in der letzteren ebenfalls qualitative Formulierungen über allgemeine »Intentionen« und »Wünsche« des Entscheidungsträgers. Selbst in der darunterliegenden, spezifischeren Strategie-Schicht hat der Interaktor eine, wenn auch begründete, Wahl zu treffen, welche der ermittelten möglichen Maßnahmen aufgrund der projektierten künftigen Zielzustände bzw. der konstatierten Entscheidungsträgerintentionen und der Kenntnis vorhergehender Situationsläufe ausgewählt werden sollen für die Berechnung der Eingabegrößen für das sogenannte Kausal-Modell.

In allen oberen Schichten dieses sogenannten »Entscheidungsmodells« wird deutlich, wie stark Abschätzungen, Vorentscheidungen, Vereinfachungen, normative Festlegungen, Wertungen die Auswahl der Rechnerläufe mit beeinflussen.

Bezüglich der Versuche, die Subjektivität dieser Entscheidungen und Beurteilungen durch argumentative und methodische Verfahren herabzudrücken, eine kontrollierte Intersubjektivität, soweit möglich, einzuführen durch methodische Unterstützung der Bewertungsprozesse, sei auf Jansens »Die Struktur systemtechnischer Arbeit« (1973, 1978, 99 ff.) und auf Zangemeisters »Methodik systemanalytischer Zielplanung« (1978, S. 166 ff.) verwiesen. Durch Einfügung eines allgemein etwa vom Entscheidungsträger festgelegten Anspruchsniveaus und eines Schwellwertgrades für Merkmalsausprägungen »wird es dem Systemtechniker möglich, Folgen in ihrer wertmäßigen Beurteilung zu quantifizieren, ohne selbst Wertungen vornehmen zu müssen« (Jansen, unveröffentlicht). Die anscheinend gegebene Subjektivität wird ersetzt durch legitimierte Allgemeinzielentscheidung nach Diskussion bzw. Aggregation individueller Beurteilungen und durch geregelte intersubjektiv kontrollierbare Ausspezifizierung auf Einzelalternativen bzw. Merkmalskombinationen. Der anwendungsorientierte Systemanalytiker, »der Systemtechniker, stellt weder gesellschaftliche Normen auf, noch fällt er Entscheidungen. Er macht aber das meist für rationale Entscheidungen zu komplexe Material entscheidungsreif« (Jansen, ebd.).

Bei Mesarovićs und Pestels Dialogverfahren tritt noch die zusätzliche, wissenschaftstheoretisch besonders diffizil zu beurteilende Schwierigkeit hinzu, daß die Eingangsgrößen dem Rechner sukzessive eingegeben werden und daß nach jeder Eingabe vom Interaktor (einem Planungsstabsmitglied, Entscheider o. ä.) »stets die Folgen des vorangegangenen Schrittes« bewertet werden (a. a. O., 54).

In dieser Ineinanderschachtelung von Alternativenausarbeitung und ständig eingeschobenen Bewertungen läßt sich natürlich prinzipiell die Bewertungsphase nicht mehr von der Alternativen-erarbeitungsphase abtrennen.

These 4: Das im Dialogverfahren erarbeitete Szenario gibt nicht nur keine absoluten Prognosen, nicht einmal generelle bedingte Projektionen, sondern nur durch ständig intermittierende Bewertungseingriffe bedingte Projektionen. Ein unabhängiges Prüfungsverfahren für die verwendeten substantiell-theoretischen Hypothesen kann nicht herangezogen werden.

Allenfalls kann bei späterem Eintritt der Projektionsbedingungen durch Vergleich der bedingten Modellprognosen mit den realen Sachverhalten des zum simulierten Modell gehörigen Urbildes eine unabhängige Ex-post-Generalbestätigung erfolgen – oder eine Art »Falsifikation« (wobei dann zu fragen wäre, welche Teile des Modells jeweils zu modifizieren sind). Es ist jedenfalls – wissenschaftstheoretisch gesehen – fehlerhaft, wenn manche Systemanalytiker (wie Zahn) die Modelläufe und plausiblen Resultate als »Test« für das Modell und die systemtheoretische Analyse bzw. für die »Implikationen von strategischen Entscheidungen« bezeichnen (Zahn 1975, 11). Die in der klassischen Wissenschaftstheorie geforderte Unabhängigkeit von Theorieentwurf, Theorieanwendung und Theorieüberprüfung voneinander ist beim angewandten systemanalytischen Arbeiten – insbesondere bei interpretativen Verfahren – nicht mehr gewährleistet. Ähnlichkeiten zur Situation bei der Anwendung von Planungstheorien sind unverkennbar.

Nur eine andere Seite der zuvor genannten Schwierigkeiten für die traditionellen wissenschaftstheoretischen Konzepte läßt sich wiederum kurz in einer *These 5* ausdrücken:

Die Methoden der angewandten Systemanalyse vereinigen größtenteils deskriptiv-kognitive empirisch-theoretische Komponenten mit normativen Zielvorgaben und wertenden Beurteilungen.

Bei Systemsimulationen handelt es sich heute zumeist um interaktive Dialogverfahren, durch die schrittweise die Adaptation des

Systems verbessert wird, indem der Systemanalytiker Entscheidungsstrategien für alternative Entwicklungsmöglichkeiten präformiert und »durchspielt« (vgl. Mesarović-Pestel, 53). *Das Geflecht von entscheidungsstrategischen Vorgaben und dem innersystemaren Ablauf läßt sich wegen der sukzessiven Interaktion zwischen Systemanalytiker und Systemmodell nicht sauber nach den rein beschreibenden Komponenten und den normativen Entscheidungen auftrennen. Diese Nichtauftrennbarkeit deskriptiver und normativer Elemente in der angewandten Systemanalyse stellt eine Herausforderung für die traditionelle Wissenschaftstheorie dar, der nur durch neue Konzeptionen des Zusammenspiels von Praxis und Theorie im Bereich der anwendungsorientierten Systemwissenschaft begegnet werden kann.*

Als *Folgerung* ist festzuhalten: Ohne nun einfach eine normative Systemwissenschaft (analog zu der lange Zeit geforderten normativen Sozialwissenschaft) zu fordern – dadurch würde die Überprüfbarkeit der theoretischen Teile schwinden –, muß das delikate Ineinander deskriptiver und normativer Komponenten von einer praxisorientierten Wissenschaftstheorie der Systemwissenschaften sorgsam analysiert und je nach den beiden Seiten auf deren methodologische Rechtfertigung untersucht werden.

Die letzten Thesen münden auch in eine noch allgemeinere *These 6* über die *angewandte* Systemanalyse:

Systemanalytisches Arbeiten wird zunehmend von den praktischen Anforderungen der Systemplanung und der Systemtechnik her gefordert und motiviert. Die überwiegend praktischen Problemnotwendigkeiten mitsamt ihren Dringlichkeits- und Zeitrestriktionen beeinflussen auch die Auswahl und Übernahme der Methode der Problemformulierung und der Problemlösung. Eine Abkehr von puristisch strengen, aber nur eingeengt anwendbaren exakten Methoden erweist sich angesichts der komplexen Praxis als unerläßlich. Unorthodoxe Methoden wie Systemsimulation mit sukzessiver Anpassung eingeschätzter Randwerte im Verein mit Plausibilitätsbetrachtungen oder etwa der Delphi-Technik werden angewendet. Die Dringlichkeit der systemaren Probleme erlaubt aber keinen Verzicht auf deren Bearbeitung: Es ist besser, mit selbst noch zu verbessernden Methoden der tastenden schrittweisen Lösungsverbesserung zu arbeiten, als auf die exakte analytische Lösungsmethode zu hoffen und zu warten. Ohnehin sind in komplexeren Systemen keine zureichenden analytischen Metho-

den möglich – jedenfalls beim derzeitigen Stand der Mathematik und der Theoriebildung: Systemsimulation und schrittweise Lösungsapproximation sind unvermeidlich.

Als *Folgerung* ergibt sich: Da diese Erkenntnis keinen Freibrief für methodische Willkür bedeuten kann, müssen gerade die unorthodoxen Methoden einer aufgeschlossenen wissenschaftstheoretischen Analyse und Beurteilung unterzogen werden, ohne daß man allzu konservativ an den methodologischen Festlegungen festhält, wie sie bei den wissenschaftstheoretischen Analysen physikalischer Theorien erarbeitet wurden. Flexibilität und Offenheit für neue Ansätze dürfen natürlich nicht durch einen Niveau-Verlust an methodologischer Bewußtheit erkauft werden.

Insgesamt braucht und sollte man nicht wie manche traditionell orientierten Wissenschaftstheoretiker den Schluß ziehen, die Systemanalyse sei daher wissenschaftlich nicht zu verwenden, unseriös und abzuschaffen. Wie sich gezeigt hat, hätten Kepler oder Bohr, wären sie methodologischen Empfehlungen der traditionellen Wissenschaftstheorie strikt gefolgt, nie ihre neuen Theorien entwickeln können. Wiederum falsch wäre es, nunmehr umgekehrt die Wissenschaftstheorie für überflüssig zu erklären. Eine solche Maßnahme würde unkontrollierter Methodenwillkür Tür und Tor öffnen und der Idee wissenschaftlicher Kontrolle anhand präzise rekonstruierter Kriterien Abbruch tun. Nur im wechselseitigen Korrektur- und Klärungsprozeß zwischen dem konstruierenden Theoretiker und dem *re*konstruierenden, präzisierenden Methodologen kann eine neue Methode aufgehellt, analysiert und letztlich gerechtfertigt werden.

Weder die Wissenschaftstheorie noch die Systemanalyse sind also unnütz oder unfruchtbar. – Auf die letztere kann, wie erwähnt, schon wegen der Dringlichkeit und Komplexität der weder disziplinär noch streng analytisch zu behandelnden, durch zunehmende Systemverflechtungen gekennzeichneten Planungsprobleme multidisziplinärer Art nicht verzichtet werden. Es hieße Eulen nach Athen tragen, wollte man hierfür noch weitere Argumente sammeln. – Was die Notwendigkeit wissenschaftstheoretischer Analysen angeht, so ist es vielleicht nicht überflüssig, nochmals darauf hinzuweisen, daß die Spezielle wie die Allgemeine Relativitätstheorie eigentlich durch wissenschaftstheoretische Argumente zustandekamen und eher eine epistemologische als eine nur intern-theoretische Revolution bedeuteten. (Einstein knüpfte an Machs Wissenschaftslehre an und revolutionierte aufgrund methodologischer Überlegungen etwa den Gleichzeitigkeitsbegriff und später die Raum-Zeit-Masse-Struktur im Zusammenhang mit invarianten-theoretischen Überlegungen und nicht aufgrund des ihm bis zur Entwicklung seiner Theorie unbekannten Michelson-Morley-Experimentes.) Ähnliches gilt für die Rolle der wissenschaftstheoretischen Argumente über Interphänomene in der Kopenhagener Schule der Quantentheorie.

So bleibt also nur der folgende Ausweg, der in einer programmatischen *These 7* festgehalten werden soll:

Für die theoretische und die praktische Arbeit der Systemanalytiker einerseits und der Wissenschaftstheoretiker andererseits erweist sich als fruchtbar, wenn beide zur ständigen Kooperation zusammenkommen. Das jeweils andere Gebiet liefert die methodenkritischen oder innovatorischen Herausforderungen, welche die Systemtheorie zur methodologischen Zensur (also zur Sicherung ihrer Wissenschaftlichkeit) und die Wissenschaftstheorie zur Überwindung einer gewissen Immobilität im Verharren bei den klassischen, streng analytischen Wissenschaften benötigen. Beide Disziplinen stehen im Grunde noch am Anfang – beide sind auf diese wechselseitige Konfrontation, auf fruchtbare permanente Kooperation und auf gegenseitige Korrektur angewiesen.

Gerade interdisziplinäre Herausforderungen sollten nicht Gelegenheiten bieten, Defensivtaktiken einzuschlagen, um Kontakte und Verbesserungsmöglichkeiten abzuschneiden. Im Gegenteil: *Interdisziplinäre Herausforderungen sind Chancen zur schnelleren, effektiveren Weiterentwicklung durch Gewinnung neuer Perspektiven.* Man fühlt sich an das biologische Beispiel von der Luxurierung der Bastarde erinnert. Die bisher nicht ernstgenommene Begegnungschance zwischen Systemanalyse und Wissenschaftstheorie, auf die nur von v. Bertalanffy, Buckley, Laszlo und v. Foerster beiläufig hingewiesen worden ist, stellt sich als vielversprechendes Anregungs- und Entwicklungsfeld für beide Gebiete dar.

Für die Wissenschaftstheorie ergibt sich zunächst die Aufforderung, sich mit unorthodoxen Methoden ernsthaft zu befassen, die zwar erheblich verbesserungsbedürftig – nach klassischen Kriterien sogar epistemologisch fast »unseriös« – sind, aber doch auf absehbare Zeit die einzigen bleiben werden, um komplexe Systemprobleme einigermaßen erfolgreich anzugehen. So sollte z. B.

gerade die unorthodoxe Vermengung von einer rechtfertigenden Argumentation mit der Modellentwicklung in interaktiven Simulationsverfahren die Wissenschaftstheoretiker anregen, eine Methodologie solcher praktisch unerläßlicher Verfahren zu entwikkeln und differenziert zu durchleuchten auf deren Rechtfertigung und eventuell nötige Modifikationen hin. Die fortschreitende Ersetzung subjektiver Beurteilungen durch protokollkontrollierte und intersubjektiv nachvollziehbare – auch etwa normenlogisch zu rekonstruierende – Rückführung auf allgemein(er) akzeptierte Grundbewertungen wäre unmittelbar von praktischer Bedeutung; ebenfalls die programm- und maschinenorganisatorisch durchaus zu leistende Übersicht über Alternativszenarios bei verschiedenen, aber diskutablen Wertungsvarianten.

Weder hinsichtlich der systemtheoretischen Methoden noch umfassenderer Modifikationen der traditionell an der theoretischen Physik ausgerichteten epistemologischen Konzepte hat die Wissenschaftstheorie diese Anregung bisher aufgenommen. Ein allgemeiner Antrag zum Schwerpunktkatalog der Deutschen Forschungsgemeinschaft, Wissenschaftstheorie der System- und Planungswissenschaften (wie auch der Technikwissenschaften im weitesten Sinne) zum bevorzugten Förderungsgegenstand zu machen, wurde nachträglich wieder fortgestrichen. Die Wissenschaftstheoretiker – meist von der Physik oder Mathematik hervorkommend – wollten traditionell bleiben, offenbar lieber zum tausendsten Male die Struktur physikalischer Theorien erörtern, als sich auf scheinbar so unseriöse Gebiete wie Systemwissenschaften begeben. Der Umstand, daß hier zur Zeit viel dringlichere Probleme der Praxis harren als in der Physikmethodologie, und auch die viel größere Erfolgswahrscheinlichkeit auf diesem praktisch völlig unbearbeiteten Gebiet rührten sie nicht.

Gegen die beachtenswerten Resultate und Methodenpräzisierungen der traditionellen Wissenschaftstheorie ist natürlich nichts einzuwenden – und man sollte diese auch in angemessenem Rahmen weiterbetreiben und weiterfördern. Doch die weitaus dringlicheren praktischen Probleme liegen anderswo – eben im Felde der interdisziplinären Konfrontationen und Kooperationsnotwendigkeiten und bei den multidisziplinären Systemwissenschaften – bei den nichtorthodoxen operativen und technologischen Wissenschaften unter Einschluß sozial- und wirtschaftswissenschaftlicher sowie ökologischer Konzepte.

Die allgemeinere Chance der Begegnung mit systemtheoretischen Ansätzen für die Weiterentwicklung der Wissenschaftstheorie besteht besonders darin, daß der Systemaspekt durchaus ein neues epistemologisches Programm anregen kann. Als weitere programmatische *These 8* sei daher angeführt:

Das systemtheoretische Denken und die ihm entsprechenden Ansätze können ein neues wissenschaftstheoretisches *Paradigma und Programm und sogar noch umfassender eine metawissenschaftliche und philosophische Perspektive begründen.*

Wenn Orchard (a. a. O., 207 f.) von »generellen methodischen Prinzipien« spricht, die die Systemtheorie charakterisieren, wenn Ropohl (1975; 1978, 31 f.) schließlich die Allgemeine Systemtheorie als »allgemeine Modelltheorie« versteht mit den Aufgaben der »metatheoretischen« Verallgemeinerung und pluralistischen Vereinheitlichung, der multidisziplinären Integration und heuristischen Generierung von empirischen Theorien, so wird hier die wissenschaftstheoretische Funktion systemtheoretischer Ansätze und deren metatheoretischer Charakter deutlich gesehen und in gewissem Sinne zum Ausdruck gebracht.

Auch wird sogar in einem Sammelband zur Systemtheorie (Händle-Jensen 1974, 18) die Allgemeine Systemtheorie bloß auf die Beschäftigung »mit wissenschaftstheoretischen, erkenntnistheoretischen und methodologischen Problemen« der Systemanalyse und Systemkonzeption festgelegt, während die Untersuchung einzelwissenschaftlicher empirischer Probleme zu den speziellen Systemtheorien gerechnet wird. Allerdings vernachlässigen die Autoren die Einordnung überdisziplinärer empirischer Probleme; nicht jede Untersuchung, die über Disziplinengrenzen hinweggreift, muß einen spezifisch wissenschaftstheoretischen und methodologischen Charakter aufweisen, obwohl sie sicher in erhöhtem Maße methodologische Probleme aufwirft und insofern wissenschaftstheoretische Untersuchungen voraussetzt oder erfordert.

Mit Buckley (in Klir 1972, 188 ff.) und Laszlo (1972, 197-232) kann man explizit der Meinung sein, daß Systemtheorien ein neues Rahmenmodell für die Wissenschaftstheorie darstellen oder mindestens vermitteln und voraussetzen, da die Rolle theoretischer Konstrukte und der konstitutiven Modelle in der interpersonal-sozialen Formung von Erkenntnissystemen sowie die erfahrungsprägenden Interaktionsbeziehungen zwischen dem erkennenden Subjekt (oder dem erkennenden *System*) und der Außenwelt (Buckley: »Transaktionalismus«) in den Systemansätzen besonders deutlich werden. Nicht nur die Interdisziplinarität der Systemansätze und ihre holistische Überformung der atomistisch-analytischen Traditionen in der Wissenschaft können den Anreiz zur Ausbildung eines neuen *wissenschaftstheoretischen* Paradigmas darstellen – eines Paradigmas, das von seiten der traditionellen analytischen Wissenschaftstheorie allerdings erst einmal unter Berücksichtigung seiner Dringlichkeit und Praktikabilität wahrgenommen und entwickelt werden muß. Die Wende der Wissenschaftstheorie zu geschichtlichen und genetischen Problemstellungen mag hierzu das Ihrige beitragen – wie die sich immer mehr verbreitende Erkenntnis, daß auch formale Instrumente wie die Logik und die Mathematik nicht völlig unabhängig von systemhaften Beziehungen zwischen dem handelnden Menschen, der zu »behandelnden« Umwelt und der organismischen, teils nervlichen, Eigenausstattung gesehen werden können. Auch in anderen Bereichen hat sich die Wissenschaftstheorie nur sehr zögernd den Problemstellungen von Modellerklärungen ohne Verwendung echter Gesetze geöffnet; vielleicht kann die Systemtheorie – auch mit der »Autorität« gewisser praktischer Erfolge – hierzu weitere förderliche Anreize bieten.

Systemkonzepte sind nämlich Prototypen von Modellkonzepten, die für Modellerklärungen unter Fruchtbarkeitsgesichtspunkten, wie erwähnt, selbst dann zur Verfügung stehen können, wenn (noch) keine strikt naturgesetzlichen oder allgemeine gesetzeswissenschaftlichen Grundlagen zur Erfassung eines komplexen Gegenstandsbereichs bekannt sind. Laszlo deutet das (a. a. O., 19) an, indem er die allgemeine Systemsynthese als »das Bauen von Modellmodellen« oder von »Modellen von Modellen« bezeichnet. Entsprechend wäre diese Aussage zu erweitern auf die Analyse von Systemmodellen.

Ferner ist zu berücksichtigen, daß der Erkenntnisapparat des Menschen sich auch nach dem biologischen Evolutionsmodell entwickelt hat – eine Erkenntnis, die noch nicht genügend in der bisherigen analytischen Wissenschaftstheorie berücksichtigt worden ist und über Lorenz' Versuch einer Naturgeschichte menschlichen Erkennens (1973) hinaus weiterentwickelt werden müßte. Nicht ohne Grund erregt die Evolutionäre Erkenntnistheorie neuerdings Interesse. Dabei ist die nur systemtheoretisch zu erfassende Wechselwirkung zwischen der Entwicklung der Erkenntnisapparatur und der jeweiligen Umgebung für die Grundlagendebatte über die Erkenntnis heranzuziehen.

Über das epistemologische Paradigma hinaus kann eine »systems philosophy« (Ellis-Ludwig 1962; Laszlo 1972) auch als ein neues Paradigma sogar der Philosophie aufgefaßt werden. So ist Bertalanffy und Laszlo zuzustimmen: Die Analyse von hierarchisch organisierten und differenzierten Systemmodellen, die, dynamisch sich wandelnd, unter Umständen dennoch eine Art »Fließgleichgewicht«, Äquifinalität (Zielzustandsorientiertheit trotz verschiedener Erreichungswege) und eine gewisse Identifizierbarkeit und Stabilität aufweisen, ist ein Unternehmen, das nicht nur über die Grenzen der Einzelwissenschaften hinausdringt, sondern auch die philosophische Analyse im Sinne einer neuen (oder erneuerten) synthetischen Philosophie an die wissenschaftliche und insbesondere die naturwissenschaftliche Forschung harmonisch anschließt. Eine Philosophie, die die ewigen Fragen ihrer Tradition weiterhin so reflektiert, als ob keine empirische Wissenschaft existierte, ist ebenso zur Unfruchtbarkeit verurteilt wie eine ausschließlich und eng auf sich selbst beschränkte »analytische Philosophie«, die in Gefahr gerät, »sich selbst aus der Existenz herauszuanalysieren«, indem sie allein die Analyse der Bedeutung eines Ausdrucks reflektiert, wie sie von irgendeinem bekannten gegenwärtigen Philosophen angeboten wird, die nur dafür sorgt, daß die »Räder der akademischen Philosophie sich drehen und die erforderliche Anzahl von Magister- und Doktorarbeiten produzieren« (v. Bertalanffy und Laszlo in Laszlo 1972, XX, 296 f.). Eine neue pragmatische Wissenschaftsorientierung der Philosophie ist nötig; sie kann beispielhaft durch die interdisziplinär orientierte wissenschaftstheoretische und philosophische Analyse der Systemmodelle angeregt und durchgeführt werden. *Die Welt als Organisation* zu analysieren – diese neue Art von »Naturphilosophie«, wie v. Bertalanffy sie nennt – ist auf Daten und fruchtbare Anregungen aus den empirischen Wissenschaften angewiesen, kann insofern auch der drohenden akademischen und wissenschaftlichen Isolierung der Philosophie begegnen und der interdisziplinären Entfremdung im Zuge übertriebener fachlicher

Einzelspezialisierungen wehren. Über von Bertalanffy hinausge-
hend, muß natürlich die Untersuchung sozialer, kultureller und
anderer nicht naturgegebener Systeme in die Analyse einbezogen
werden – umso mehr, als artifizielle soziotechnische Systeme
heute eine immer größere Bedeutsamkeit und Prägekraft entwikkeln. Diese letzteren aber sind Systeme, die zum Teil zugleich
durch naturwissenschaftliche Modelle und durch sozialwissenschaftliche Theorieansätze beschrieben werden müssen: Hier hat
man die notwendige Integration über die Fachgrenzen hinaus unmittelbar vor Augen – eine Integration, die sich vom untersuchten
Gegenstand her als unerläßlich erweist.

  Ein solcher, noch detaillierter auszuarbeitender systemphiloso-
phischer Deutungsversuch hat natürlich zu berücksichtigen, daß
er selbst nur in modellhafter Version entwickelt werden kann, daß
z. B. die real existierenden, für uns unmittelbar (d. h. ohne Mo-
dellbildung) unerfaßbaren Entitäten der Außenwelt nicht mit den
Systemmodellen identifiziert werden dürfen – trotz gewisser erfahrungswissenschaftlich behaupteter Homomorphismen (ver-
knüpfungstreuer, aber unter Umständen verkürzender Abbildungen) von der ›an sich‹ unerkennbaren Außenwelt in die Modelle.
Manchmal scheint auch Laszlo einen von ihm kühnerweise behaupteten Isomorphismus (einen umkehrbar eindeutigen Homo-
morphismus) zwischen real Existierendem in der Außenwelt und
dem Systemmodell zu einer Identifizierung hochzustilisieren: zu
einem systemtheoretischen ontologischen Realismus, einem Sy-
stemrealismus, der eben unerkennbare Außenweltrealitäten mit
einem »natürlichen System« gleichsetzt (einer »nichtzufälligen
Anhäufung von Materie-Energie in einem physikalischen Raum-
Zeit-Gebiet, die nichtzufällig in aufeinander einwirkenden und in
Beziehung stehenden Subsystemen oder Komponenten organisiert ist« (Laszlo 1972, 30)). Der Systemexperte scheint manchmal
unversehens den Modellcharakter jeder Systemerfassung zu vergessen – ein natürlich verführerischer oder verführerisch natürlicher Fehlschluß, da ja jedwede Erkenntnis und auch jede Einsicht
über die Beziehung zwischen verschiedenen Modellen nur mittels
systematisierter Modellbildungen zustandekommen kann.

  Der Modellcharakter der Systemkonzeptionen ist den Systemtheoretikern wohl zumeist klar (vgl. etwa Ropohl 1975, 25). Jedoch wird manchmal nicht so klar wie bei Ropohl (1978, 31 f.
u. a.) gesehen, daß systemtheoretische Ansätze es ausschließlich

mit Modellen und den Beziehungen zwischen verschiedenartigen Modellen zu tun haben, daß Systeme, wie sie von der Analyse untersucht oder im Modell synthetisiert werden, nicht als solche zugleich in der Realität vorkommen, wie manche Autoren behaupten. Zumindest spielen hier verschiedene Arten von Systembegriffen hinein – und man sollte deutlich terminologisch zwischen ihnen unterscheiden. Auch sogenannte Realsysteme sind nur durch Modellbeschreibungen zu erfassen und auf das abstrakte Modell abzubilden. Auch konventionalisierte soziale, etwa durch Institutionalisierung von Normen konstituierte Systeme sind Modelle und nur in der Modellbeschreibungsweise zu erfassen. Die prinzipielle Modellhaftigkeit der Systemkonzeptionen ergibt sich schon daraus, daß man – wie die Systemtheoretiker einheitlich meinen – beliebige Gegenstände als Systeme – oder besser: unter dem Systemaspekt – analysieren kann, daß also die Untersuchungsperspektive konstitutiv zur Systemkennzeichnung – und Erfassung – hinzugehört (Ropohl 1975, 25 ff.; ders., 1978; Händle-Jensen, 17). All dies verhindert freilich nicht, daß selbst Systemexperten, die den Perspektivismus betonen, wie Laszlo (a. a. O., 16 u. a.) gelegentlich das Realsystem oder die ohne Modellbeschreibung nicht zu erfassende Realität mit dem Modell selbst identifizieren: Laszlo identifiziert an einer Stelle (ebd., 153) den introspektiv sich selbst beobachtenden Menschen mit dem beobachteten System: »Er *ist* das System«.

Laszlo identifiziert nicht nur natürliche Systeme mit der Außenweltrealität, sondern spricht ebenfalls im entsprechenden Sinne von »konkreten Systemen« im Sozialen, obwohl er zugibt – im Gegensatz zu seiner These über konkrete Systeme in der Natur –, daß man keine direkten Beobachtungen von konkreten Sozialsystemen machen kann (1972, 30, 100). Immerhin stellt er fest, daß das Arbeitsinstrument des Wissenschaftlers wie auch des Menschen im Alltag zur Erkenntnis solch »konkreter Systeme« ausschließlich ein theoretisches Modell sein kann, dessen Gültigkeit freilich bei Laszlo nach wie vor von den unterstellten »konkreten Systemen« bestimmt sein soll: Offenbar ist der mißdeutete Ansatz eines über das Modellhaft-Erfaßbare hinausgehenden Isomorphismus noch zugrundegelegt.

Sicherlich müssen gewisse Konstanzen und Invarianzen vorausgesetzt werden, damit überhaupt eine Wiedererkennbarkeit – oder genauer: eine Wiederverwendbarkeit von Systemmodellen in gleicher Weise entsprechend der Situation behauptet werden kann. Die Existenz von Relationen in der Außenwelt, die unabhängig von der Erkenntnistätigkeit gegeben wären, könnte aber höchstens als fiktiver Als-Ob-Standpunkt unterstellt werden. Die Systemmodellphilosophie kann höchstens – wie jede Erkenntnistheorie überhaupt – als eine metaphysische Aussage über die Welt begründet behaupten, daß offenbar die Welt die Eigenschaft hat, daß Systemmodelle, wissenschaftliche Verallgemeinerungen, Theorien usw. praktisch erfolgreich verwendbar sind. Dies bedeutet nicht strikt, daß die Außenwelt die in den Modellen wiedergegebenen Eigenschaften in eben genau der Modellkombination aufweist – darüber können wir nichts sagen; darüber etwas auszusagen, ist freilich auch unnötig, um die erfolgreiche Verwendung von Theorien und Modellen zur Erklärung und Prognose zu begründen. Die Annahme der zuvor erwähnten viel abstrakteren »Eigenschaft« reicht dafür durchaus hin. Das Konzept »systems philosophy« ist nicht auf einen Relationenrealismus und nicht auf eine überzogene Isomorphismusbehauptung festgelegt, wie manche Systemtheoretiker vielleicht unbewußt anzunehmen scheinen.

Systemtechnik als Planungstechnologie

Es wurde wiederholt auf die – zwar zunächst nur indirekte – Auswirkung hingewiesen, die wissenschaftstheoretische Analysen auf die Praxis der angewandten Systemanalyse und der Systemtechnik haben können und angesichts des noch bestehenden epistemologischen Defizits in Zukunft verstärkt haben werden. Wie bei der Wissenschaftstheorie der Naturwissenschaften werden auch hier wissenschaftstheoretische Konzepte nicht unmittelbar zur Gewinnung neuer inhaltlicher Modelle und Problemlösungen führen können, sondern die Beiträge werden in erster Linie methodenbeurteilend, methodenkritisch sein – eine Eigenschaft übrigens, die bei der methodischen Ungesichertheit und dem teilweise zu findenden Wildwuchs an Analyse-, Prognose- und Planungsmethoden in komplexen Systemproblemlagen besonders wichtig ist. Gerade angesichts der methodologisch prekären Situation und des ebenso noch ungesicherten Images der Systemanalyse zwischen Natur-, Sozial- und Technikwissenschaften ist eine differenzierte Methodenkritik am ehesten geeignet, einerseits relativ abgesicherte Verläßlichkeitsbeurteilungen zu ermöglichen und somit die unzuverlässigen Methoden auszuscheiden und andererseits das Vertrauen in die zwar unorthodoxen, aber für die Verwendung zu empfehlenden, da verhältnismäßig gut zu rechtfertigenden, und unerläßlichen Methoden und Teilgebiete des noch recht bunten Sammelbeckens ›Systemanalyse‹ zu stärken und durch diese reinliche Trennung besonders auch das interdisziplinäre Mißtrauen abzubauen, das teilweise zu Recht von manchen Naturwissenschaftlern und Ingenieuren manchen hochfliegenden Ansprüchen etwa sogenannter Futurologen entgegengebracht wird. Es wurde begründet, weshalb dieses Mißtrauen, besonders in Hinsicht auf viele drängende interfakultative Systemprobleme, abgebaut werden muß, warum hier weder fachdisziplinäre noch rein naturwissenschaftliche oder rein sozialwissenschaftliche Methoden allein ausreichen – geschweige denn eine Planungspolitik des lediglich relativ kurzfristig orientierten ›Durchwurstelns‹. In den erwähnten Problembereichen ist ohnehin die traditionelle Unterscheidung zwischen naturwissenschaftlichen und sozialwissenschaftlichen Methoden fließend geworden – (dies unter anderem macht, wie angedeutet, den großen Reiz, die Herausforderung und die Innovationschancen der Systemwissenschaften für die Wissenschaftstheorie aus). Auf der anderen Seite kann ausschließlich die neue, von der Wissenschaftstheorie initiierte Methodenbewußtheit, methodenkritische Einstellung und daher die ständige Kooperation von Systemwissenschaftlern mit systemtheoretisch vorgebildeten und interessierten Wissenschaftstheoretikern schrittweise die nötige, sich für die Praxis auswirkende methodische Verbesserung erwirken. Dies gilt nicht nur für die methodisch einfacheren Fragen der Systembeschreibung, sondern insbesondere auch für die schwierigen Probleme der Prognostik, der Alternativprojektionen und der Systemplanung. Als weitere *These 9* scheint daher die folgende gerechtfertigt:

Sofern systemanalytische Ansätze sich an Anwendungen orientieren, sind sie Teilgebiete einer interdisziplinären Planungsdisziplin: Sie nehmen die Planungsaufgaben der Problemformulierung, Modellkonstruktion, Systembeschreibung, Situationsanalyse, Zielkonstruktion, Alternativenausformulierung, Nebenfolgenermittlung, Abschätzung des Zielrealisierungsausmaßes und der Langfristfolgen sowie die projektbegleitende Methoden- und Erfolgskontrolle wahr. Auch die Bewertungsvorbereitung – etwa die

*Koordinierbarkeitsanalyse in den sogenannten Aggregationspro-
blematiken (Arrow) von Wertentscheidungen unterschiedlicher
Planungsträger bzw. verschiedener Gewichtungskriterien gehören, wie erwähnt, zu dem Aufgabenspektrum des anwendungsorientierten Systemanalytikers. Systemtechnik ist insofern Technologie.*

*Die freilich zur Zeit noch nicht so sehr weit ausgearbeiteten An-
sätze zur Methodologie der Planungsverfahren sind somit zum
beträchtlichen Teil auch für die anwendungsorientierte Systemanalyse relevant.*

Als *Folgerung* ergibt sich aus der vorstehenden These: Die Probleme der Systemanalyse erfordern – und ermöglichen zugleich –
eine Weiterentwicklung der Planungstheorien und ihrer Methodologie.

Methodologische Kritik eines Beispiels

Ein praktisches Beispiel dafür, wie ein wissenschaftstheoretisch
geschärftes Bewußtsein zu einer veränderten Beurteilung einer systemanalytischen Einzelstudie führen könnte, läßt sich an Randers' bekannter Studie »Das DDT in unserer Umwelt« entwikkeln.

Die Studie macht (zunächst) den Eindruck einer sorgfältigen
analytischen Durchdringung des Problems. Ziel der Untersuchung ist es, ein Simulationsmodell für die Konzentration und
langfristige DDT-Bilanz in der Umwelt (Boden, Luft, Meer) und
für die dadurch bewirkte Belastung in den Nahrungsketten (z. B.
Boden, Wasser, Plankton, Fische, Menschen) aufzustellen und somit prognostische Projektionen für die Fälle zu gewinnen, daß
man Änderungen der Anwendungsrate vornimmt. Soweit sind
Zielsetzung und Modellstrukturannahmen klar.

Man mag auch einige der als plausibel angegebenen Vernachlässigungen hinnehmen, obwohl dabei von der Zielsetzung her
schon manche Problematik deutlich wird: etwa in der Annahme,
DDT sei gleichmäßig in der durchmischten Oberflächenschicht
des Meeres verteilt, obwohl z. B. das Plankton keineswegs gleichmäßig verteilt ist, usw. Bei der Einschätzung der Daten werden
dann aber z. T. zu großzügige Anpassungen und Abrundungen
vorgenommen, da fast keine wirklichen Meßwerte und statisti-

schen Gesamtdaten vorliegen: Die Ausgangsgröße, auf der die ganze Simulation basiert, die Welt-Anwendungsrate von DDT pro Jahr, wird einfach gleich der doppelten USA-Produktion an DDT gesetzt, ohne jeden Versuch einer Abschätzungsbegründung. – Aus lokalen Messungen (Woodwell) in Neu-England, die ergaben, daß (rund) 50% des aus der Luft versprühten DDT »niemals« die Erde erreichen, darf man offenbar »mit Sicherheit annehmen, daß im globalen Durchschnitt rund 0,4 des angewandten DDT in der Atmosphäre verbleibt« und 60% sich niederschlägt. Es fällt natürlich sofort auf, daß eine aus einer Mindestschätzung (»niemals«) gezogene Schlußfolgerung der Prämisse selbst widerspricht. – Da die Halbwertszerfallszeiten des DDT im Boden zwischen 2,5 und 35 Jahren variieren (je nach Beschaffenheit, Art des Bodens und Anwendungskonzentration), wird einfach der Wert 10,5 Jahre als einheitlicher Zerfallswert für DDT im Boden angesetzt – und von da an global für den Zerfall im Boden benutzt. Die Ausscheidungshalbwertszeit bei Fischen wird mit 0,3 Jahren angesetzt, obwohl sie, wie betont, zwischen 0,05 und 0,7 Jahren liegen kann. Auch andere Randdaten variieren noch innerhalb einer oder vereinzelt sogar um mehr als eine Zehnerpotenz, selbst wenn es sich um Multiplikationsfaktoren handelt (die DDT-Konzentration in Fischen ist um 10 bis 100 mal höher als im Plankton). Die Sensitivitätsanalyse soll nachträglich diese Abweichungen wieder ausgleichen – als unerheblich erweisen: »Wenn veränderte Größen Einfluß auf das Modellverhalten haben, so bedeutet dies, daß die Simulationsergebnisse weitgehend verläßlich sind ...« (ebd., 73).

Wissenschaftstheoretisch handelt es sich bei diesem Satz um eine Erschleichung: Aus der Nichtrelevanz von Größen für die angenommenen Simulationsgleichungen bzw. Computer-Läufe wird die Anwendungsverläßlichkeit des Modells zu erschließen versucht. Man kann aber allenfalls eine Aussage über die Nichtrelevanz der durch die Empfindlichkeitsanalyse in ihrem Sequenzverhalten untersuchten Größen machen. »Tests« oder – wie es in demselben Band (127, 129) in der Rohstoffstudie von Behrens III heißt – ein »Beweis« für die Brauchbarkeit des Simulationsmodells oder dafür, »die vorhandenen Kenntnisse in richtige Beziehung zueinander zu setzen«, können hieraus natürlich nicht entnommen werden. Was soll »richtig« hier heißen? Wie wird die »Richtigkeit« der Beziehungen ermittelt?

Wie schon oben erwähnt – und hier an einem praktischen Beispiel verdeutlicht – ist durch Testläufe des Rechners allein eben kein *Test* des Modells im Sinne einer Überprüfung und Bestätigung des theoretischen Modells zu erhalten.

Im übrigen gerät das Vertrauen auf die Empfindlichkeitsanalyse ein wenig ins Wanken, wenn sie nach Wahl der »optimistischen« und der »pessimistischen« Eingangs-Extremwerte als Konsequenz herausbekommt, daß »der maximale spezifische Gehalt an DDT im Fisch bei pessimistischen Annahmen rund 33 000 mal höher« ist »als bei optimistischen Annahmen« (ebd., 75). Die Konsequenzenvariabilität ist in diesem Falle zu groß, als daß man überhaupt noch von einer wesentlichen Projektionsleistung des Modells sprechen kann.

Der Autor räumt nun zwar ein, die Ergebnisse seien nicht »als präzise Voraussagen verwertbar«; »von sehr viel größerer Bedeutung« seien »die relativen Größen und Zeitspannen«, die sich als Antwort auf die verschiedenartigen Maßnahmen ergeben. Doch ist ein Unterschied eines Multiplikationsfaktors von 33 000 im Gehalt – durchaus um die Schädlichkeitsrate herum – wohl eine zu große Varianz, als daß man in diesem Falle schon mit begründetem Anspruch behaupten könnte, die Simulation sei »mindestens den intuitiven Schätzungen überlegen« (ebd., 70). Dies gilt höchstens hinsichtlich der Anordnung, der Übersichtlichkeit und der modellhaft projizierten inneren Verflechtung der intuitiven Schätzungen untereinander, nicht aber in bezug auf deren Treffsicherheit.

Das Modell ist zunächst einer Gesetzmäßigkeit vergleichbar, bei der wichtige Größen noch nicht gemessen werden konnten. Es gibt eine gewisse Einsicht in das Gesamtsystem der Wirkungsverflechtungen (bei allen nötigen Vernachlässigungen), aber noch keine verläßliche – und sei es auch nur bedingte – Projektion. Es hat hier noch den Wert eines abschätzenden Gedankenexperimentes, zu dem der empirische Test noch nicht erfolgt ist. Das Modell ist heuristisch und methodisch interessant und wichtig, darf aber (noch) nicht für eine Theorie genommen werden.

Die vom Autor als die wichtigsten herausgehobenen Schlußfolgerungen, daß das DDT erst und noch mehrere Jahre nach steigender bzw. sinkender Anwendungsrate in steigender Konzentration in der erwähnten Nahrungskette auftritt, hätten natürlich ohne jede Systemanalyse durch histologische, biochemische und physiologische Untersuchungen anhand von Experimenten mit Fischen, Plankton, Vögeln gewonnen werden können. Dieses Ergebnis allein kann im Gegensatz zur Verlautbarung Randers' also nicht das Wesentliche der Anwendung einer solchen Systemanalyse ausmachen.

Systemkenntnis als Forschungsziel

Hier muß man also offenbar mutiger sein als der Autor selbst: Die wissenschaftstheoretische Analyse diskreter Zustandssysteme (Rescher) hat ergeben, daß die Kenntnis der systembeherrschenden Gesetze einen Eigenwert hat: Es gibt Modelle stochastischer diskreter Zustandssysteme, bei denen man zwar die Gesetze der Zustandsänderungen explizit kennt, aber weder Voraussagen noch kausale Erklärungen noch Retrodiktionen vornehmen kann. Dennoch gibt die Kenntnis der Gesetze einen wichtigen Einblick in das dynamische Zustandssystem und seine Wandlungen. Ein System solcher Art wäre z. B. durch jeden Zustandsgraphen dargestellt, bei dem in jedem Zustand jeweils gleiche Übergangswahrscheinlichkeiten bestehen. Einfache Beispiele für solche Zustandssysteme wären die durch die Abbildungen rechts dargestellten.

Obwohl die Systemdynamik meist nicht alle expliziten Gesetze, sondern eben nur verkürzte, abstrahierte Modellannahmen über Größen- und Zustandsänderungen verfassen kann, darf man hier wohl eine Analogie sehen, die als *These 10* formuliert sei:

Ähnlich wie die etwas überraschend erscheinenden Extremfälle diskreter Zustandssysteme sind die systemtheoretischen Ansätze geeignet, übergreifende Systemzusammenhänge (teils Gesetze, teils generelle Modellannahmen) wiederzugeben, zu ›simulieren‹, ohne schon präzise Prognosen, Projektionen oder gar Erklärungen zu erlauben. Die prinzipielle Einsicht in den Systemdynamismus (ohne vollständige, aber aufgrund möglichst weitgehender Gesetzeskenntnis) ist schon eine wertvolle wissenschaftliche »Systematisierung« – ein Ziel, das den Systemtheoretiker auch angesichts noch nicht faßbarer komplexer Realsysteme interessieren kann – weniger natürlich, sieht man die Angelegenheit etwas kurzsichtig: den Anwendungspraktiker. – Doch wie in der Naturwissenschaft der Gesetzeserkennung noch immer sehr schnell die praktizierbare Anwendung, die Möglichkeit einer Prognose und/oder ex-

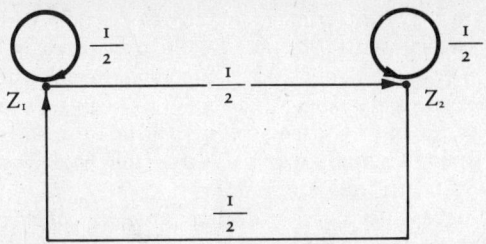

Einfaches diskretes Zustandssystem mit zwei Zuständen ohne Möglichkeit der Prognose, Retrodiktion oder (kausalen) Erklärung trotz Kenntnis der (stochastischen) Gesetze.

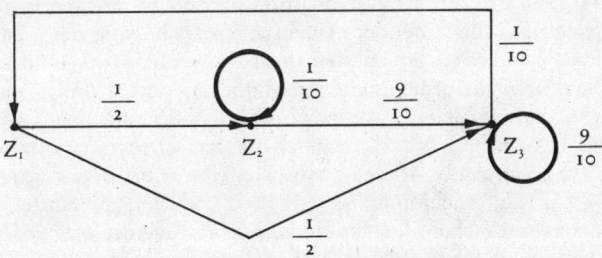

Einfaches diskretes Zustandssystem mit Möglichkeiten einer starken Prognose $w_{z_{i+1}} \geqq \frac{1}{2}$, aber ohne Möglichkeit selbst einer schwachen Erklärung (größte w_{zi-1} eindeutig) im Zustand z_3.

perimentellen Anwendung und meist auch bald die technisch-industrielle Verwertung folgten, so dürfte dies auch für die Systemforschung – und auch für viele von deren vorläufigen Entwürfen – gelten. So wie nichts praktischer ist als eine gute Theorie, so ist für die Systemanalyse nichts praktischer als ein gutes Systemmodell.

Interdisziplinäre Integration und Kooperation

Insgesamt läßt sich *zusammenfassend* formulieren:

Wissenschaftstheoretische und methodologische Analysen können zur Methodenpräzisierung und zur begründeten Beurteilung und Auswahl systemanalytischer Modelle wesentliche Fundamente und Kriterien beitragen und so a fortiori die Verläßlichkeit der Systemanalysen fördern und sollten daher zügig begonnen werden. Die teilweise noch mit einigen unnötigen Unsicherheiten behaftete Praxis der angewandten Systemanalyse würde davon ebenso profitieren wie das wissenschaftliche Image dieser jungen interessanten Disziplin zwischen Natur- und Sozialwissenschaft, zwischen Theorie und Anwendung.

Zur nötigen Koordination der aus unterschiedlichen Wissenschaften stammenden Fachexperten und zur Interpretation des erforderlichen interdisziplinären Forscherteams in diesem multidisziplinären Bereich würde die wissenschaftstheoretische ›Durchforstung‹ der Systemwissenschaften insofern eine wichtige Hilfe leisten, als Kommunikationsbarrieren zwischen den Ausgangsdisziplinen bei der gemeinsamen Diskussion der methodologischen Fragen am ehesten abgebaut werden können und Möglichkeiten für gemeinsame Ansatzpunkte und fachübergreifende Modelle unabhängig von fachbezogenen Scheuklappen systematisch gesucht würden; denn die Wissenschaftstheorie selbst ist eine *meta*(einzel)-wissenschaftliche, eine inter- bzw. supradisziplinäre Unternehmung. Sie ging zwar von den Problemstellungen der theoretischen Physik und den Grundlagenfragen der Mathematik und Logik aus, war aber von vornherein als allgemeine Methodologie für alle Wissenschaften konzipiert – zunächst für die reinen, theoretischen Wissenschaften. Die methodischen Koordinations- und Innovationsprobleme erzwingen aber heute zunehmend und notwendigerweise eine verstärkte Konzentration auch auf die angewandten Wissenschaften, insbesondere auf die technologischen, die System- und Sozialwissenschaften.

Gerade in interdisziplinären Forschungsteams von Großforschungsanlagen erweisen sich die Probleme der Koordination verschiedener Fachrichtungen als immer dringlicher. Die Methodologie vermag die Experten zu koordinieren und zu einer Gruppe zu integrieren, wenn eine gemeinsame Klammer durch gemeinsame Projekte, Programme und – vor allem – gemeinsame Probleme gegeben ist – und das ist insbesondere in Großforschungsinstituten mit einer relativ einheitlichen und multidisziplinären Zielsetzung wie etwa den Kernforschungsinstituten der Fall.

Selbstverständlich kann nicht jedes Mitglied jedes Systemanalyseteams für alle relevanten Fachgebiete kompetent sein. Ebenso selbstverständlich sollte es aber außer in den systemwissenschaftlichen Methoden und operativen Theorien auch in wenigstens einem betroffenen Gebiet Experte sein, dort selbst wissenschaftlich arbeiten (oder wenigstens gearbeitet haben). Kein wissenschaftlicher Scharlatan ist erforderlich, der vorgibt, alles zu können, in Wirklichkeit aber nichts so recht, keine Disziplin bis in die Tiefe beherrscht. Interdisziplinarität in Personalunion ist erwünscht, aber mit Schwerpunkten, Tiefe und Gehalt. Die damit notwendigerweise verbundene gewisse Einschränkung der Spektralbreite des einzelnen Forschers kann und muß kompensiert werden durch die sich ergebende multidisziplinäre Überlappung in der Forschergruppe, deren Mitglieder – wiewohl mit Schwerpunkten interdisziplinär orientiert – sehr verschiedene Wissenschaftskombinationen repräsentieren. Nur durch Vereinigung der fachlich fundierten Kenntnisse und ›Tiefenerfahrungen‹ von Experten, die der interdisziplinären Kooperation fähig sind, kann das weite multidisziplinäre Spektrum abgedeckt werden, ohne daß sich die Oberflächlichkeit des wissenschaftlichen »Hans Dampf in allen Gassen« ausbreitet. Hierzu sind geeignete Koordinationsmodelle sowohl für Planungsstäbe und Beratungsgremien, wie an anderer Stelle ausgeführt (Lenk 1973, 121 ff.), als auch für Systemanalysegruppen nötig. Eine Systemanalyse der Großforschungseinrichtungen und eine Systemanalyse der Systemanalyseteams selbst – eine »Systemanalyse der Systemanalyse« – wären hierfür sicherlich fruchtbar. Auch *so* verstanden ist für die Systemanalyse selbst nichts praktischer als ein gutes Systemmodell.

Indem die Systemwissenschaften ein neues Paradigma der angewandten Wissenschaft und auch der methodologischen Modelle darstellen und somit Herausforderungen und Chancen für die Wissenschaftstheorie bieten und indem umgekehrt die Wissenschaftstheorie wesentliche Aufgaben der Systemanalyse fördern kann, erweist sich die Begegnung und wechselseitige Durchdringung dieser beiden interdisziplinären Ansätze als nützlich und nötig: Systemanalyse ohne Wissenschaftstheorie bliebe methodenblind, Wissenschaftstheorie ohne Systemwissenschaften bliebe traditionell eingeengt.

Literatur

Ashby, W. R.: An Introduction to Cybernetics. New York 1956.

Bertalanffy, L. von: General Systems Theory. Foundations – Development – Applications. New York 1968.

Boulding, K. L.: General Systems Theory – The Skeleton of a Science. In: General Systems I (1956), 11-17.

Buck, R. C.: On the Logic of General Behavior Systems Theory. In: Feigl, H./Scriven, M. (Hg.): Minnesota Studies in Philosophy of Science and the Concept of Psychology and Psychoanalysis. Minneapolis 1956, 223-238.

Bunge, M.: Scientific Research, Bd. 1 u. 2. Berlin/Heidelberg/New York 1967.

Chestnut. H.: Prinzipien der Systemplanung. München 1970.

Czayka, L.: Systemwissenschaft. Eine kritische Darstellung mit Illustrationsbeispielen aus den Wirtschaftswissenschaften. Pullach 1974.

Deutsch, K. W.: Politische Kybernetik. Modelle und Perspektiven. Freiburg 1969. Original: The Nerves of Government. New York 1963.

Ellis, D. O. - Ludwig, F. J.: Systems Philosophy. Englewood Cliffs (N. J.) 1962.

Emery, F. E. (Hg.): Systems Thinking. Harmondsworth 1969.

Faude, D. - Bayer, A. - Halbritter, G. - Spannagel, G. - Stehfest, H. - Wintzer, D.: Energie und Umwelt in Baden-Württemberg. Eine Studie im Auftrag des Ministeriums für Wirtschaft, Mittelstand und Verkehr in Baden-Württemberg. Gesellschaft für Kernforschung Karlsruhe, 1974 (KFK 1966, OF) (vervielfältigt).

FitzGerald, J. M. - FitzGerald, A. F.: Fundamentals of Systems Analysis. New York, London, Sidney, Toronto 1973.

Forrester, J. W.: Der teuflische Regelkreis. Das Globalmodell der Menschheitskrise. Stuttgart 1972 (Original: World Dynamics. Cambridge 1971).

Ders.: Grundzüge einer Systemtheorie (Principles of Systems). Wiesbaden 1972.

Gilles, E.-D.: Struktur und Dynamik soziologischer Systeme. München/Wien 1974.

Greven, M. T.: Systemtheorie und Gesellschaftsanalyse. Kritik der Werte und Erkenntnismöglichkeiten in Gesellschaftsmodellen der kybernetischen Systemtheorie. Darmstadt/Neuwied 1974.

Hall, A. D. - Fagen, R. E.: Definition of System. In: Buckley, W. (Hg.): Modern System Research for the Behavioral Scientist. Chicago 1968, 81-92.

Händle, F. - Jensen, S. (Hg.): Systemtheorie und Systemtechnik. München 1974.

Jansen, P.-J.: Die Struktur systemtechnischer Arbeit. Entwurf eines qualitative Aspekte berücksichtigenden Entscheidungsprozesses. Institut für angewandte Systemtechnik und Reaktorphysik, Kernforschungszentrum Karlsruhe, 1973 (vervielfältigt).

Jansen, P.-J.: Die Struktur systemtechnischer Arbeit. In: Lenk, H. – Ropohl, G. (Hg.): Systemtheorie als Wissenschaftsprogramm. Königstein/Ts. 1978, 99-126.

Klaus, G. (Hg.): Wörterbuch der Kybernetik, I, II. Frankfurt 1969.

Klir, J.: Cybernetic Modelling. London 1967.

Ders.: An Approach to General Systems Theory. New York u. a. 1969.

Ders. (Hg.): Trends in General Systems Theory. New York 1972.

Krauch, H. (Hg.): Systemanalyse in Regierung und Verwaltung. Freiburg 1972.

Kuhn, T. S.: Die Struktur wissenschaftlicher Revolutionen. Frankfurt 1967. Original: The Structure of Scientific Revolutions. Chicago 1962.

Kurzrock, R. (Hg.): Systemtheorie. Berlin 1972.

Laszlo, E.: Introduction to Systems Philosophy. Toward a New Paradigm of Contemporary Thought. New York/London/Paris 1972.

Ders.: A Systems Philosophy of Human Values. In: Behavioral Science XVIII (1973), 250-259.

Lenk, H.: Kybernetik – Provokation der Philosophie. In: Lenk, H.: Philosophie im technologischen Zeitalter. Stuttgart 1971, 72-107.

Ders. (Hg.): Technokratie als Ideologie. Stuttgart 1973.

Ders.: Wissenschaftstheoretische und philosophische Bemerkungen zur Systemtheorie. In: Lenk, H.: Pragmatische Philosophie. Hamburg 1975, 247-267.

Ders. - Ropohl, G. (Hg.): Systemtheorie als Wissenschaftsprogramm. Königstein/Ts. 1978.

Lorenz, K.: Die Rückseite des Spiegels. Versuch einer Naturgeschichte menschlichen Erkennens. München 1973.

Luhmann, N.: Moderne Systemtheorien als Form gesamtgesellschaftlicher Analyse. In: Habermas, J. - Luhmann, N.: Theorie der Gesellschaft oder Sozialtechnologie. Was leistet die Systemforschung? Frankfurt 1971, 7-24.

Ders.: Systemtheoretische Argumentationen. Eine Entgegnung auf Jürgen Habermas. Ebd., 291-405.

Meadows, D. L. - Meadows, D. - Zahn, E. - Milling, P.: Die Grenzen des Wachstums (the Limits to Growth). Stuttgart 1972.

Ders. - Meadows, D. H. (Hg.): Das globale Gleichgewicht. Modellstudien zur Wachstumskrise. Stuttgart 1974.

Mesarović, M. D. (Hg.): The Use of General Systems Theory. New York 1964.

Ders.: (Hg.): Systems Theory and Biology. New York 1968.

Ders. - Pestel, E.: Menschheit am Wendepunkt. 2. Bericht an den Club of Rome zur Weltlage. Stuttgart 1974.

Miller, J. G.: Living Systems: Basic Concepts. In: Behavioral Science 1965, 193-237.

Ders.: Living Systems: Structure and Process. Ebd., 337-379.

Ders.: Living Systems: Cross-Level Hypotheses. Ebd., 380-411.

Opp, K.-D.: Kybernetik und Soziologie. Neuwied/Berlin 1970.

Parsons, T.: The Social System. New York 1957.

Prewo, R. - Ritsert, J. - Stracke, E.: Systemtheoretische Ansätze in der Soziologie. Eine kritische Analyse. Reinbek 1973.

Pichler, F.: Mathematische Systemtheorie. Dynamische Konstruktionen. Berlin/New York 1975.

Pribram, K. H.: Languages of the Brain. Englewood Cliffs 1971.

Rapoport, A.: The Uses of Mathematical Isomorphism in General System Theory. In: Klir, J. (Hg.): Trends in General Systems Theory. New York 1972, 42-77.

Ropohl, G.: Flexible Fertigungssysteme. Zur Automatisierung der Serienfertigung. Main 1971.

Ders. (Hg.): Systemtechnik – Grundlagen und Anwendung. München/Wien 1975.

Ders.: Einführung in die allgemeine Systemtheorie. In: Lenk, H. - Ropohl, G. (Hg.): Systemtheorie als Wissenschaftsprogramm. Königstein/Ts. 1978, 9-49.

Tjaden, K. H. (Hg.): Soziale Systeme. Materialien zur Dokumentation und Kritik soziologischer Ideologie. Neuwied/Berlin 1971.

Unbehauen, R.: Systemtheorie. Eine Einführung für Ingenieure. München/Wien 1969.

Walter, W. G.: Das lebende Gehirn. Entwicklung und Funktion. München/Zürich 1963.

Zahn, E.: Systemanalyse als Instrument der Planung sozio-ökonomischer Entwicklungen. In: Pietzsch (Hg.): Zehn Jahre Forschungsgruppe Pietzsch. Ettlingen 1975 (Privatdruck), 9-23.

Zangemeister, C.: Nutzwertanalyse in der Systemtechnik. Eine Methodik zur multidimensionalen Bewertung und Auswahl von Projektalternativen. München 1970.

Ders.: Zur Methodik systemanalytischer Zielplanung. Grundlagen und ein Beispiel aus dem Sozialbereich. In: Lenk, H. - Ropohl, G. (Hg.): Systemtheorie als Wissenschaftsprogramm. Königstein/Ts. 1978, 166-201. Auch in: Lenk, H. (Hg.): Handlungstheorien interdisziplinär IV. München 1977, 329-366.

Zu einer pragmatischen Sozialphilosophie der Technischen Intelligenz und der Technik

1. Unzufriedenheit der Technischen Intelligenz

Allseits bekannte Schlagworte wie die vom »technischen Zeitalter« und von der »industriellen Gesellschaft« lassen vermuten, daß den Mitgliedern der Technischen Intelligenz, also den Ingenieuren und Naturwissenschaftlern in Industrie, im öffentlichen Dienst und in den freien Berufen, eine zentrale und strategische Stellung innerhalb der modernen Industriegesellschaft zukommen müßte. Weit gefächerte, wenn auch methodisch nicht repräsentative Untersuchungen ergaben jedoch: Die Mitglieder der Technischen Intelligenz scheinen mit ihrem Sozialprestige unzufrieden zu sein und glauben, die Bedeutung ihrer Arbeit für das gesamtwirtschaftliche Geschehen werde verkannt.

So hatten schon bei einer VDI-Befragung in den fünfziger Jahren (Viererbl 1959) von rund 24 000 Antwortenden 85,0% mindestens bedingt die Frage verneint: »Finden Sie, daß die Ingenieure als Berufsstand die gesellschaftliche Anerkennung und die Wertschätzung im öffentlichen Leben genießen, die ihnen ihrer Ansicht nach zukommen?« (zit. nach Kogon 1976, 306).

Von rund 26 000 (genau 25 910) auswertbaren Umfrageantworten unter Ingenieuren stimmten in Kogons Untersuchung (1976, 297 f.) noch in den Jahren 1970-71 72,2% – bei Post und Bahn 87,5% und in der Stadtverwaltung sogar 91,8% – dem bewußt suggestiv formulierten Slogan zu: »Techniker sind die Kamele, auf denen die Kaufleute und Politiker reiten«.

Man fühlt sich zu 77,4% (in der Verwaltung sogar zu über 80%) als bloße »Dienstleistungsgruppe« und nicht als Motor des »allgemeinen Fortschritts« (ebd., 260 f.). Derselbe Prozentsatz empfindet hingegen die eigene Tätigkeit eher als Beruf(ung) denn als »Job« (ebd., 257). Die geringe Selbsteinschätzung der Ingenieure dokumentiert sich auch darin, daß die Mitglieder der Technischen Intelligenz den leitenden Ingenieur als Betriebsleiter nur an neunter Stelle einer vorgelegten Berufsskala einordneten, während eine Vergleichsgruppe der Bevölkerung dieser Kategorie den vierten

Rang einräumte. Der Diplomingenieur als Betriebsleiter wurde von den Ingenieuren selbst zu 24,3% (an 9. Stelle), der Fachschulingenieur (als Leiter einer REFA-Abteilung) nur zu 10,3% (an 12. Stelle) der Berufsrangfolge genannt (ebd., 218).

Zur Erklärung dieser Unzufriedenheit hat Hortleder (1970, 1973) Hypothesen und Faktoren aufgeführt, die zum Teil von Vertretern der Technischen Intelligenz selber vorgebracht werden, zum Teil in Frageform mögliche Einflußgrößen beleuchten. Welches sind die Gründe für die Unzufriedenheit der Technischen Intelligenz? Sind es historische Gründe unserer traditionell bildungshumanistisch orientierten Gesellschaft, eine antitechnische Hintergrundhaltung unserer abendländischen Tradition mit ihrer überkommenen Zwei-Kulturen-Trennung? Ist der Grund zu suchen in der Diskrepanz zwischen der Stellung der meisten Ingenieure als abhängige Arbeitnehmer und ihrem beruflichen Selbstverständnis als einer professionalisierten Expertenschicht? Ist ihre Qualifikation und das Niveau ihrer Ausbildung zu hoch im Verhältnis zu ihrer wirklich ausgeübten Tätigkeit? Gibt es zu geringe Aufstiegschancen, insbesondere in Betrieben des öffentlichen Dienstes? Hat ein professionelles Statusstreben der Ingenieurverbände wie auch die individualistische Karriereorientierung der einzelnen Ingenieure eine wirksame politische Interessenvertretung und Solidarisierung verhindert? Hatte die überkommene Zersplitterung der Ingenieurverbände, zum Teil beruhend auf der Unterscheidung von graduierten und diplomierten Ingenieuren, eine gewisse »politische Ohnmacht« der Ingenieurverbände zur Folge? 65,5% der von Kogon (1976, 311 f.) befragten Mitglieder der Technischen Intelligenz sind jedenfalls überzeugt vom Unvermögen der Ingenieure, sich in Verbänden wirksam zu solidarisieren und politisch einheitlich zu handeln.

Welche Gründe auch immer eine Rolle spielen mögen, sicherlich ist keine *einzelne* Ursache der einzig entscheidende Faktor. Es bleibt zu fragen, ob Hortleders zusammenraffende Hypothese stimmt: »Je höher der Industrialisierungsgrad eines Landes ist, desto geringer ist der Status der Ingenieure in diesem Land, verglichen mit anderen Berufen. Die Ingenieure werden also paradoxerweise das Opfer ihrer eigenen Leistungen« (1973, 96). In dieser umfassenden Allgemeinheit ist die Hypothese problematisch, da in verschiedenen Ländern der soziale Status der Ingenieure auch dann unterschiedlich zu sein scheint, wenn der Industrialisierungsgrad vergleichbar ist. So muß als Beispiel sicherlich die relativ zur Bundesrepublik Deutschland höhere Stellung der Technischen Intelligenz auf der sozialen Prestigeskala der Berufe in der DDR genannt werden, wie auch das traditionell recht hohe Ansehen der Ingenieurberufe in Frankreich. Andererseits mag, bei nicht zu hohen Ansprüchen an die präzise Vergleichbarkeit, in Hortleders Hypothese eine richtige Beobachtung ausgedrückt sein: Je selbstverständlicher die industriell und technologisch garantierte Versorgung der Menschen in einem Sozialsystem funktioniert, desto weniger scheint die sachverständige Sicherung dieser eben schlechthin unterstellten Selbstverständlichkeiten zum Problem zu werden.

2. Politische Abstinenz und Ohnmacht?

Auch Hortleders Thesen über die Indifferenz und politische Abstinenz der Ingenieurverbände sind hier kurz zu erwähnen. Hortleder führt folgende Gründe an:

a) Die Betonung technisch-wissenschaftlicher Interessen und neutraler Sachlichkeit wirkt in einer Art »Alibifunktion«, indem so die Ingenieurverbände und deren Mitglieder von legitimen politischen Stellungnahmen im eigenen Berufsinteresse abgelenkt würden (1970, 164 ff.; 1973, 127 ff.).

b) Der Ablenkung von einer bestimmten ideologischen Identitätssicherung des Ingenieurstandes dienen nach Hortleder auch allgemeine Leerformeln von der Technik als »völkerverbindender Kraft«, denen zufolge Techniker und Ingenieure einen »Dienst am Menschen« oder an der »Menschheit« ausführen; in diesen besonders nach dem Ersten Weltkrieg populären Schlagworten sieht Hortleder eine integrative Verschleierungsfunktion zur Verdeckung von gezielten Sonderinteressen (etwa der Unternehmerfraktion innerhalb der Ingenieurverbände) (1970, 158 ff.; 1973, 127 f.).

c) Hortleder meint, Ingenieurverbände seien tatsächlich zu sehr mit Unternehmensinteressen verfilzt, als daß eine wirksame politische Vertretung der meist abhängig tätigen Ingenieure möglich wäre: Dienstleistungen für industrielle Unternehmen gleichsam kostenfrei zu erbringen, das sei die entscheidende Funktion der Ingenieurverbände (1970, 65 u. 163; 1973, 125).

d) Die Mitgliedschaft in den Ingenieurverbänden sei zu heterogen – man denke wieder an das Spannungsverhältnis zwischen graduierten und diplomierten Ingenieuren in der Tradition –, um eine Interesseneinheitlichkeit der standespolitischen Stellungnahmen von einer gleichen beruflichen Ausgangslage her zu sichern (1970, 164; 1973, 61 ff.).

e) Auch die individualistische Karrierebezogenheit des einzelnen Ingenieurs, seine Sachaufgabenorientiertheit und die Professionalisierung der Ausbildungs- und Statusfragen (oder gar die Scheinprofessionalisierung: höhere formal kanalisierte Berufsqualifikation als für die wirkliche spätere Tätigkeit notwendig) verhindern nach Hortleder die standespolitische Einheit der Ingenieure und ihrer Verbände als politische Pressure-groups (1970, 164 f.; 1973, 57 ff. u. 86 f.).

An jeder dieser Teilthesen Hortleders ist sicherlich Wahres. Die jeweilige Überzeugungskraft seiner Argumente ist jedoch sehr unterschiedlich. »Sachlichkeit« als »Alibifunktion« zur Ablenkung von politischer Wirkung – diese These geht vielleicht von einer zu engen Ausdeutung des Begriffs »politische Wirkung« aus; denn gerade sachliche Argumente können in einer pluralistischen Gesellschaft mit ihrer Diskussionsfreudigkeit und Transparenz eine eigene politische Wirksamkeit entfalten – um so mehr, als das soziale Image des Ingenieurs als eines fachlich-sachlichen Experten den informativen Einfluß erhöhen könnte. Beispiele lassen sich anführen aus dem Bereich der Bürgerinitiativen angesichts von Umweltverschmutzungsproblemen: Die Rolle der Ingenieure dabei als aktive Initiatoren und Multiplikatoren in der öffentlichen Diskussion ist nicht zu übersehen.

Der Vorwurf, daß ideologische Leerformeln über die Technik »als Dienst an der Menschheit« von wichtigeren, insbesondere sozialpolitischen Diskussionen über die Auswirkungen von Technisierung und Industrialisierung abgelenkt haben, dürfte – insbesondere für die Zeit zwischen den beiden Weltkriegen – völlig zu Recht bestehen. Ob sich dahinter aber wirklich lediglich ein gezieltes Verschleierungsinteresse zur Verdeckung der durchaus vorhandenen unternehmerischen »Profitwünsche« verbirgt, muß zumindest fraglich bleiben. Allerdings mag, unabhängig von subjektiven Zielsetzungen, die Ablenkung durch allgemeine Leerformeln faktisch verhindert haben, daß man sich den anderen Faktoren – die keineswegs nur dem ökonomischen Gewinnmotiv entspringen – eingehend genug zuwendete. Die undifferenzierte These vom »Priestertrug« der Technikphilosophen scheint jedenfalls zu einfach oder gar zynisch: Die sozialen Folgeverflechtungen innovierter technischer Großverfahren und ihrer unmittelbaren Erzeugnisse wie auch der Nebenfolgen und Abfallprodukte ist zweifellos erst spät, fast zu spät zu einem unumgänglichen Thema der sozialpolitischen Diskussion geworden.

Auch Hortleders pointierte These, Ingenieurverbände seien zu sehr mit Unternehmensinteressen verzahnt, um eine politische Standesvertretung der Ingenieure zu gewährleisten, muß relativiert werden: Es ist zunächst zu fragen, ob es überhaupt den einheitlichen »Stand« der Ingenieure, eine einheitliche professionalisierte Gruppe mit einem ausgesprochenen Gruppenbewußtsein innerhalb ein und derselben sozialen Schicht, in klarer Ausprägung gibt. Die Heterogenität der beruflichen und sozialen Stellung unterschiedlicher Ingenieurtypen scheint ein übergreifender Faktor zu sein, der eine stärker streuende Wirksamkeit aufweist als die teilweise sicherlich vorhandene, wenn auch nicht allgegenwärtige, Verfilzung mit Unternehmensinteressen. Es ist auch die Frage, wieweit die ebenfalls zu undifferenzierte These stimmt, die obersten Unternehmensziele und -interessen seien *ausschließlich* Profitwünsche der Unternehmer bzw. der Eigentümer der Produktionsmittel. Die Bedeutung der Zielsetzung »Gewinnerhöhung« soll mit dieser Formulierung nicht heruntergespielt werden; empirische verläßliche Untersuchungen fehlen noch weitgehend. Manche, wenngleich methodologisch selbst nicht unproblematische Untersuchungen sprechen dafür, daß Funktionen wie etwa Wahrung der Unternehmenstradition, Bestehenbleiben der Firma, Schaffung und Erhaltung von Arbeitsplätzen, Vergrößerung des Marktanteils, der Firmenreputation, Internationalisierung des Einflusses, Investitionsexpansion sowie Umsatzsicherung oder -maximierung und planmäßiges Sich-Begnügen mit einem bestimmten Sockelgewinn ebenso wichtige Unternehmensziele zu sein scheinen wie »Profitmaximierung«. Immerhin ist zuzugestehen: Angehörige des leitenden Managements von Großunternehmen sind überproportional in den traditionellen Ingenieurverbänden vertreten; eine bestimmte interessierte Einflußnahme in diesen Verbänden dürfte zumindest für die Vergangenheit als bestätigt gelten.

Nicht nur die Heterogenität der Mitgliedschaft, sondern auch die individualistische Karrierebezogenheit des stark professionalisierten und konkurrenzorientierten Ingenieurberufs dürften in der Tat bis vor kurzem eine einheitliche politische Solidarisierung der Ingenieure verhindert oder zumindest behindert haben. Der Vergleich mit den politisch offenbar viel wirksamer organisierten Verbänden der Ärzteschaft und der Juristen dürfte interessante Schlaglichter auf die Rolle der Ingenieure in der berufsstandorientierten Gesellschaftspolitik werfen. Hier kommt der wesentlich größeren Heterogenität der sozialen Positionen eine größere Bedeutung zu als etwa in der Ärzteschaft; diese wiederum kann in der öffentlichen Diskussion auf den Vorteil eines unmittelbar einleuchtenden, verständlichen Standesimage zurückgreifen: Jedem ist einsichtig, wie unmittelbar er als Kranker von ärztlichem Bemühen abhängig, auf ärztliche Hilfeleistung angewiesen ist. Der sozial mindestens ebenso entscheidende Beitrag der Ingenieure zur Aufrechterhaltung der Funktionsfähigkeit eines Versorgungssystems (man denke nur an den Ausfall des Stromverbundnetzes in New York vor einigen Jahren) ist in Normalzeiten nicht direkt einsichtig, sondern wird nur in glücklicherweise seltenen Fällen spektakulär, dann allerdings oftmals katastrophenartig.

Diese Bemerkungen zeigen: Hortleders These, daß die Technische Intelligenz als »Teil einer Avantgarde sozialen und technischen Fortschritts« ihre Innovations- und Risikofreudigkeit in den politischen Raum dadurch wirksam einbringen könnte, daß sie sich in einer Gewerkschaft organisierte, trifft nur zu auf den an Arbeitsbedingungen und Lohnkampf orientierten Teil der politischen Bewußtseinsbildung. Für eine eigene Gewerkschaft dürfte die Technische Intelligenz zahlenmäßig zu schwach sein. Beim Eintritt in die bestehenden allgemeinen Gewerkschaften – einer sicherlich begrüßenswerten Initiative – läuft sie Gefahr, ihrer spezifischen gesellschaftspolitischen Perspektiven verlustig zu gehen, die sie von der allgemeinen Arbeitnehmerschaft unterscheidet.

Die Innovations- und Risikofreudigkeit beispielsweise könnte in gewerkschaftlicher Organisation nur in beschränktem Maße und auch lediglich in einer auf die Probleme der allgemeinen Arbeitnehmerschaft bezogenen Weise eingebracht werden. Politisch umfassender kann die traditionell dem Ingenieur attestierte Neuerungsbereitschaft eher in Massenmedien wie dem Fernsehen (vgl. die oben erwähnte Wirksamkeit der Anerkennung technischen Sachverstandes) oder in Bürgerinitiativen, etwa bei Umweltschutzaktionen, wirksam werden sowie in politischen Parteien selbst. Nicht nur die relativ geringe Anzahl der Ingenieure und Naturwissenschaftler in der Bevölkerung (rd. 1,5%), sondern auch das traditionelle Mißtrauen gegenüber politisch-rhetorischen Argumenten und der Mangel an Zeit (59,3% der von Kogon (1976, 290) und Mitarbeitern Befragten »läßt ihre Berufstätigkeit keine Zeit für ein politisches Engagement«, bei den in der Produktion Tätigen sind es sogar 63% (62,9), die glauben, den Mitgliedern der Technischen Intelligenz fehle jede Zeit zum politischen Engagement; 31% aller führten den Zeitmangel als entscheidenden Faktor für ihr eigenes fehlendes politisches Engagement auf) bieten wesentliche Gründe für die deutliche politische Abstinenz der Technischen Intelligenz bislang. (Immerhin sind es aber nur 46,1% unter den Befragten Kogons (ebd., 320), die keinerlei außerberufliche Verbandsaktivität angeben.)

Kogons Befragung (1972) ergab ebenfalls: Die überwiegende Mehrzahl der Ingenieure ist nicht so einseitig fachbezogen und in Sichtweite und Interessen so beengt, wie der unvoreingenommene Interpret der vorstehenden Daten auf den ersten Blick meinen möchte. Von den befragten Ingenieuren glauben 76%, daß ihre Ausbildung zu fachbezogen sei; 64,9% der Mitglieder der Technischen Intelligenz meinten, ihre Gruppe solle Verantwortung für die Folgen ihrer Arbeiten mit übernehmen, und 84,9% wandten sich dagegen, daß alles technisch Machbare auch hergestellt werden dürfte (Kogon 1976, 362, 360). Beinahe zwei Drittel zeigen sich optimistisch in bezug auf die Möglichkeiten, politische Entscheidungen wissenschaftlich vorzubereiten oder gar zu »optimieren«; dies wurde von Kogon zunächst (1972) etwas voreilig als eine »Tendenz … unzweifelbar in Richtung der Technokratie« gewertet, obwohl in der allgemeinen politischen Einstellung die große Überzahl der Mitglieder der Technischen Intelligenz zweifelsfrei für demokratische Partizipation und politische Mehrheitsentscheidungen votiert. (Damit sollen allerdings gewisse Unstimmigkeiten zwischen den verbal anerkannten allgemeinen Ansichten vieler Vertreter der Technischen Intelligenz und ihrem praktischen, relativ zurückhaltenden politischen Verhalten nicht geleugnet werden.) Für eine bestimmte politische Aufgeschlossenheit und für die Unabhängigkeit der politischen Stellungnahme von der beruflichen Tätigkeit im engeren Sinne spricht jedenfalls auch die politische Selbsteinordnung der Ingenieure, die trotz der überwiegenden Herkunft aus der oberen Mittelschicht relativ weit streut (1972): stark links 1,2%, betont links 10,2%, gemäßigt links 22,6%, linke Mitte 26,1%, gleichmäßig Mitte 11,6%, rechte Mitte 14,7%, gemäßigte Rechte 9%, betont rechts 2,7%, radikal rechts 0,4% (keine Antwort: 1,4%). Insgesamt bekennt sich fast die Hälfte (48,7%) der Technischen Intelligenz zur »linken Mitte« (Kogon 1976, 330). 33,9% erklärten sich selbst für »links«, 53,3% als »Mitte«, nur 12,2% als »rechts«. Von den Befragten verorteten sich 87,2% als »Links und Mitte« (ebd., 332). (Allerdings können hier Befragungsverzerrungen in stärkerem Maße wirksam geworden sein: Nichtrepräsentativität der Auswahl, Überproportionalität der sozial Aktiven oder Unzufriedenen, die sich entschließen, lange Fragebögen zu beantworten (ca. 64 000 Fragebogen wurden über Technikerzeitschriften verschickt; ca. 28 000 Antworten gingen ein, davon – wie erwähnt – 25 910 auswertbare), unterschiedliche Neigungen zur Angabe der Selbsteinordnung usw. Die Gesamtergebnisse sind also hier mit besonderer Vorsicht zu nehmen und zu deuten!) Eines der bemerkenswertesten Ergebnisse der Befragung Kogons ist aber immerhin, daß mit hoher Wahrscheinlichkeit das, marxistisch gesprochen, »objektive Verhältnis zu den Produktionsmitteln«, also die »Klassenlage« der Ingenieure, keineswegs ihren politischen Standort bestimmt. Interessen und Motivationen der Mitglieder der Technischen Intelligenz in der Bundesrepublik sind bei weitem noch weniger einheitlich als ihre zwar unterschiedliche, aber doch durch gewisse »Sachverwandtschaften« definierten Berufstätigkeiten.

Leider sind die differenzierten politischen Selbsteinordnungen nicht mit den Daten über die Stellung der Ingenieure im Betrieb bzw. über ihr Eigentumsverhältnis in bezug auf das Betriebskapital korreliert worden. Allem Anschein nach jedoch dürfte sich aus der breiten politischen Einstellungsstreuung eine Kritik der überholten vulgärmarxistischen These ergeben, allein das Eigentum an Produktionsmitteln bestimmte das »gesellschaftliche Bewußtsein«, hier der Technischen Intelligenz. Auch für differenziertere marxistische Ansätze ergibt sich eine nicht einfach zu bewältigende Interpretationsaufgabe: Kennzeichnenderweise ist die Neigung zu einer gewissen politischen Gruppierung um die linke Mitte weder mit einer typischen – eher als rechts-orientiert unterstellten – Aktionärsmentalität noch mit einer eher als links einzuordnenden Proletariereinstellung zu erklären. Jedoch sind die meisten Ingenieure Lohnabhängige, die kein Eigentumsverhältnis gegenüber den Produktionsmitteln eingehen und somit als Arbeitnehmer »Proletarier« im strikt marxistischen Sinne zu sein hätten. Der gängige Vorwurf, das »falsche Bewußtsein« der Mitglieder der Technischen Intelligenz sowie der leitenden Angestellten als »Handlanger des Kapitals« oder gar des »Großkapitals« wandle diese Verhältnisse entscheidend ab, gerät zunächst in Konflikt mit einer anderen Grundthese der marxistischen Theorie: Nicht das subjektive Bewußtsein, sondern ausschließlich die objektive Klassenlage, d. h. das Eigentumsverhältnis an Produktionsmitteln, soll im marxistischen Sinne über die »Klassenzugehörigkeit« entscheiden. Daß die zwar teilweise durch den Kapitaleigentümer verliehene, aber doch in Detail-Spielräumen (etwa bei einer Aktionärsmehrheit) von dessen Disposition weitgehend unabhängige Verfügungsmacht über Produktionsmittel ein viel wichtigerer Faktor für die politische Funktion und die Bewußtseinsbildung sein kann als das eigentliche Eigentumsverhältnis, ist in traditionellen marxistischen Ansätzen nur ungenügend reflektiert worden. Das »Regime der Manager« bzw. die strategische Stellung der Mitglieder der Technischen Intelligenz und generell der Leitenden Angestellten innerhalb der Produktion und der Betriebe würden das traditionelle Zweiklassenmodell des orthodoxen Vulgärmarxismus sprengen und die ökonomische Eigentumsthese als allzu einfach entlarven und zum Teil widerlegen. Daher die Anpassungs- und Umdeutungsschwierigkeiten, die sich auch einer differenzierten marxistischen Sichtweise stellen: Weder die These von der neuen Arbeiterklasse »Technische Intelligenz« (Mallet) noch die Handlangertheorie des Managers ist der Wirklichkeit in ihrer mehrschichtigen Differenziertheit eines sozial gezähmten Mitbestimmungskapitalismus gerecht geworden: In der seit Jahrzehnten funktionierenden Montan-Mitbestimmung haben Gewerkschaftsfunktionäre und angestellte Manager die gleiche Art von Einflußmacht.

Soweit sich die neue antitechnische Kulturkritik noch auf orthodox-vulgärmarxistische Thesen als undiskutierbare Voraussetzung stützte, zielte sie daher zweifellos an einer angemessenen Erfassung der sozialen Realität vorbei. Interessanterweise hat Marx in den gerade erst (Marx 1982) veröffentlichten Exzerpten und Heften zur Technologie (vgl. auch Grigorjan 1963) selbst eine nichtorthodoxe, nicht rein ökonomistische Grundthese über die Rolle der Technologie vertreten, die geradezu an moderne systemtechnische Thesen, zum Teil auch an »technokratische« Begründungen, erinnert. Erst neuerdings beginnen sich auch neomarxistische Theoretiker auf die Rolle von Wissenschaft und Technik als entscheidender Produktionsfaktoren zu besinnen, dies im wesentlichen im Anschluß an Marcuses Sozialphilosophie der »technischen Welt« (in diesem Band, S. 25 ff.).

3. Die antitechnische Kulturkritik und das Nachwirken traditioneller Technikphilosophien

Deutlich ist jedenfalls: Auch die neue antitechnische Kulturkritik, die heute von Berufsintellektuellen vorgetragen wird, ist nicht frei von Zügen des romantischen Intellektualismus und Irrealismus sowie einer gewissen doktrinären ideologischen Besserwisserei. Während die ersten Wellen der antitechnischen Kulturkritik nach dem Ersten Weltkrieg und, abgeschwächt, nach dem Zweiten Weltkrieg eher von bildungshumanistischen anthropologischen Thesen über das geistige Wesen des Menschen und durch ein romantisches »Zurück zur Natur« charakterisiert waren, gibt sich die heutige Technikkritik politologisch und sozialwissenschaftlich, besser: sozialphilosophisch. Auch heute wird die Kritik vorgebracht von der »räsonierenden Intelligenz« (Lübbe 1973), gleichsam »geborenen Maschinenstürmern« (Snow 1966), die über wenige Kenntnisse vom wirklichen Ablauf und den Bedingungen und Funktionserfordernissen hochqualifizierter technischer Produktion verfügen. Natur- und technikwissenschaftliche Erfahrungen werden in dieser sozialwissenschaftlichen und philosophischen Kritik nur in höchst ungenügendem Maße berücksichtigt. Dieser Mangel kontrastiert mit der strategischen Publizität dieser freischwebenden Technikkritik in der teils eher feuilletonistisch, teils telekratisch orientierten öffentlichen Meinung von heute. Abgesehen von der sozialwissenschaftlichen Einbettung (oder: Drapierung) und der anderen politischen Verortung sind die Unterschiede zu früheren romantizistischen Varianten der Technikkritik nicht so groß. Auch die spezifische Koalition der Technikkritik mit einer Kritik an der industriellen Gesellschaft insgesamt, an der freien oder sozialen Marktwirtschaft, am Privatunternehmertum sowie am sogenannten Leistungsprinzip ist nicht so neu.

Ein gewisser Traditionalismus der Argumente überrascht auch nicht, wenn man weiß, daß Marcuse, dessen Bücher (1967, 1969, 1970) an der Verbreitung dieser neuen Kritik entscheidend Anteil hatten, vom deutschen Idealismus herkommend und über Hegel und Marx bis zu Freud weiterschreitend, ein relativ traditioneller Denker ist, den sein humanistischer Antrieb zu idyllisch-utopischen Postulaten des Technikstillstandes verführte (vgl. o. S. 28 ff.).

Sicherlich ist einzuräumen: Das Nachdenken über sozialphilosophische Grundfragen, soziale Grundvoraussetzungen und Auswirkungen technischer Entwicklungen, Innovationen und Verfahren war zu lange idealistisch an der Auseinandersetzung mit der ersten Kulturkritik an der Technik nach dem Ersten Weltkrieg (eben einer Kritik im Sinne des Rousseauschen »Zurück zur Natur«) orientiert (»Technik als geistige Bildungsmacht«, als »Dienst an der Menschheit« usw.), um die heute aktuellen sozialphilosophischen und sozialpolitischen Probleme der technisch-industriellen Welt erfolgreich behandeln zu können. Soziale und historische Faktoren und Interpretationen wurden ungebührlich lange vernachlässigt. Dies läßt sich sicherlich darauf zurückführen, daß sich die traditionelle Philosophie der Technik zwar auf große anthropologische Gesamtentwürfe der Rolle des Technikers und der Funktion und Aufgabenstellung der Technik konzentrierte, aber kaum eine intensive sozialphilosophische Erfassung technischer Phänomene und Probleme ermöglichte. Es hat sich hieran jedoch bislang kaum eine intensive philosophische Analyse der Technik angeschlossen. Die Philosophen haben zumeist eher beiläufig versucht, »das Wesen der Technik« zu deuten, indem sie es jeweils monolithisch auf einen Grundzug zurückführten. So wurde »die« Technik (im Sinne von »Realtechnik« nach Gottl-Ottlilienfeld) interpretiert:

a) als angewandte Naturwissenschaft (insbesondere von v. Reuleaux, kürzlich auch noch von Bunge und zum Teil von Rumpf);

b) als System von Mitteln, das α) zweckneutral ist und als anstrengungssparende Zwischenschaltung für die Zielerreichung oder als Produktionsumweg für beliebig gegebene Ziele eingesetzt werden kann (Spencer, Simmel, Spranger, Jaspers, Tondl,

Sachsse); das β) nach Definition der wirtschaftlichen Bedarfsdekkung und Notabwendung dient (Gottl-Ottlilienfeld, zum Teil auch Spranger); das γ) allgemein der Entlastung und Daseinsgestaltung dient (Gehlen, Jaspers); das δ) das »abgeklärte Ganze der Verfahren und Hilfsmittel des naturbeherrschenden Handelns« umfaßt (Gottl-Ottlilienfeld);

c) als Ausdruck menschlichen Ausbeutungs- und Machtstrebens und des Lenkungswillens, die sich das »Leistungswissen« zunutze machen (Spengler, Scheler, Ellul, Buchanan);

d) als seinsgeschichtlich sich entwickelndes »Entbergen« und »Stellen« der Natur etwa zur Energielieferung und zur kontrollierten Energieumwandlung sowie als Aufforderung an den Menschen, die »gestellte« Natur als »Bestand« zu bestellen (Heideggers ontologische Technikinterpretation);

e) als Realwerden aus Ideen, die aus dem vierten Reich prästabilisierter Lösungsgestalten vom Erfinder ausfindig gemacht und in einem Akt der Nachschöpfung oder Weiterschöpfung göttlichen Urschaffens realisiert werden (Dessauers christlich-platonistische Interpretation);

f) als realisierte oder wenigstens angestrebte säkularisierte Selbsterlösung des Menschen durch sein eigenes Handeln, durch »werktätiges Gestalten der Wirklichkeit« (Brinkmann);

g) als Erzeugung des »Objektiv-Überflüssigen«, das jedoch den Menschen erst zum Kulturwesen macht, für ihn also in umfassenderem Sinne »notwendig« ist und ihn zum »technischen Wesen« stempelt (Ortega y Gassets aktivistische Lebensphilosophie);

h) als »Emanzipation von den Schranken der organischen Natur« (Freyer);

i) als »Entwurf einer künstlichen Umwelt als ganzer« und als fortschreitender Ersatz der natürlichen Umwelt durch eine »selbstgeschaffene Kulturwelt« (Schilling);

k) als Objektivation menschlicher Arbeit und Leistung und dergestalt als Vehikel der mittelbaren Selbstdeutung des handelnden Wesens, das auf Projektion in ein »Nicht-Ich«, auf Resonanz und Auslegung desselben angewiesen ist (Gehlen).

Charakteristischerweise kommen weder soziale Bedingungen und Funktionen in diesen Charakterisierungen vor noch Verweise auf die historische Einbettung und Entwicklung dieses sozialen Phänomens »Technik«. In einem Vortrag über »Technik als gesellschaftliches Bildungsproblem« (1973) formulierte Sachsse noch:

»Mit der Kunst und der Symbolsprache wird Technik zum Wesensmerkmal des Menschen, sie wird zum Träger der menschlichen Existenz wie der menschlichen Gemeinschaft. Zugespitzt kann man sagen: Sie ist ein Teil von uns, wir haben sie nicht, sondern wir sind sie«. – Vorher schon schrieb er: »Die Technik ist zu einem *Stück unserer Existenz* geworden . . . Unsere Lebensform bis in die private Sphäre ist von der Technik geprägt . . . nicht nur unsere materielle, sondern auch unsere geistige Existenz wird von der Technik getragen. Wir leben ganz und gar auf technische Weise. Wir *haben* nicht die Technik, sondern wir *sind* sie!« (1972, 49).

Sachsse glaubt sogar: »Es gibt einen biologischen Trieb zur Technik, weshalb man den Menschen ja auch als homo faber bezeichnet« (ebd., 57). Seine nachfolgende Kritik an dem Eigengesetzlichkeitsmythos der technischen Entwicklung zeigt jedoch, daß er sich trotz seiner grundlegend biologistischen Interpretation durchaus der Geschichtlichkeit der technischen Entwicklung bewußt ist. Insofern ist hier bereits ein Übergang von den traditionell-philosophischen zu neueren sozialphilosophischen und sozialhistorischen Deutungen »der« Technik vorbereitet.

Vor anderthalb Jahrzehnten hat schon Moser in der noch immer informativsten Übersicht über die traditionell-philosophischen Technikinterpretationen eine überzeugende Kritik der technischen Wesensdeutungen vorgelegt (1973, 11 ff.). Der Vorwurf hineinprojizierter christlicher Normvorstellungen und antikmythologischer Ideologien wird von ihm ebenso detailliert ausgeführt wie die Kritik am platonistischen Wesensidealismus herkömmlicher Technikdeutungen oder am ontologischen Seinstragizismus oder gegenüber überzogenen Erwartungen, die manche philosophischen Interpreten in die Kybernetik gesetzt haben. Über Mosers Kritik hinaus ist vor allem zu beachten: Jeder der erwähnten philosophischen Versuche einer Technikdeutung beschränkt sich monolithisch auf den herausgestellten und einzig als charakteristisch angesehenen Wesenszug. Eine solche Selbstbeschränkung methodischer Art kann sicherlich der Vielschichtigkeit eines derart komplizierten und mit anderen Sozialphanomenen verzahnten Bereichs in keiner Weise gerecht werden.

Schon wenn man Sammelbegriffe wie »die Technik«, »das Technische« oder »das Wesen der Technik« benutzt, können diese keine einheitlichen Wesensmerkmale kennzeichnen, die durchgängig allen unter sie subsumierten Instanzen in gleicher Weise zukommen, sondern es handelt sich um »Familienbegriffe« (Wittgenstein), die nur zur losen Orientierung eine konstitutiv strukturierende Verbundeinheit herstellen (Begriffe sind Instrumente) und »verschwommene Ränder« (Wittgenstein) aufweisen. Bei der Verwendung von Familienbegriffen als Wesenscharakterisierungen entsteht immer die Gefahr, zwischen einzelnen unter den Begriff subsumierten Elementen wichtige Unterschiede zu verwischen und die große innere Verflechtungskomplexität zu übersehen. Es gibt nicht *die* Technik als Gegenstand, nicht einmal als Gegenstand der philosophischen oder moralischen Beurteilung in einem fiktiven Reich der Ideen. Essentialistisch gedeutete globale Etikettbegriffe verhindern allzu leicht differenziertere und detailliertere Analysen. Nur diese aber können höheren Beschreibungsansprüchen angesichts eines so komplexen Sozialbereiches, wie er mit dem Ausdruck »Technik« umschrieben wird, gerecht werden. Globale Alles-oder-nichts-Alternativen wie »Fluch oder Segen der Technik?« sind in gefährlicher Weise mißverständliche Globalausdrucksweisen, die von der früheren antitechnischen Kulturkritik auf die neue Sozialkritik an Technik und Technischer Intelligenz überkommen sind.

Geschichtliche Entwicklungen, die geschichtliche Einbettung in die jeweils kulturelle und soziale Umgebung, die sozialwissenschaftliche Analyse und sozialphilosophische Deutung, die überdisziplinären Systemaspekte wie auch der wert- und normenphilosophische Deutungsansatz sind in der technikphilosophischen Diskussion bisher zu kurz gekommen. Entsprechendes gilt verstärkt für die wissenschaftstheoretische und methodologische Analyse technikwissenschaftlicher Verfahren, die, von ganz wenigen Beispielen in der Konstruktionssystematik abgesehen, noch ganz am Anfang steht.

4. Interdisziplinarität in technologischen Forschungen, Studien und öffentlichen Diskussionen

Will man den erwähnten Mängeln begegnen, so muß die Einbettung technischer Phänomene und Probleme in andere Sozialbereiche einer gezielten sozialwissenschaftlichen Analyse und einer sozialphilosophischen Deutung unterworfen werden. Diese Analyse kann sich nicht auf Methoden einer einzigen Disziplin beschränken. Da es sich um disziplinübergreifende Probleme des

Technischen handelt, insbesondere in Umwelt- und Systemtechnik, ist eine interdisziplinäre Zusammenarbeit zwischen Fachwissenschaftlern, Generalisten und sozialwissenschaftlichen wie philosophischen Universalisten bei der deutenden Analyse der Welt des Technischen unerläßlich. Systemaspekte, Multidisziplinarität und überfachliche Kooperation sowie permanente Konfrontation und Diskussion zwischen Ingenieur- und Sozialwissenschaftlern wie auch philosophischen Universalisten erweisen sich zunehmend als unumgänglich für die Erarbeitung einer problemangemessenen und praxisnahen Deutung komplexer Entwicklungs- und Innovationsprobleme in fast allen technischen und industriellen Bereichen. Moser hatte schon in seiner oben erwähnten frühen Arbeit, die »Zusammenarbeit von philosophisch aufgeschlossenen Technikern und dem Problem der Technik gegenüber aufgeschlossenen Philosophen« gefordert, zumal das Optimum der Personalunion verschiedener Disziplinen in einem Wissenschaftler nur in seltenen Fällen realisierbar zu sein scheint und auch dann nicht immer ohne Probleme und die Gefahr von Blickwinkelverengungen zu verwirklichen ist. (Selbst ein Friedrich Dessauer, der die Röntgenkinematographie entwickelte, war als Pionier der Technikphilosophie nicht dagegen gefeit.)

Nur interdisziplinäre Kooperation in teamartiger Zueinanderordnung von Vertretern der verschiedenen beteiligten Disziplinen kann die erforderliche Multidisziplinarität und systemhafte Verflechtung der Problemkomplexe angemessen garantieren. Außer den wissenschaftlichen und technischen Experten müssen Generalisten beteiligt sein, die fähig sind, projekt- und disziplinübergreifende Probleme in Modellen zu präzisieren und verfahrensanalytischen sowie systemtheoretischen Lösungsmethoden zugänglich zu machen, also allgemeineren methodologischen Theorien zu unterziehen wie etwa den entscheidungslogischen Ansätzen oder den systemtechnischen Instrumentarien. Unter diese Forderung der Zusammenarbeit mit Generalisten fällt auch die Beteiligung von Planungswissenschaftlern sowie wissenschaftstheoretischen Methodologen. Die Systemprobleme heutiger Großforschung zwingen geradezu zu interdisziplinären Projektgruppen der angedeuteten Art.

Über die Beteiligung von Generalisten hinaus sind jedoch die kritischen Korrektive, wie sie von philosophischen Universalisten geleistet werden können, ebenfalls unerläßlich zur Ausarbeitung normen- und wertkritischer Perspektiven und Beurteilungen, zur umfassenderen sozialphilosophischen Deutung und zu einer wirklichkeitsnäheren Ausrichtung der Technikphilosophie. Bei Technikwissenschaftlern und Planern ist eine gewisse Aufgeschlossenheit für diese übergreifenden Probleme soziotechnischer Phänomene festzustellen. Der Beitrag der philosophischen Universalisten läßt demgegenüber noch viel zu wünschen übrig. Diesem Mangel kann nur begegnet werden, wenn nicht nur die philosophische und wissenschaftstheoretische Analyse der Technik und der Technikwissenschaften, sondern auch die methodologische Untersuchung von Planungsprozessen, Bewertungsmethoden, Prioritätensetzungsverfahren erheblich forciert wird. Die Wissenschaftstheorie der Technik-, Planungs- und Systemwissenschaften steht, so muß man bedauernd konstatieren, weitgehend noch *vor* ihrem eigentlichen Beginn. Nachdem sich die Wissenschaftstheorie traditionell fast ausschließlich an den exakten Wissenschaften, insbesondere an der theoretischen Physik, orientiert hatte, muß sie sich nun verstärkt den methodologischen Grundlagenproblemen der System-, Ingenieur- und angewandten Sozialwissenschaften zuwenden.

Die erwähnte interdisziplinäre Zusammenarbeit von Experten verschiedener Fächer, Generalisten und Universalisten kann jedoch nur dann fruchtbar werden, wenn sie sich nicht in allgemeinem Gerede erschöpft, sondern detailliert problemorientiert und projektorganisiert in relativ dauerhaften Forschungsgruppen institutionalisiert wird, die eine ständige Konfrontation und Diskussion garantieren.

In seinem Beitrag zum Deutschen Ingenieurtag 1973 wandte sich Lübbe gegen eine derart detaillierte interdisziplinäre Kooperation (1973). Aufgrund seiner Erfahrungen in der Gründungsphase der Technischen Universität Dortmund befürchtete er, daß durch die Forderungen nach interdisziplinärer Kooperation mit Sozialwissenschaftlern der Soziologe oder der sozialwissenschaftliche Student als »institutionalisierter kritischer Spion« in technische Fachbereiche eingeschleust werde, der »den Ingenieuren kritisch an die Hand« zu gehen habe, indem er ihnen »die Chance besonderer Einsichten eröffnet«. Lübbe argwöhnt, daß hier wieder einmal die sozialwissenschaftliche »räsonierende Intelligenz« die Technische Intelligenz »unter Kuratel zu stellen«, d. h. sie kritisch zu überwachen und zu erziehen versuche: »Genau dieser Wunsch ist partiell Wille und wirksame Realität geworden«.

Aus meinen Erfahrungen heraus, die sich auf nunmehr genau zwei Jahrzehnte wissenschaftstheoretisch und interdisziplinär orientierter Lehre an Technischen Hochschulen stützen, kann ich diese Befürchtung nicht bestätigen. Dazu bedarf es freilich einiger institutioneller und ausbildungsorganisatorischer Vorkehrungen:

a) Die Projekt- und Problemorientierung der interdisziplinären Zusammenarbeit wurde bereits erwähnt. Beispiele erfolgreicher Zusammenarbeit über die Fakultäts- und Fachgrenzen hinweg können z. B. in der Regionalplanung gefunden werden: Bei der Kriterienermittlung und Beurteilung der Entwürfe etwa der Alt-stadtsanierung in Karlsruhe waren nicht nur Stadtplaner, Architekten und Bauingenieure beteiligt, sondern auch sozialwissenschaftliche Generalisten und philosophische Universalisten.

Das Max-Planck-Institut zur Erforschung der Lebensbedingungen in der technisch-wissenschaftlichen Zivilisation – ein idealer institutioneller Ort für solche Probleme der fachübergreifenden Technikforschung – mußte allerdings seine und gerade solche Forschungen einstellen.

b) Die Kooperation muß institutionell abgesichert werden; sie darf sich nicht im gelegentlichen Zusammentreffen bei Podiumsdiskussionen erschöpfen, sondern muß in permanenter Konfrontation und Diskussion ausgefächert werden. Scharlatanerie verbalen Imponiergehabes wird sich am Detailproblem nicht gegenüber dem informierten Sachverstand durchsetzen können, sondern relativ schnell entlarvt werden.

c) Die genannte Projekt- und Detailproblemorientierung sowie der Zwang zur ständigen Konfrontation und Diskussion setzt bei den Partnern nicht nur die Bereitschaft voraus, sich mit der Terminologie einer anderen Disziplin vertraut zu machen, sondern erfordert eine gewisse fachliche Mitkompetenz in benachbarten Gebieten, die durch eine eigene Nebenfach- oder Zweitstudienausbildung gesichert sein sollte.

d) Auch zu einer solchen für die spätere interdisziplinäre Zusammenarbeit vorbereitenden Ausbildung gibt es manche erfolgversprechende Ansätze, etwa in der Fakultät für Bauingenieur- und Vermessungswesen in der Universität Karlsruhe, die fachbezogene Ergänzungsstudien generalistischer Art im Studienplan fordert. Andere Fakultäten wollen folgen. Manche Studiengänge anderer fachlicher Ausrichtung, wie etwa in den Regionalwissenschaften, sind nur als Zweitstudien nach einem abgeschlossenen Hochschulstudium eines anderen verwandten Faches möglich. Die erwähnte Mitkompetenz ist hier von den Studienbedingungen her gewährleistet.

e) Selbstverständlich können fakultäts- und fachübergreifende Ergänzungsstudien nur exemplarisch erfolgen. Die notwendige Vielfalt der Perspektiven kann nur durch das Zusammenwirken der Vertreter der verschiedenen Disziplinen angesichts der ausgewählten konkreten Projekte erfolgen. Ein gewisser Korrekturprozeß, der Scharlatanerien gleichsam von selbst ausmittelt, wird mit sehr hoher Wahrscheinlichkeit eintreten.

f) Wie erwähnt steht die wissenschaftstheoretische Analyse der methodologischen Grundlagen der Technik-, Planungs- und Systemwissenschaften noch ganz am Anfang. Eine an gemeinsamen methodologischen Grundzügen orientierte allgemeine Lehre der Technikwissenschaften, eine allgemeine Technologie (Ropohl in: Lenk – Moser 1973) könnte sich freilich sowohl im Anschluß an die Forschungsansätze der allgemeinen Systemtheorie und der Systemtechnik (Ropohl 1975, 1979) wie in Verbindung mit der geforderten Forcierung wissenschaftstheoretischer Analysen der Technik- und Systemwissenschaft entwickeln. Kommen systemtheoretische und wissenschaftstheoretische Ansätze zusammen, so besteht eine relativ hohe Wahrscheinlichkeit, daß die fachdisziplinäre Entfremdung zwischen den Disziplinen beträchtlich reduziert werden kann.

Angesichts des schon erwähnten Umfrageergebnisses, daß drei Viertel aller Ingenieure ihre Ausbildung als zu fachbezogen empfinden (s. a. S. 43 u. 174 ff.) und gern in generalistischer Richtung ausgedehnt wüßten, erscheinen die oben erwähnten Postulate keineswegs utopisch. Die Möglichkeiten eines sozialwissenschaftlichen und philosophisch-wissenschaftstheoretischen Ergänzungsstudiums für Technikstudenten sind noch keineswegs erschöpft, wenngleich das herkömmliche Studium generale mit seiner uneingeschränkten Wahlvielfalt an vielen Universitäten wohl als gescheitert angesehen werden muß. Für einen Studenten der Technikwissenschaften ist das Studium der Minnegesänge Walthers von der Vogelweide eben nur erbaulich und bringt keinerlei Gewinn für die Grundlagen seines eigenen Faches. Das jeweilige Ergänzungsstudium sollte daher verbindlicherweise die methodologischen und philosophischen Grundlagen sowie die sozialwissenschaftliche Analyse der Probleme des eigenen Faches in ihrer disziplinübergreifenden systematischen Verschränkung fördern. Den sozialwissenschaftlichen Generalisten und philosophisch-wissenschaftstheoretischen Universalisten, soweit sie Kooperationspartner der Ingenieure und Technikwissenschaftler zu werden beabsichtigen, sollte andererseits in entsprechender Weise ein naturwissenschaftliches oder technisches Ergänzungsstudium zugemutet werden, das sie in die Lage versetzt, sich mit exemplarischen Grundlagenfragen der jeweiligen Fächer der anderen Fakultät auseinanderzusetzen. Der Mangel an methodologischer und wissenschaftstheoretischer Durchdringung der technikwissenschaftlichen Disziplinen könnte dann eventuell in vielen Bereichen fast von selbst verschwinden. Hat ein Sozialwissenschaftler oder ein philosophischer Universalist eine solche Ergänzungsausbildung durchlaufen, so ist er auf die erwähnte interdisziplinäre teamartige Kooperation in adäquater Weise vorbereitet. Dann kann er kritische konstruktive Beiträge leisten in Richtung auf eine schärfere Methodenkritik und Problemsicht, auf übergeordnete Aspekte und Bewertungsfragen, sofern dies in kooperativer Bescheidenheit und lernwilliger sowie an aktuellen und relativ detaillierten Problemen orientierter Kommunikationsbereitschaft und nicht mit der Attitüde eingebildeter intellektueller Besserwisserei geschieht. Grundprobleme des Technischen sind, wie ja heute deutlich geworden ist, fast stets auch soziotechnische und soziale, zum großen Teil sogar sozialpolitische Probleme. Man kann sie daher nicht den Technikwissenschaftlern allein überlassen. Ebensowenig können sie adäquat nur von Sozialwissenschaftlern behandelt werden. Die Technokratiediskussion zum Beispiel (vgl. S. 34 ff) krankte bis heute darunter, daß sie fast ausschließlich von Soziologen und Politologen bestritten worden ist. Die interdisziplinäre Kooperation der unterschiedlichen Teams von Vertretern verschiedener Disziplinen – einschließlich der Generalisten und Universalisten – kann in sehr verschiedenen Problembereichen fruchtbar sein, in denen die interdisziplinäre Problemverzahnung deutlich wird, etwa in

a) öffentlichen Diskussionen des Public-Relations-Bereichs und in den Massenmedien;
b) Planung und Entscheidung;
c) Forschung und Entwicklung;

d) Systemlenkung, -kontrolle und Anwendung technischer Verfahren;

e) Umweltkontrollämtern bei der Folgeschädenermittlung und -kontrolle (Sekundärplanung);

f) einer realitätsnäheren und praxisorientierten sozialphilosophischen Deutung der Lebensbedingungen in der »technisch-wissenschaftlichen Zivilisation«, der Auswirkungen technischer Innovationen;

g) der Diskussion von Zielen, Werten und Sinnfragen menschlichen Lebens im »systemtechnologischen Zeitalter«.

Nur die geschilderte interdisziplinäre Sicherung der Perspektivenvielfalt und deren wechselseitige Korrektur vermag in allen diesen Kooperationsbereichen den Gefahren der Spezialisteneinseitigkeiten wie auch der kurzfristigen Wahlorientierung der Politiker zu wehren, ohne daß die politische Entscheidung und Verantwortung in »technokratische« Rezeptanwendung und Verfahrensautomatismen aufgelöst würden, ohne daß Demokratie und Humanität, Freiheit und Wertorientierung aufgegeben würden. Die Modelle der Technokratietheoretiker und der eindimensionalen Gesellschaft sind zu global und einseitig (vgl. S. 36 ff.), um differenziert die Verhältnisse komplexer pluralistischer Industriegesellschaften darstellen zu können. Sie treffen im ganzen nicht einmal auf die gegenwärtige soziale Realität dieser Gesellschaft zu, obwohl einige ihrer Kernthesen einzelne gefährdende Tendenzen richtig bezeichnen. Deshalb muß in der öffentlichen Diskussion, in der Ausbildung und Weiterbildung der Technischen Intelligenz sowie in interdisziplinärer projektorientierter und praxisnaher Expertendiskussion unter Beteiligung von Generalisten und Universalisten alles getan werden, um Wert- und Zielanalysen und -beurteilungen problemnah wirksam werden zu lassen. Entsprechende Forderungen gelten mutatis mutandis für die sozialwissenschaftlichen und philosophisch-methodologischen Partner wie auch für die beteiligten Planer und Politiker.

Ähnliche Folgerungen ergeben sich auch aus sozialwissenschaftlichen Untersuchungen über die Arbeitssituation der in technischen Betrieben Tätigen, besonders auch der Ingenieure – und auch aus sozialphilosophischen Überlegungen zur Gemeinwohlaufgabe der technisch-industriellen Führungskräfte, wie im folgenden kurz erörtert werden soll.

5. Zur Gemeinwohlaufgabe der technisch-industriellen Führungskräfte

Exkurs über den Begriff des Gemeinwohls

Die klassischen Utilitaristen sahen im Glück der größten Zahl der Menschen das ethisch Gute (z. B. Bentham). Das Ideal vom »guten Leben«, in der Antike – etwa bei Platon und Aristoteles – noch als vernünftiges, maßvolles, ausgeglichenes, besonnenes, ja schönes, geordnetes und ordnungsliebendes Führen des Lebens verstanden, wird in manchen platten Formen des Nützlichkeitsdenkens einfach quantitativ gedeutet, als Verfügbarkeit über materielle Güter, als Erhöhung von Besitz und Genuß, als bloße Frage des höheren Lebensstandards. Die moralische Akzentsetzung fehlt in diesen gängigen Deutungen, die übrigens weitgehend Fehldeutungen sind. So oberflächlich, so einfach haben sich auch die großen Utilitaristen dieses Ideal nicht vorgestellt, sondern sie gingen von der Voraussetzung aus, das größte Glück der größten Zahl würde gleichsam automatisch auch das größte Gemeinwohl erzeugen, ja bedeuten.

Doch diese Gleichsetzung ist falsch: Der höchste Gesamtnutzen, und auch der größte Durchschnittsnutzen können mit großen Ungerechtigkeiten gegenüber einzelnen verbunden sein. Das höchste Gemeinwohl als Prinzip aber läßt sich für eine relativ gerechte Gesellschaftsordnung denken und anstreben. Folglich kann das Gemeinwohl nicht bloß aus der gesamtheitlichen Summierung oder aus der bloßen Durchschnittsbildung von Einzelnutzen, von oberflächlich mißverstandenen Lebensstandardwerten verstanden werden. Und ein Verständnis der Gemeinwohlaufgabe kann nicht aus bloßen Nutzenargumenten, nicht allein auf utilitaristischer Grundlage, gewonnen werden.

Der Mensch als das soziale, das politische Wesen (Aristoteles) ist viel tiefer, nicht nur zur biologisch-physischen Existenzfristung auf die Gemeinschaft mit anderen Menschen angewiesen. Ohne Leben in, ohne Orientierung an der Gemeinschaft keine Sprache, keine Kultur, keine Werte, die das Leben erst lebenswert machen. Wenn die Kultur zur unverzichtbaren (zweiten) Natur des Menschen geworden ist (Gehlen) (s. u. S. 270 ff.), wenn der Mensch nur als Kulturwesen im eigentlichen Sinne Mensch, Person, Persönlichkeit sein kann, so ist er existentiell auf die Gemeinschaft, auf das Leben in, das Getragenwerden von der Gesellschaft angewiesen. Das Vorhandensein, die tragende Ordnung einer solchen Gemeinschaft ist somit die erste und bedeutsamste Komponente und zugleich die unerläßliche Grundvoraussetzung des Gemeinwohls.

Jeder Mensch hat ein Recht auf dieses Leben und Gehaltensein in der Gemeinschaft. Der Genuß dieses Gemeinwohls ist Menschenrecht; Menschenpflicht ist es, dieses Gemeinwohl nach Kräften zu fördern – es kann übrigens auch als eine Fassung des christlichen Gebots der Liebe aufgefaßt werden.

Zweifellos kann man nicht das Gemeinwohl mit dem »Zweck der Gesellschaft« einfach gleichsetzen, wie es gelegentlich geschieht (z. B. J. Messner 1977). Die Gesellschaft ist nicht nur um des Gemeinwohls willen da, sondern sie ist, viel tiefer gesehen, das Existenzmedium der Menschen – sie kann nicht in bloßen Zweck-Mittel-Begriffen erfaßt werden.

Gesellschaft und Gemeinwohl sind weder letzte Ziele noch bloß Mittel für den Menschen – noch bloß »die Gesamtheit der gesellschaftlichen Voraussetzungen, die den Gesellschaftsmitgliedern die Erfüllung ihrer Lebens- und Kulturaufgaben in freier eigener Wirksamkeit ermöglichen« (J. Messner ebd.). Etwas kann nicht zugleich Zweck, Mittel und Voraussetzung sein – und womöglich noch dazu ein »in Entwicklung begriffener Zustand« der Gesellschaft. Eine gegebene Voraussetzung, ein sich schon entwickelnder Zustand brauchte nicht gefördert zu werden. Die Förderung hat nur Sinn in bezug auf ein Ziel. Die Idee vom Gemeinwohl und die Forderung nach dessen Förderung kann, wie gesagt, nicht *der* Zweck, nicht das einzige oder das Hauptziel der Gesellschaft sein, aber es ist ein sehr wesentliches Leitziel für jede gesellschaftliche Ordnung, die sich auf moralische Verantwortung und Verpflichtungen, auf Grund- und Menschenrechte stützt. Das Gemeinwohl ist in ähnlichem Sinne eine moralische Idee wie die Idee der Menschheit in Kants Moralphilosophie, die Förderung des Gemeinwohls ist eine moralische Forderung – ein Postulat, würde Kant sagen. Die Ausrichtung am Gemeinwohl folgt aus der erwähnten unerläßlichen Angewiesenheit des Menschen auf Gemeinschaft und aus seinen etwa in der Allgemeinen Erklärung der Menschenrechte von 1948 verbrieften Ansprüchen auf Würde, Schutz und freie Entwicklung seiner Person.

Insofern läßt sich juristisch und moralisch ein Recht auf Teilhabe an der Entwicklung und am Fortschritt auf das ideale Gemeinwohl hin begründen. Allerdings ist dieses Recht nicht im Sinne eines unmittelbar geltenden Rechtes einzuklagen, nicht justitiabel – es begründet ähnlich wie das »Recht auf Arbeit« (Allgemeine Erklärung der Menschenrechte von 1948, Art. 23) und freie Berufswahl kein »subjektives Recht«, keinen direkten Anspruch, sondern stellt juristisch eher einen »Programmsatz« dar, ein sog. »Reflexrecht«, das eine Begünstigung feststellt, aber keinen individuellen einklagbaren Anspruch begründet.

Ähnliches gilt übrigens für das Recht auf Bildung (ebd., Art. 26) (die ja nur in der Gemeinschaft gewährleistet werden kann und somit unter dem Gemeinwohlprinzip steht), für das Recht auf freie Teilnahme »am kulturellen Leben der Gemeinschaft« (ebd., Art. 27). Es sei besonders noch auf den Artikel 29 (ebd.) verwiesen, der auf die *Pflichten* des Menschen gegenüber der Gemeinschaft hinweist, also auf die Verpflichtung, das Gemeinwohl zu fördern – ohne freilich im einzelnen die Verpflichtungen des einzelnen gegenüber der Gemeinschaft auszuführen, wie es z. T. die französischen Verfassungstexte (von 1793) taten; übrigens auch die Grundrechte von Virginia von 1776 – die ersten voll ausformulierten Grundtexte für spätere Menschenrechtserklärungen. Die Grundrechte von Virginia machten (in ihrem Art. 3) der Regierung »das gemeinsame Beste« zur Hauptpflicht. Die nie in Kraft getretene französische Verfassung von 1793 forderte in ihrem Artikel 1 lakonisch, überzogen, streng – und, wie wir sahen, mißverständlich: »Der Zweck der Gesellschaft ist das allgemeine Wohl« (le bonheur commun) und machte (in Art. 21) sogar die öffentliche Unterstützung der Bedürftigen zu einer »heiligen Verpflichtung«, zu einer Sozialpflicht. (Außer der positiven Goldenen Regel: »Erweist anderen beständig das Gute, welches ihr selbst zu erhalten wünscht«, ist in der französischen Verfassung von 1795 jeder Bezug auf das Gemeinwohl wieder fortgelassen worden!)

Menschenrechtserklärungen und auch Gemeinwohlverpflichtungen sind nicht zufällig beide das Erbe liberalen Aufklärungsdenkens – viele Formulierungen der Menschenrechte finden sich wörtlich schon bei Locke, der »das Wohl der Menschheit« nicht zum Zweck der Gesellschaft, wohl aber zum »Zweck der Regierung« (Über die Regierung, § 229) machte. Auch das Wohl der Menschheit, das nicht im Naturzustand, sondern nach Locke nur in der bürgerlichen Gesellschaft zu erreichen, sinnvoll zu verfolgen ist, ist ja wohl ein Ziel des Gemeinwohls. Das vernünftige Allgemeininteresse einer aufgeklärten Gesellschaft wurde mit dem Willen zur Förderung des Gemeinwohls gleichgesetzt, z. T. gar – wie bei Rousseau – als der »Allgemeine Wille« (volonté général) zum obersten Prinzip erhoben.

Die geschichtliche Wandelbarkeit jeder Annäherung an das Gemeinwohl, jeder Verwirklichung, jeder gedanklichen Ausgestaltung des Gemeinwohls wurde dabei noch nicht so konkret gesehen. Die Aufklärung folgte scheinbar geschichtslosen Werten und Zielen; nur deren Verwirklichung wurde als Geschichtsprozeß, als Erziehung oder Entwicklung des Menschengeschlechts gesehen. Hier haben wir inzwischen einiges deutlicher erkannt. Daß etwa Gerechtigkeit (als Teil der Gemeinwohlförderung) sich auch auf Verteilung sozialer Lebenschancen und sozialer Güter bezieht, ist ein Grundgedanke der Neuzeit.

Eine vorläufige *These* zur Gemeinwohldiskussion mag das bisher Gesagte zusammenfassen:

Das Gemeinwohl und seine Förderung ist zwar nicht der einzige Zweck, aber ein hohes Ziel, eine Leitidee des menschlichen Lebens in der Kultur. Die Teilhabe am Genuß des Gemeinwohls und seines Fortschritts ist ein Menschenrecht – das jedoch nicht individuell einklagbar ist. Mit dem sozialen Fortschritt und der Ausdehnung der Menschenrechte auf soziale Güterverteilung, Lebenschancen usw. gewinnen die Deutungen des Gemeinwohls und der Teilhabe geschichtlich einen weiteren Sinn und begründen ideal erweiterte Rechte zur Teilhabe am Gemeinwohl.

Zur Gemeinwohlaufgabe der technisch-industriellen Führungskräfte

Auch in bezug auf die Verpflichtung der Technischen Intelligenz zur Förderung des Gemeinwohls finden sich geschichtliche Vorbilder – praktische *und* ideal-theoretische.

Im alten Athen waren generell alle Reichen mit mehr als drei Talenten Vermögen zu den Liturgien verpflichtet, zu Dienstleistungen, Amtsübernahmen und Zahlungen für öffentliche Gemeinaufgaben. Henri de Saint-Simon hat dann um die Wende zum 19. Jahrhundert die politische Herrschaft und die Aufgaben der Regierung durch die sachlich-effiziente Verwaltung der großen »Sozialmaschine« ersetzen wollen und im ersten großen technokratisch-expertokratischen Programm – wenn man von Platos Philosophenkönigen absieht – den Künstlern (und Philosophen), Gelehrten und eben den Industriellen die größten Fähigkeiten zur besten Verwirklichung des Gemeinwohls zugeschrieben:

»Die höchste Verwaltung der Gesellschaft umfaßt die Erfindung, Prüfung und Ausführung der für die Masse nützlichen Vorhaben. Die höchste Befähigung zur Verwaltung schließt also drei Fähigkeiten ein: die der Künstler, die der Gelehrten und die der Industriellen, ihr Zusammenwirken schafft erst alle notwendigen Vorbedingungen, die sittlichen und physischen Bedürfnisse der Gesellschaft zu befriedigen.

Wenn man mit den Arbeiten beginnt, die der Verwirklichung des Systems des öffentlichen Wohles unmittelbar dienen, so werden bei diesem großen Unternehmen die Künstler, jene phantasiebegabten Männer, den Anfang machen. Sie proklamieren den Anbruch einer neuen Menschheitsepoche, sie nehmen der Vergangenheit den Namen des goldenen Zeitalters und schmücken die kommenden Generationen damit. Sie begeistern die Gesellschaft dazu, ihren Wohlstand zu vermehren, indem sie ihr ein reiches Gemälde künftigen Glückes entwerfen und verkünden, daß bald alle Mitglieder der Gesellschaft der Genüsse teilhaftig werden, die bisher nur einer sehr kleinen Klasse vorbehalten waren. Sie preisen die Wohltaten der Zivilisation und sie gebrauchen, um ihr Ziel zu erreichen, alle Mittel der schönen Künste: Beredsamkeit, Dichtkunst, Malerei, Musik, mit einem Wort: sie entwickeln den poetischen Teil des neuen Systems.

Die Gelehrten, Männer, deren Hauptbeschäftigung im Beobachten und Nachdenken besteht, beweisen dann, es sei möglich, den Wohlstand aller Gesellschaftsklassen, der Proletarier als der zahlreichsten Klasse wie auch der Klasse der einzelnen Reichen, erheblich zu vermehren. Sie zeigen die sichersten und raschesten Mittel auf, bei der Masse der Produzenten die

Fortdauer der Arbeit zu sichern. Sie legen den Grund zum öffentlichen Unterricht. Sie legen die Gesetze der Hygiene für den Sozialkörper fest. In ihren Händen wird die Politik zur Ergänzung der Wissenschaft vom Menschen.

Die bedeutendsten Industriellen, die ihr ganzes Denken auf die Produktion konzentrieren, werden entscheiden, welche allgemein nützlichen Vorhaben, die von Gelehrten und Künstlern gemeinsam entworfen und ausgearbeitet wurden, sofort zur Verwirklichung gelangen können. Sie berechnen die Maßnahmen zur Ausführung und übertragen den Bankiers die Leitung, die in finanziellen Angelegenheiten immer an vorderster Stelle stehen.

So wird der Verwaltungsweg sein: sicher, offen und ohne Falsch, wenn den Gelehrten, Künstlern und Industriellen die Leitung der allgemeinen Interessen anvertraut wird.« (Saint-Simon: Über die Gesellschaftsorganisation, 4. Fragm., 1956, 45 f.) »Gefiele es dem König, die oberste Leitung der öffentlichen Angelegenheiten einer industriellen Verwaltung anzuvertrauen, so verringerten sich die Verwaltungskosten sogleich ganz bedeutend, denn für die Gelehrten und Künstler, die sich durch ihre Arbeiten als Kapazitäten erwiesen haben, sind keine Ausgaben für Prunk und große Repräsentation notwendig, um ihnen damit Achtung zu verschaffen. Was die bedeutendsten Industriellen angeht, so würden sie es für eine große Ehre halten, für ihre Dienste bei der Verwaltung des Staatsvermögens keine Bezahlung anzunehmen« (ebd., 49 f.).

Saint-Simon meint weiterhin, bewiesen zu haben,

»daß die Künstler, die Gelehrten und die Industriellen die Fähigkeit erlangt haben, alle sich auf die öffentlichen Interessen beziehenden Fragen zu behandeln und die allgemeinen Interessen der Gesellschaft in zufriedenstellender Weise zu leiten« (ebd., 50).

Denn:

»Beim gegenwärtigen Stand der Aufklärung nützen die wissenschaftlichen und industriellen Fähigkeiten für die Gesellschaft am meisten. Die Regierung kann daher nur noch als untergeordnete Tätigkeit angesehen und angewandt werden, und sie soll sich hauptsächlich gegen die Müßiggänger richten, die stets zur Störung der öffentlichen Ordnung neigen« (ebd., 59).

»Eine große Anzahl von Künstlern, Gelehrten und Industriellen beschäftigt sich heute mit Fragen von allgemeinem Interesse. Seit Beginn der Revolution haben sie hierüber gründliche Studien angestellt, und diese haben sie zur richtigen Verwaltung der Staatsangelegenheiten befähigt.

Die Fragen des öffentlichen Unterrichts haben sehr viele Schriftsteller und mehrere Gelehrte besprochen und beleuchtet.

Die Möglichkeiten, öffentliche Ausgaben einzusparen, haben Industrielle untersucht, die bei ihren eigenen Geschäften ihre Fähigkeit in finanziellen Dingen bewiesen haben« (ebd., 51).

Dieses technokratische Programm einer Industriellenhonorationenverwaltung stelle den ungefährlichsten Weg zu einer gewaltlosen Verwirklichung der notwendigen Gesellschaftsreform dar, meint Saint-Simon.

»Von einer Bewegung, die die ausgezeichnetsten Gelehrten und bedeutendsten Industriellen leiten, kann keine Störung ausgehen, denn von der ganzen Gesellschaft sind die Gelehrten und Industriellen am meisten an der Aufrechterhaltung der Ordnung interessiert. Sie verabscheuen am stärksten jeden Gewaltakt. Die Gelehrten und Industriellen werden sicher eine große Macht entwickeln müssen, um das System zu ändern. Aber sie werden nur die moralische Macht, die Macht der öffentlichen Meinung, anwenden« (ebd., 58).

Die »Höchste Akademie« der Intellektuellen und der »Rat der Industriellen« sollten den Initiativrat bzw. den Kontroll- und Prüfungsrat für die Gesetzgebung bilden. Bedingung dabei sei,

»daß sich aus den obersten Theorien ein herrschendes System bilden, das heißt, daß sich alle Systeme von einzelnen Wissensgebieten in der Ausbildung des Systems des öffentlichen Wohles treffen mußten.
Dieses wird dadurch zum herrschenden System, daß das wissenschaftliche, das religiöse, das Gesetzgebungs- und das System der schönen Künste unter der Führung des allgemeinen Systems des öffentlichen Wohls in der Verwirklichung einer Organisation zusammentreffen, die am vorteilhaftesten für die größte Zahl ist und die Entwicklung aller nützlichen Fähigkeiten am meisten begünstigt« (ebd., 63 f.).

Natürlich ist dieses Modell eines wissenschaftlich-technisch und industriell verwaltungsmäßig auf das Gemeinwohl hin optimierten Staates unrealistisch, eine Utopie, welche die sozialen Phänomene der Interessenkonflikte, der Machtkämpfe, der Herrschaft – kurz: der *politischen* Verfaßtheit und auch die geschichtliche Tradition des Staates außer acht läßt.

(Das Modell ist übrigens keineswegs bloß historisch: in abgewandelter Form wurde es Mitte der fünfziger Jahre von Ellul in Frankreich und besonders in Deutschland bei Schelsky in seinem Modell des »technischen Staates« – einer Verwaltungsoptimierungsmaschine ohne Herrschaft, ohne politischen Kampf – vertreten (vgl. o. S. 35).

Diese technokratischen, unhistorischen, unpolitischen Vorstellungen sind sicherlich überholt (vgl. o. S. 36 ff.). Dennoch lassen sich gewisse aktuelle Ideen einer Gemeinwohlverpflichtung der industriellen Führungskräfte und besonders der Technischen Intelligenz aus ihnen gewinnen und noch heute vertreten. In einer Zeit, die der Sozialpflichtigkeit gegenüber immer aufmerksamer wird – sogar etwa die Sozialbindung und Sozialpflichtigkeit des Eigentums fordert – »Eigentum verpflichtet!« – und »zugleich« dem »Wohle der Allgemeinheit« dienlich macht (GG Art. 14, 1-2) und gar die Möglichkeit einer Vergesellschaftung der Bodenressourcen, »Naturschätze und Produktionsmittel« in ihrer Verfassung festschreibt (GG Art. 15) – in einer solchen Zeit müssen auch die technisch-industriellen Führungskräfte der Gesellschaft Gemeinwohlaufgaben anvisieren, in ihren Aufgabenkatalog übernehmen, wenn sie nicht durch Unterlassung eine grundlegende Änderung des freiheitlichen Gesellschaftssystems riskieren oder gar begünstigen wollen. Die Anerkennung der Sozialpflichtigkeit des Eigentumsgebrauchs – eine Sollpflicht, die nicht total gesetzt, aber eben »zugleich« (wie es im GG (Art. 14) heißt) »dem Wohle der Allgemeinheit dienen« »soll«, ist auf freiwillige Anerkennung und Übernahme der Befähigten, derjenigen, die über die Mittel und Möglichkeiten zur Förderung des Gemeinwohls besonders verfügen, angewiesen.

Mit anderen Worten pointierter ausgedrückt: Die Grundlagen unserer freiheitlichen Gesellschaft und die Glaubwürdigkeit ihres Verfassungsauftrages hängen u. a. auch davon ab, daß die Gemeinwohlverpflichtung durch die Führungskräfte wahrgenommen wird – dies in doppelter Bedeutung. Nur so läßt sich der freiheitliche Verfassungsauftrag mit der Sozialpflichtigkeit vereinbaren. Die Gemeinwohlaufgabe der industriellen Führungskräfte ist eine – letztlich von der Verfassung implizit aufgenommene – zu übernehmende Bürgerverpflichtung zur Erhaltung und/oder Rettung der gesellschaftlichen Freiheit – auch etwa der vielbeschworenen Unternehmensfreiheit. Ohne Wahrnehmung dieser Gemeinwohlverpflichtung wäre die freiheitliche Gesellschaft westlichen Typs mit ihrer Betonung der freien wirtschaftlichen Unternehmerinitiative bald verschwunden. Die soziale Zähmung der fälschlich oft noch so genannten rein privatkapitalistischen Wirtschaftsverfassung ist daher eine gerechtfertigte Ausformung der Gemeinwohlverpflichtung. Es bedarf keiner besonderen Begründung mehr, daß dieser Sollappell – der sich aus dem Grundgesetz herleitet – besonders den industriellen Führungskräften mit ihren Mitteln und Möglichkeiten, das Gemeinwohl zu fördern, gilt.

Auch aus neueren sozialphilosophischen Überlegungen zu einer sozial-verantwortlichen liberalen Gerechtigkeitstheorie, wie sie im letzten Jahrzehnt von John Rawls in seinem Buch *Eine Theorie der Gerechtigkeit* (1971, dt. 1975) vorgetragen worden sind, ergibt sich die Forderung an die verantwortlich verändernden Instanzen in unserer Gesellschaft, Gemeinwohlaufgaben und die Förderung des Gemeinwohls zu berücksichtigen: Rawls geht von zwei Grundsätzen aus, die besagen,

1) daß jedermann das gleiche Recht auf die im Gesamtsystem größtmöglichen gleichen Grundfreiheiten hat und Grundfreiheiten einzelner nur um der (Gesamt-)Freiheit willen eingeschränkt werden dürfen – und

2) daß soziale und wirtschaftliche Ungleichheiten nur dann gerechtfertigt werden können, wenn a) die mit ihnen verbundenen Privilegien und Positionen prinzipiell gemäß fairer Chancengleichheit allen offenstehen und wenn sie b) »den am wenigsten Begünstigten den größtmöglichen Vorteil bringen« (Rawls 1975, 336). Am Beispiel: Erhebliche Einkommensunterschiede sind etwa dann und nur dann sozial gerecht(fertigt), wenn es in dem Gesellschaftssystem, das diese Unterschiede aufweist, den am wenigsten Begünstigten, also den Schichten mit dem niedrigsten Einkommen, immer noch besser geht (aufgrund der größeren Gesamtproduktivität der Gesellschaft) als ohne die erwähnten erheblichen Einkommensunterschiede.

(Der Wahlspruch »Jeder nach seinen Fähigkeiten, jede Fähigkeit nach ihren Leistungen«, durchaus zunächst *gegen* den egalitären Kommunismus gerichtet, stammt übrigens auch von den durchaus am Gemeinwohl interessierten und orientierten Saint-Simonisten, nämlich von Bazard und Enfantin.)

Die Grundidee der Rawlsschen Gerechtigkeitstheorie läßt sich nun übrigens ohne Schwierigkeiten auf das Problem des Gemeinwohls übertragen, wenn man die Teilhabe am Gemeinwohl – wie oben erwähnt – als Menschenrecht versteht.

Im sozialen Wohlfahrtsstaat gewinnen soziale Dienstleistungen und soziale Güter, Lebenschancen, Garantien, Wohlfahrts- und Wohlstandssicherungen gleichsam die Stellung zu beanspruchender Rechte. Soziale Grundrechte und Güter werden zunehmend zu Grundrechten, also zu den nach dem Gemeinwohlförderungsprinzip zu gewährleistenden Gütern, gezählt. Im Sinne der erwähnten Theorie der sozialen Gerechtigkeit läßt sich daher eine Verpflichtung auch der technisch-industriellen Führungskräfte auf Gemeinwohlaufgaben sowie eine Rechtfertigung differenzierter funktionaler und sozialer Unterschiede im Produktionsbereich aus grundlegenden Gerechtigkeitsvorstellungen insofern herleiten, als die Privilegien sozialer und wirtschaftlicher Art, die den erwähnten Führungskräften zukommen, kompensiert werden müssen durch eine verhältnismäßige Mehrbegünstigung der Meistbenachteiligten. Diese kompensierende relative Mehrbegünstigung der Benachteiligten in Gestalt einer Verbesserung des Lebensstandards einschließlich sozialer Bedingungen und Leistungen kann nun allgemein am ehesten und vielleicht nur durch eine Ausrichtung aller Führungskräfte auf Gemeinwohlaufgaben erreicht werden. Insofern übernehmen diese Führungskräfte in der modernen Industriegesellschaft von sozial verantwortlicher Liberalität eine besondere je persönliche Verpflichtung, das Gemeinwohl zu fördern, d. h. hier: den relativ am meisten Benachteiligten allgemein (auf dem Wege über die Sicherung und Förderung des Gemeinwohls) zu einer Verbesserung ihrer Lage (gegenüber der Situation ohne gesellschaftliche Unterschiede und ohne Gemeinwohlförderung) zu verhelfen. Letztlich ist die Förderung des Gemeinwohls insofern eine moralische Sozialpflicht der relativ privilegierten Führungskräfte. Dies gilt auch für die in Führungsstellungen oder an strategischen Positionen der Gesellschaft tätigen Ingenieure. Die Aktualität der Verantwortung industrieller Führungskräfte – und gerade auch der Technischen Intelligenz – für das Gemeinwohl gewinnt erhöhte Dringlichkeit in dem Maße, wie Aufgaben, Möglichkeiten und Auswirkungen technischer Entwicklungen und Anwendungen zugenommen haben. Je mehr die Gesellschaft auf die Innovation technischen Fortschritts angewiesen ist, desto stärker wird eine soziale, politische, ja, moralische Verantwortung auch der Mitglieder der Technischen Intelligenz und der Führungskräfte unabweisbar.

Dies gilt auch schon aus sachlichen Gründen:

Die komplizierter werdende Welt ist besonders durch Problem- und Bereichsverflechtungen verschiedener herkömmlicher, voneinander getrennter Aufgabengebiete, Disziplinen und Wissenschaften gekennzeichnet. Es gibt kaum noch ein übergreifendes, aktuelles gesellschaftspolitisches Problem, das nur einem einzigen Fach zugeordnet werden kann. Die umfassenden Systemprobleme von Bevölkerungswachstum, Ernährungssicherung, Lebensstandard und Energieversorgung haben dies gerade im letzten Jahrfünft drastisch verdeutlicht. In dem Maße, wie innere Verflechtung, Systemcharakter und weltweite Auswirkungen des interdisziplinären Wirkungszusammenhanges des technisch-ökonomisch-sozial-politischen Systems zunehmen, gewinnen überfachliche Zusammenarbeit und Verantwortungsbereitschaft der Führungskräfte – besonders auch der Technischen Intelligenz – ein besonderes Gewicht und zunehmende Dringlichkeit.

Dies alles gilt es zu berücksichtigen; dies alles verweist auf eine besondere Vorbedingung zur Erfüllung der Gemeinwohlaufgabe durch die technisch-industriellen Führungskräfte – und zwar gleich, ob es sich eher um technische oder verwaltungsmäßig-wirtschaftliche Bereiche und deren Leitung handelt. Es bedarf eines umfassenderen, enge Bereiche übergreifenden Überblicks. Nicht der Experte, der Sachverständige, ist veraltet, sondern der *Nur-Ein-Spur-Fachmann* in Leitungspositionen, in denen fachübergreifende Systemprobleme bearbeitet werden müssen. Während Sachverstand und Expertenfähigkeiten nicht herabgemindert werden dürfen, muß dennoch der Blick für überfachliche Zusammenhänge, besonders Systemfunktionen, -bedingungen und humane Werte, gerade auch bei Vertretern der Technischen Intelligenz und den industriellen Führungskräften allgemein, gefördert werden. Der Blick des Fachexperten muß auf diese überfachlichen Zusammenhänge gelenkt, und den Experten müssen Generalisten und Universalisten – sozusagen »Spezialisten für das Allgemeine« – zur Seite gestellt werden.

Am besten ist es, wenn diese Fähigkeit zum überfachlichen Überblick bereits in Personalunion hergestellt wird – schon allein deswegen, um die Möglichkeiten der Verständigung und die Fähigkeit zur Zusammenarbeit mit den Führungskräften der anderen im Problemverbund betroffenen Bereiche zu gewährleisten und zu entwickeln.

6. Zum Qualifikationsprofil der Ingenieure

Für die Ausbildung der Mitglieder der Technischen Intelligenz (die ja im Verein mit den nichttechnischen Organisationsleitern in der Lage sein müssen, den unmittelbaren Vorgesetzten vor Ort die nötigen Einführungs- und Anleitungshilfen praxisnah und dennoch unter fachübergreifenden Aspekten zu geben) liegt eine Folgerung aus dem zuvor Entwickelten nahe: Sie sollten den Blick für die Gruppen- und Kooperationsprobleme durch sozialwissenschaftliche Erkenntnisse und Übungserfahrungen gewinnen. Sinnvollerweise können die Weichen hierfür schon im Studium gestellt werden.

Diesen Gesichtspunkten entsprechen auch die Erwartungen eines Großteils der in der Praxis Tätigen und besonders der auf leitenden Positionen wirkenden Angehörigen der Technischen Intelligenz, wie etwa die bereits veröffentlichte Studie von Hillmer, Peters und Polke »Studium, Beruf und Qualifikation der Ingenieure« (Düsseldorf 1976) deutlich zeigt:

Nach diesen Umfragen unter Maschinenbauingenieuren (n = 2430) wollen diese die für die mathematisch-naturwissenschaftliche und die ingenieurwissenschaftliche Ausbildung zur Verfügung stehende Gesamtzeit sogar um 3,2 bzw. 8,2% kürzen, um die Zeit für nichttechnische Studien um 11,5% erhöhen zu können. (Vielleicht ließe sich eine solche Gewichtung aber auch durch Intensivierung und geringfügige Ausdehnung ohne eventuelle schädliche Kürzung erreichen.) Insbesondere wünschen die Maschinenbauingenieure eine zeitliche Ausdehnung von Studien über Wirtschaft (+ 22%, vertieft + 31%), Arbeitsorganisation (+ 3%, vertieft + 38%) und juristische (+ 42%, vertieft + 38%), Fragen. (Daneben sollen Meß- und Regeltechnik (+ 33%), Systemanalyse und -technik (+ 72%) und Ökologie (+ 25%, vertieft + 48%), aber auch Produktionsverfahrenstechnik (+ 15%, vertieft + 29%) sowie Chemie (+ 7%) vermehrt gelehrt werden.) 32% mehr an den Gesamtkenntnissen in nichttechnischen Bereichen sollten dabei bereits im Studium erworben werden.

Insgesamt wird also tendenziell eine deutliche Erhöhung des Anteils der nichttechnischen Fächer im Studium gefordert. Die Ingenieure mit hohem Verantwortungsniveau (mit höherer Untergebenenzahl, mehr Aufgabenbereichen, höherem Einkommen), meist jüngere Diplomingenieure, sozial wendig und häufiger auf Posten zu finden, die vorher von einem Nicht-Ingenieur besetzt waren, plädieren überwiegend für ein Studienmodell, das bis zu 30% nichttechnische Kurse umfaßt, besonders über gesellschaftliche und politische Fragen einschließlich der Umweltproblematik. (Graduierte wünschen vermehrt juristische Ergänzungsstudien.) Ingenieure, die nicht für eine Vermehrung der nichttechnischen Studien eintreten, sind häufig ältere Detail- und Sachbearbeiter in Entwicklung und Konstruktion mit geringerem Einkommen.

Diese Zielvorstellung entspricht der aus allen Daten und Hypothesen festzustellenden Wandlung der Tätigkeit des höher qualifizierten aufsteigenden Ingenieurs zu Managementaufgaben und Bereichsleitungsfunktionen.

Der sich höher qualifizierende aufsteigende Ingenieur entfernt sich immer mehr von der technischen Produktion oder von der technischen Basisarbeit, für die er ausgebildet, eigentlich motiviert und »angetreten« ist. Er muß sich ganz andersartigen, etwa Verwaltungs-, Verantwortungs- und Leitungsaufgaben widmen, die offensichtlich ein höheres Prestige (und Einkommensniveau) ergeben. Die erwähnten Ausbildungsforderungen berücksichtigen diesen Anforderungswandel. All dem ist aber nur dann voll Rechnung zu tragen, wenn vermehrt Fragen nicht unmittelbar technischer Bereiche erfaßt, erlernt, behandelt werden, wenn interdisziplinäre, aber doch fachbezogene – z. B. sozialwissenschaftliche – Studien in die Studienpläne integriert werden. Die typische, geradezu chronische soziale Unzufriedenheit vieler, besonders aufsteigender oder aufgestiegener Ingenieure, die sich zwischen Technokratieverdacht und eigener scheinbarer politisch-gesellschaftlicher Ohnmacht sowie sozialer Überblickslosigkeit einzuordnen scheinen, könnte dann insoweit wenigstens vermindert werden, als sie von der genannten Ausbildungsdiskrepanz abhängt.

Die zu fordernden (und oben schon aus sozialphilosophischen Erwägungen heraus erwähnten) Ergänzungsstudien müssen nicht nur projekt- und praxisnah, exemplarisch und der interdisziplinären Problemverflechtung angemessen sein, sondern die Bedeutsamkeit sozialer Wertvorstellungen hervorheben und die Fähigkeit zur humanen Orientierung an Gesichtspunkten des Gemeinwohls schulen. Dazu gehört auch eine verbesserte Lehre und Diskussion über die Wertaspekte, die Rolle und den humanen Einsatz der Technik und des technischen Fortschritts.

Im übrigen stellen sich diese gewandelten Anforderungen nicht nur für die technischen Führungskräfte – auch selbst im technischen Bereich keineswegs nur für die akademisch gebildeten Führungskräfte, also für die Mitglieder der Technischen Intelligenz. Mit gewandelten, flexibleren Arbeitsstrukturen – etwa bei der Einführung sog. teilautonomer Arbeitsgruppen – stellen sich, wie unter anderem zwei Karlsruher Dissertationen (Euler 1973 und Linke 1979) über Konfliktpotentiale und Führungsprobleme sowie eine Habilitationsschrift (Euler 1977) ergaben, die Probleme für Anforderungen an Vorarbeiter, Meister und alle übergeordneten Führungskräfte ganz ähnlich:

Interdisziplinäre Zusammenarbeit sowie flexible Gruppenführung erfordern überfachlich orientierte und kontaktfähige Führungskräfte mit Dispositionsspielräumen und den entsprechenden Fähigkeiten, diese auch mit dem Blick für das Ganze wahrzunehmen.

Diese zum Teil noch unveröffentlichten Forschungsprojekte zur Humanisierung der Arbeitsstrukturen in der Industrie ergaben, daß den meisten Vorgesetzten und Meistern in der Produktion, insbesondere aber fast allen Leitern der technischen Organisation und den Angehörigen der Technischen Intelligenz über die engeren technischen Fachkompetenzen hinausgreifende Führungsaufgaben zuwachsen, wenn neue kooperative, relativ gruppenautonome Arbeitsstrukturen gestaltet werden. Es gilt, solche fachübergreifenden Fähigkeiten zu schulen und bereits in der Ausbildung vorzubereiten.

Vielleicht sollten einige dieser veröffentlichten Ergebnisse etwas mehr im einzelnen angeführt werden:

Man untersuchte die Entwicklungsmöglichkeiten von Arbeitskonflikten (die sich in Arbeitsunzuträglichkeiten und Arbeitsauseinandersetzungen im Betrieb äußern) und stellte fest: Sie hängen recht wenig von persönlichen Faktoren ab, dagegen in erster Linie von strukturellen (d. h. sachlich-technischen und organisatorischen) Einschränkungen der Entscheidungs- und Verhaltensspielräume, der sog. Dispositionsspielräume, (und von den biographisch in Wechselwirkung damit stehenden spezifischen und allgemeinen Arbeitseinstellungen sowie von einer entsprechend ausgebildeten Wahrnehmungsbeeinflussung und der sog. kognitiven Sensibilisierung für Konfliktmomente) (Euler 1977). Daher kann man zunächst einmal hypothetisch annehmen, daß Maßnahmen wie die Bildung verhältnismäßig eigenständiger Arbeitsgruppen im Betrieb die Kennwerte der Arbeitszuträglichkeit, der Arbeitszufriedenheit und der kooperativen Arbeitsbeziehung verbessern. Die zuerst erwähnte Strukturbedingtheit der Konfliktlagen und -möglichkeiten konnte an einem führenden Werk der Automobilherstellungsbranche bestätigt werden (Euler 1977). Die

These der Verbesserung der Arbeitszuträglichkeit und Arbeitszufriedenheit durch Umstrukturierung auf relativ autonome Arbeitsgruppen ließ
sich durch die noch in der Auswertung befindlichen Untersuchungen des
Karlsruher Instituts für Soziologie in drei Werken einer (führenden) elek-
trotechnischen Firma experimentell eindrucksvoll bestätigen, indem die
durchschnittlichen Zahlen der angegebenen Arbeitsunzuträglichkeiten,
der Unzufriedenheitsäußerungen über betriebliche Leistungsaspekte sowie über betriebsorganisatorische Anlässe und die Zahl der Arbeitsauseinandersetzungen – allerdings erst nach einer Anlaufphase von bis zu ca. 9
Monaten – drastisch (bis zum Teil auf die Hälfte) gesenkt werden konnte,
nachdem von taktdeterminierter Fließbandproduktion zu einer Arbeitsstrukturierung in relativ autonomen Gruppen mit systematisch rotieren-
dem Wechsel der Tätigkeit in der Gruppe und flexibler Disposition über-
gegangen wurde. Alle diese Veränderungen wurden ohne technische Rationalisierung erreicht.

Die kollegialen Beziehungen und die neuen kooperativen Formen der
gruppeneigenen Disposition spielten eine entscheidende Rolle, mußten
freilich durch qualifizierte Führungskräfte besonders unter den unmittelbaren Vorgesetzten eingeführt und eingeleitet und zum Teil durch intensive Gruppengespräche mit den Wissenschaftlern vorbereitet und in Gang
gesetzt werden. Man stellte deutliche Anpassungsschwierigkeiten in den
ersten neun Monaten nach der Umorganisation fest. An den Schwierigkeiten der Übergangsphase zu der erwähnten alternativen Strukturgrup-
penproduktion zeigte sich, daß auch den kollegialen Beziehungen und
gegenseitigen Verhaltensweisen eine besondere Bedeutung für die erfolgreiche Annahme der neuen Arbeitsstrukturen zukommt und daß die Be-
legschaft hierauf gezielt vorbereitet und geschult werden muß – unter
weiteren kooperationsorientierten, sozialpsychologischen und gruppen-
dynamischen Aspekten.

Die Führungsqualifikationen der unmittelbaren Vorgesetzten bilden generell einen wesentlichen Einflußfaktor für eine nach der
Anlaufphase eintretende positive Beurteilung der kooperativen
Leistungsanforderungen. Dies alles bedeutet höhere Anforderungen bei technischen Vorarbeitern, technischen Führungskräften
und schließlich bei Mitgliedern der Technischen Intelligenz und
bei allen Führungskräften allgemein in Richtung auf sozial wirksame (kooperationsorientierte) Führungsfähigkeiten und somit
auf eine das unmittelbare Fachwissen übergreifende Perspektive*;

* Eine vorläufige zusammenfassende Stellungnahme der hiermit befaßten
  Projektleitung des Instituts für Soziologie sei wörtlich zitiert:
  »Trotz der zum Teil durch die verschiedenen Voraussetzungen und
  intervenierenden Einflüsse bedingten Entwicklungsprozesse in den

denn eine strategische Position bei dieser Umstellung kommt den unmittelbaren Vorgesetzten, den Meistern, zu, aber natürlich

Einführungsphasen der neuen Arbeitsstrukturen, ließen sich – aufzeigbar an der sozialwissenschaftlichen Begleitforschung – in den drei Werken zum Teil identische Probleme und Entwicklungen nachweisen. Dabei zeigte sich, daß neben der Überbrückung der allerersten (zumeist technisch bedingten) Anlaufschwierigkeiten, der Einführungsprozeß der Arbeitsstruktur vorrangig durch die auftretenden kooperativen Arbeitsschwierigkeiten und arbeitsstrukturbedingten Abstimmungsnotwendigkeiten bestimmt war. Diese problematische Phase zog sich – wie im einzelnen aufgezeigt – in allen Strukturabläufen bis zu über 9 Monaten Laufzeit hinaus, bevor entscheidende Verbesserungen eintraten, die allerdings hinsichtlich ihrer Auslösung unterschiedlich zu bewerten sind.

Das Institut für Soziologie vertritt bezüglich der relativ langen Anlaufzeit allerdings die Auffassung, daß aufgrund der inzwischen seit den einzelnen Strukturanläufen gesammelten Erfahrungen eine wesentlich zügigere Einführung von neuen Arbeitsstrukturen möglich ist. Voraussetzung hierfür ist neben der Verfügbarkeit einer entsprechenden Führungsqualifikation, die die Arbeitspersonen in den verschiedenen Problemen der durch die Dispositionsspielräume geschaffenen *kooperativen Spannungsherde* anzuleiten in der Lage ist, eine *weitgehende Entkoppelung der Strukturanläufe von Produktions- und Stückzahländerungen*, wodurch auch eine relativ *konstante* Personalzusammensetzung bei der Entwicklung der *kooperativen Arbeitsroutinen* gewährleistet sein muß und dadurch auch praktikabel ist. Ebenso müssen zur Erzielung eines später flexibel handhabbaren Personaleinsatzes die hierzu notwendigen *einarbeitungs- und höherqualifizierungsgerechten Voraussetzungen* geschaffen sein . . .

Zusammenfassend läßt sich auf dem Hintergrund der Gruppengespräche und der Kurzbefragungsergebnisse erkennen, daß mit der Einführung der neuen Arbeitsstrukturen (. . .) *Entwicklungsprozesse* verbunden sind, die unter verschiedenen Aspekten eine *nachweisbare Verbesserung im Erlebniswert der Arbeitsbedingungen* anzeigen. Das im Vergleich zur alternativen (. . .) Fließbandarbeitssituation über die Laufzeit der Einführungsphase stark *reduzierte Ausmaß* an Arbeitsunzuträglichkeiten steht dabei im Zusammenhang mit einer *positiveren Bewertung* des unmittelbaren face-to-face-Bereiches einschließlich der Führungsebene.

Diese Ergebnisse, die sich erst zum Ende der Projektzeit einstellten, dürfen aber nicht darüber hinwegtäuschen, daß ein schwieriger Entwicklungsweg zurückgelegt werden mußte, der vorrangig durch die in den gewährten *Dispositionsspielräumen erforderlichen kooperativen Ar-*

auch den Leitern der technischen Organisation und den Angehörigen der Technischen Intelligenz. Sie alle müssen auf diese die engeren technischen Fachkompetenzen übergreifenden Führungsaufgaben in der kooperativen, relativ gruppenautonomen Arbeitsstruktur vorbereitet werden, nicht nur, aber auch durch allgemeine Schulung, besonders aber durch angeleitete intensive Gruppengespräche vor Ort – jedoch auch schon durch gezielte sozialwissenschaftliche Begleitstudien in der Ausbildung.

In manchen, keineswegs in allen Bereichen der Produktion läßt sich also die Fließbandproduktion mit merklichen, zum Teil erheblichen Vorteilen für die Arbeitszufriedenheit und ohne langfristige Nachteile, ja, eher zum Nutzen für die betrieblichen Leistungsaspekte durch eine Produktionsanordnung in verhältnismäßig eigenständigen Arbeitsgruppen, sog. autonomen Strukturgruppen, ersetzen – und dies ohne jede technologische Innovation. Leistungsrelevante Konsequenzen durch geringe Fehlzeiten, weniger Konfliktanlässe, weniger Arbeitsunzufriedenheit, höhere Identifikation mit der Arbeit usw. liegen auf der Hand. Wenn man bedenkt, daß insgesamt in der Produktion noch ca. 5%, bei den Frauen hingegen 13%, der Arbeitenden am Fließband tätig sind, so liegen hier sicherlich noch fallweise erhebliche Reserven der Arbeitsstrukturverbesserung und einer nicht einmal leistungsbenachteiligenden fortschreitenden »Humanisierung« der Arbeitsbedingungen, -umstände und -formen.

Allgemein ergeben sich bei flexibleren Arbeitsstrukturen, wie sie sich etwa bei teilautonomen Arbeitsgruppen finden, nach Linke (1979) eine Reihe neuer Führungsaufgaben für die Führungskräfte auf allen Ebenen, Aufgaben, die in Richtung der eben genannten allgemeinen Orientierung weisen und größere Flexibilität erfordern als bei traditionellen Arbeitsstrukturen.

beitsbeziehungen (Arbeitsverteilung, Platzwechsel, Personaleinsatz) durch die Arbeitspersonen selbst ausgestaltet und bestimmt werden mußte.

Die *Eröffnung von Dispositionsspielräumen* und deren Ausfüllung bedeutet daher immer auch die *Einlösung einer entsprechenden Qualifikation* der Betroffenen. Diese, gegenüber der Fließbandarbeit zusätzlich erwachsenden arbeitsstrukturbedingten Notwendigkeiten stellen für die Arbeitenden neue (kooperative) *Arbeitsbelastungen* dar und bedeuten auch für die *unmittelbaren Führungskräfte neue Rollenanforderungen*, deren Einlösung ebenso wie auf seiten der Arbeitspersonen erst nach und nach erlernt werden mußte.«

Bei autonomen Arbeitsgruppen mit erhöhten Anforderungen an soziale Handlungskompetenz stellen sich u. a. nach Linke folgende neue zusätzliche Führungsaufgaben, die bisher nicht Bestandteil der Führungsrolle waren:

»(1) Die Führungskräfte müssen kooperative Abhängigkeiten zwischen den Mitarbeitern erkennen.

(2) Die Führungskräfte müssen den Mitarbeitern eine Anpassungsphase gewähren, die von erhöhten Auseinandersetzungen im kollegialen Bereich begleitet ist. Erst wenn die Mitarbeiter von sich aus das Eingreifen der Führungskräfte vorschlagen, um Arbeitsauseinandersetzungen zu schlichten, sollten die Führungskräfte handeln.

(3) Dagegen ist die Arbeitsgruppe gerade in der Übergangsphase von traditionellen Arbeitssystemen in neue Arbeitssysteme mit erhöhten Handlungsspielräumen auf verstärkte unterstützende und regulierende Führungsaktivitäten angewiesen, die allmählich reduziert werden können. Aber gerade diese Reduktion von Führungsaktivitäten ist für die Führungskräfte aus herkömmlichen Montagebereichen eine ungewohnte Anforderung.

(4) Dies heißt auch, daß die Nahtstellen der Handlungsfelder zwischen Vorgesetzten und Untergebenen durch positions- und funktionsspezifische Elemente im Zeitverlauf immer wieder neu definiert werden müssen, um den Mitarbeitern Verhaltenssicherheit zu gewähren. Dies gilt ebenso für die Abgrenzung der Handlungsfelder der Mitarbeiter untereinander.

(5) Zu Beginn der Zusammenarbeit von eng kooperierenden Arbeitsgruppen treten häufig personelle Unstimmigkeiten aufgrund von individuellen Sympathie- und Antipathiebeziehungen auf. Der Wunsch der Mitarbeiter nach einer Mitsprachemöglichkeit bei der Selektion von Arbeitskollegen sollte zumindest dann erwogen werden, wenn Arbeitskollegen aus benachbarten Arbeitsgruppen zu neuen Kooperationseinheiten zusammengestellt werden. Reversible Wahlsituationen (z. B. Rückkehrmöglichkeiten auf adäquate Arbeitsplätze traditioneller Arbeitssysteme) sind zwar wünschenswert, aber in der betrieblichen Praxis nur dann möglich, wenn überhaupt alternative Arbeitssysteme parallel existieren und wenn eine ausreichende Zahl zu besetzender Arbeitsplätze verfügbar ist. Allein diese Andeutungen zeigen schon, daß diese Entscheidungen nicht im Bereich der untersten Führungsebene im Werkstattbereich liegen können, obwohl Führungskräfte und Mitarbeiter direkt von diesen Entscheidungen betroffen sind.

(6) Da die Übertragung bisheriger Führungsfunktionen auf die Mitarbeiter eine Funktionsreduzierung bzw. eine Verlagerung von Führungsfunktionen in neue Bereiche einschließt, wird der Interaktionsbereich

zwischen Führungskräften und Mitarbeitern allmählich verkleinert. Die bisherige Führungsorientierung wird von einer Kollegenorientierung im Sektor der Arbeitsinteraktionen abgelöst und sollte von einem höheren Niveau einzelverantwortlicher und kollektiver sozialer Handlungskompetenz der Mitarbeiter begleitet sein. Führen heißt dann (manchmal gerade / H.L.), auf Eingriffe in Gruppenprozesse zu verzichten oder bisherige gewohnte Aktivitäten einzuschränken. Damit werden z. B. Funktionsbeschreibungen des Verhaltens von Führungskräften in ihrem Gehalt eingeschränkt, da sie nicht vorhandene oder in ihrer Intensität verringerte Führungsaktivitäten nicht klassifizieren oder einordnen können.«

Insgesamt spricht auch für eine flexiblere Gestaltung der Arbeitsstrukturen, für die Gewährung größerer Dispositionsspielräume bei Mitarbeitern wie Führungskräften, daß sich bestätigen ließ, wie

»die erhöhte kognitive und soziale Handlungskompetenz in diesen Arbeitsgruppen aufgrund von veränderten technischen und arbeitsorganisatorischen Strukturen zu einer insgesamt positiveren Einschätzung der Arbeitssituation und zu einer Reduktion von Führungsaktivitäten führt, die die Führungskräfte für neue Arbeitsaufgaben außerhalb des Interaktionsbereiches Führer-Geführte freistellt.«

Zudem wird eine solche integrierte, eher von Situationsbedingungen, technisch-organisatorischen Arbeitsbedingungen und den Sichtweisen der Geführten geprägte Sicht der Führungsprobleme auch besser den realen Verhältnissen in der Praxis gerecht als die herkömmlichen, ausschließlich führerzentrierten Ansätze der Ohio-Gruppe um Stogdill oder von Fiedler u. a.

Flexiblere Orientierung an der Praxis, größerer überfachlicher Überblick, Erkennen übergreifender kooperativer, aber auch umweltrelevanter Zusammenhänge, Gewährung und Wahrnehmung größerer Dispositionsspielräume, größere Kollegen- und Mitarbeiterorientierung – alle diese zusätzlichen neuen, Wandlungs-, Wahrnehmungs-, Verallgemeinerungs-, Anpassungs- und Reaktionsfähigkeiten, also Intelligenz erfordernden Anforderungen an Führungskräfte weisen darauf hin, daß die sprichwörtlichen Experten- und Spezialistenscheuklappen mehr als bislang abgelegt werden müssen, daß humanistische Wertgesichtspunkte, daß eine umfassendere Verantwortungsbereitschaft und die Fähigkeit zum Tragen erweiterter Verantwortlichkeiten ins Entscheidungsblickfeld der Führungskräfte gelangen müssen – besonders auf den höheren Führungsebenen, aber – wenn auch in verminderter Spektralbreite – ebenfalls auf niederen Führungsstufen.

Bezogen auf das Thema »Technische Intelligenz und humane Arbeitswelt« ergibt sich also zusammengefaßt folgendes: Die Ergebnisse des Karlsruher Forschungsprojekts über neue Formen der Arbeitsstrukturierung zeigen exemplarisch, daß durchaus Maßnahmen einer nichttechnologischen (nicht erst durch technische Innovationen ermöglichte) Neugestaltung der Produktionsarbeit durch relativ autonome Teilgruppen mit größerem Dispositionsspielraum förderlich sein können, zu besserer Arbeitszufriedenheit, höherer Arbeitsidentifikation und zu besserer sozialer Kooperativität und Kollegialität führen, ohne notwendig Leistungsnachteile einzuschließen. Allerdings sind erhöhte Anforderungen an soziale Führungsfähigkeiten und an die überfachliche Koordinationskompetenz bei Vorarbeitern und Vorgesetzten zu stellen – bis hin zu den Mitgliedern der Technischen Intelligenz in Leitungspositionen. Für diese speziell bietet sich die Einführung und der Ausbau von überfachlichen, besonders der sozialwissenschaftlichen Ergänzungsstudien an, die freilich in fach-, problem-, ja, z. T. projektbezogener Praxisnähe zu vermitteln sind. Dies trifft sich mit auch weitverbreiteten Wünschen aktiver und leitender Ingenieure in der Industriepraxis, wie die zitierten ausgewerteten Befragungen der Maschinenbauingenieure ergaben.

Die nötige Interdisziplinarität entspricht den zunehmenden systemhaften Problemverflechtungen in praktisch allen größeren Produktionsbereichen. Nicht der Fachmann, aber der Nur-Ein-Spur-Fachmann wird in Leitungspositionen obsolet.

Hierdurch werden wir auf die Allgemeinorientierung, die fachübergreifende Qualifikation und die Gemeinwohlaufgabe der Führungskräfte in der Industriegesellschaft und besonders auch der Technischen Intelligenz zurückgeführt. Man kann nicht mehr fest den Blick geradeaus richten und nur seinen kleinen Aufgabenbereich sehen und bearbeiten, ohne sich um das Umfeld – besonders um die soziale Umwelt – zu bekümmern. In einer durch intensiv zunehmende Verflechtungen und Systemverkopplungen geprägten, sich immer schneller wandelnden, folglich immer neue Orientierungen erfordernden Welt ist Scheuklappeneinseitigkeit immer ein falsches Rezept. Das wohlverstandene Eigeninteresse der industriellen Führungskräfte an Reaktionsfähigkeit, Wandlungsschnelligkeit, Lernbereitschaft trifft sich hier mit der verfassungsgemäßen Sozialpflicht zur Erhöhung und Gewährleistung des Gemeinwohls. Die Freiheit unserer Gesellschaft – und auch ihrer Wirtschaft – kann nur erhalten und gefördert werden, wenn die industriellen Führungskräfte sich dieser ihrer Verantwortung für die Förderung des Gemeinwohls bewußt bleiben. Insofern gehört die Gemeinwohlorientierung unverzichtbar auch zur Sozialphilosophie der Technischen Intelligenz.

7. Die humane Mitte zwischen Technikpessimismus und Fortschrittsutopismus

Die Dynamik der erwähnten drastisch zunehmenden Systemverflechtungen in der zusammenwachsenden industriellen Weltgesellschaft von heute läßt sich nicht mehr stillstellen, wenn man nicht Krisenerscheinungen oder sogar nicht zu verantwortende Versorgungskatastrophen in Kauf nehmen will. Angesichts der gegebenen Bevölkerungs- und Versorgungsprobleme auf unserem Planeten vergißt man zu leicht, daß praktisch ein Drittel der Menschheit hungert oder unterversorgt ist. Will man zudem die gewachsenen sozialen Ansprüche und Errungenschaften in hochentwickelten Gesellschaften nicht aufgeben (und man kann das Rad der historischen Entwicklungen nicht einfach zurückdrehen, ohne in sehr inhumane Konsequenzen zu geraten), so sind wir gleichsam zum Fortschritt verurteilt. Die Wirtschaft scheint dementsprechend auf eine leichte Steigerungsrate mit quasi eingebauter inflationärer Tendenz angewiesen. Dies alles bedeutet nicht, daß technischer und ökonomischer Fortschritt sich stets in megalomanischen Größenordnungen und Großprojekten ausdrücken muß. Projekte zur Arbeitsstrukturierung (s. a. S. 177 ff.) zeigen sogar die fallweise gegebene Möglichkeit sozialen Fortschritts ohne quantitative Explosion. (Das humane mittlere Maß zwischen Extremen muß auch in den Bereichen der Wirtschafts- und Technikentwicklung wie in anderen sozialen Bereichen der spätindustriellen »Anspruchsgesellschaft« (Höhler 1979) mit ihrem zur Zeit zu stark inflationierten Anstieg der Bedürfnisse gefunden werden: »Nichts im Übermaß«, wußten schon die Weisen der griechischen Antike; und dennoch haben sie mit ihrer rationalen

Wissenschaft die Welt verändert, übrigens ohne es zu wollen oder vorher zu ahnen.)

Ein Verzicht auf technische Fortentwicklung oder ein technologischer Stillstand kann nicht einmal für die hochentwickelten Industriegesellschaften und erst recht nicht für die Entwicklungsländer in Erwägung gezogen werden. Zu sehr hängen positive Lösungen etwa der Ernährungsprobleme in diesen Entwicklungsländern von der Entwicklung z. B. der landwirtschaftlichen, der biologischen und biochemischen Technik ab, zu sehr sind die Systemverflechtungen wirksam geworden und damit die empfindlichen labilen dynamischen Gleichgewichte der ökonomischen und technischen Entwicklungen auch in den Industrieländern jeweils aufeinander angewiesen. Die Ölkrise z. B. hat dies drastisch gelehrt. Eine konsequente Ablehnung der technischen Entwicklung wäre antisozial und letztlich inhuman: Marcuses »Große Weigerung«, sein voreiliger Schwanengesang auf jedwedes Leistungsprinzip, sein Ziel, die ausbeutende quantitative Technik auf dem gegenwärtigen Stand einzufrieren (s. o. S. 26 ff., 32), alle diese Maßnahmen würden, würden sie über den utopischen anregenden, bedenkenswerten Anstoß hinaus verwirklicht, zu sozial unverantwortbaren Folgen führen.

Absolute Fortschrittsfeindlichkeit können wir uns aus humanitären und auch aus humanistischen Gründen einfach nicht mehr leisten. Das humane Maß des technisch-industriellen Fortschritts gilt es freilich erst zu ermitteln. Die Humanisierung des technisch-industriellen Syndroms ist erst noch zu leisten.

Diese Stellungnahme für eine positive Bewertung technischer Entwicklungen bedeutet also nicht, daß man nun in die technokratische Ideologie verfallen müsse, alles Machbare auch herstellen zu wollen, die totale Ausschöpfung aller technologischen Möglichkeiten als l'art pour l'art, als Selbstzweck, quasi als technizistische Selbstbefriedigung technischer Eigendynamik zu predigen. Dies lehnen – wie erwähnt – selbst fast alle Ingenieure ab (84,9% bei Kogon (1976, 360)). Daß die humane Verantwortung und ökologische Rücksichten auch in Problemen der Technik nicht ungestraft beiseite geschoben werden können, haben wir im letzten Jahrzehnt nachdrücklich lernen müssen. Die hinlänglich bekannten Argumente von der Umweltgefährdung, von den Risiken mancher chemotechnischen (Seveso) oder angeblich auch der bestgesichertsten kerntechnischen Anlagen, die Argumente von den Grenzen des Wachstums bis hin zu den neueren Ideen der mittleren Technologien sollen hier nicht noch einmal wiederholt und kritisiert werden. Manche der Behauptungen beider Seiten sind Binsenwahrheiten; viele basieren zum Teil auf zu geringen empirischen Schätzungen; oder es fehlen überhaupt verläßliche Daten (z. B. über wirkliche Ressourcen); zum Teil stehen die Argumente auf methodologisch schwachen Füßen.

Der Kuriosität halber möchte ich eine Diskussion an der University of Illinois erwähnen, die ich 1973 mit Donella Meadows über die philosophischen Hintergründe der These von den »Grenzen des Wachstums« (Meadows, D.L. & D. u. a. 1972) hatte. Ein Religionsphilosoph namens Huston Smith (Massachusetts Institute of Technology), Spezialist in tibetanischer und chinesischer philosophischer Theologie, hatte das Meadows-Team von seiner Ansicht überzeugen können, die alttaoistische Theorie mit ihrer passivistischen Anpassungslehre sei die umweltfreundlichste und beste Philosophie zur Zähmung der zu technisch-ökonomischen Exzessen neigenden modernen Industrialisierung und Technisierung. Nun, daß Ressourcen endlich sind, hat Malthus, hat eigentlich jeder nachdenkliche Mensch schon gewußt. Die effektiven Grenzenabschätzungen der MIT-Leute haben sich – etwa beim Erdgas, bei der Energie – selbst bei vielen Erzrohstoffen, längst als viel zu einschneidend erwiesen – ganz abgesehen von der Nichtberücksichtigung der Funktionsflexibilität und des Erfindungsreichtums der Menschen und der sozialen Probleme. Beim Modell von Mesarović (Mesarović-Pestel 1974) ist ja auch schon eine viel differenziertere, regionalisierte Problemerfassung vorgenommen – und eine wesentlich optimistischere Gesamtprognose unter Berücksichtigung sozialer Modelle (s. o. S. 120 ff.) erarbeitet worden.

Im übrigen kann zur Aufnahme der kritischen Problemkomplexe und zur Zukunftseinstellung dazu in der Bevölkerung auch noch relativ neues Material von 1977 aus einer Allensbach-Dokumentation (s. a. in diesem Band, S. 24 f, 79 ff.) beigebracht werden:

Kritische Zukunftsprobleme
Tabelle 1
Januar 1977 – Bevölkerung ab 16 Jahre, n=1000

FRAGE: »Es gibt ja Probleme, die uns heute oder in den nächsten ein, zwei Jahren besonders beschäftigen, und andere, die heute vielleicht noch nicht so brennend sind, die uns aber möglicherweise in fünf oder zehn Jahren schwer zu schaffen machen werden. Wenn Sie einmal lesen, was auf diesen Karten hier steht.

Was davon wird uns in der Bundesrepublik besonders in den nächsten ein, zwei Jahren beschäftigen, und was wird vermutlich noch nicht so bald, aber in fünf oder zehn Jahren brennend sein?

Können Sie die Karten entsprechend auf dieses Blatt verteilen. Karten, bei denen Sie vermuten, das wird in den nächsten zehn Jahren kein Problem sein, legen Sie einfach beiseite.«

Auswahl	Aktuelles Problem	Erst in 5 oder 10 Jahren brennend	Kein Urteil Kein Problem
Die Verschmutzung unserer Umwelt	60%	29%	11%
Die zunehmenden Gefahren im Straßenverkehr	51%	18%	31%
Gefahren durch Atomkraftwerke	31%	38%	31%
Daß ganze Industriezweige pleite gehen	25%	30%	45%
Die Rohstoffverknappung: daß unsere Industrie zu wenig Rohstoffe bekommt	18%	50%	32%
Daß Wissenschaft und Technik in der Bundesrepublik mit der Entwicklung im Ausland nicht Schritt halten	11%	25%	64%
Der zunehmende Einfluß der Entwicklungsländer, die sich fast überall gegen die Industrieländer durchsetzen	11%	41%	48%
Bedrohung durch einen Atomkrieg, weil immer mehr Staaten über Atomkraft verfügen	10%	48%	42%
Hungersnöte, Verknappung der Nahrungsmittel	10%	42%	58%

1977 wurde nach Kartensortierungsverfahren vom Institut für Demoskopie Allensbach ermittelt, welche aktuellen Probleme nach Meinung der Bevölkerung in den direkt bevorstehenden Jahren und welche in fünf oder zehn Jahren brennend sein werden.

Neun – die in der vorstehenden Tabelle genannten – von insgesamt 33 aufgeführten Problemen hingen wenigstens mittelbar mit Technik und Industrie und der von ihnen geprägten Zivilisation zusammen.

Aktuell werden Probleme der Technisierung und der Technik 1977 noch recht tief eingestuft. Die Liste der kritischen Brennpunkte wird angeführt von der Arbeitslosigkeit, Kosten des Gesundheitswesens, Terrorismus, Kriminalität, Steuern und Sozialabgaben, dann erst Umweltverschmutzung. An neunter Stelle treten die Gefahren im Straßenverkehr auf. Die nächste Anführung eines technikrelevanten Themas nach den beiden betrifft die Risiken der Kernkraftwerke.

Bedeutsamer erscheinen einem größeren Teil der Bevölkerung die Technikprobleme für die mittelfristige Zukunft. In den 80er Jahren könnten nach Ansicht vieler Menschen Rohstoffversorgungsprobleme der Industrie und die Welternährungsprobleme brennend werden. Die anwachsende weltpolitische und weltwirtschaftliche Bedeutung der Entwicklungsländer wird betont. Als große Gefahr wird die Verbreitung der Kernwaffen und der Kerntechnik gesehen. Auffällig ist demgegenüber die sehr geringe Sorge über den zunehmenden Rückstand von Wissenschaft und Technik im eigenen Lande. Dies gibt natürlich besonders zu denken – angesichts der Tatsache, daß auch die Konkurrenzfähigkeit der Wirtschaft (man denke an die Konkurrenz in der Mikroelektronik) wesentlich von der Forschung abhängt.

Eine andere Zusammenstellung (vgl. Tabelle 2) zeigte allerdings interessanterweise einen gewissen vorübergehend wieder angewachsenen Mut zur Technik – und zur Zukunft bei zwei Dritteln der Bevölkerung. Bei den Männern und den Jüngeren (unter dreißig) waren es sogar drei Viertel, die 1976 Vertrauen genug in die Anpassungsfähigkeit der Menschen angesichts der neuen Herausforderung durch die technische Welt hatten. (Auffällig ist, daß ein solches Vertrauen in dem Vergleichsjahrzehnt der Untersuchung – auch bei den Über-sechzig-jährigen gewachsen war – um 20%. Ist das ein sog. Kohorteneffekt bezüglich der Aufsteiger- und Nachkriegsgeneration, die nun in die Jahre kommt?) Neueste Daten (1981) der Allensbacher Auguren konstatieren hingegen wieder eine drastisch gewachsene kritische Einstellung zur Technik – besonders bei der heranwachsenden Generation (s. o. S. 82).

Tabelle 2
Februar 1966 und Juni 1976 – Bevölkerung ab 16 Jahre, je n=1000

FRAGE: »Man hört ja heute manchmal die Befürchtung, daß die Technik dem Menschen langsam über den Kopf wächst und es deshalb immer häufiger zu Unfällen kommen wird. Teilen Sie diese Befürchtung, oder glauben Sie, daß der Mensch so anpassungsfähig ist, daß er die Technik auch in Zukunft beherrschen kann?«

	Februar 1966			Juni 1976		
	Insg. %	Män- ner %	Frauen %	Insg. %	Män- ner %	Frauen %
Teile diese Befürchtung	41	34	47	35	27	41
Der Mensch ist anpassungs- fähig genug	59	66	53	65	73	59
	100	100	100	100	100	100

	Altersgruppen		Altersgruppen	
	16-29 %	60+ Jahre %	16-29 %	60+ Jahre %
Teile diese Befürchtung	24	63	27	43
Der Mensch ist anpassungs- fähig genug	76	37	73	57
	100	100	100	100

Insgesamt jedenfalls gilt offenbar auch im Urteil weiterer Bevölkerungskreise: Sowohl eine extreme Fortschrittsfeindlichkeit als auch blinde Fortschrittsgläubigkeit, Technikpessimismus wie gläubige Technokratie, Forschungsdefätismus und Forschungsfanatismus, totale Leistungsverweigerung oder -ablehnung und die strikte Leistungsmeritokratie einer totalen Leistungsgesellschaft sind allesamt gleich utopisch überzogene Schwarz-Weiß-Zeichnungen der »Großen Vereinfacher«, Übertreibungen mancher akademisch selbststilisierter Alles-besser-Wisser. Freilich sind solche Extremurteile ebenso gefährlich wie unrealistisch. Wohlfeile, allzu einfache Schlagworte haben schon viel intellektuelles und ideologisches Unheil gerade auch in der nostalgischen Neuromantik der letzten Jahre gestiftet – zumal in der Medienöffentlichkeit. Besonders aber gilt dies für die jüngere akademische Generation – und hier in erster Linie in den Geistes- und Sozialwissenschaften – also gerade in den Bildungsschichten, die am wenigsten auf zivilisatorische Errungenschaften und Bequemlichkeiten verzichten wollten, die sie der Technik verdanken.

Das Aufgeschrecktwerden durch das neuerliche technikkritische und ökologische Menetekel-Bewußtsein hatte immerhin eine fruchtbare Anfangswirkung: Man begann nachdenklicher und sensitiver zu werden. Aber nachgerade sind nun konsequentere Analysen statt der simplifizierten Schlagworte überfällig. Solche Analysen würden der Information und Verbreitung des eher nüchternen Wissens über die realistischen Möglichkeiten zwischen den totalen, totalitäre Lösungen begünstigenden Extremen dienen. Sie hätten die überfachlichen Systemprobleme und die Wechselwirkungen zwischen den betroffenen Lebensbereichen und auch zwischen allen einschlägigen Wissenschaften zu berücksichtigen. Sie müßten durch eine allgemeine, an humanen Problemen orientierte Sozial-, Wirtschafts- und Techniklehre in Schulen und Hochschulen gefördert werden. Nur so kann der maßvolle Optimismus unterstützt werden, der nötig ist zur Lösung unserer künftigen Probleme, der aber auch realistisch genug ist und, wie gezeigt, für die überwiegende Mehrheit der Bevölkerung akzeptabel, um für die Praxis wirksame sozialphilosophische Leitlinien der politischen Bewußtseinsbildung angesichts der diffizilen Problematik von Technik, Wirtschaft, Fortschritt, Leistung, Wissenschaft und Ökologie bieten zu können.

Ein gewisses utopisches Moment des »Nun-gerade« oder »Dennoch«, der Hoffnung, daß die Menschheit ihre drängenden Weltprobleme selbst lösen können wird, und eine sokratische Überzeugung von der Einsehbarkeit und Lehrbarkeit der Vernunft sind dazu wie zu jeder sinnvollen gesellschaftlichen Aktivität nötig, besonders im Bildungsbereich. Sonst hätte man die Akten des abendländischen aktivistischen Weltentwurfs eher schließen können. Bleibt zu hoffen, daß dieses sokratische Moment, das sich durchaus auch auf eine wertende Vorgabe im Sinne von Palmströms »... daß nicht sein kann, was nicht sein darf« (und darin besteht natürlich die methodische Schwäche dieses Arguments) stützt – daß dieses Moment seine eigene Verwirklichung durch lehrende Verbreitung der Einsicht selbst erzeugt: eine sich selbsterfüllende, zur Selbsterfüllung lancierte Prognose. Münchhausen zieht sich am eigenen Schopf aus dem Sumpf? Doch ist die Menschheit tatsächlich immer mehr in die Lage geraten, daß sie sich nur selbst retten kann – durch wirksame Verbreitung und Realisierung von Vernünftigkeit – und daß sie sich selbst so retten muß. Die Zukunft der Menschheit ist auf Vernunft angewiesen, deren Verwirklichung man nicht politisch oder gesellschaftlich erzwingen kann. Paradoxerweise hängt die Menschheitsgemeinschaft von Ressourcen ab, die sie nicht zwangsweise mobilisieren kann: Das gilt für die erwähnte Gemeinwohlorientierung ebenso wie für Verantwortungs- und Leistungsbereitschaft sowie für ökologische Zurückhaltung und ökonomisches Maßhalten, um von militärischen »Problemlösungen«, die heutzutage nur Pseudoproblemlösungen mit der Gefahr eines »Pereat mundus« sein können, ganz zu schweigen.

Der moderne Mensch also ein gesellschaftlicher Münchhausen, verurteilt dazu, sich selbst aus dem Sumpf zu ziehen? Eine reizvolle mythische Analogie, die hier nicht weiterzuverfolgen ist. Münchhausens Sumpf droht jedenfalls überall – allzusehr, um noch ignoriert werden zu können und zu dürfen. Aber Versinken, Verweigerung, Vogel-Strauß-Politik sind keine Lebensstrategien, erst recht keine sozial verantwortbaren Überlebensdevisen.

Alle diese Überlegungen basieren also auf der genannten sokratischen Grundvoraussetzung, die so etwas wie ein praktisch-philosophisches Fundament für die Wirksamkeit aller verantwortlichen Führungskräfte in der heutigen technisch-industriellen Gesellschaft darstellt. Sie formuliert die Grundhaltung eines aktiv zugreifenden, die Wirklichkeit beeinflussenden und verändernden, aber zugleich der Idee der Menschheit und der Vernunft verantwortlichen und auf deren Realisierbarkeit vertrauenden Homo faber: Utopie? Dann gehört eben ein gewisser »Mut zur Utopie« (Picht) der Vernunft unerläßlich zum Leben, Mut zum Humanen – trotz allem. Es ist dieser Mut, dieser humanistische Antrieb, der auch Denker wie Herbert Marcuse beflügelte (dessen Neigung zu Extremvereinfachungen, zum Schwarz-Weiß-Denken und dessen Irrealismus hier mehrfach kritisiert wurde). In der letzten Verpflichtung zur Humanitätsidee liegt bei ihm wie auch besonders bei Erich Fromm (der weniger alternativradikalistisch denkt) ein tiefes überzeugendes Moment, das bei aller Kritik der unterschiedlichen Wege, Methoden und Strategien nicht verlorengehen darf – gerade auch in den sozialphilosophischen Diskussionen über Technik und Motivation der Techniker. Die pragmatische Sozialphilosophie der Technik und der Technischen Intelligenz ist nach wie vor der Humanität verpflichtet. Heutzutage besteht besonderer Anlaß, dies immer wieder zu betonen.

Ein maßvoller Optimismus hinsichtlich der Gestaltung und der vernünftigen Kontrolle des technischen Fortschritts ist also die für Zukunftsplanungen einzig sinnvolle, aber durchaus wohl auch eine realistische Alternative. Wir haben jedenfalls keine andere Strategie, keine andere lancierbare Hoffnung zur Verfügung. Humanität und Humanisierung sind jedoch fast nie Sache kompromißloser Extremanforderungen oder absoluter Totallösungen, sondern stets Angelegenheit eines vernünftigen Maßes, wie schon Aristoteles im Altertum betonte. Nur in dieser realistischen – und doch nicht pessimistischen – Weise läßt sich z. B. noch ein vernünftiger Mittelweg zwischen den gleichermaßen utopischen Modellen einer totalistischen, totalitären Systemtechnokratie und einem letztlich ebenso inhumanen antitechnischen und leistungsfeindlichen romantizistischen Rückfall finden, also zwischen der Inhumanität der mechanistischen Verwaltungs- und Technologiediktatur einerseits und der Versorgungskatastrophe andererseits – unter einer auf humanistischen Werten gründenden Verantwortung. Vernunft ist – als die regulative Idee, die sie (nur) ist – eben eine Funktion des Maßes. Daher kann es nicht um die Abschaffung oder ein Einfrieren, sondern nur um die pragmatische Humanisierung der Technik und des technischen Fortschritts gehen.

8. Zusammenfassende Thesen zu einer pragmatischen Sozialphilosophie der Technischen Intelligenz

1. Obwohl manche großangelegten, aber nicht repräsentativen Untersuchungen existieren, steht die empirisch-soziologische Untersuchung der Technischen Intelligenz noch am Beginn. Die vorliegenden Fragebogenerhebungen haben methodische Schwächen (Nichtrepräsentativität, Verzerrung zur Überproportion sozial Aktiver).

2. Die Technische Intelligenz bildet keine einheitliche soziale (Berufs-)Gruppe noch eine klar abgegrenzte Schicht. Ihre Mitglieder

verhalten sich dementsprechend differenziert, wesentlich auch nach anderweitigen sozialen Orientierungen.

3. Die Zersplitterung der Technischen Intelligenz läßt sich nur zum Teil aus den unterschiedlichen Ausbildungsgängen, den unterschiedlichen Karrierechancen, den sehr verschiedenen Positionen im Arbeitsleben, in der betrieblichen Hierarchie und aus dem unterschiedlichen Verhältnis zur Produktion erklären. Zum Teil resultiert sie auch aus den überkommenen Unsicherheiten in der Bildung und den Bildungsinstitutionen gegenüber dem Technischen, der Technik und ihren Trägern.

4. Die in der sozialen Umwelt zu findende Uninformiertheit und Unsicherheit ist ein wichtiger Erklärungsfaktor für das unsichere Autostereotyp und das relativ hohe Maß an Unzufriedenheit unter den Mitgliedern der Technischen Intelligenz – ebenso die zunehmende Höherbewertung von Manager- und Leitungsfunktionen gegenüber der technischen Sacharbeit.

5. Die alte (konservativ-romantische) antitechnische Kulturkritik trug zu dieser Desorientierung und Unsicherheit gegenüber der Technik und der Technischen Intelligenz ebenso bei wie der Technokratieverdacht generell und insbesondere die aktuelle neoprogressivistische Technikkritik, die sich besonders im Anschluß an H. Marcuses Kritik des technischen Zeitalters und an eine marxistische Handlangertheorie der Techniker und Leitenden Angestellten entwickelte.

6. Auch die traditionelle Technikphilosophie leistete der Unsicherheit der Technischen Intelligenz gegenüber der Technik Vorschub, insofern sie soziale Faktoren und Phänomene wie auch die geschichtliche Einbettung der Technik und ihrer Entwicklungsprozesse, ihrer Trägergruppen und Institutionen nahezu völlig vernachlässigte.

7. Die politische Einstellung der Technischen Intelligenz streut verhältnismäßig weit. Dies widerlegt etwaige marxistische Thesen von der totalen Klassendeterminiertheit der Einstellungen und die Behauptungen, die Mitglieder der Technischen Intelligenz seien mehrheitlich Handlanger des »Großkapitals« und ihre Verbände dienten überwiegend dem »Profitinteresse« der Unternehmen, wie auch Mallets Theorie von der »neuen Arbeiterklasse Technische Intelligenz«.

8. Die von verschiedenen Seiten vorgebrachte Behauptung von der politischen Ohnmacht, der mangelnden Solidarisierung und politischen Organisation der Ingenieure kontrastiert tendenziell mit der oft von denselben Autoren vertretenen These von der technokratischen Macht der technischen Experten.

9. Die technokratischen Thesen von der Verschwörung der technischen Experten zur Eroberung der politischen Macht, von der totalen Auflösbarkeit der Politik in Technologieanwendung (antidemokratischer »technischer Staat«) wie von der Normativität technologischer Möglichkeiten (»Alles Machbare herstellen!«) scheitern an der vielschichtigen sozialen (und machtpolitischen) Wirklichkeit pluralistischer Gesellschaften.

10. Großtechnische Projekte, ihre Bedingungen und Folgen bieten disziplinübergreifende Systemprobleme und können nur durch interdisziplinäre Zusammenarbeit zwischen Ingenieuren, Fach- und Sozialwissenschaftlern, wissenschaftlichen und methodologischen Generalisten und philosophischen Universalisten, Planern und Politikern erfolgreich gelöst werden.

11. Diese Zusammenarbeit erfordert auch interdisziplinär orientierte und kontaktfähige Ingenieure. Deren gesellschaftliche Bewußtheit und Verantwortungsbereitschaft gilt es zu fördern. Die Kooperationsfähigkeit muß durch fachübergreifende Wahlpflicht-, Ergänzungs- oder Begleitstudien und interfakultative Zweitstudien ausgebildet oder wenigstens vorbereitet werden. Der Bedarf an nichttechnischen Ergänzungsstudien ist durch empirische Erhebungen unter Maschinenbauingenieuren zweifelsfrei erhärtet – insbesondere bei leitenden jüngeren Diplomingenieuren.

12. Eine Philosophie der Technik (letztere ist wesentlich auch ein soziales Phänomen) ohne Soziologie der Technischen Intelligenz wäre leer, eine Soziologie der Technik und der Technischen Intelligenz ohne Berücksichtigung sozialphilosophischer Aspekte im historischen Kontext bliebe blind.

13. Die Menschheit ist heute mehr denn je auf eine vernünftige Abwägung und Ausgewogenheit, auf einen mittleren Weg zwischen extremem Fortschrittsoptimismus und Technikpessimismus, zwischen einer eindimensionalen technokratischen Ge-

sellschaftsordnung und einem technik- wie leistungsfeindlichen neuromantischen Rückfall angewiesen.

Literatur

Buchholz, A.: Die große Transformation. Gesellschaftliche Zukunftserwartungen und naturwissenschaftlich-technischer Fortschritt. 2. Aufl. Reinbek 1970.

Buchholz, A.: Die relative Selbständigkeit der wissenschaftlich-technischen Entwicklung. In: Futurum (1971), 52-62.

Dessauer, F.: Streit um die Technik. 2. Aufl. Frankfurt 1958.

Euler, H.-P.: Arbeitskonflikt und Leistungsrestriktion im Industriebetrieb. Düsseldorf 1973.

Euler, H.-P.: Das Konfliktpotential industrieller Arbeitsstrukturen. Opladen 1977.

Greiffenhagen, M.: Demokratie und Technik. In: Texte zur Technokratiediskussion. Hg. v. C. Koch u. D. Senghaas, Frankfurt 1970, 54 ff.

Greiffenhagen, M.: Technokratischer Konservatismus. Beilage zur Wochenzeitschrift Das Parlament B 31 (1971), 29 ff.

Grigorjan, S.: Karl Marx über den technischen Fortschritt im Kapitalismus. In: Wirtschaftswissenschaft 11 (1963), 1873-1886.

Güntheroth, G. (Hg.): Die technisch-wissenschaftliche Intelligenz. Beschreibung einer Berufsgruppe. Reinbek 1972.

Hillmer, H. – Peters, S.R.W. – Polke, M.: Studium, Beruf und Qualifikation der Ingenieure. Düsseldorf 1976.

Höhler, G.: Die Anspruchsgesellschaft. Düsseldorf, Wien 1979.

Hortleder, G.: Ingenieure in der Industriegesellschaft. Frankfurt 1973.

Hortleder, G.: Das Gesellschaftsbild des Ingenieurs. Frankfurt 1970.

Ihde, D.: Technics and Praxis. Dordrecht 1979.

Jaspers, K.: Vom Ursprung und Ziel der Geschichte. Frankfurt, Hamburg 1955.

Jetter, U.: Technik und Ingenieur in der öffentlichen Meinung. Unveröff. Manuskript.

Kemper, J. D.: The Engineer and his Profession. New York 1967.

Klages, H.: Technischer Humanismus. Zur Philosophie und Soziologie der Arbeit bei Karl Marx. Stuttgart 1964.

Koch, C. – Senghaas, D. (Hg.): Texte zur Technokratiediskussion. Frankfurt 1970.

Kogon, E.: Technologische Intelligenz und Politik. Sechs Radiovorträge, Deutschlandfunk, September – Oktober 1972. (Ms.)

Kogon, E.: Die Stunde der Ingenieure. Düsseldorf 1976.

Kornhauser, W.: Scientists in Industry. Berkeley 1962.

Krauch, H.: Die organisierte Forschung. Neuwied, Berlin 1970.

Kurucz, J. (Hg.): Das Selbstverständnis von Naturwissenschaftlern in der Industrie. Weinheim 1972.

Kusin, A. A.: Karl Marx und Probleme der Technik. Leipzig 1970.

Ladd, E. C. – Lipset, S. M.: Politics of Academic Natural Scientists and Engineers. In: Science 176 (1972), Nr. 40-39.

Lange, H.: Wissenschaftlich-technische Intelligenz: Neue Bourgeoisie oder neue Arbeiterklasse? Köln 1972.

Lenk, H. (Hg.): Technokratie als Ideologie. Sozialphilosophische Beiträge zu einem politischen Dilemma. Stuttgart 1973.

Lenk, H.: Philosophie im technologischen Zeitalter. Stuttgart 1971, 1972².

Lenk, H. – Moser, S. (Hg.): Techne – Technik – Technologie. Philosophische Perspektiven. Pullach 1973.

Lenk, H. – Ropohl, G.: Technische Intelligenz im systemtechnologischen Zeitalter. Düsseldorf 1976.

Lieber, H.-J.: Zeitgenössische Gesellschaftskritik und technische Intelligenz. In: Elektrotechnische Zeitschrift A Bd. 95 (1974), 629-633.

Linke, J.: Determinanten und Konsequenzen des Führungsverhaltens in industriellen Arbeitsstrukturen. (Diss. phil. Karlsruhe 1979) Bern, Stuttgart, Wien 1982.

Lübbe, H.: Technik und Gesellschaft – zur Metakritik der Kritik an der technischen Intelligenz. Beilage der VDI-Nachr. (1973).

Marcuse, H.: Der eindimensionale Mensch. Studien zur Ideologie der fortgeschrittenen Industriegesellschaft. Neuwied, Berlin 1967.

Marcuse, H.: Versuch über die Befreiung. Frankfurt 1969.

Marcuse, H.: Triebstruktur und Gesellschaft – ein philosophischer Beitrag zu Sigmund Freud. Frankfurt 1970.

Marx, K.: Exzerpte über Arbeitsteilung, Maschinerie und Industrie. (Hg.: R. Winkelmann.) Frankfurt, Berlin, Wien 1982.

Meadows, D. L. – Meadows, D. – Zahn, E. – Milling, P.: Die Grenzen des Wachstums. Stuttgart 1972.

Mesarović, M. D. – Pestel, E.: Menschheit am Wendepunkt. Stuttgart 1974.

Messner, J.: Das Naturrecht. Handbuch der Gesellschaftsethik, Staatsethik und Wirtschaftsethik. Innsbruck, Wien 1966.

Messner, J.: Die weltanschaulichen Positionen in der Auseinandersetzung von heute. Bonn 1977.

Mitcham, C. – Mackey, R. (Hg.): Philosophy and Technology. New York, London 1972.

Mitcham. C. – Mackey, R. (Hg.): Bibliography of the Philosophy of Technology. Chicago 1973 (auch als Sondernummer von Technology and Culture).

Ozbekhan, H.: The Triumph of Technology: »Can« implies »Ought«.

System Development Corporation, Santa Monica, Kalifornien, hektographiertes Manuskript.

Prandy, K.: Professional Employees. A Study of Scientists and Engineers. London 1965.

Rapp, F.: Die Technik in wissenschaftstheoretischer Sicht. In: Neue Aspekte der Wissenschaftstheorie. Hg. v. H. Lenk. Braunschweig 1971, 179-185.

Rapp. F. (Hg.): Contributions to a Philosophy of Technology. Dordrecht 1974.

Rawls, J.: Eine Theorie der Gerechtigkeit. (1971) Frankfurt 1975.

Ropohl, G.: Zielreflexion als Aufgabe des Ingenieurs. In: VDI-Nachr. (1974), Nr. 11.

Ropohl, G.: Technik und Gesellschaft. In: Löwenthal, R. – Schwarz, H. P. (Hg.): Die zweite Republik. 25 Jahre Bundesrepublik Deutschland – eine Bilanz. Stuttgart 1974, 311-342.

Ropohl, G.: Eine Systemtheorie der Technik. München, Wien 1979.

Ropohl, G. (Hg.): Systemtechnik – Grundlagen und Anwendung. München, Wien 1975.

Sachsse, H.: Technik als gesellschaftliches Bildungsproblem. Vortragsmanuskript 1973.

Sachsse, H.: Technik und Verantwortung. Probleme der Ethik im technischen Zeitalter. Freiburg 1972.

Saint-Simon, H. de: Über die Gesellschaftsorganisation, 4.-6. Fragm., zit. n. »Der Frühsozialismus« (Hg.: Th. Ram). Stuttgart 1956.

Schelsky, H.: Der Mensch in der wissenschaftlichen Zivilisation. Köln, Opladen 1961.

Schelsky, H.: Demokratischer Staat und moderne Technik. Atomzeitalter (1961), 99 ff.

Schelsky, H.: Auf der Suche nach der Wirklichkeit. Düsseldorf, Köln 1965.

Snow, C. P.: The Place of the Engineer in Society. Nature 1966.

Steinbuch, K.: Die technische Intelligenz als politische Kraft. DAG (Sonderdruck) 1970.

Tuchel, K.: Herausforderung der Technik. Bremen 1967.

Tuchel, K.: Die Philosophie der Technik bei Friedrich Dessauer. Frankfurt 1964.

Vahrenkamp, R. (Hg.): Technologie und Kapital. Frankfurt 1973.

VDI (Hg.): Wirtschaftliche und gesellschaftliche Auswirkungen des technischen Fortschritts. Düsseldorf 1971.

Viererbl, O.: Der deutsche Ingenieur in Beruf und Gesellschaft. In: VDI-Information Nr. 5/Sept. 1959, 5-7.

Herausforderung der Ethik durch technologische Macht

Zur moralischen Problematik des technischen Fortschritts

Dringlichkeit der Ethik im technologischen Zeitalter

Einige Zitate zu Beginn:

»Wegen der Größe der Frage, was damit aus den Menschen werden kann, ist die Technik heute vielleicht das Hauptthema für die Auffassung unserer Lage. Man kann den Einbruch der modernen Technik und ihrer Folgen für schlechthin alle Lebensfragen gar nicht überschätzen.« So Karl Jaspers in »Vom Ursprung und Ziel der Geschichte« (1955, 98). Vielleicht ist die Technik und ihr die moderne Welt prägender Einfluß nicht das einzige Hauptthema, aber sicherlich doch wohl *ein* sehr wesentliches. Das hat Jaspers sehr richtig gesehen, obwohl die Mikroelektronik seinerzeit (1949) noch kaum erahnt werden konnte.

Ein zweites Zitat:

Hans Sachsse, ein Industriechemiker, der nach seiner praktischen Forschungskarriere sich der Naturphilosophie widmet – ebenso fruchtbar wie abgewogen urteilend – und der im deutschsprachigen Raum im letzten Jahrzehnt das einzige Buch unter dem Titel »Technik und Verantwortung« (1972) veröffentlichte (das übrigens einen Aufsatz über »Ethische Probleme des technischen Fortschritts« enthält) meinte pointiert: »Nicht die Lösung der technischen, sondern die der ethischen Probleme wird unsere Zukunft bestimmen« (1972, 122).

Man muß das Zitat wohl etwas modifizieren – übrigens im Sinne des Autors: »Nicht *allein* die Lösung der technischen, sondern wesentlich *auch* die der ethischen und rechtlichen Probleme wird unsere Zukunft entscheidend *mit*bestimmen«. Umgekehrt muß man wohl ebenso zugestehen: Auch nicht allein die ethischen Problemlösungen werden über die Zukunft der Menschheit entscheiden – obwohl sie an zentraler Stelle eine geradezu dramatische und wachsende Dringlichkeit aufweisen. Vielfach meint man, die ethischen Lösungsentwürfe hätten mit dem atemberaubenden Tempo der technischen Entwicklung nicht angemessen Schritt halten können. (Man sagt dies – in beiden Fällen durchaus mit gewissem Recht – auch von der Fortentwicklung des Rechts, die ja in einem untergründigen, oft nicht genügend bekannten und in juristischen Studiengängen wohl auch nicht genügend behandelten Zusammenhang mit ethischen Problemstellungen steht.) Übrigens hat man die ethischen (wie allgemein die sozialphilosophischen und praktisch-philosophischen) Fragen der Technik und Wissenschaft wahrscheinlich noch mehr vernachlässigt – sowohl und besonders in technischen und naturwissenschaftlichen Fakultäten wie auch in der Philosophie selbst. War das Thema den einen, den technischen Fachspezialisten, zu vage, zu allgemein, zu wenig exakter Formulierungen und Lösungen fähig? Ließ der reine Geist sich andererseits ebenso ungern in die Niederungen praktischer Probleme der technisch-industriellen Welt herab – aus welchen Gründen auch immer?

»Ethik und Technik« – die Kombination der Stichworte vermeldet aus den meisten Speichern Fehlanzeige – ein eigentümlicher Tatbestand in einer sog. technisch-wissenschaftlichen Welt. »Wissenschaft und Verantwortung«, »Verantwortung der Wissenschaftler«: hier finden sich schon eher Stellungnahmen. Die Problematik wurde besonders deutlich etwa durch Einsteins Brief an Präsident Roosevelt, in dem er schweren Herzens die Entwicklung der amerikanischen Atombombe empfahl, oder später, nach den Bombenabwürfen über Hiroshima und Nagasaki, durch die Atomic Scientists of Chicago, durch die 1949 (mit Einstein) gegründete Society for Social Responsibility in Science (deren deutscher Zweig in Gestalt der Gesellschaft für Verantwortung in der Wissenschaft erst 1965 gegründet wurde). Oder man denke an die (von der erkannten praktischen Mitverantwortung des Wissenden in strategischer Position getragene, wenngleich eher politisch wirksame) Aufrufaktion von 18 Göttinger Atomphysikern 1957 (als die atomare Aufrüstung der Bundeswehr zur Diskussion stand). Dieses in erster Linie moralisch motivierte Engagement institutionalisierte sich später in der Vereinigung deutscher Wissenschaftler, führte allerdings (wie international die Pugwash-Konferenz) zu keiner ausgedehnten *ethischen* Debatte, sondern eher zu konkreten Kritiken und Projektbeurteilungen – manchmal von einiger politischer Brisanz.

Einer der Göttinger Atomphysiker, Max Born (1965, 180), äußerte sich extrem pessimistisch:

»In unserem technischen Zeitalter hat die Naturwissenschaft soziale, ökonomische und politische Funktionen. Wieweit auch immer die eigene Arbeit von der technischen Anwendung entfernt ist, bedeutet sie doch ein Glied in der Kette von Handlungen und Entscheidungen, die das Schicksal des Menschengeschlechtes bestimmen. Dieser Aspekt der Wissenschaft kam mir in seiner vollen Auswirkung erst nach Hiroshima zum Bewußtsein. Dann aber bekam er überwältigende Bedeutung. Er ließ mich über die Veränderungen nachgrübeln, welche die Naturwissenschaften in den Angelegenheiten der Menschen zu meiner eigenen Zeit verursacht haben und wohin sie führen mögen.

Trotz meiner Liebe zu wissenschaftlicher Arbeit war das Ergebnis meines Nachdenkens entmutigend. Es scheint mir, daß der Versuch der Natur, auf dieser Erde ein denkendes Wesen hervorzubringen, gescheitert ist. Der Grund dafür ist nicht nur die beträchtliche und sogar noch wachsende Wahrscheinlichkeit, daß ein Krieg mit Kernwaffen ausbrechen und alles Leben auf der Erde zerstören kann. Selbst wenn diese Katastrophe vermieden werden kann, vermag ich für die Menschheit lediglich eine düstere Zukunft zu sehen.«

Born meint, (ebd., 181 f.) die »wirkliche Krankheit« unseres technischen Zeitalters bestehe »im Zusammenbruch aller ethischen Grundsätze«, in der »Auflösung überlieferter Ethik durch die Technik«: Maschinen hätten »die menschliche Arbeit entwertet und ihre Würde zerstört« (viele arbeiteten nur noch, um sich neue »technische Erzeugnisse« kaufen zu können), und die hochtechnisierten Massenvernichtungsmittel degradierten den Soldaten im Krieg zum »technischen Mörder«. »Diese Abwertung der Ethik ist die Folge der Länge und Kompliziertheit des Weges zwischen einer menschlichen Betätigung und ihrem Endeffekt«, der Trennung von Tätigkeit und Wirkung. »Alle Versuche, unseren ethischen Kodex unserer Situation im technischen Zeitalter anzugleichen, sind fehlgeschlagen.« Diese total pessimistische Ausmalung eines ethischen Alptraums teile ich nicht, doch läßt sich dem Grundtenor eine gewisse Berechtigung nicht absprechen. Von einem »Zusammenbruch aller ethischen Grundsätze« kann man m. E. nicht sprechen, eher von einer relativen Wirkungslosigkeit, besonders wohl im internationalen Raum und hinsichtlich der technischen Auswirkungsmöglichkeiten. Woran liegt das? Wie lassen sich neue Orientierungen gewinnen, die unsere traditionellen oder neuen ethischen Überzeugungen in der gewandelten systemtechnologischen Welt von heute mit ihren unermeßlich gewachsenen Aktionsspielräumen und Wirkungsvernetzungen angemessen erscheinen lassen?

Was die Neuorientierung oder nur die Situationsangemessenheit der ethischen Diskussion angesichts der Herausforderungen von Technik und angewandter Wissenschaft angeht, so stehen wir leider immer noch am Beginn. Es gehört keine prophetische oder apokalyptische Fähigkeit dazu, die These aufzustellen: *Wir können es uns schon heute und besonders künftig nicht mehr leisten, die drängenden ethischen Probleme der Technik und der angewandten Wissenschaften zu vernachlässigen.* Die Philosophen hatten sich überwiegend ins Villenviertel des Geistes zurückgezogen und dort historische oder analytische Sprachspiele der Weisheit – Glasperlenspiele einer viel zu lebensfernen Weisheit – betrieben. Wir haben keine ausgearbeitete Philosophie der Technik, der Wirtschaft, des Geldwesens, der Arbeitswelt, der Leistung und der Verantwortung in Wissenschaft und Technik – Versäumnisse der allzu traditionell geistorientierten Philosophie oder zaghafter Problemabstinenz?

Neuerdings kündigt sich ein Wandel an: Das Krisenbewußtsein des letzten Jahrzehnts, durch das Bewußtsein von den Grenzen des Wachstums und die Umwelt-Nebenfolgen extensiver Industrialisierung ebenso bedingt wie durch die Wertkrise im Gefolge der sog. Studentenrebellion, zwingt das philosophische Denken wieder zu größerer Praxisnähe, zu einer pragmatischen Wende der Philosophie und zu einer praktischen, durch Praxisdruck erzwungenen »Rehabilitierung der praktischen Philosophien« (Riedel). Dennoch ist bei uns die ethische Diskussion der Technikfolgen noch kaum begonnen: Die Technikfolgenabschätzung, so wichtig sie ist, bleibt vorerst eher methodenorientiert und politisch-planerisch und weitgehend technisch-intern.

Amerikanische Universitäten haben sich hier wieder einmal als flexibler erwiesen: Harvard revidierte vor zwei Jahren das interdisziplinäre Undergraduate-Programm: Nicht mehr nur Geschichte der abendländischen Ideen oder Logik, sondern auch »Professional Ethics« wurde als ein obligatorischer Schwerpunkt etabliert. Hier werden am Beispiel berufsnaher Anwendungssituationen ethische Fragen und Theorien auf konkrete Praxis bezogen. Stichworte wie »Ethik der Medizin«, »des Strafrechts«,

»der Gesetzgebung«, »der Verwaltung und Regierung«, »der Wirtschaft«, »der Wissenschaft« sind zu nennen: »Bioethik« und »Umweltethik« sind neue Begriffe, die zu Schlagworten wurden. »Engineering Ethics« heißt ein begonnenes Dreijahresprojekt des bekannten Rensselaer Polytechnischen Instituts in New York. Mehrere Sondercurricula anderer Universitäten (besonders z. B. Lehigh University in Bethlehem, Pa., mit den Programmen »Humanities Perspectives on Technology« und »Science, Technology, and Society«) widmen sich den Beziehungen zwischen Technik und Humanities. Bei uns ist institutionell so gut wie nichts geschehen. Die Werner-Reimers-Stiftung veranstaltet Kolloquien über Wissenschaft und Ethik. Das verwandte Gebiet »Technik und Ethik« liegt weiterhin noch brach.

Neuartigkeit der ethischen Situation

Im folgenden möchte ich einige Fragen zur Neuartigkeit der ethischen Situation angesichts der gewachsenen technischen Macht stellen. Dann werde ich einige kritische, einige konstruktive Vorschläge erörtern zu einer pragmatischen (Teil-)Neuorientierung der ethischen Diskussion, die besonders in eine erweiterte Konzeption der Verantwortung im informations- und systemtechnologischen Zeitalter mündet.

Dabei wäre es jedoch vermessen, endgültige Lösungen, anwendbare Rezepte oder auch nur allgemeine Vorablösungen zu erhoffen – nachdem gerade die neue ethische und die philosophische Dimension der Probleme der angewandten Technik und Wissenschaft ins Blickfeld geraten sind. Die Philosophie gibt selten endgültige inhaltliche Lösungen; sie ist ein Problemfach, kein Stoff- und Ergebnisfach. Für sie ist u. U. eine neue Problemperspektive viel wichtiger als eine Teillösung einer überlieferten Frage. Die Ethik ist ebenfalls keine Disziplin wie die Mathematik, die aus vorabgegebenen Strukturaxiomen definitive Resultate logisch abzuleiten gestattet, sondern auch sie ist eine philosophische Problemdisziplin, die Fragen, Perspektiven, Lösungsmöglichkeiten nach normativer Abwägung und begrifflicher Analyse aufbereiten kann und allenfalls im Lichte bestimmter einmal angenommener Grundwerte bzw. -normen kritische Abwägungen vornehmen und somit normative Entscheidungen vorbereiten kann, ohne diese schon selbst durch logische Begründung zu leisten. Sie gibt Beurteilungsleitlinien, leistet vorbereitende Sondierung, erhöht die Wertbewußtheit, sondiert grundlegende Wertüberzeugungen heraus, aber bietet keinen Ersatz für die Durchsetzung verantwortungsvoller Mündigkeit. Sie erleichtert allenfalls die Entscheidung, indem sie Orientierung ermöglicht. Verantwortlich aber entscheiden müssen wir – als einzelne und als soziale Gemeinschaft – selbst. Darin besteht unsere Freiheit – mitsamt ihren Pflichten, Rechten – und Risiken.

Die ethische Problematik stellt sich heutzutage stärker als früher im Zusammenhang mit der ausgedehnten Verfügungsmacht des Menschen über die nichtmenschliche Umwelt, über die »Natur«, aber auch mit den neuartigen Manipulations- und Zugriffsmöglichkeiten zum Leben, insbesondere auch zum menschlichen Leben selbst. Durch die technologisch bis ans Ungeheuerliche grenzenden Wirkungsmöglichkeiten des Menschen entsteht auch für die ethische Orientierung eine neue Situation. Diese erfordert neue Verhaltensregeln – und damit neue Verhaltensregelungen – also im strikten Sinne eine neue Ethik?

Selbst bei konstantbleibenden »Grundprinzipien des Guten« (Sachsse 1972, 133) wären die »Ausführungsbestimmungen der Ethik«, »die Durchführungsregeln ethischer Grundsätze« sowie die Normen weiterzubilden, den neuartigen ausgedehnten Verhaltens-, Wirkungs- und Nebenwirkungsmöglichkeiten kritisch-konstruktiv »anzupassen«. Diese Anpassung darf aber keineswegs »anpassungsmechanistisch« einfach den neuen Verhaltensmöglichkeiten folgen, sondern muß sich im Lichte der konstanten, eventuell neu zu interpretierenden ethischen Grundwerte und im Lichte voraussehbarer und eigens wieder zu beurteilender Konsequenzen in einer ebenso pragmatischen wie detailliert kritischen Auseinandersetzung darstellen.

Worin besteht also genauer die neuartige, durch die technische Entwicklung und den sich immer beschleunigenden technischen Fortschritt bedingte Situation? Zweifellos nicht nur (aber auch unter anderem) darin, daß bestimmte moralische und auch rechtliche Begriffe sich auf neue technische Phänomene und Prozesse nicht so ohne weiteres anwenden lassen. Sachsse (ebd., 134 ff.) zeigt zum Beispiel, daß die Begriffe »Eigentum«, »Diebstahl«, gerechter »Tausch« und eventuell auch »Konsum« sich auf den immer wichtiger werdenden Begriff der »Information« nicht einfach übertragen lassen, da sie am Vorbild des klassischen Begriffes vom Güterbesitz und der philosophischen Substanzkategorie entwickelt worden sind. So läßt sich die Informationsübermittlung nicht einfach im Sinne eines Gütertausches deuten, wobei der Verkäufer nach dem Tausch bzw. Verkauf die Sache nicht mehr selbst besäße. Informationsmengen folgen nicht einer Additions- und Subtraktionsregelung wie Sachgüter. Informationen können auch ungewollt, unbewußt übertragen bzw. insinuiert werden (Werbung, Manipulation!). – All dies zeigt, »daß unsere an der Substanzkategorie orientierten moralischen Begriffe von Eigentum, Diebstahl und gerechtem Tausch in bezug auf die Information nicht ohne weiteres anwendbar sind« (ebd., 136). Sachsse meint, den hier entstehenden ethischen Problemen ständen wir »auch begrifflich noch ziemlich hilflos gegenüber . . ., da mit dem wissenschaftlich-technischen Fortschritt des Informationswesens quantitativ und qualitativ Neuartiges auftritt« (ebd., 136). Eine Verlegenheitslösung wie bei der Anpassung des Strafgesetzbuches (§ 248c), das die rechtswidrige Stromentnahme als ein eigenes unter den Begriff »Diebstahl« nicht subsumierbares Delikt klassifiziert, scheint der grundsätzlichen und alle sozialen Bereiche betreffenden Bedeutung der Information und der notwendigen Regelung ihrer Übertragungsprozesse nicht angemessen zu sein. Weitergehende rechtliche und ethische Normen für die »neuartigen Möglichkeiten der Handhabung des Informationsgutes sind also erforderlich« (Sachsse ebd., 137).

Doch das Auftreten neuer technischer Phänomene und Prozesse allein ist nicht das einzige Moment einer neuartigen Situation, die aufgrund der technischen Entwicklung neuartige ethische Probleme erzeugt. Derartige Anpassungsprobleme ließen sich in der Tat noch durch relativ geringfügige Abwandlungen beherrschen, obwohl sich ohne weiteres eine ganze Reihe von analogen Schwierigkeiten bei der Begriffsbildung bzw. -übertragung einstellen dürften.

Auch die schnelleren Wandlungen der Lebensumstände in modernen dynamischen und pluralistischen Gesellschaften, also die neuzeitliche, angewachsene und sich noch beschleunigende Dynamik der Lebensverhältnisse und der Wechsel in Orientierungen erfordern äußere Anpassungen der Anwendungsbedingungen ethischer Grundüberzeugungen. Die quantitative Beschleunigung bewirkt sozusagen Akzentverschiebungen: Unterlassungen können ethisch bedeutsamer und verwerflicher sein als früher: Die Freiheit, zu handeln oder nicht zu handeln (eine bei Thomas von Aquin noch von der Freiheit, die Art und Weise des Handelns zu bestimmen, wohlunterschiedene Art von Handlungsfreiheit), kann unter Umständen bis zum Verschwinden eingeschränkt sein.

Wertkollisionen – und auch dies ist grundsätzlich nicht neu – können verschärft auftreten, wenn jede Vorzugswahl zu einem Übel führt.

Der entscheidende neuartige Gesichtspunkt für eine neue Interpretation oder Neuanwendung der Ethik ist zweifellos die ins Unermeßliche gewachsene technologische Verfügungsmacht des Menschen. Diese führt in wenigstens einigen Punkten zu Risiken, die neue ethische Gesichtspunkte erfordern:

1. Nicht nur im Waffenbereich ist die technologische Eingriffsmacht des Menschen in immer enger vernetzte Systemzusammenhänge der modernen Welt so gewachsen, daß unübersehbare Nebeneffekte auftreten und daß die Betroffenen nicht im unmittelbaren Handlungszusammenhang mit dem Eingreifenden stehen, so daß neue Fragen nach Kriterien der Zumutbarkeit von Eingriffen und Nebenwirkungen entstehen. Spaemann hat kürzlich gezeigt, daß weder die Zustimmung aller potentiell Betroffenen (die ohnehin oft kaum abgegrenzt werden oder gefragt werden können – man denke an Ungeborene oder nachkommende Generationen) noch der einmütige Konsensus oder eine Mehrheitsbildung ungerechte und unethische Entscheidungen prinzipiell aus der Welt schaffen kann. Einzig die Entwicklung von Diskussions- und Abstimmungsverfahren unter Berücksichtigung der Interessen aller potentiell Betroffenen (eventuell durch Anwälte, Treuhänder oder Stellvertreter), unter Erhaltung der Revidierbarkeit der Rahmenrichtlinien scheint eine praktikable Strategie zu sein, wenn man die Kritisierbarkeit der Rahmenrichtlinien, der Verfahren und die Trennung von Legislative, Exekutive und Judikative (auch im Moralischen) im Auge behält und im Zweifelsfall für die (Meist-)Betroffenen plädiert. Mit der Ausdehnung der Menge potentiell Betroffener muß die Zumutbarkeit schärfer herausgestellt und vorsichtiger – eben im Zweifel zugunsten der Betroffenen – ausgeschöpft werden.

2. Angesichts der wechselseitigen Abhängigkeit ökologischer Faktoren und Systeme und der umfassenden Eingriffsmöglichkei-

ten der Technik (man denke nur an die durchaus nicht ganz irreale Gefahr eines Atomkrieges zwischen den Supermächten) ist zumindest das regionale oder kontinentale, unter Umständen sogar das globale System der Natur wenigstens negativ ein Gegenstand der menschlichen Eingriffsmöglichkeiten geworden. Dies ist zweifellos eine absolut neuartige Situation: Der Mensch hatte nie zuvor die Macht, alles Leben in einem ökologischen Teilsystem oder gar global zu vernichten oder durch seinen technischen Eingriff entscheidend zu depravieren bis hin zu Mutationsverstümmelungen (wie sie etwa im Bikini-Atoll vielfach beobachtet worden sind). Da diese Eingriffe u. U. nicht kontrolliert werden können und zu irreversiblen Schädigungen führen können, gewinnen die Natur (als ökologisches Ganzes) und die Arten in ihr angesichts der neuartigen technologischen Machtverteilung eine ganz neuartige ethische Relevanz. War die Ethik bisher im wesentlichen anthropozentrisch nur auf Handlungen und Handlungsfolgen zwischen Menschen ausgerichtet, so gewinnt sie nun eine weitergehende ökologische Relevanz und ebenfalls Bedeutsamkeit für anderes Leben (wie sie etwa Schweitzers Ethik der »Ehrfurcht vor dem Leben« schon vorformuliert hatte). Angesichts möglicher irreversibler Schädigungen (Klimaänderungen, Strahlenschäden, technologischer Erosion usw.) geht es *auch* um den Menschen, aber keineswegs nurmehr noch um ihn. Es scheint für die ethische Diskussion »notwendig, die anthropozentrische Perspektive heute zu verlassen« (Spaemann 1980, 197) oder besser: durch eine andere zu ergänzen. Bedeutet dies aber auch, daß man grundsätzlich das Prinzip der Güterabwägung (im Sinne des Nutzens für die Menschen) zugunsten eines »unbedingten Verbotes« abzuschaffen hat, wie Spaemann (ebd., 195) meint? So wurde, wie Spaemann berichtet, aufgrund eines US-Gesetzes gegen Tierartenvernichtung »gerichtlich untersagt, einen Staudamm in Tennessee in Betrieb zu nehmen, weil dadurch eine bestimmte kleine Fischspezies, die nur an dieser Stelle existiert, vernichtet worden wäre« (ebd., 195). Hat eine Tierart ein höheres ethisches Überlebensrecht als ein oder mehrere Individuen? Offensichtlich ja. Aber warum? Man steht diesem Phänomen ethisch gesprochen noch etwas ratlos gegenüber.

Spaemann (1980, 195) meinte, angesichts der Zukunftswirksamkeit irreversibler Technikfolgen (er denkt insbesondere an Kernkraftwerke) dürften wir keineswegs »das Prinzip der Güterabwägung statt eines unbedingten Verbotes einführen«: Der Staat müsse als »Subjekt der Verantwortung« die Inbetriebnahme von Kernkraftwerken »verhindern«, da sie »zur Zeit ethisch auf keinen Fall gerechtfertigt« sei (ebd., 206). Wir hätten »nicht das Recht, unsere augenblicklichen Wertschätzungen, also das, was uns wichtig erscheint, zum Maßstab dafür zu machen, was wir künftigen Generationen als natürliches Erbe hinterlassen« (ebd., 195).

Die Sätze scheinen mir trotz ihres ethischen, ja, radikal-ethischen Grundimpulses unrealistische Teilwahrheiten zu enthalten. Wir haben zwar nicht das Recht, den Nachfolgegenerationen die unseren als ihre Prioritäten vorzuschreiben, aber wir haben keine andere Möglichkeit, als aufgrund gewisser angenommener Wertungskonstanzen und historischer Kontinuitäten die voraussichtlichen Prioritäten unserer Nachkommen abzuschätzen, so gut wir es aus unserer heutigen Prioritätensetzung und -begründung heraus können. Daß die mögliche Maximierung der Entscheidungsfreiheit der kommenden Generationen dabei ein sinnvolles Planungsprinzip sein kann, hat der Nobelpreisträger Gabor schon vor einem Dutzend Jahren (in Jantsch 1969) gezeigt. – Was die Irreversibilität angeht, so sind die berüchtigten, befürchteten »Kernkraftruinen« mit beträchtlichem technischem Aufwand durchaus abzubauen (wobei eine Lösung des Atommüll-Lagerungsproblems freilich zu unterstellen wäre). Nur mit noch größerem ökonomischen Aufwand ließe sich etwa der Straßenverkehr (und die Straßenanlagen, Fabriken) usw. wieder rückgängig machen und etwa technologische Kunstlandschaft in Naturlandschaft rückverwandeln. Über die Gefährdung durch den Straßenverkehr braucht angesichts der jährlichen Opferzahlen (auch Unbeteiligter wie Fußgänger und Kinder) kein Wort verloren zu werden. Urteilt man so rigoristisch ethisch wie Spaemann, dann hätte der Autoverkehr nie aufgenommen werden dürfen. Realistischerweise müssen also doch Güterabwägungen auch eine Rolle spielen. Sie dürfen freilich nicht leichtfertig nur kurzfristigen oder vordergründigen Interessen folgen. Rechte und vorausschätzbare Interessen der kommenden Generationen müssen in die Güterabwägung eingehen. Insbesondere darf die menschenwürdige Existenz der nachkommenden Generationen nicht gefährdet werden. Diese Güterabwägung muß also unter Berücksichtigung ethischer Begründungen mit Zukunftsverantwortung erfolgen. Sie muß in ethischer Verantwortung eingeschränkt werden. Eine vordergründige Güterabwägung nach Gegenwartsinteressen allein darf nicht das einzige Entscheidungsverfahren abgeben. Wenn man nicht auf jeden Fortschritt verzichten will, muß man jedoch auch einen vertretbaren Preis in Kauf nehmen (Sachsse 1972, 25). Das gilt für die Einführung einer Seuchenpflichtimpfung genauso wie für Krankheitserregerbekämpfung durch Insektenvernichtungsmittel: »Man nimmt lieber das Risiko einer geringfügigen allgemeinen Gesundheitsbeeinträchtigung in Kauf als das Risiko massiver Erkrankungen ganzer Gebiete« (Sachsse ebd., 146). Muß man nicht ebenso gewisse Risiken mit der Kernkraft in Kauf nehmen, wenn man einer Energiekatastrophe entgehen will? Im einzelnen bin ich nicht zu einer wissenschaftlich begründeten Abwägung kompetent (ich fürchte freilich, daß es niemand als Einzelperson hundertprozentig ist). Jedenfalls kann man sich die Beurteilung nicht zu leicht machen – gerade auch im Interesse der Nachfolgegeneration (die ja mit der ganzen Schwere des Energieproblems konfrontiert werden wird) –, indem man die Hände in den Schoß legt und den Energienotstand nach dem Motto: »Après nous le déluge (Nach uns die Sintflut)« auf die Nachkommen schiebt. Eine unpragmatische ethische Prinzipienreiterei kann auch unethisch sein (gemessen an einer abgewogenen *Mischung* zwischen Gesinnungs- und Verantwortungsethik – letztere hier im Sinne von Max Weber verstanden, d. h. als Ethik, welche die voraussehbaren Konsequenzen wesentlich berücksichtigt).

3. Angesichts der gewachsenen Eingriffs- und Wirkungsmöglichkeiten im biologisch-medizinischen wie auch im ökologischen Zusammenhang stellt sich auch das Problem der Verantwortung für Ungeborene – sei es für individuelle Embryonen wie auch für nachgeborene Generationen. Für den Schutz des Fötus ist das Problem nicht ganz neu (Gewaltanwendung war hier schon früher möglich), obwohl sich mit den von der Schädigung der Mutter nunmehr medizinisch unabhängigen Möglichkeiten der Abtreibung natürlich spezifisch neue Gesichtspunkte hinsichtlich der Rechte und ethischen Lebensgarantien des Fötus ergeben. Mit den möglichen irreversiblen Schädigungen ganzer ökologischer Systeme (etwa durch radioaktive Verseuchung) stellt sich aber die Frage nach den ethischen Verantwortungen und auch Rechtspflichten gegenüber nachkommenden Generationen des Menschen. Warum sollte es nicht eine Art Bundesbeauftragten zur Wahrung der Interessen nachkommender Generationen geben?

4. Nicht nur im Sinne der möglichen Manipulationen des Menschen in seinem Unterbewußtsein oder durch soziale Manipulationen, sondern auch im Humanexperiment allgemein, sei es im pharmakologisch-medizinischen Forschungsprojekt oder im sozial-wissenschaftlichen, wird der Mensch selbst zum Gegenstand der wissenschaftlichen Forschung. Es stellt sich somit ein besonderes ethisches Problem im Zusammenhang mit Humanexperimenten, das schon wiederholt behandelt wurde, nachdem H. Jonas (1969) die erste umfassende und sehr strikt die Möglichkeiten des Forschers ethisch einschränkende Arbeit über »Philosophical Reflexions on Experimenting with Human Subjects« veröffentlicht hatte (vgl. hierzu Lenk 1979, 50 ff.).

5. Im Bereich des »genetic engineering« hat der Mensch inzwischen die Möglichkeit erworben, durch die bio-technischen Eingriffe Erbgut zu verändern, neue lebendige Arten durch mutative Abwandlungen zu schaffen (ein in vitro gewonnenes ölverzehrendes Bakterium wurde in den USA schon patentiert) und unter Umständen sogar den Menschen selbst genetisch zu beeinflussen oder zu verändern.

Eine Kröte mit den Erbanlagen von sechs Eltern wurde gentechnisch produziert; Hoppe und Illmensee klonierten Mäuse erfolgreich. Dies alles stellt natürlich eine ganz brisante neuartige Dimension einer ethischen Problematik dar. Kann der Mensch die Verantwortung tragen dafür, hat er das Recht, künstlich anderes Leben der Art nach und sich selbst eugenisch zu verändern – und sei es zum Besseren? Angesichts der pharmakologisch-technologischen Mißbrauchsmöglichkeiten, die sich hier eröffnen, könnte die sozialpolitische Eugenik des Dritten Reiches fast noch um einiges harmloser anmuten. Sie war inhuman, unethisch genug!

6. Der Mensch droht nicht nur potentiell im Zugriff der genetischen Manipulation zum »Objekt der Technik« zu werden, sondern ist in mancherlei Hinsicht im Kollektiven wie im Individuellen bereits Gegenstand so mancher Beeinflussung geworden, die oft kritisch als »Manipulation« bezeichnet wird. Dazu gehören nicht nur pharmakologische und massen-suggestive Beeinflussungen durch Tranquilizer bzw. unterschwellige Wirkungen, sondern auch (vorerst noch ins Gruselkabinett der nur mit Primaten experimentell veranstalteten Eingriffe gehörende) stereotaktische Operationen und direkte elektrische Manipulationen des affektiven und gedanklichen Bewußtseinserlebens durch Elektroden, die unmittelbar ins Gehirn implantiert werden und bestimmte Gehirnpartien reizen. Versuche mit Menschenaffen z. B. zeigten, daß sie sich selbsttätig durch Hebeldrücken immer wieder sexuelle Lustgefühle applizierten – süchtig wurden: bis an die Grenze der absoluten Vernachlässigung der Nahrungsaufnahme. Ist die pharmakologische Selbstmanipulation der Menschen – etwa durch Valium, deren Anwachsen zur Manie: »Valium-Mania« die New York Times Review of Books ironisierte – eine viel andersartige Selbstmanipulation als die der Menschenaffen? Methoden der Fremdkontrolle wie der Selbstkontrolle eröffnen auch hier schwerwiegende ethische Probleme, die bisher kaum behandelt worden sind.

7. Eher indirekte Auswirkungen der angewandten Wissenschaft und technischer Prägung der natürlichen und sozialen Umwelt sind mit der allseits bekannten Problematik der Umweltbelastung durch Abfallstoffe in der äußeren Luft und besonders auch durch Pflanzenschutzmittel (etwa Pestizide) in Wasser und Boden gegeben. Auch hier gibt es nicht nur rechtliche, sondern auch ethische Wertkonflikte, teils im großen Maßstab – sollten und sollen doch die Pestizide ebenso wie die industriellen Produkte, die zur Umweltbelastung führen, eigentlich das Gemeinwohl der Menschheit fördern.

Das Problem besonders der atmosphärischen Umweltbelastung (aber auch der durch Gewässerverschmutzung verursachten) führt zur Feststellung, daß sich manche Einwirkungen durch industrielle Abfälle oder pharmakologisch-biologische Maßnahmen oder andere Nebenwirkungen unter Umständen nicht angemessen begrenzen lassen (radioaktiver Fallout, DDT in der Nahrungskette der Fische und Menschen, Luftverschmutzung durch kombiniertes Überschreiten verschiedenartiger Emissionswerte usw.). Nicht nur im rechtlichen, sondern auch im ethischen Sinne stellt sich die Frage der Verantwortlichkeit in der Abwägung von Zumutbarkeiten – insbesondere, wenn es sich um Maßnahmen zur Verbesserung der Ernährungslage und der Lebensqualität handelt. Das Verursacherprinzip kann nicht immer angerufen werden, da zum Teil erst synergistische Effekte, die sich aus verschiedenartigen unterschwelligen kumulierenden Effekten zur Schädlichkeit aufsummieren (etwa bei der DDT-Kumulation, kumulativen Anhäufung von Radioaktivität und auch der Schädigungsgefahren durch verschiedenartige schwefeldioxid- und nitrooxidhaltige Luftverschmutzungen usw.), den toxischen Schwellenwert überschreiten. Bei einem erst synergistisch schädigenden Effekt kann natürlich keine Einzelzurechnung der Ursache erfolgen. Kumulation und relative Unkontrollierbarkeit tun ein übriges.

Die Unbegrenzbarkeit wird zeitlich besonders durch die schon erwähnten irreversiblen Maßnahmen bestimmt: genetische Manipulationen ebenso wie nur im Zeitbereich von Jahrhunderten und Jahrtausenden abzubauende Verseuchungswerte bringen die Verantwortlichkeit der heutigen technologisch Handelnden für nachkommende Generationen – und auch für die beeinflußte Gesamtnatur – ins Blickfeld ethischen Urteilens.

8. Läßt sich mit der fortschreitenden Entwicklung der Mikroelektronik, der computer-gesteuerten Systemorganisation und der EDV-automatisierten Verwaltungsorganisation ein Drang zur ständig zunehmenden Technokratie feststellen, in der Bürokratie, Technokratie und Elektro(no)kratie eine überaus effiziente Verbindung eingehen, die geradezu das Kommen des technetronischen »Großen Bruders« als sehr realistisches Menetekel an die Programmtafel industriell hochentwickelter Gesellschaften schreibt?

Die Entwicklung der Computertechnik, der elektronischen Datentechnik und Informationsverarbeitung beginnt nachdrücklich das Problem einer technokratischen Gesamtkontrolle der Personen in Gestalt ihrer gesammelten und kombinierten Personaldaten zu erzeugen. Die Gefährdung der persönlichen Privatheit, des »Datengeheimnisses« hat zur rechtlichen Problematik des Datenschutzes vor kommerzieller und gesellschaftlicher Ausnutzung persönlicher Daten geführt – eine Fragestellung, die natürlich auch erhebliche moralische Bedeutsamkeit aufweist.

9. Aufgrund der exponentiellen Entwicklung der technischen Verfahren und ihrer Innovation in der industriellen Praxis verschärfen sich die genannten Probleme ebenfalls kumulativ. Je höher der Entwicklungsstand der Technik in einem bestimmten Bereich ist, desto umfassender und schneller erscheint die Weiterentwicklung vonstatten zu gehen. Aufgrund dieser nicht nur durch äußere Bedarfsgesichtspunkte beschleunigten Eigenentwicklung durch »autonome Induktion« (Pfeiffer 1971, 100) entsteht der Eindruck eines technologischen Entwicklungssachzwanges, einer Eigendynamik des technischen Fortschritts, der zur Einschränkung des Erkennens und der Anerkennung von Handlungsverantwortlichkeiten seitens der Beteiligten führen kann. Ein abgefahrener, sich selbst antreibender und immer mehr beschleunigender Zug kann scheinbar ebensowenig gebremst werden wie eine Lawine – beides Bilder, die für den sich immer mehr beschleunigenden technischen Fortschritt verwandt worden sind.

10. Technokratie als technisch organisierte Herrschaft, als Sachzwangdominanz und Herrschaft des Apparats, als totale Bestimmung aller sozialen Phänomene und Prozesse durch den Gesichtspunkt optimaler Leistung und Funktionstüchtigkeit, als Ablösung politischer Entscheidungen durch eine wohlfunktionie-

rende industrielle Superstruktur von Technik, Wirtschaft und angewandter Wissenschaft (Gehlen) und als Funktionieren eines von technischen Experten bedienten Apparates (einer großen Staats- oder Sozial-Maschine, »sachgemäß bedient« im »technischen Staat« (Schelsky)) statt einer politischen Gesellschaft ist wiederholt diskutiert worden und hat natürlich auch erhebliche Bedeutung für die politische Ethik – wenigstens als Extremidealtyp einer vollständig technokratisierten Gesellschaft.

Aber Technokratie weist noch eine andere, hier wichtigere Komponente auf. Wenn Edward Teller, der sog. Vater der Wasserstoffbombe, in einem Interview mit »Bild der Wissenschaft« (1975) meinte, der Wissenschaftler und damit auch der technische Mensch »soll das, was er verstanden hat, anwenden« und »sich dabei keine Grenzen setzen«: »Was man verstehen kann, das soll man auch anwenden«, so wird noch auf eine überzogene Ideologie technokratischer Machbarkeit angespielt, die das alte Kantische Moraldiktum »Sollen impliziert Können« umkehrt zum »technologischen Imperativ« (L. Marcuse, Lem 1976), zu einer Normativität technologischer Möglichkeiten, die in dem Schlagwort »can implies ought« (Ozbekhan) Ausdruck fand. Ob der Mensch überhaupt all das, was er herstellen, machen, bewirken kann, auch initiieren und durchführen soll oder darf – dies stellt natürlich eine besonders prekäre ethische Frage dar, die keineswegs, wie Teller meinte, einfach bejaht werden kann. Für Ozbekhan schien dieses Schlagwort ein Leitmotto des technischen Fortschritts darzustellen, das zur empirischen Beschreibung technischer Entwicklungen geeignet ist/war: Alles das, was hergestellt werden konnte, verfahrensmäßig technologisch erreichbar war, gewann scheinbar bis hin zur Gegenwart eine derartige Faszination, daß es quasi-normative Kraft annahm: eben nahezu automatisch aus sich den Anspruch erzeugte, nun auch durchgeführt werden zu sollen. Beispiele vom Mondlandeprogramm bis zur genetischen Manipulation oder früher die Atombombenexplosionen über Zivilstädten liegen auf der Hand. Allerdings sind stets nur ca. 5% der Patente innoviert, verwirklicht worden oder in Serie gegangen. Als empirische Beschreibung eignet sich der technologische Imperativ also nicht.

Demgegenüber sehen manche Wissenschaftsforscher und -ethiker vereinzelte Gegenbeispiele von geradezu säkularer Bedeutung und Ausstrahlung in dem Beschluß der amerikanischen Regierung, das Super-Sonic-Transport-Programm nicht durchzuführen, und in dem zeitweilig wirksamen und zu Gesetzesbeschränkungen führenden Moratorium der Molekularbiologen von Asilomar zur Selbstbeschränkung der gefährlichen Genforschung. Beide Entscheidungen tragen vorläufigen Charakter, müssen unter dem Blickwinkel der Verhältnismäßigkeit der Konsequenzen und Mittel in einer *realistischen* Abschätzung der Gefährdungen und Vorteile stets neu überdacht werden. Das gentechnologische Moratorium wurde inzwischen zurückgenommen.

Dynamisierung der Ethik

A. G. M. van Melsen, der in seinem Buch »Ethik und Naturwissenschaft« (1967) als einer der ersten auf die Dynamisierung der Ethik im Gefolge der umfassenden Dynamisierung der Lebensumstände hingewiesen hat, meinte: Neue Möglichkeiten, neue Verfahren, neue Situationen bedingen, »daß der Mensch für vieles, was er zunächst der Natur überlassen mußte, heute selbst sorgt«, daß »die ständig sich verschiebenden Grenzen zwischen dem, was die Natur tut, und dem, was der Mensch mit der Natur tun kann, immer neue Formen der menschlichen Vorsorge in Erscheinung treten« lassen (1967, 172). Dies gälte beispielsweise auch für die Beurteilung der Bevölkerungsexplosion und möglicher Gegenmaßnahmen: Der Philosoph einer katholischen Universität forderte unter dem Schweizerischen Wert der »Ehrfurcht vor dem Leben« angesichts der wachsenden Not der Menschen in Ländern der Dritten Welt »nun doch ein menschliches Eingreifen« (ebd., 171) in die zuvor als gottgegeben hingenommene Geburtenfolge. »Durch die immer bessere Kenntnis der Naturdeterminismen wird die Voraussetzung dafür geschaffen, sie im Dienste des Menschen nun auch besser anzuwenden« (ebd., 175). Für van Melsen entsteht daraus eine Pflicht, Wissenschaft und Technik nun auch im Dienst des Menschen und seiner Selbstentfaltung, der Verbesserung seines Lebens und seines Selbstseins anzuwenden (ebd., 143, 190 f.). So meint Melsen, »daß jedes Eingreifen in die Naturordnung, das der Entfaltung der Menschlichkeit dient, ethisch erlaubt ist« (ebd., 190); (– etwa auch eugenische Züchtungen?). Diese Eingriffsmöglichkeiten schaffen eine neue ethische Pflicht; für Melsen erhält damit »die Wissenschaft wider Erwarten caritative Dimensionen« (ebd., 146). – Die neue technische Verfügungsmacht ergibt aber auch eine größere Pluralität für menschliche Handlungs- und Lebensentwürfe sowie eine größere Entscheidungspflicht, die auch eine gewachsene Entscheidungsfähigkeit im ethischen Sinne unterstellt: das Natürliche, das Naturhafte werde gleichsam unter der sich entfaltenden ethischen Perspektive, unter der Verantwortung des Menschen für die von ihm selbst gemachte Geschichte, auch unter der Verantwortung für die ihm aufgegebene Hege der äußeren Natur zunehmend humanisiert und zivilisiert. Die ursprünglich amoralische, ja, sogar unter ethischer Perspektive recht »unmoralische« rohe Natur muß nach Melsen im ethischen Sinne »humanisiert« werden. Van Melsens Entwurf ist, wie man sieht, noch der anthropozentrischen Sicht der Ethik verpflichtet, sieht in der Verantwortung für die Natur letztlich die Verantwortung des Menschen für seine eigene Selbstentfaltung. Außerdem bleibt die Bestimmung des gewandelten und verbesserten »Selbstseins« wie der »Entfaltung der Menschlichkeit« leerformelhaft, inhaltlich nicht näher bestimmt. Dennoch dürfte van Melsen als einer der ersten gewisse Herausforderungen der naturwissenschaftlich-technischen Zivilisation zur Öffnung und Dynamisierung der Ethik aufgenommen haben.

Jonas' Ethik der erweiterten Verantwortung

Ausdrücklich machte Hans Jonas in seinem neuen Buch »Das Prinzip Verantwortung« (1979), das den Untertitel trägt: »Versuch einer Ethik für die technologische Zivilisation«, die Herausforderung der modernen Technik für die ethische Orientierung des menschlichen Handelns zum Thema einer Theorie von einer ausgedehnten Verantwortlichkeit.

Ausgangspunkt ist die Feststellung, daß die traditionelle Ethik in Epochen relativer technischer Ohnmächtigkeit des Menschen niemanden »für die unbeabsichtigten späteren Wirkungen seines gutgewollten, wohl-überlegten und wohl-ausgeführten Akts« verantwortlich hielt (1979, 25).

Dies habe sich mit der ins nahezu Unermeßliche gewachsenen und viele zum Teil unbeabsichtigte, zum Teil unkontrollierbare Nebenwirkungen erzeugenden technologischen Verfügungsmacht des Menschen entscheidend geändert. Zwar gelten »die alten Vorschriften der ›Nächsten‹-Ethik – die Vorschriften der Gerechtigkeit, Barmherzigkeit, Ehrlichkeit usw. – . . . immer noch, in ihrer intimen Unmittelbarkeit, für die nächste, tägliche Sphäre menschlicher Wechselwirkung«, aber sie seien zu überformen von einer neuen erweiterten Ethik des technischen, globalrelevanten »kollektiven Tuns, in dem Täter, Tat und Wirkung nicht mehr dieselben sind wie in der Nahsphäre«. Dieser Bereich erhalte durch das Übermaß menschlicher technologischer Macht »eine neue, nie zuvor erträumte Dimension der Verantwortung« (ebd., 26). Wir haben negative Macht über die Biosphäre des Planeten, die wir wenigstens in Teilsystemen irreversibel verunreinigen könnten (sei es durch Radioaktivität, Smog oder anderes). »Die kritische *Verletzlichkeit* der Natur durch die technische Intervention des Menschen« (ebd.) zeigt, »daß die Natur des menschlichen Handelns sich de facto geändert *hat*«, indem die Natur als ein Ganzes zum Gegenstand menschlichen Handelns und menschlicher Verantwortlichkeit wird – »ein Novum, über das ethische Theorie nachsinnen muß« (ebd., 27). Unumkehrbarkeit und kumulative Addition vieler Wirkungen treten hinzu, sprengen die Nahgrenzen, die sich die herkömmliche Ethik am Problem des Handelns zwischen Menschen von Angesicht zu Angesicht gesetzt hatte. Jonas meint – übrigens fälschlich, wenn man an Albert Schweitzers umfassende »Ethik der Ehrfurcht vor dem Leben« denkt –, daß »keine frühere Ethik (außerhalb der Religion) uns vorbereitet« habe, Natur und »Biosphäre als Ganzes und ihren Teilen« sozusagen als »menschliches Treugut« mit eigenem moralischen Anspruch und eigenem moralischen Recht an uns aufzufassen. Das naturwissenschaftliche Weltbild habe »eine solche Treuhänderrolle« angesichts der Natur nicht vorgesehen. Insofern gewinne nicht nur das vorhersagende und technische Wissen eine ethisch gewandelte Bedeutung, sondern auch die metaphysische Ansicht über die Natur selbst (ebd., 28-31). »Der kollektive Täter und die kollektive Tat« erfordern angesichts der Gesamtverantwortlichkeit für die Natur und für die Nachwelt ethische Imperative »neuer Art« (ebd., 32 ff.).

Habe Kants kategorischer Imperativ noch unter dem Gesichtspunkt der »logischen Selbstverträglichkeit oder -unverträglichkeit« der Handlungsvorsätze gestanden und insofern nur formalen Charakter gehabt, habe sich dieses sittliche Grundprinzip ausschließlich an Individuen gerichtet und nur die »subjektive Beschaffenheit meiner Selbstbestimmung« als handelnder Person kultiviert (ebd., 35, 37), so müsse ein neuer Imperativ inhaltlich auf die zukünftige Existenz der Menschheit und die »zukünftige Integrität des Menschen als Mit-Gegenstand« des Wollens ausgerichtet sein: »›Handle so, daß die Wirkungen deiner Handlung verträglich sind mit der Permanenz echten menschlichen Lebens auf Erden‹; oder negativ ausgedrückt: ›Handle so, daß die Wirkungen deiner Handlung nicht zerstörerisch sind für die künftige Möglichkeit solchen Lebens‹; oder einfach: ›Gefährde nicht die Bedingungen für den indefiniten Fortbestand der Menschheit auf Erden‹; oder, wieder positiv gewendet: ›Schließe in deine gegenwärtige Wahl die zukünftige Integrität des Menschen als Mit-Gegenstand deines Wollens ein‹« (ebd., 36).

Angesichts der artgefährdenden technologischen Verfügungsmacht des Menschen müsse der kategorische Imperativ der künftigen Ethik inhaltlich sein, indem er die Existenz der Menschheit an sich und den Zeithorizont einer möglichen Zukunft für die Menschheit einbezieht: »Der neue Imperativ sagt eben, daß wir zwar unser eigenes Leben, aber nicht das der Menschheit wagen *dürfen*«, »daß wir ... nicht das Recht haben, das Nichtsein künftiger Generationen wegen des Seins der jetzigen zu wählen oder auch nur zu wagen« (ebd.).

In der Tat sind Kants drei Formulierungen des kategorischen Imperativs an personale, nicht an kollektive Handelnde gerichtet (wie übrigens Jonas' eben zitierte Formulierung zunächst auch!), und sie formulieren die Verpflichtung, daß der Handelnde unter dem Gesichtspunkt moralischer Repräsentativität (allgemeiner Gesetzesfähigkeit) handle, daß jedes vernünftige Wesen als Person, als Selbstzweck behandelt werde und daß auch »die Menschheit« in der eigenen wie auch »in der Person eines jeden anderen jederzeit zugleich als Zweck, niemals bloß als Mittel« gebraucht werde (AA IV, 429). Obwohl dieser moralische Imperativ unmittelbar an personale Handelnde gerichtet ist, ist er dennoch dem »Prinzip der Menschheit und jeder vernünftigen Natur überhaupt, *als Zweck an sich selbst* (welches die oberste einschränkende Bedingung der Freiheit der Handlungen eines jeden Menschen ist)« verpflichtet – einer Forderung der reinen praktischen Vernunft, die ohne weiteres auf kollektive Handlungsformen und die Idee der Existenz der Menschheit an sich übertragen werden kann. Kants Forderung der Anerkennung der Existenz jedes Menschen als eines Zwecks an sich selbst wie auch der vernünftigen Natur und der Menschheit an sich (ebd., 428 ff.) – er spricht mehrfach von der »Menschheit *als Zweck an sich selbst*« (ebd., 430 ff.) – kann ohne weiteres zu einer auf kollektive Handelnde bezüglichen, zukünftige Zeithorizonte berücksichtigenden und die Existenz der Menschheit postulierenden Formulierung eines neuen inhaltlichen kategorischen Imperativs erweitert werden. Mit anderen Worten: In dieser Hinsicht ist die Forderung der gesamtmenschheitlichen Verantwortung nicht so neu, wie Jonas meint; die Kantischen Formulierungen lassen sich durchaus in dieser Weise ausdeuten oder wenigstens ohne Bedeutungsverzerrung modifizieren. Daß die Menscheit als ganze *»kein Recht...* *zum Selbstmord«* habe, daß »eine *unbedingte Pflicht* der Menschheit zum Dasein« besteht, daß »die Existenz« oder das »Wesen des Menschen im Ganzen« nicht aufs Spiel gesetzt werden dürften, nicht einem »Vabanque-Spiel« ausgesetzt werden dürften (Jonas 1979, 80-82), hätte Kant ebenso unterschreiben können. Die »Pflicht zum *Dasein* künftiger Menschheit«, »der Imperativ, *daß* eine Menschheit sei«, die Verantwortlichkeit gegenüber »der *Idee*« des Menschen« (ebd., 86, 90 ff.) kann als metaphysisches Grundprinzip der praktischen Vernunft (im Kantischen Sinne) ebenfalls aus Kants Ansatz ohne Schwierigkeit herausinterpretiert werden. Insofern bringt Jonas' Ansatz nichts deontologisch Neues.

Entscheidender ist die Umdeutung des Verantwortungsbegriffs als Funktion von Macht und Wissen: Jonas meint, die Verantwortung in der traditionellen Ethik ist jeweils als ›*kausale Zurechnung begangener Taten*‹ gesehen worden – sie bezog sich als legale und moralische Verantwortung ›auf getane Taten‹, für die der jeweilige Handelnde verantwortlich *gemacht* wird (ebd., 172 f.). »›Verantwortung‹, so verstanden, setzt nicht selber Zwecke, sondern ist die ganz formale Auflage auf *alles* kausale Handeln unter Menschen, daß dafür Rechenschaft verlangt werden kann. Sie ist damit die Vorbedingung der Moral, aber noch nicht selber Moral« (ebd., 174). Im Gegensatz zu dieser »ex-post-facto-Rechnung für das Getane«, die dem Handelnden real oder potentiell präsentiert wird, meint Jonas, gilt es einen neuen, »einen ganz anderen Begriff von Verantwortung« zu entwickeln, der »die Determinierung des Zu-Tuenden betrifft; gemäß dem ich mich also verantwortlich fühle nicht primär für mein Verhalten und seine Folgen, sondern für die *Sache*, die auf mein Handeln Anspruch erhebt«. »Die Sache wird meine, weil die Macht meine ist und einen ursächlichen Bezug zu eben dieser Sache hat. Das Abhängige in seinem Eigenrecht wird zum Gebietenden, das Mächtige in seiner Ursächlichkeit zum Verpflichteten« (ebd., 174 f.). Angesichts meiner Verfügungsmacht über etwas schließt »meine Kontrolle dar*über* zugleich meine Verpflichtung da*für* ein ... Die Ausübung der Macht ohne die Beobachtung der Pflicht ist dann ›unverantwortlich‹« (ebd., 176) oder auch »Verantwortungsversäumnis« (ebd., 178). Solch eine Verantwortung ist dank ihrer Macht- und Kontrollasymmetrie nicht notwendig reziprok; sie kann sich auf natürliche Abhängigkeiten oder auf vertragliche Vereinbarungen beziehen – wie am Beispiel der elterlichen Verantwortung gegenüber Kindern bzw. der freigewählten und vertraglich eingegangenen Verantwortung des Politikers deutlich wird – Beispiele, die Jonas ausführlich behandelt. Jonas glaubt jedoch, »nur das Lebendige ... in seiner Bedürftigkeit und Bedrohtheit – und im Prinzip alles Lebendige – *kann* überhaupt Gegenstand von Verantwortung sein«. (Dies erscheint mir angesichts der Beziehung auf die Macht- und Kontrollabhängigkeiten nicht einsichtig: Warum soll der Mensch nicht auch gerade angesichts der technologischen Zugriffs- und Einwirkungsmöglichkeiten Verantwortung für die Erhaltung einer natürlichen Landschaft, eines gesamten ökologischen Systems haben? Nur wegen des Lebens in diesem System?). In der Tat bedeutet es jedoch moralisch eine »Auszeichnung des Menschen, daß nur er allein Verantwortung *haben* kann«, »daß er sie für andere *seinesgleichen* – selber mögliche Verantwortungssubjekte – auch haben *muß* und im einen oder anderen Verhältnis immer schon hat«. »Für irgendwen irgendwann irgendwelche Verantwortung de facto zu haben ..., gehört so untrennbar zum Sein des Menschen, wie daß er der Verantwortung generell fähig ist« (ebd., 185). Diese letztere Kennzeichnung freilich ist auch schon der traditionellen Handlungsrechtfertigungsverantwortung eigen; gerade bei Kant ist die Zugehörigkeit zum moralisch-praktischen Reich der Freiheit und der Sittlichkeit eo ipso äquivalent mit der menschlichen Trägerschaft von sittlicher Verantwortung.

Jonas glaubt jedoch, daß die neue Verantwortung für das Sein, für etwas, für eine Sache, primär für die Existenz der Menschheit und danach erst für das gute Leben der Menschen das Charakteristikum des neuen Verantwortungsbegriffs ist (vgl. ebd., 186 u. a.). Angesichts der Dynamik des Wandels der Lebensumstände im Gefolge der technischen Entwicklung, angesichts der gewachsenen technologischen Verfügungsmacht und der Zunahme der Aktionsweite und der Wirkungsausmaße des Handelns, einschließlich der oftmals nur sehr schwer oder gar nicht kontrollierbaren Nebenwirkungen und der unter Umständen irreversiblen Eingriffe in natürliche Zusammenhänge, haben sich »die Zeitspannen der Verantwortung sowohl wie des wissenden Planens ... ungeahnt erweitert« und zu einem »Überschuß der ersteren über die letztere« geführt – als moralischer Entsprechung »zum Überschuß der kausalen Wirkungsgewalt über das Vorwissen«, das allemal in komplexen Systemen unvollständig bleibt – gerade, was Nebenwirkungen einschließlich besonders synergistischer, kumulativer Effekte betrifft (ebd., 220). Konnte man früher einer recht konstanten Naturordnung sicher sein, die der Mensch durch seine Eingriffe nicht oder allenfalls ephemer beeinflussen konnte, so hat »mit der Machtergreifung der Technologie« nach Jonas »die Dynamik Aspekte angenommen, die in keine frühere Vorstellung von ihr eingeschlossen waren«. Die »*Verantwortung für die geschichtliche Zukunft im Zeichen der Dynamik*« (ebd., 229) führt dazu, daß die Macht des Menschen, sein Können »den *Inhalt* des Sollens erzeugen«. Das faktische Können, die Machtverfügung ist also gleichsam »*Wurzel des Soll der Verantwortung*« (ebd., 230 f.). Das Kantische »Du kannst, denn Du sollst«: ›Sollen impliziert Können‹ wird hier – bei anderer faktischer Bedeutung des Könnens im Sinne der faktischen Macht des Menschen – geradezu umgekehrt. Das Können wird dem Menschen zum Schicksal – faktisch und moralisch. »Das Sollen« ergibt sich daraus »als Selbstkontrolle seiner bewußt wirkenden Macht« in bezug auf »sein eigenes Sein«, besonders auch auf das der künftigen Menschheit, und in bezug auf andere von seiner Macht abhängige Wesen. Der Mensch wird »zum Treuhänder aller anderen Selbstzwecke, die irgend unter das Gesetz seiner Macht kommen« (ebd., 232).

Dieser Wechsel der Verantwortungsreichweite und ihrer Zeitbezüglichkeit ist für Jonas das Neue an der für die technologische Welt notwendigen »Ethik der Zukunftsverantwortung« (ebd., 175).

Jonas meint, »die Zukunft der Menschheit« sei »die erste Pflicht menschlichen Kollektivverhaltens im Zeitalter der modo negativo ›allmächtig‹ gewordenen technischen Zivilisation«, und hierin sei »die Zukunft der Natur als *sine-qua-non* offenkundig mit enthalten«, enthalte »aber auch unabhängig davon eine metaphysische Verantwortung an und für sich, nachdem der Mensch nicht nur sich selbst, sondern der ganzen Biosphäre gefährlich geworden ist« (ebd., 245). Nachdem die »Schicksalsgemeinschaft von Mensch und Natur« und »auch die selbsteigene Würde der Natur« wiederentdeckt seien, ist dem Menschen mitsamt der technologischen Eingriffs-, Störungs- und gar potentiellen Zerstörungsmacht zugleich eine Verantwortung für den Zustand der Natur, »den Zustand der Biosphäre und das künftige Überleben der Menschenart« übertragen (ebd., 246, 248). »Das *Nein zum Nichtsein* – und zuerst zu dem des Menschen« sei angesichts der apokalyptischen Situation, der drohenden Katastrophengefahr infolge der übermächtig gewordenen technologischen Machtverfügung des Menschen das wichtigste Grundprinzip für eine »Notstandsethik der bedrohten Zukunft«, die zur Einschränkung des Wildwuchses der technologischen Macht nötig sei, aber »nur« durch »ein Höchstmaß politisch auferlegter gesellschaftlicher Disziplin« im Sinne einer »Unterordnung des Gegenwartsvorteils unter das langfristige Gebot der Zukunft« erreicht werden könne (ebd., 250, 255).

Jonas zeigt, daß auch die marxistische Ideologie nur eine technikoptimistische Variante des Baconischen Ideals des »Wissen ist Macht« umfaßt, die den »technologischen Impuls« mit einem extremen »Anthropozentrismus« und einer »grundsätzlich *technologischen* Konzeption der *Gesellschaft*« verbindet – im Gewande einer technizistischen Utopie, also den technischen Fortschritt noch hemmungsloser als die bürgerlich-westliche Welt zum »Opium für die Massen« gemacht habe (ebd., 251 ff., 276 ff.), so daß diese Ideologie nicht als Mittel zur »*Bändigung* der irgendwie wildgewordenen Technik« (ebd., 295) in Frage komme. Ähnliches gilt nach Jonas auch für den utopischen Marxismus, der glaubt, »den neuen Menschen« erst gesellschaftlich erzeugen zu müssen und zu können, aber auch für andere technizistische und biologistische utopische Vorstellungen von der totalen Machbarkeit des »neuen Menschen«, des »irdischen Paradieses«, der totalen Freiheit oder des »radikalen Umbaus der Natur«. Für Jonas ist die Kritik der technizistischen Utopien »implizite bereits eine Kritik der Technologie in der Vorschau ihrer extremen Möglichkeiten«, da die moderne Technologie »als wirkende Macht an sich eine quasi-utopische Dynamik« enthalte (ebd., 388). Es handele sich hierbei um »eine ›Utopie‹ permanenter Selbstübersteigerung auf ein unendliches Ziel hin« (ebd., 296). Während bei der Wissenschaft »echter Fortschritt *und* seine Erwünschtheit« kombiniert auftreten, könne sich »Technik . . . nur durch ihre Effekte, nicht durch sich selbst« rechtfertigen (ebd., 295), unterliege sittlich gesehen stets einer Ambivalenz. Die technizistische Übersteigerung utopischen Fortschrittsdenkens müsse man »sich aus dem Kopfe schlagen« – wie die Utopie, »*das* unbescheidene Ziel par excellence« generell. »Bescheidung in den Zielen« tue not (ebd., 338 f.). Angesichts der überstrapazierten »Toleranzgrenzen der Natur« ist »die Frage . . . im Letzten gar nicht, wieviel der *Mensch* noch zu tun imstande sein wird . . ., sondern wieviel davon die *Natur* ertragen kann« (ebd., 329). Jonas diskutiert dies anhand des Nahrungsproblems (»Die kumulative Naturstrafe agrarischer Maximierungstechniken beginnt sich lokal schon zu zeigen, zum Beispiel in chemischer Verseuchung von Inland- und Küstengewässern (wozu die Industrie das Ihre beiträgt), mit all ihren im verketteten Haushalt der Organismen weitergegebenen Schadenswirkungen. Bodenversalzung durch dauernde Irrigation, Erosion durch Beackerung von Grasland, Klimabeeinträchtigung (eventuell sogar atmosphärische Sauerstoffverarmung) durch Entwaldung sind andere Bußen immer intensiverer oder sich ausdehnender Landwirtschaft« (ebd., 331)), des Rohstoff- und des Energie- (»dies wird sich weiterhin als die Crux aller Zukunftsplanung ergeben und als das letzthinnige Veto der Natur gegen die Utopie« (ebd., 332)) und des »ultimativen Thermalproblems«. Selbst wenn die »Erschließung der Kernfusionsenergie zu friedlichem Gebrauch« – von Jonas als »hochwillkommenes Geschenk« (mit der Gefahr, zum »Danaergeschenk« zu werden) apostrophiert – das Energieproblem an sich relativ sauber lösen könnte (gänzlich ohne strahlende Spaltprodukte wird es freilich auch hier nicht gehen, wie mir der Präsident der Gesellschaft für Reaktorsicherheit, Birkhofer, versicherte), würde es, meint Jonas, doch das Problem der Umwelterhitzung mit sich bringen, die Gefahr eines Treibhauseffektes mit Gefährdungen der Klimaänderung, Poleisabschmelzung usw. Mir scheint diese Gefahr vorerst noch erheblich überdramatisiert zu werden: Wer die unermeßlichen Eisweiten der Arktis überflogen und einige Zeit die ebenso scheinbar unermeßlichen Grünzonen des Amazonasgebiets besucht hat, kann die Behauptung, die Wärmeproduktion einschließlich der »animalischen Wärme der Milliarden Menschenleiber selbst und ihrer tierischen Trabanten, und selbst noch die Gärungshitze ihrer verwesenden Kadaver« (ebd., 336) stellten in absehbarer Zeit einen nennenswerten Gefahrenfaktor für den Wärmehaushalt der Erde dar, nur als eurozentristische Übertreibung ansehen – so wie vorerst auch die Erzeugung von Fusionswärme noch nicht den Gesamtwärmehaushalt der Erde beeinflussen dürfte (hier scheinen einige anthropozentrische und technozentrische Überdramatisierungen am Werke zu sein). Dennoch ist natürlich ein letztlich sparsamer Gebrauch der Energie wie auch der Rohstoffe unerläßlich – zumal natürlich in der gegenwärtigen Situation *vor* der Erschließung der Fusionsenergie.

Für uns sieht Jonas nur noch die Alternative einer »Ethik der Verantwortung, die heute, nach mehreren Jahrhunderten postbaconischer, prometheischer Euphorie (der auch der Marxismus entstammt), dem galoppierenden Vorwärts die Zügel anlegen muß«, wenn nicht die Natur dies später rächend »auf ihre schrecklich härtere Weise tun« soll (ebd., 388). Mit dem Menetekel, »mit dem Übel« wird erst »das davor zu rettende Gute sichtbar«, meint Jonas. »Furcht um den Gegenstand der Verantwortung«, der »ein grundsätzlich verletzlicher ist«, wird nach Jonas »zur Pflicht . . ., die sie natürlich nur mit Hoffnung (nämlich der Abwendung) sein kann: begründete Furcht, nicht Zaghaftigkeit«. In diesem und nur in diesem Sinne wird »Fürchten selber zur ersten, präliminaren Pflicht einer Ethik geschichtlicher Verantwortung«, die Mut, »Mut zur Verantwortung« angesichts der Ungewißheiten erfordert: »Verantwortung ist die Pflicht als anerkannte *Sorge* um ein anderes Sein, die bei Bedrohung seiner Verletzlichkeit zur ›Besorgnis‹ wird . . .: was wird *ihm* zustoßen, wenn *ich* mich seiner *nicht* annehme?« (ebd., 391 f.).

Die Hauptidee von Jonas' »Versuch einer Ethik für die technologische Zivilisation« ist also, daß angesichts der ins Unermeßliche gewachsenen technologischen Macht des Menschen und der Dynamisierung der Lebensumstände in der industriellen Welt sowie angesichts der Gefährdung von Natur und Kreatur (einschließlich des Menschen selbst) durch Nebenwirkungen des industriellen Prozesses eine sittliche Erweiterung des Verantwortungskonzeptes nötig ist: Der Übergang von einer Konzeption der Verursacherverantwortung zu einer »Treuhänder«- oder Heger-Verantwortung des Menschen, von der rückwirkend zuzuschreibenden Ex-post-Verantwortung zur prospektiv ausgerichteten Sorge-für-Verantwortung und Präventionsverantwortlichkeit, von der vergangenheitsorientierten Handlungsresultatsverantwortung zur zukunftsorientierten, durch Kontrollfähigkeit und Machtverfügbarkeit bestimmten Seinsverantwortung.

In der Tat kann angesichts von kumulativen Effekten und synergistischen Kombinationswirkungen das Konzept einer einzelakteurgebundenen Verantwortung, die nur an abgeschlossenen Handlungen orientiert ist, nicht mehr genügen. Die Individualzurechnung läßt sich bei kombinierten und kollektiven Prozessen nicht durchführen. Man darf aber nicht ohne weiteres das Nichtzurechenbare, doch Beeinflußbare einfach ›seinem Schicksal‹ überlassen. Dies wäre ›unverantwortlich‹. Ebenso müssen unter dem Gesichtspunkt der hegerischen Verantwortlichkeit, der Treuhänderschaft für ökologische Systeme, für Natur und Leben allgemein kollektive Verantwortlichkeiten definiert werden, welche die Abwendung von Störungen zum Ziele haben, u. U. auch Unterlassungen individuell oder kollektiv zurechnen können. Die herkömmliche Ethik mit der individualistischen Handlungsresultatsorientierung der Verantwortung hatte es in der Tat schwer bei der sittlichen Beurteilung von Unterlassungen (man versucht(e) in der Handlungstheorie, Unterlassungen als eine eigene Art von Handlungen zu interpretieren, wenn diese bewußt und absichtlich geschehen). Jeder Mensch im Handlungs- und ökologischen Lebensgefüge mit Verfügungsmacht (und wer hätte nicht – wenigstens im negativen Sinne – die Macht, Störungen eines aufgrund der hochgradigen Vernetzung störanfälliger gewordenen Systems zu vermeiden oder zu verhindern?) hat Anteil an dieser erweiterten Verantwortlichkeit.

Ergänzend zu Jonas' Ausführungen muß man sicherlich noch hinzufügen: Eigentlich handelt es sich nicht um einen *Übergang* von der traditionellen Handlungsresultatsverantwortung zur Heger- und Präventionsverantwortung, sondern die traditionelle Verantwortung für Getanes bleibt natürlich weiterhin bestehen, was die Kausalitäten des Handelns – gerade auch mit der technologisch gewaltig erweiterten Aktionsweite – betrifft. Angesichts

der zum Teil schwerer zu übersehenden unbeabsichtigten Nebenwirkungen ist diese Verantwortung nur schwieriger zu tragen und
zuzuschreiben. Statt von einem Übergang aus einem Verantwor-
tungstyp zu einem anderen zu sprechen, sollte man von zwei
zugleich zu berücksichtigenden Verantwortungskonzepten sprechen: einem strikteren und engeren sowie einem feineren und
weiteren. Ein Übergang wäre allenfalls darin zu sehen, daß aufgrund der gewandelten Situation die Ethik sich nicht mehr auf den
strikteren, engeren traditionellen Verantwortungsbegriff beschränken kann, sondern sich auch an dem neuen erweiterten
Verantwortungsbegriff orientieren muß, ohne die herkömmliche
Handlungsverantwortung beiseite zu schieben oder zu ignorie-
ren.

Pragmatische Orientierung der Ethik

All dies hat natürlich erhebliche Konsequenzen für die Ethik insgesamt: Die traditionell ausschließlich individualistisch orientierte Ethik der moralischen Einzelverpflichtung muß ausgedehnt
werden in Richtung auf eine zeitübergreifende, insbesondere auf
eine zukunftsorientierte Ethik auch für kollektive Handelnde
oder auch für Träger von Verfügungsmacht (selbst und vielleicht
gerade dann, wenn diese nicht handeln). In einer Welt zunehmender Systemvernetzungen und wachsender ökonomischer, politischer, sozialer und ökologischer Abhängigkeiten, die vermehrt
durch technische Eingriffe und deren Risiken, Nebenwirkungen,
Kumulationseffekte geprägt ist, kann keine Moral der bloßen
Nächstenliebe mehr genügen, wie sie sich wohl z. T. schon stammesgeschichtlich und besonders geschichtlich am Beispiel der
Handlungen zwischen Menschen von Angesicht zu Angesicht
entwickelt hat. Die Ethik muß bei aller weiterhin zu berücksichtigenden Beachtung »der moralischen Integritätsrechte des Indivi-
duums« künftig mehr »von einer zu praktizierenden Verantwortung für die Gesamtmenschheit getragen werden – nicht nur für
die existierenden, sondern auch für die Nachwelt« (Lenk 1979,
70). Über die »funktionalen Überlebenserfordernisse und humanen Lebensverbesserungen für die Gesamtmenschheit« hinaus
muß sich die Moralität künftig aber auch in einer über den humanen Bereich hinausgehenden Gesamtverantwortung »auf morali-

sche Werte einlassen«, die sich nicht aus der bloßen individuellen zwischenmenschlichen Verpflichtung ergeben. »Ethik sollte nicht mehr mißverständlich bloß mit individualistischer Pflichtmoral gleichgesetzt werden« (ebd.). Dies war vielleicht ein Fehler der Kantischen Pflichtethik, der seine Weiterungen auch in der Rechtsphilosophie hatte. So ist der Pflichtbegriff auszuweiten über die Erfüllung der legitimen Rechtsansprüche anderer hinaus, und der Rechtsbegriff ist auszuweiten auf nicht-menschliches Leben, auf Natur und Ungeborene. Auch dies sind Weiterungen der geänderten Situation angesichts der extrem gewachsenen menschlichen Verfügungsmacht. Auf die im Gefolge enger vernetzter sozialer Wirkungszusammenhänge nötige Öffnung der ethischen Perspektiven für *soziale* Güter (im Sinne der Rawlsschen Theorie der Gerechtigkeit als Fairness) kann dabei hier nur hingewiesen werden. Die Ethik muß nicht nur stärker gesamtmenschheitsorientiert, zukunftsoffener, sozialer, kooperativer und pragmatischer (in der Berücksichtigung von situativen Abhängigkeiten und Machtverfügungsfaktoren) werden, sondern sie muß sich auch auf kollektive Handelnde unter einem erweiterten Begriff der »Treuhänder-« und Präventionsverantwortung ausrichten. Daß die Ethik unter Einschluß ihrer pragmatischen Anwendungsbedingungen in einer ständig sich wandelnden Welt nichts Statisches bleiben kann, sondern sich den sich wandelnden Wirkungsmöglichkeiten und Nebenwirkungspotentialen im Bereich des technologisch Machbaren stellen muß, ohne sich mechanistisch den Wandlungen bloß anzupassen, ist einsichtig. Die konstanten ethischen Grundimpulse können und müssen bei durchaus erweiterter Anwendbarkeit ethischer Zentralbegriffe (Hegerverantwortung) und bei sensitiverer ethischer Beurteilung von eventuell nicht ganz übersehbaren Nebenwirkungen (gerade deswegen sind vorsichtigere, striktere Urteile nötig, ohne daß alle Risiken vermieden werden können oder sollten) pragmatisch auf die Gegenwartssituation des Homo faber technologicus bezogen werden. Mag der ethische Grundimpuls sich selbst auch kaum gewandelt haben, so veränderten sich doch die Anwendungsbedingungen in der systemtechnologischen Welt von heute sehr drastisch. Da das ethische Nachdenken und Urteil den Verantwortung tragenden, »den handelnden, besonders auch den Neues schaffenden, die Welt verändernden Menschen« betrifft, ist »die Moral ... angesichts der dynamischen Entwicklung ständig neu weiter zu

›erschaffen‹« (ebd., 73). Sie darf nicht stehenbleiben, sie muß sozusagen pragmatisch »dynamisiert« werden; denn »neue Aktionsmöglichkeiten aktualisieren erweiterte und modifizierte Verantwortlichkeiten« (ebd., 73), wie wir gesehen haben. Dies ist schon vor einiger Zeit (Lenk 1979) betont worden.

Diese pragmatische Umorientierung angesichts der gewachsenen Verfügungsmacht des Menschen läßt sich auch gut mit der Diskussion in der sogenannten analytischen Ethik vereinen, die zu einer Ablehnung der strikt deontologischen Gesinnungsethik ebenso wie zu einer Ablehnung des strikt handlungsorientierten Utilitarismus kam (also einer konsequent durchgeführten »Verantwortungsethik« im Sinne Max Webers – wobei dieser Begriff ein ganz anderer ist als der durch den Ausdruck ›Verantwortungsethik‹ bei Jonas bezeichnete) (vgl. z. B. Frankena 1972). Eine zugleich realistische und pragmatische sowie den moralischen Intuitionen entsprechende Ethik kann nur eine *gemischte Theorie* sein, in die gesamtnutzenorientierte Komponente ebenso Eingang finden wie Faktoren einer deontologischen Prinzipienethik. Wenn »die Moral für die Menschen geschaffen ist, nicht der Mensch für die Moral« (Frankena ebd., 64, 141), so kann die Ethik auf eine (wenigstens *regel*utilitaristische) Ausrichtung auf Konsequenzen nicht verzichten. Ihr Anspruch auf Universalisierbarkeit, auf Allgemeingültigkeit ist wiederum mit ihrer Prinzipienbindung verknüpft.

Natur- und kosmosfreundliche Ethik

Seit geraumer Zeit wurde eine Abwandlung der Ethik im Sinne einer Natur- und Kosmosfreundlichkeit gefordert. Ferkiss (1969) dürfte als einer der ersten neue »Normen für den technologischen Menschen« skizziert haben:

»Die erste dieser Normen heißt: Der Mensch ist Teil der Natur, er kann daher nicht ihr Besieger sein und schuldet ihr in der Tat eine gewisse Achtung. Wie Albert Schweitzer sagte, ist eine Moral, die nur die Beziehung von Mensch zu Mensch und nicht auch die von Mensch zu Natur berücksichtigt, eine halbe Moral. In einer Welt, in der die Natur zerstört oder so verändert worden wäre, daß sie nicht mehr zum Menschen sprechen könnte, wäre menschliche Selbsterkenntnis unmöglich. Unser Ziel sollte sein, nicht die natürliche Welt zu besiegen, sondern in Harmonie mit ihr zu leben.

Zweitens zwingt die ökologische Perspektive, das wirtschaftliche und soziale Leben des Menschen zu koordinieren, wenn er überleben soll, und die Naturschätze so zu verwerten, wie es für das Gesamtsystem das Beste ist. Zugleich ist ein Höchstmaß an Freiheit notwendig, damit die Reaktionsfähigkeit des Systems erhalten bleibt. Daher sollte im rein Kulturellen oder Individuellen, bei dem zwischen dem Verhalten und dem Gesamtsystem nur eine lose Bindung besteht, ein Maximum an Freiheit gewährt sein, das heißt, es sollte wirtschaftliche Planung so weit wie möglich mit kulturellem Pluralismus verbunden sein.

Noch wesentlicher ist, daß der Mensch die Unterscheidung zwischen sich selbst und den von ihm geschaffenen Maschinen nicht aufheben darf. Daß der Mensch in seiner Komplexität dem physischen Universum überlegen ist, spricht dafür, daß diese Komplexität für die Entwicklung etwas zu bedeuten hat und daher erhalten werden sollte. Den Menschen an Maschinen und Techniken anzugliedern, die ihn unwiderruflich von niederen Ordnungen der Realität abhängig machen würden, wäre antievolutionär. Die ganze Entwicklungsgeschichte hindurch war die große Stärke des Menschen seine Elastizität – eine Folge seiner Vielfalt und seiner Vielschichtigkeit. Nicht nur seine Intelligenz macht ihn überlegen, sondern auch die damit verbundene Wandlungsfähigkeit ... Das Schicksal des Menschen hängt davon ab, daß diese »Offenheit« weiterhin genutzt und keine Symbiose-Beziehung mit der anorganischen Maschine eingegangen wird, die zwar unmittelbaren Machtzuwachs bringen könnte, die aber die Entwicklung des Menschen dadurch verhindern würde, daß sie ihn an ein System niederer Möglichkeiten kettet. ... Der Mensch muß über seinen physischen Technologien stehen, wenn er vermeiden will, daß sie für ihn zum Panzer werden und aus ihren Organisationsprinzipien sein Ameisenstaat wird.

Der Mensch muß über der Maschine stehen, er muß aber auch seine eigene Entwicklung selbst steuern. Wer sich das Schicksal des Menschen als einen sinnlosen Vorwärtssprung vorstellt, vergißt, daß der Mensch nicht nur das einzige Geschöpf ist, das sich der Entwicklung bewußt sein kann, sondern auch das einzige Geschöpf, das zur Entwicklungssteuerung fähig ist, und daß zu dieser Steuerung auch die Macht gehören muß, die Entwicklung zu verlangsamen und anzuhalten, wenn er es will. Einige Elemente der physischen Technologie könnten in der Tat schon einen Gipfelpunkt erreicht haben, zumindest, was ihre Auswirkung auf Gesellschaft und Mensch betrifft. Wenn die Bevölkerungsexplosion unter Kontrolle gebracht ist, könnten wir eine als ausgeglichenen Zustand zu bezeichnende Struktur erreicht haben, so daß die unausgelotete Zukunft von da an in den biologischen Wissenschaften und im Geist des Menschen liegt. Damit wäre der letzte Schritt zum Menschen getan. In einer solchen Zivilisation wird der Mensch die Aufgabe haben, endlich sich selbst zu finden, seine Rolle im Universum zu erfüllen, indem er ganz Mensch wird.« (Ferkiss 1969, 234 f.)

Hier wird schon das Konzept einer »kosmosfreundlichen Ethik« (Zihlmann 1976) deutlich, welche die Verantwortlichkeit für Natur und Umwelt (einschließlich der Biosphäre) einbezieht und die Endlichkeit der Erde ebenso berücksichtigt wie die Vernetzung und wechselseitige Wirkungsabhängigkeit von Gesamtsystemen. Nicht nur aus egoistischen Gründen muß der Mensch mit der Natur schonender umgehen, technologischen Raubbau vermeiden, sondern er muß auch lernen, die Natur wieder als Partner zu behandeln (da er selbst Glied der Natur ist), natürliche Mitkreaturen in ihrem moralischen Eigenrecht zu respektieren – kurz: auch die Natur als Selbstzweck (wenn auch nicht im Kantischen Sinne als »Vernunftwesen«) zu behandeln (vgl. Sachsse 1956, zusammenfassend auch Stork 1977, 101 ff.). Die Frage, ob man einen Selbstzweckcharakter auch der unbeseelten, auch der unbelebten Natur zusprechen kann, kann hier nicht weiter verfolgt werden: Detailliertes hat dazu Birnbacher in seinem Aufsatz »Sind wir für die Natur verantwortlich?« (1979) erörtert – wenn auch letztlich vielleicht unter noch zu sehr anthropozentrischem Akzent. Jedenfalls: »Das Leben besitzt sein eigenes Recht – das müssen wir anerkennen« (Fraser-Darling 1969).

Technischer Fortschritt

Die Übertragung der bisherigen Einsichten auf die Problematik des technischen Fortschritts im engeren Sinne ist leicht durchführbar. Sie soll hier nur angedeutet werden. Dazu sind zuvor einige Bemerkungen über Begriffe des technischen Fortschritts nötig, ohne daß hier eine Theorie des technischen Fortschritts entwickelt werden kann. Zunächst ist deutlich, daß der Begriff »technischer Fortschritt« immer auch eine normative Färbung hat (Schremmer 1973, 434 f.): Entweder im Vergleich mit einem Ist-Zustand oder einem anzustrebenden Soll-Zustand, einem bestimmten Ziel, wird ein neues Verfahren als »besser« im Sinne des technischen Fortschritts beurteilt, »wenn entweder dieselben Leistungen mit geringerem Aufwand erzielt werden können oder wenn es gelingt, mit demselben Aufwand höhere Leistungen zu erreichen« (Rapp 1978, 75 f.). Kriterien der Bewertung beziehen sich je nach Fall auf Qualitätssteigerung, längere Lebensdauer, Sicherheit, Zuverlässigkeit, größere Präzision und Funktions-

oder Kontrollgeschwindigkeit und schließlich auf die ökonomische Effizienz, insbesondere was die Produktions- oder Wartungskosten des Verfahrens bei der Durchführung relativ zum Output betrifft. Die Ökonomen definieren das Vorliegen von technischem Fortschritt einfach als Output-Erhöhung bei sonst gleichem Kapitaleinsatz und Arbeitsaufwand. Diese umfassende Effektionsgröße würde sogar Produktionssteigerungen aufgrund verbesserter Motivation (vgl. etwa die Ergebnisse der Untersuchung informeller Gruppen bei den Hawthorne-Experimenten und die verbesserte gesellschaftliche Organisation) bei konstantem Kapital- und Arbeitseinsatz als technischen Fortschritt begreifen. Rapp (1980, 44) unterscheidet zwischen potentiellem und realisiertem technischen Fortschritt, während er 1978 noch zusätzlich den »ingenieur-wissenschaftlichen Fortschritt« und den Idealfall eines Gesamtwandels der Technik überhaupt in Betracht zieht (1978, 76, 78). Diese Unterscheidungen nehmen im wesentlichen wieder Gottl-Ottlilienfelds Unterscheidung von dem echt innovatorischen, d. h. wirklich realisiertem, *technischen* Fortschritt, der »von praktischem Belang für die Bedarfsdeckung« ist (1923, 168), und dem *technologischen* Fortschritt, jenem im technischen *Wissen*, wieder auf. Der letztere ist möglich, ohne daß er in der industriellen Produktion verwirklicht wird – ggf. sogar in der Konzeption, ohne prototypische Probelaufrealisierung. Entscheidend ist, daß Gottl-Ottlilienfeld schon von einem systemhaften Zusammenhang der technischen Fortschritte in verschiedenen Bereichen und der entsprechenden technologischen Fortschritte in wechselseitiger Beeinflussung sprach. Er betonte als einer der ersten den Zusammenhang aller technischen Probleme, die wechselseitige Steigerung und Befruchtung durch »Mutationen« (»Abspringen auf einen anderen Grundgedanken der Lösung«)! Er meint, es gäbe so etwas wie ein »Eigenleben« der technischen Entwicklung, »ein einheitliches System der technischen Fragestellung«. Diese gewissermaßen methodologische Einheit dokumentiert sich auch in der »Ableitung« und »Filiation der Probleme« bei »der Selbststeigerung des Fortschritts« (ebd., 175 ff., 179 f.). Fortschrittsdynamik, Exaktheitsstreben, wechselseitige Befruchtung und Beschleunigung sowie Systematisierung der Ausschöpfung von Möglichkeiten und Alternativen ist hier bereits lange vor den systemtheoretischen Deutungen der technischen Entwicklung (Ropohl 1978) und vor allgemeineren typologischen und hypothetischen Konzepten zur technischen Entwicklung (Pfeiffer 1971) gesehen. Gottl-Ottlilienfeld beschränkt sich dabei auf die von ihm so genannte »Realtechnik«, die sich in der Herstellung materieller Artefakte, der Anwendung der entsprechenden Verfahren darstellt und »das abgeklärte Ganze der Verfahren und Hilfsmittel des naturbeherrschenden Handelns« umfaßt (1923, 9). Wenn man die Einbettung in gesellschaftliche Zusammenhänge hinzunimmt, so muß der Fortschrittsbegriff im weiteren Sinne ausgedehnt werden auf Perspektiven, die soziale, ökonomische und andere Gesichtspunkte einbegreifen. Mit der Einführung eines Begriffs des soziotechnischen Fortschritts würden allerdings die spezifischen Merkmale des technischen und des technologischen Fortschrittsbegriffs im engeren Sinne zu leicht verwischt, so daß sich diese terminologische Änderung eigentlich nicht empfiehlt. Hinsichtlich der Motoren des technischen Fortschritts hat auch Gottl-Ottlilienfeld schon die späteren Unterscheidungen zwischen äußerer »Bedarfsinduktion« und innerer »autonomer Induktion« (Pfeiffer 1971, 100 u. a.) vorweggenommen. Insgesamt ergibt sich jedenfalls, daß man die Gesamtrichtung der als Fortschritt zu bewertenden technischen Entwicklung weder rein ökonomisch unter dem Druck äußerer Faktoren noch rein intern als bloße innere Entwicklung der technologischen Probleme ansehen kann, sondern daß sich ein komplexes systemhaftes Wechselspiel verschiedener derartiger Faktoren ohne lineare Verursachungskausalität eines Faktors ergibt. Von vielen Autoren (vgl. Rapp u. a. 1980, 193 ff.) werden wechselseitige Abhängigkeitsbeziehungen zur Erklärung der technischen Entwicklung gefordert, die nur in einer multidimensionalen Untersuchung erfaßt werden können. Übergreifender kumulativer eigendynamischer Fortschritt ist ein zusammenfassendes Konstruktphänomen, das sich erst durch ständiges Wechselspiel mit anderen Einflußbereichen und durch Aktionen handelnder Individuen ergibt und eine recht große Komplexität hinsichtlich individueller Beiträge, verschiedener Bereiche und sozialer Hintergrundfaktoren (wie z. B. den des »gesellschaftlichen Leistungsstandes« (Bolte)) ergibt. Daß die Wahrscheinlichkeit von Verbesserungen und neuen Veränderungen sich stets in Abhängigkeit vom jeweilig erreichten Entwicklungsstand (»der Technik«, der Naturwissenschaft und anderer, auch gesellschaftlicher Einflußgrößen) entwickelt, begründet unmittelbar die quasigesetzliche Grundform eines exponentiell wachsenden technischen Fortschritts – insbesondere, was die zeitliche Beschleunigung angeht.

Verantwortung für den technischen Fortschritt

Hinsichtlich der moralischen Beurteilungen ergibt sich ähnlich wie bei der früheren Erörterung synergistischer und kumulativer Effekte, daß eine ursächliche Verantwortung meist keinem einzelnen Individuum noch einem einzelnen Bereich zugeschrieben werden kann, wenn die Entwicklung und besonders die Beschleunigung von einer Vielzahl sich gegenseitig steigernder Wechselwirkungen abhängt. Im weiteren Sinne der Heger- und Präventionsverantwortung, wie sie zuvor erläutert wurde, übernehmen natürlich beteiligte Individuen, d. h. die Techniker, Ingenieure und generell Mitglieder der technischen Intelligenz sowie die in Anwendungsbereichen tätigen Naturwissenschaftler eine gewisse Mitverantwortung, ohne daß ihnen schlicht und einfach allein etwa die volle moralische Verantwortung für die Anwendung der von ihnen initiierten Erfindungen, deren unter Umständen schädliche Anwendungen sie aber möglicherweise nicht einmal voraussehen konnten, zugerechnet werden könnte. (Dies ist das Problem der individuellen Verantwortung des Technikers und des Naturwissenschaftlers in der anwendungsorientierten Forschung, das hier nicht im einzelnen abgehandelt werden kann.) Allgemein muß angesichts der Aufspaltung der Einzelverantwortlichkeiten und der unübersichtlichen Verzweigungen sicherlich der Gesellschaft und ihren repräsentativen Entscheidungsträgern eine kollektive Verantwortung für die Anwendung entwickelter technischer Verfahren – und zum Teil (man denke an das Manhattan-Projekt der ersten Atombombe) auch für die Entwicklung technologischer Großprojekte zugeschrieben werden, wenn nicht eine These vom eigendynamischen quasi »naturwüchsigen« technologischen Entwicklungsprozeß vertreten werden soll. Letztlich gestalten handelnde Menschen die Technik und deren Entwicklung, wenn auch in einer sehr vielfältig und verzweigt synthetisierten Kombinationsleistung. Mit der Erweiterung des Verantwortungsbegriffes – wie erörtert – übernehmen sie natürlich als einzelne, insbesondere auch als Mitglieder einer handelnden Kollektivität, Präventionsverantwortung gegenüber mißbräuchlicher Anwendung.

Während bei der reinen Grundlagenwissenschaft »echter Fortschritt« *und* seine »Erwünschtheit« Hand in Hand gehen, meint Jonas, sei dies anders »bei der Technik«, in der »Fortschritt eventuell auch unerwünscht sein kann (weil Technik sich nur durch ihre Effekte, nicht durch sich selbst rechtfertigt)« (Jonas 1979, 294 f.). Ist Wissenszuwachs stets erwünscht, Zuwachs der Verfügungsmacht aber nicht immer, weil sie unter Umständen gefährlich ist, mißbraucht werden kann? Kann Wissen nicht auch mißbraucht werden? Ist die Trennung zwischen reiner Wissenschaft und technischer Anwendung so puristisch rein durchzuführen – angesichts einer zunehmenden Technisierung der Wissenschaft und gleichzeitigen Verwissenschaftlichung der Technik? Hat nicht jedes Wissen, jede technische Entwicklung oder Entdeckung eine janusköpfige ambivalente Charakteristik aufzuweisen? Ist nicht selbst eine militärtechnologische Entwicklung und die individuelle Beteiligung an ihr in einer bedrohten Weltsituation auch durchaus ambivalent – und keineswegs ausschließlich negativ zu beurteilen? Neu sind die moralischen Probleme der Anwendung technologischer Entwicklungen nicht: Ein Messer konnte schon immer mißbraucht werden. Nur haben sich die Reichweite der Folgen, die Größe des Risikos wie auch die Ausmaße ungeplanter, ungesehener Nebenfolgen mit der Aktionsweite technologischer Wirkungsmöglichkeiten derart vergrößert, daß die traditionellen ethischen Verhaltensregelungen, an die der Mensch sich gewöhnt hat, überfordert zu werden scheinen. (Gehlen hält den Menschen für moralisch überfordert, wenn man von ihm verlangt, daß er nur abstrakt modellmäßig erfaßbare, räumlich und zeitlich entlegene Verbindungen bzw. Konsequenzen wie im unmittelbaren zwischenmenschlichen Handeln in Rechnung stellen können soll (1961, 136 f.).) Auch Jonas spricht von einer Überforderung, Überwältigung des Menschen und des Planeten, von der Überanstrengung der Natur (1979, 54 f., 216, 220 f., 252). Die Ethik des Nächsten scheint im Zeitalter globaler Fernwirkungsverflechtungen nicht mehr auszureichen. Wenn man durch einen Knopfdruck Hunderttausende von Menschen töten oder Millionen schädigen oder nachhaltig depravieren kann, so versagen Handlungsregelungen und ihre motivierenden Vorstellungen, die am Handeln von Angesicht zur Angesicht entwickelt worden sind – ganz zu schweigen von den vielleicht auch beim Menschen noch rudimentär wirksamen stammesgeschichtlich entwickelten »moralanalogen Hemmungen« (Lorenz), die schon an sich die meisten Menschen daran hindern dürften, Artgenossen nur mit Hilfe natürlicher Organe – mit den bloßen Händen – umzubringen.

Verantwortung des Forschers

Was nun die Verantwortung des Forschers – insbesondere des ingenieurwissenschaftlichen Forschers, der neue Technologien entwickelt – betrifft, so scheint insbesondere auch aufgrund der geschilderten erweiterten Konzeption der Verantwortung in einem systemtechnologischen Zeitalter eine mittlere Stellungnahme sinnvoll: Weder kann gesagt werden, daß der Wissenschaftler absolut nicht und in keiner Weise für seine Entdeckungen und ihre eventuellen Folgen verantwortlich sein kann, noch, daß er für die Anwendung seiner Ergebnisse umfassend im traditionell zurechnenden Sinne verantwortlich gemacht werden müsse. Die Wirklichkeit ist komplizierter als extreme puristische Lösungen. Insbesondere stellt sie sich bei den verschiedenen Aufgaben der Techniker noch diffiziler als beim wissenschaftlichen Grundlagenforscher einer anwendungsfernen Wissenschaft, obwohl heute jede Grundlagenwissenschaft anwendungsrelevant sein kann oder zumindest indirekt auch schon ist.

Zunächst einige Bemerkungen zur Frage der Verantwortung des Wissenschaftlers: Man hat gesagt, daß Wissenschaft als beschreibende Untersuchung der Naturgesetze keine moralische oder ethische Qualität (Chain) hat, »ethisch neutral« sei (Hersch) und daß daher »nicht die Wissenschaftler für eventuelle schädigende Wirkungen ihrer Erfindungen« verantwortlich sein können, sondern die Gesellschaft, der jeder Wissenschaftler wie jeder andere Bürger verpflichtet ist. Insbesondere sei der Wissenschaftler nicht für die Anwendung eines von ihm entdeckten fundamentalen Gesetzes verantwortlich, von dessen Verwendungsmöglichkeit er beim Beginn seines Projektes nichts ahnen konnte (Chain 1970) »Ihn für seine Entdeckung verantwortlich zu machen, ist gleichbedeutend damit, zu fordern, daß er richtig das Ergebnis seiner Untersuchung voraussieht, bevor er sie begonnen hat«; die Entscheidung für eine Anwendung geht zudem weit über das beschreibende Wissen hinaus und »ist *nicht* eine Implikation seiner

Untersuchung noch der biochemischen Wahrheiten, die er entdeckt«: Es sei »daher sinnlos, ihm eine Verantwortlichkeit für die *Anwendung* seiner Entdeckung zuzuschreiben: diese müsse allein der Politiker oder Entscheidungsträger auf sich nehmen« (Hoffmann 1975). Chain geht sogar soweit, Wissenschaftlern und Technikern, die *direkt* in der Entwicklung neuer Kriegswaffen – seien diese ballistisch oder biologisch – involviert sind, die Verantwortlichkeit »für die schrecklichen zerstörerischen Effekte der Waffen, die sie entwickeln,« abzusprechen. Man hat demgegenüber hervorgehoben (Kurtz 1977, Belsey 1979), daß bei aller prima facie als allgemeines Prinzip gegebenen Freiheit der Forschung dennoch Einschränkungen und besondere Verantwortlichkeiten angesichts gefährlicher Forschungsbereiche (die zum Beispiel besondere Risiken für die Menschheit einschließen wie die Genmanipulation) bestehen – besonders auch dann, wenn der Wissenschaftler »gute Gründe hat zu glauben, daß seine Entdeckung in einer Weise verwendet werden kann, welche die Menschheit schädigend beeinflußt, und daß eine Regierung (oder eine andere die Politik bestimmende Körperschaft) wahrscheinlich die Entdeckung in dieser Weise benutzen würde. Dann sollte er diese Entdeckung nicht in die Hände dieser Regierung legen« (Belsey 1978). Der Wissenschaftler könne – etwa im Bereich der Genmanipulation – »nicht einfach seine Hände öffentlich in Unschuld waschen, wenn er etwas entdeckt, das katastrophal für die Menschheit sein könnte«. Man könne natürlich nicht verlangen, daß der Wissenschaftler richtig das Ergebnis seiner Untersuchung vor dem Beginn schon voraussehe, aber »man kann fordern, daß er wahrscheinliche Ergebnisse« in manchen Risikobereichen der Forschung abschätzt, was zu seiner normalen menschlichen Verantwortung innerhalb seiner gesellschaftlichen oder Amtstätigkeit gehört (ebd.). Man brauche keine wissenschaftliche Sondermoral, aber besonders Techniker stehen häufig an strategischen »Schaltstellen der Entscheidung«, die außertechnische und übergreifende Zusammenhänge ins Spiel bringen und von ihnen verlangen, die möglichen Folgen der Entscheidungen mitzubedenken (Sachsse 1972, 122 ff.), selbst wenn diese im voraus nur unvollständig zu übersehen sind. Chain möchte dem Wissenschaftler lediglich eine besondere Verantwortung für die Risikowarnung einräumen. Und ein Ingenieurwissenschaftler, der sich dagegen wehrt, die Techniker zu »Superwissenschaftler(n), aufzubauen und auch noch gleich ihre eigenen Philosophen, Soziologen, Politologen usw.« sein zu lassen oder sie »zu einem Heer von in Schnellsiedekursen ausgebildeten Möchtegerngeistesriesen umfunktionieren (zu) lassen« (obwohl »sie sehr wohl ihre Meinung zu allgemeinen Problemen deutlich werden lassen, aber dabei nie vergessen (sollen) zu sagen, daß ihre Meinung nicht eigentlich eine wissenschaftliche sein kann«), reduziert die Verantwortung des Technikers auf die Unterstützung interdisziplinärer Zusammenarbeit, die rechtzeitige und verständliche Information über neue technische Möglichkeiten und ihre Problematik, auf die Beteiligung bei Pilottestprojekten sowie auf die Aufforderung an Geistes- und Sozialwissenschaftler (die »ihre Mondlandung« noch vor sich hätten), »verstärkt brennende praktische Probleme« zu erörtern und »auch in der Praxis zu der Bedeutung (zu) verhelfen, die ihnen abstrakt für die Lösung gesellschaftlicher Fragen zukommen« dürfte (Grau 1976).

Popper (1968) meinte, »nur Naturwissenschaftler« könnten »die Gefahren des Bevölkerungswachstums voraussehen oder die des zunehmenden Verbrauchs von Erdölprodukten oder der für friedliche Zwecke verwendeten Atomenergie (wegen des sich häufenden Atommülls)« (als ob es sich hier um *bloß* naturwissenschaftliche Probleme handelte!): »Nur die Wissenschaftler können die Begleiterscheinungen und Folgen ihrer eigenen Leistungen abschätzen«: »Die Zugänglichkeit« von »neuem Wissen« schaffe »neue Verpflichtungen«: »Sagesse oblige« (Mercier). Dies aber sei Teil der besonderen Verantwortung des Wissenschaftlers, die mit seiner Rollenverpflichtung gegeben ist: »Jederman trägt dort eine besondere Verantwortung, wo er entweder über besondere Macht oder über besonderes Wissen verfügt.« Popper möchte sogar die Verantwortlichkeit und deren Bewußtheit aktivieren durch Einführung eines am hippokratischen Eid orientierten Versprechens für Studenten der angewandten Naturwissenschaft.

Lübbe (1980) hingegen urteilt, der Wissenschaftler sei mit der Verantwortung und der Abschätzung der »Schädlichkeitsnebenfolgen des wissenschaftlich-technischen Fortschritts« »hoffnungslos überfordert«: Nur bodenloser Moralismus (»dessen Verantwortungspathetik das Komplement seiner praktischen Ohnmacht ist«) könne die Verantwortung von Personen über ihre Handlungsmacht hinaus ausdehnen – und beim wissenschaftlichen Handeln wären eben angesichts der nicht beabsichtigten, nicht vorhersehbaren Folgen der erweiterten wissenschaftlich-technischen Handlungsmöglichkeiten der Verantwortungsbegriff und die Verantwortung des Wissenschaftlers überstrapaziert. »Die Empfindlichkeit für die Nebenfolgenlasten des wissenschaftlichen Fortschritts« sei Ursache für den kompensatorischen »Ruf nach Verantwortung der Wissenschaftler und Techniker . . ., deren Innovationen in der Tat diesen Fortschritt in letzter Instanz auslösen«, die aber »in ihrer Rolle als Wissenschaftler diese Verantwortung gar nicht tragen« könnten, weil diese Entscheidungen »auf der Ebene unserer öffentlichen und bürgerlichen Kultur« zu verantworten seien, »der unsere Wissenschaftler ohne jede Vorzugsrolle ihrerseits angehören«. Immerhin gilt es aber auch für Lübbe, »die Verantwortung des Experten, des Fachmannes« als »die spezielle moralische und ggf. auch politische Verantwortung des Wissenschaftlers in dieser seiner Rolle« zu bedenken. Es gibt eine »Begründungsmoral«, nämlich die Verpflichtung, differenziert nach bestem wissenschaftlichen Wissen das Spektrum der jeweiligen wissenschaftlichen Argumentationen abzuwägen. Wissenschaftler, Techniker, Fachmann und sein, verschaffe über die Fachkompetenzen hinaus keine moralische und politische Sonderurteilskraft. Wissenschaftliche und technische Fachexperten sind keine »Experten zur Lösung von Orientierungs- und Zielfindungskrisen«, »Expertenkompetenz für moralische und politische Zwecke« könne man ihnen nicht – wie in der Demokratie überhaupt niemandem – zubilligen.

Sind die Wissenschaftler also in dieser Hinsicht von *jeder* Verantwortung freizusprechen? Ist für die »gesellschaftspolitischen und sozialen Aspekte« künftiger Planungen »von den Wissenschaftlern . . . nicht allzuviel zu erwarten«, wie Sozialkritiker (z. B. Ginsburg 1980) argwöhnen? Haben die Experten in kritischen Situationen, etwa beim Katastrophenfall von Harrisburg – wie diese Gesellschaftskritiker glauben – moralisch versagt, haben sie die Bevölkerung »bewußt in der kritischen Zeit irregeführt, zum Teil sogar faustdick belogen« durch »beruhigende Erklärungen«, konnten sie »die Gefahrensituation gar nicht überblicken« (ebd., 97)? Beides läßt sich anhand der Details widerlegen, als einseitige Negativkritik entlarven. Ist aber die Ausrede eines Nobelpreisträgers (Delgados) generell ausreichend zu jeder Exkulpation: *»Ich bin nicht Ethiker, ich bin Biologe«* (ebd., 99)?

In der Tat hatten bereits Heisenberg (1969, 262 ff.) und v. Weiz-säcker im Anschluß an den Bericht über den Abwurf der Hiro-shima-Atombombe diese Fragen erörtert und vom einzelnen an der Forschung bzw. Entwicklung Beteiligten »die sorgfältige und gewissenhafte Berücksichtigung des großen Zusammenhangs, in dem sich der technisch-wissenschaftliche Fortschritt vollzieht«, verlangt – gerade auch dort, »wo er dem eigenen Interesse nicht unmittelbar entgegenkommt« (ebd., 267). Der Forscher müsse »die Lösung als Teil einer großen Entwicklung sehen, die er of-fenbar bejaht, wenn er überhaupt an solchen Problemen mitarbei-tet«, er werde dann »leichter zu den richtigen Entscheidungen kommen, wenn er diese allgemeinen Zusammenhänge mitbe-denkt« (ebd., 272). Weizsäcker meinte zum Beispiel, die amerika-nischen Atomphysiker hätten sich vor dem Abwurf der Bombe von Hiroshima »nicht genug um politischen Einfluß bemüht, . . . die Entscheidung über die Verwendung der Atombombe zu früh aus der Hand gegeben« (ebd., 273), zumal durch ihre strategische Position die Einflußmöglichkeit groß gewesen wäre und Wissen-schaftler generell »in ihrer wissenschaftlichen Arbeit besser ge-lernt (haben), objektiv, sachlich und, was das Wichtigste ist, in großen Zusammenhängen zu denken« (ebd., 272). Diese Meinung scheint noch ein wenig von szientistischem Optimismus geprägt zu sein, was dennoch in Richtung einer Expertokratie oder »Szientokratie« höherer moralischer und politischer Kompetenz zu weisen scheint.

Es sei hier abgesehen von der Frage, ob der Bombenabwurf »als eine reine Machtdemonstration verstanden werden« kann, die »offenbar zum Sieg nicht mehr nötig war« (ebd., 271), und ob – wenn ja – nicht doch eine Explosion über einem rein militärischen Ziel – zum Beispiel einem Flottenverband – ebenso ausreichend gewesen wäre –, oder gar eine reine Demonstration der Zerstö-rungskraft, eine zunächst unschädliche Aktion, wie sie von dem Physik-Nobelpreisträger James Franck gefordert worden war.

Besonders interessant ist im gegenwärtigen Zusammenhang je-doch eine Unterscheidung Weizsäckers zwischen dem »Entdek-ker« und dem »Erfinder«: »Der Entdecker kann in der Regel vor der Entdeckung nichts über die Anwendungsmöglichkeiten wis-sen, und auch nachher kann der Weg bis zur praktischen Ausnüt-zung noch so weit sein, daß Voraussagen unmöglich sind«: »Hahns Experiment über die Spaltung des Atomkerns war eine

Entdeckung, die Herstellung der Bombe eine Erfindung« (ebd., 266 ff.). Ist der »Entdecker« in diesem Sinne frei von jeglicher Mitverantwortung, der »Erfinder« aber nicht? Ist also der Wissenschaftler und der Entdecker Hahn nicht moralisch verantwortlich, aber Edward Teller als leitender Konstrukteur der Wasserstoffbombe durchaus?

Die Unterscheidung scheint auf den ersten Blick plausibel, und sie ist es vielleicht auch – allerdings nur im idealtypischen Sinne: Sie unterstellt nämlich zu einfache Verhältnisse: Auch technische Entwicklungen (zum Beispiel die Entwicklung des Verbrennungsmotors oder die prototypische Herstellung von Dynamit) haben natürlich die Ambivalenz der positiven und destruktiven Verwendbarkeit an sich. Zudem lassen sich Grundlagenforschung und technische Entwicklung nicht mehr so glatt und einfach trennen, wie die idealtypisch reine Unterscheidung zwischen dem »Entdecker« und dem »Erfinder« (natürlich nur in diesem weiten Sinne) unterstellt. Edward Teller war jedenfalls die Rolle klar – nur zog er sich auf die angebliche Rollenneutralität des Experten, der von einem technisch »so süßen« Projekt fasziniert war wie zuvor Oppenheimer, zurück, wies jede moralische Verantwortung von sich. Hahn hingegen hat sein ganzes Leben unter den von ihm absolut nicht voraussehbaren Folgen seiner ersten Urankernspaltung gelitten. War der »Entdecker« moralisch zu skrupulös, der »Erfinder«-Techniker zu starr uneinsichtig (vielleicht durch eine nachträgliche – evtl. unbewußte – Strategie rationalisierender Selbstrechtfertigung)? Sind die Wissenschaftler und Techniker Träger des faustischen Pakts gewesen, die, wie Oppenheimer meinte, an den »Rand des Abgrunds der Vermessenheit« gegangen sind, »gesündigt« haben? Ist Wissenschaft demnach an die Übernahme von »Schuld« gebunden (wie Heisenberg und v. Weizsäcker fragten (ebd., 264) – und verneinten)?

Mir scheint, daß viele dieser skizzierten Stellungnahmen – und zwar auf beiden Seiten – noch zu sehr ausschließlich dem traditionellen individualistischen Verursacherverantwortungskonzept anhängen. Unter dem Gesichtspunkt der erweiterten Hegerverantwortlichkeit, deren Konzept oben diskutiert wurde, stellt sich die Situation differenzierter dar. Angesichts der quasi-zwangsläufigen Entwicklungsdynamik im Wissenschaftsfortschritt meinte schon Heisenberg in dem erwähnten Gespräch (ebd., 266), man könne »auch dem einzelnen, der den entscheidenden Schritt wirklich tut, nicht mehr Verantwortung für seine Folgen aufbürden als allen anderen, die ihn vielleicht auch hätten tun können«: »Der einzelne ist von der geschichtlichen Entwicklung an die entscheidende Stelle gesetzt worden, und er hat den Auftrag, der ihm hier gegeben war, auch ausführen können, mehr nicht. Er wird dadurch vielleicht etwas mehr Einfluß auf die spätere Ausnutzung seiner Entdeckung gewinnen können als andere. Tatsächlich hat Hahn ja auch in Deutschland, wo immer er gefragt wurde, sich für die Anwendung der Uranspaltung nur auf die friedliche Atomtechnik ausgesprochen, er hat vom Versuch kriegerischer Anwendung überall abgeraten und gewarnt.« Man sollte und kann diese Worte Heisenbergs nicht als Ausweichstrategie, als »Flucht vor Verantwortung« deuten. Mit historischen Fatalitätsparolen darf man als Wissenschaftler und Techniker seine Hände nicht leichtfertig in Unschuld waschen – und Heisenberg hat das sicherlich auch nicht so verstanden (dafür spricht der Gesamtduktus des Textes). Die erweiterte Verantwortlichkeit angesichts des einmal eingegangenen und nicht einfach zu widerrufenden faustischen Paktes beim wissenschaftlich-technischen Fortschritt ist in der Tat wichtiger als die rückwirkende moralische Verursacherzuordnung bei Grundlagenprojekten. Diese erweiterte Verantwortlichkeit gilt es den Wissenschaftlern, insbesondere auch den jüngeren, den Studenten bewußt zu machen. Hierfür muß auch schon in der Hochschule – und womöglich in der Schule – Vorsorge im Sinne von Informationen, Diskussionen und möglichst konkreten Fallerörterungen getroffen werden. Dazu unten noch einige Vorschläge.

Die skizzierte »Zweistufentheorie der Verantwortung« soll keineswegs als »universelle Entschuldigungsphrase für Wissenschaftler« dienen, die sich auf diese Weise »elegant um ihre gesamtgesellschaftliche Verantwortung herummogeln wollen« – eine solche »Konsequenz der Theorie der halbierten Verantwortung« (Obermeier 1979, 567) ist hier gerade nicht gemeint, sondern die Notwendigkeit, eine erweiterte Bewußtheit durch Erweiterung der Verantwortungskonzeption zu fördern. Es erscheint mir zweifelhaft, ob man durch »eine ständige Kommission, die sich mit der Untersuchung und Beurteilung der ethischen, sozialen und rechtlichen Folgelasten des Fortschritts in der biomedizinischen Forschung und Technologie beschäftigt, die wohl geeignetste Institution zur Steuerung dieses Wissenschaftszweiges« hätte, selbst wenn diese Kommission interdisziplinär »möglichst breit besetzt« wäre, wie Obermeier (ebd., 569) meint: Sei »es nicht schon längst Zeit, Wissenschaft zu reglementieren, bevor uns die permanenten Innovationen, bevor uns der Fortschritt erdrückt?« (ebd., 567) Dies würde wohl eine unrealistische Voraussagbarkeit und Voraussehbarkeit wissenschaftlicher Entdeckungen sowie ihrer Folgenutzungen unterstellen. Die Superexperten, die Superkommission wären institutionalisiert. Mögen Ethikkommissionen beim medizinischen Humanexperiment zur Kontrolle noch sinnvoll sein, so dürfte eine umfassende Kommission zur Behandlung aller übergreifender Probleme der Grundlagenforschung ebenso überfordert sein wie der Einzelwissenschaftler, dem man sämtliche Verursacherverantwortung für alle von ihm nicht voraussehbaren Folgen einer Entdeckung aufbürden wollte. (Zur Festlegung von zumutbaren Emissionsgrenzwerten z. B. existieren schon interdisziplinär zusammengesetzte Expertenkommissionen: Die TA Luft etwa ist Ergebnis sorgfältiger Kommissionsarbeit. Bei und wohl nur bei detailnahen Festsetzungsaufgaben und technischen Beurteilungen funktioniert das Kommissionsmodell.)

Der akademische Eid der Wissenschaftler (nach Popper auch von Leinfellner vorgeschlagen (1974)), der dem jungen Wissenschaftler ansinnt, zu geloben, daß er stets so handeln werde, »daß die wissenschaftsinternen und die externen Kriterien zusammen mit dem humanistisch-oikologischen Obligat in jedem Fall zu gleicher Zeit erfüllt sind« (1974, 34), klingt ein wenig idyllisch-betulich-appellativ, wenn man daran denkt, daß bei den meisten Promotionen früher ein solches Versprechen schriftlich abgegeben wurde, zum Teil wohl auch noch wird – und daß der hippokratische Eid des Mediziners abgeschafft wurde.

Ethische Rahmenempfehlungen für Technik und Wissenschaft

Zum Schluß seien noch einige resümierende Bemerkungen und Empfehlungen angefügt:

1. *Macht und Wissen verpflichten* – auch technologische (überpersönliche) Macht. Die Schaffung neuer Abhängigkeiten schafft eine neue moralische Verantwortung überpersönlicher Art. Eine ins Utopische gewachsene technologische Verfügungsmacht (im

Blick auf Zeiträume und die Aktionsweite der Auswirkungen – samt deren manchmal unabsehbaren, unkontrollierbaren Nebenfolgen) erzeugt

2. eine *erweiterte Verantwortlichkeit:*

Über die traditionelle Verursacherverantwortung hinaus übernimmt der Mensch eine »sorgende« Heger- und Verhinderungsverantwortung.

3. Diese Verantwortlichkeit richtet sich nicht mehr nur auf das Wohl des *Nächsten* und auf ein humanes Überleben der *Menschheit*, sondern auch auf die Erhaltung und Hegung der *Natur* (einschließlich ihrer ökologischen *Systemfunktionsbedingungen*) und auf die nichtmenschliche *Mitkreatur* (z. B. Tierarten). Die Natur als ganze und in ihren Teilen ist moralischer Gegenstand geworden – wenigstens im Blickfeld der negativen Verfügungsmacht (Störungs- oder Zerstörungsfähigkeit) des Menschen.

4. Die erweiterte Verantwortlichkeit richtet sich besonders auch auf die *Zukunft*, auf die künftige Existenz der Menschheit, der *nachfolgenden Generationen*, beachtet ihr moralisches Recht auf ein menschenwürdiges Leben in einer zuträglichen Umwelt, aber auch auf die Zukunft der Natur (und Mitkreatur). Ein justiziables Recht der Nachgenerationen, der Mitkreaturen könnte entstehen.

5. Die Präventions- und Hegerverantwortlichkeit kann nicht nur einzelnen zugerechnet werden. Angesichts der Gefahren zusammenwirkender und kumulativer Effekte und technologischer Großprojekte (an denen Tausende einzelner beteiligt sind) ist Gemeinschaftsverantwortung der kollektiv Handelnden und aller nach außen über Eingriffsmöglichkeiten Verfügenden zu übernehmen: Teamverantwortung, Verantwortung der Gesamtgeneration sowie Spezialistenverantwortung.

6. Die *Verantwortung* der wissenschaftlichen und technischen Experten *an strategischen Positionen* ist Teil dieser *Präventionsverantwortung* (Man stelle sich vor, daß statt der Fluglotsen die Chemiker und Ingenieure streiken, die die Wasserversorgung überwachen!). An strategischer Schaltstelle wird die Präventionsverantwortung in negativer Weise zurechenbar.

7. Die *Verantwortung des Forschers* in Wissenschaft und Technik ist ein Spezialfall der Verantwortung in strategischer Position. Die Berücksichtigung der präventionsorientierten und hegerischen Verantwortung ist Gebot, wo immer schädliche Effekte

vorausgeschätzt und abgewendet werden können – z. B. bei direkt anwendungsorientierten technologischen Projekten. Eine persönliche Mitverursacherverantwortung ist fallweise gegeben. Eine allgemeine *strikte Verursacherverantwortung* der Wissenschaftler und Techniker kann angesichts der Ambivalenz und kollektiven Entstehung der Forschungsergebnisse (besonders in der Grundlagenforschung) *nicht erhoben* werden. Um so wichtiger ist die *präventive Verantwortung*. Die Unterscheidung zwischen dem »*Entdecker*«- Typ des reinen Wissenschaftlers und dem »*Erfinder*«-Techniker ist zur Groborientierung nützlich, aber ein idealtypisches Modell. Alle Mischungen kommen vor und ergeben gemischte Verantwortlichkeiten innerhalb der allgemeinen Vorsorgeverantwortung.

8. Wissenschaftler und Techniker, die Humanexperimente im Labor oder im Feld durchführen, unterstehen zusätzlich zur Spezialistenverantwortung auch der normalen *zwischenmenschlichen Handlungsverantwortung* für ihre Versuchspersonen (besonders in nichttherapeutischen Experimenten). Die rechtliche Lage der Humanexperimente ist außer durch bloße Deklarationen des Weltärztebundes und psychologischer Gesellschaften noch weitgehend ungeklärt (Eser).

9. Der Mensch darf sicherlich *nicht alles herstellen, was er technisch kann, nicht alles anwenden, was er herstellen kann.* »Können impliziert Sollen« ist kein ethischer Imperativ – und darf auch kein unbeschränkter technologischer Imperativ sein. Andererseits ist die *Innovativität* des technologischen Menschen nicht über die Gebühr zu beschränken, zumal technologische Entwicklungen ambivalent sind, also auch positiv (menschen- und/oder naturfördernd) benutzt werden können, ja, müssen: Die Menschheit ist vom technischen Fortschritt abhängig geworden und könnte sich nur um den Preis von Katastrophen wieder von ihm befreien. Der Mensch von heute kann es sich nicht mehr leisten, den technischen Fortschritt stillzustellen (wie Marcuse vorschlug) oder ihn auch nur abschätzig zu bewerten und dadurch zu behindern. Das bedeutet freilich nicht, daß die Menschheit auf einen überzogenen industriellen Wachstumsfetischismus oder einen »technologischen Imperativ« angewiesen wäre, alles Machbare auch herzustellen bzw. zu innovieren.

10. Was *menschen- und kosmosfreundlich* ist, wandelt sich im Laufe der Geschichte abhängig von Systembedingungen. (In

Zeiten des Bevölkerungsmangels stellten sich z. B. Fragen der Geburtenregelung ganz anders als in einer zunehmend von Wachstumsgrenzen und Rohstofferschöpfung sowie Umweltverschmutzung geprägten Welt.) Versorgungsnöte entstehen heute u. U. gerade aus der Strategie, die besten Versorgungsgaranten (Kinder, Bevölkerungszuwachs) der vorindustriellen Vergangenheit zu maximieren.

Das ethische Nachdenken muß also dynamisch und pragmatisch jeweils der historischen Situation Rechnung tragen – bei aller Konstanz der Grundimpulse auch die Aufgabe der weiteren Verfeinerung angesichts neuer technologischer Herausforderungen wahrnehmen.

11. Eine besondere Herausforderung dürfte die Tendenz zur *Systemtechnokratie* darstellen, in die alle Trends der Bürokratisierung, Rollensegmentierung, Funktionalisierung, Volltechnisierung, Automatisierung und Computerisierung zusammenlaufen.

Die rechtliche und ethische Problematik des Datenschutzes hat uns schon einen Vorgeschmack davon vermittelt.

12. Angesichts der Entwicklungsdynamik, der Orientierungs- und Bewertungsschwierigkeiten können kaum ethische Generalrezepte über die konstanten Grundverantwortlichkeiten für Menschheit, Mitmensch, künftige Generationen, Natur und Kreatur hinaus gegeben werden. Daher ist die einzige Möglichkeit, sich den künftigen ethischen Herausforderungen gewachsen zu zeigen, die *moralische Bewußtheit*, wo überhaupt möglich, zu fördern – besonders auch in konkreten projekt- und berufsbezogenen Zusammenhängen. Die Entwicklung von *Berufsethiken* ist vordringlich – und die entsprechende Ausbildung: Kaum ein Medizinstudent nimmt vorerst noch an Kursen in medizinischer Ethik teil (1 von 300 im Jahre 1976 in Amerika (Barber 1976)). Techniker und Forscher werden, soweit ich sehe, überhaupt noch nicht auf die ethischen Probleme ihrer Disziplin – weder im allgemeinen Zusammenhang (Studium generale) noch in projektnaher Konkretisierung hingewiesen. Ethik sollte nicht nur als Schulfach (und Religionsunterrichtsersatz) gefordert und gefördert werden, sondern besonders auch als berufsethische Bewußtmachungs- und moralische »*Wächterdisziplin*«.

Das letztere forderte schon vor fast einem Jahrzehnt die internationale »*Mount Carmel Declaration on Technology and Moral Responsibility*« (im Technion Haifa; 1974): Ich resümiere sie:

»Die verantwortliche Kontrolle technischer Entwicklungen durch soziale Systeme und Institutionen ist eine dringliche Aufgabe für die *ganze* Welt ... über alle Interessenkonflikte hinaus ...« Angesichts der Technikfolgen (positiver wie auch der »direkten Bedrohung für das Fortleben der Menschen«) ist u. a. »vor allem (auch) *moralische* Wertung notwendig«. »Kein Aspekt der Technik ist moralisch gesehen ›neutral‹«. (Wir haben gesehen, daß dies differenzierter zu sehen ist.) »Es sind Menschen«, als Individuen handelnde Repräsentanten oder Gruppen selbst, »die die volle Verantwortung für den Mißbrauch der Technik tragen«. Ausreden mit der »angeblich unabänderlichen Eigengesetzlichkeit« technologischer Entwicklung bedeuten »eine Flucht vor der moralischen und politischen Verantwortung«.

»Jede technische Unternehmung« muß, so fordert die Deklaration, die Grundrechte und Menschenwürde respektieren; sie darf die Menschheitszukunft »nicht aufs Spiel setzen« und »Menschen nicht zu *Objekten* erniedrigen«. Die Deklaration fordert »unbedingten Vorrang« für die »Erleichterung menschlichen Leidens«, »Ausrottung von Hunger und Krankheit«, »Bekämpfung sozialer Ungerechtigkeit« und Friedenssicherung.

Da den Wissenschaftlern und Technikern »eine besondere, aber nicht ausschließliche Verantwortung« obliegt, empfiehlt sich die Entwicklung und Ausbreitung der technologieorientierten ethischen und sozialwissenschaftlichen »*Wächterdisziplinen*« (»Guardian disciplines«), »mit deren Hilfe die technischen Neuerungen, vor allem in Hinblick auf ihre möglichen moralischen Auswirkungen beobachtet und bewertet werden sollen«. Verschiedene Morallehren, aber *alle* Bildungsinstitutionen und Informationsmedien sollten bei der Untersuchung, Erörterung und Verbreitung der Ergebnisse dieser »Wächterdisziplinen« mitwirken.

Ist diese Deklaration noch überholtem aufklärerischem Optimismus verpflichtet? Oder ein Ruf zur Besinnung im sich dramatisch zuspitzenden »moralischen Notstand« angesichts der technologischen Herausforderungen?

Wir werden den technischen Fortschritt in der Tat nur dann moralisch zähmen können, wenn wir nicht in vordergründiger Pragmatik moralische Vogel-Strauß-Politik betreiben und blind den moralischen Kopf in den Treibsand scheinbarer technologischer Eigendynamik stecken.

Literatur

Albrecht, U.: Die Werturteilsfrage in der Technik. (Vortragsmanuskript Karlsruhe VDI-Ausschuß »Philosophie und Technik« 5. 5. 1969, Karlsruhe)

Barber, B.: The Ethics of Experimentation with Human Subjects. In: Scientific American 234 (1976), Nr. 2, 25-31.

Beecher, H. K.: Experimentation in Man. Springfield, Ill. 1959.

Beecher, H. K.: Ethics and Clinical Research. In: New England Journal of Medicine 274 (1966), 1354-1360.

Belsey, A.: The Moral Responsibility of the Scientist. In: Philosophy 53 (1978), 113-118.

Belsey, A.: Scientific Research and Morality. Beitrag zum 6. Internationalen Kongreß für Logik, Methodologie und Wissenschaftsphilosophie, Hannover 1979, Sektionsvorträge: Sektion 14, 211-215.

Birnbacher, D.: Sind wir für die Natur verantwortlich? In: Birnbacher, D. (Hg.): Ökologie und Ethik. Stuttgart 1980, 103-139.

Bodnár, J.: Die Ethik der wissenschaftlichen Forschung. Beitrag zum 6. Internationalen Kongreß für Logik, Methodologie und Wissenschaftsphilosophie. Sektionsvorträge. Hannover 1979, Sektion 14, 216-224.

Born, M.: Die Zerstörung der Ethik durch die Naturwissenschaften. Überlegung eines Physikers. In: Kreuzer, H. (Hg.): Literarische und naturwissenschaftliche Intelligenz. Stuttgart 1969, 179-184.

Byrne, E.: The Normative Side of Technology: Philosophy in the Public Interest. Beitrag: Annual Meeting Society for the Philosophy of Technology im Rahmen der Jahresversammlung der American Philosophical Association, New Orleans 1976.

Chain, E.: Social Responsibility and the Scientist. In: New Scientist 48 (1970), 166-170.

Diener, E. – Crandall, R. (Hg.): Ethics in Social and Behavior Research. Chicago/London 1978.

Eser, A. – Schumann, K.F. (Hg.): Forschung im Konflikt mit Recht und Ethik. Stuttgart 1976.

Ferkiss, V.: Der technologische Mensch. Hamburg 1970.

Frankena, W. K.: Analytische Ethik. München 1972.

Gehlen, A.: Anthropologische Forschung. Hamburg 1961.

Gehlen, A.: Die Seele im technischen Zeitalter. Hamburg 1957.

Ginsburg, T.: Die Verantwortung des Wissenschaftlers heute. In: Grupp, M. (Hg.): Wissenschaft auf Abwegen? Fellbach-Oeffingen 1980, 90-103.

Grau, G.: Die »besondere« Verantwortung des Technikers für die Gesellschaft. (Vortragsmanuskript 1976).

Grupp, M. (Hg.): Gefährliche Wissenschaft? In: Grupp, M. (Hg.): Wissenschaft auf Abwegen? Fellfach-Oeffingen 1980, 68-77.

Grupp, M. (Hg.): Wissenschaft auf Abwegen? Fellbach-Oeffingen 1980.

Heisenberg, W.: Der Teil und das Ganze. München 1969.

Heisenberg, W.: Quantentheorie und Philosophie. Stuttgart 1979.

Hersch, J.: Die Verantwortung des Wissenschaftlers in der Sicht der Philosophie. In: Universitas 35 (1980), 1291-1296.

Hoffmann, R.: Scientific Research and Moral Rectitude. In: Philosophy 50 (1975), 475-477.

Humber, J. M. – Almeder R. F. (Hg.): Biomedical Ethics and Law. New York/London 1976.

Ingarden, R.: Über die Verantwortung. Stuttgart 1970.

Jantsch, E.: Technological Forecasting in Perspective. Paris 1967 (OECD).

Jantsch, E. (Hg.): Perspectives of Planning. Paris 1969.

Jonas, H.: Das Prinzip Verantwortung. Versuch einer Ethik für die technologische Zivilisation. Frankfurt 1979.

Jonas, H.: Philosophical Reflections on Experimenting with Human Subjects. In: Freund, P.A. (Hg.): Experimentation with Human Subjects. New York 1970, 1-31. (Auch in Humber-Almeder 1976).

Kadlec, E.: Realistische Ethik. Berlin 1976.

Katz, J. – Cabron, A. M. – Glass, E. S.: Experimentation with Human Subjects. New York 1972.

Kurtz, P: The Ethics of Free Enquiry. In: Huck, S. – Kurtz, P. – Todorovich, N. (Hg.): The Ethics of Teaching and Scientific Research. Buffalo, N.Y. 1977, 203-207.

Kropp, G.: Die philosophische Verantwortung in der Physik. Berlin/Hannover 1948.

Leinfellner, W.: Wissenschaftstheorie und Begründung der Wissenschaften. In: Eberlein (Hg.): Forschungslogik der Sozialwissenschaften. Düsseldorf 1974.

Lem, S.: Summa Technologiae. Frankfurt 1976 (Orig.: Krakau 1964).

Lenk, H. (Hg.): Technokratie als Ideologie. Stuttgart u. a. 1973.

Lenk, H. (Hg.): Normenlogik. München 1974.

Lenk, H.: Zu ethischen Fragen des Humanexperiments. In: Lenk, H.: Pragmatische Vernunft. Stuttgart 1979. 50-76.

Lenk, H. – Moser, S. (Hg.): Techne – Technik – Technologie. München 1973.

Lenk, H. – Ropohl, G.: Praxisnahe Technikphilosophie. In: Zimmerli, W. C. (Hg.): Technik oder wissen wir was wir tun? Basel/Stuttgart 1976.

Lenk, H. – Fulda, E.: Zur ethischen Problematik von Humanexperimenten in der sozialpsychologischen Grundlagenforschung. In: Kruse, L. und M. Kumpf (Hg.): Psychologische Grundlagenforschung – Ethik und Recht. Bern/Stuttgart/Wien 1981, 263-301.

Lipscombe, J. – Williams, B.: Are Science and Technology Neutral? London 1979.

Lübbe, H.: Wissenschaftsfeindschaft und Wissenschaftsmoral. Über die Verantowrtung des Wissenschaftlers. Berner Universitätsschriften: »Wissenschaft und Verantwortung«. Bern 1980 (Sonderdruck) 7-17.

Mendelsohn, E. – Nelkin, D. – Weingart, P. (Hg.): The Social Assessment of Science. Bielefeld 1978. (Forschungsschwerpunkt Wissenschaftsforschung Universität Bielefeld).

Mohr, H.: The Ethics of Science. In: Interdisciplinary Science Reviews 4 (1979), 45-53.

N.N.: The Mount Carmel Declaration on Technology and Moral Responsibility. Haifa 1974.

Obermeier, O.-P.: Darf der Mensch alles machen, was er kann? In: Politische Studien 30 (1979), 565-574.

Ottmann, H.: Praktische Philosophie und Technische Welt. In: Zeitschrift für philosophische Forschung 34 (1980), 157-178.

Ozbekhan, H.: The Triumph of Technology: »Can« implies »Ought«. System Development Corporation, Santa Monica, Kalifornien (hektographiert) o. J.

Pappworth, M. H.: Menschen als Versuchskaninchen. Zürich 1968.

Pfeiffer, W.: Allgemeine Theorie der technischen Entwicklung als Grundlage einer Planung und Prognose des technischen Fortschritts. Göttingen 1971.

Popper, K. R.: Die moralische Verantwortlichkeit des Wissenschaftlers. In: Eichner, K. – Habermehl, W. (Hg.): Probleme der Erklärung sozialen Verhaltens. Meisenheim 1977, 294-304. (Orig. 1968: Beitrag Weltkongress für Philosophie, Wien).

Rapp, F.: Analytische Technikphilosophie. Freiburg/München 1978.

Rapp, F.: Technikgeschichte und die Grenzen der Machbarkeit. Vortragsmanuskript Loccum 1980 (maschinenschriftlich).

Rapp, F. – Jokisch, R. – Lindner, H.: Determinanten der technischen Entwicklung. Berlin 1980.

Ropohl, G.: Eine Systemtheorie der Technik. München/Wien 1979.

Sachsse, H.: Ethische Probleme des technischen Fortschritts. In: Sachsse, H.: Technik und Verantwortung. Freiburg 1972, 121-148.

Sachsse, H.: Technik und Verantwortung. Probleme der Ethik im technischen Zeitalter. Freiburg 1972.

Sachsse, H.: Der Mensch als Partner der Natur. In: Kaltenbrunner, G.-K. (Hg.): Überleben und Ethik. Freiburg/München 1976, 27-54.

Sachsse, H.: Anthropologie der Technik. Braunschweig 1978.

Schremmer, E.: Wie groß war der ›technische Fortschritt‹ während der Industriellen Revolution in Deutschland 1850-1913. In: Vierteljahresztschr. f. Sozial- u. Wirtschaftsgeschichte 60 (1973), 433-458.

Schuchardt, W.: Zur Bedeutung außertechnischer Werte und Ziele in derzeit geltenden VDI-Richtlinien. VDI-Zeitschrift 122 (1980) 421-429.

Schuler, H.: Ethische Probleme psychologischer Forschung. Göttingen u. a. 1980.

Spaemann, R.: Technische Eingriffe in die Natur als Problem der politischen Ethik. In: Birnbacher, D. (Hg.): Ökologie und Ethik. Stuttgart 1980, 180-206.

Stork, H.: Einführung in die Philosophie der Technik. Darmstadt 1977.

Teich, A. H. (Hg.): Technology and Man's Future. New York 1977.

Zihlmann, R.: Auf der Suche nach einer kosmosfreundlichen Ethik. In: Kaltenbrunner, G.-K. (Hg.): Überleben und Ethik. Freiburg/München 1976, 17-26.

Technisierung der Ersten und der Zweiten Natur?

Zum Mythos von der Machbarkeit der Natur

Zur Operationalisierung des Naturbegriffs

Die These, die ich entwickeln möchte, beschränkt sich darauf, ausgehend von der Bibeltradition des »Macht Euch die Erde untertan!« (Gen. 1; 28) auf gewisse historische Zusammenhänge hinzuweisen, die in der abendländischen Kulturgeschichte wirksam gewordene Naturauffassung zu beschreiben und dann die philosophische Entwicklung angesichts der Probleme von Technisierung und Industrialisierung weiterzuführen. In einer These Gehlens über die »Zweite Natur« scheint mir in gewisser Weise etwas gespiegelt zu sein, was gerade das spezifisch Abendländische in der Naturauffassung ausmacht. So ist nicht nur eine begleitend-verstehende Kritik der traditionellen abendländischen Natursicht nötig, sondern auch eine an der Gehlenschen These von der »Zweiten Natur«. Die Kritik kann allerdings vorerst nur skizzenhaft sein und bedarf einer weiteren Ausarbeitung.

Auf die Bibeltradition des »Macht Euch die Erde untertan!« wurde schon hingewiesen (vgl. hierzu auch Krolzik). Oft wird vergessen, daß es durchaus auch andere Traditionen in der Bibel gibt. Man könnte hierzu noch eine ganze Reihe von Stellen angeben – z. B. zeigen Passagen in den »Sprüchen Salomos« (8,29-31; 3, 19 f.), im Buch Hiob (5,23 f.; vgl. aber auch 28,1-11) und in apokryphen Texten (Jesus Sirach 14; vgl. Meyer-Abich 1977) und selbst in der Genesis (2, 15: »Und Gott, der Herr, nahm den Menschen und setzte ihn in den Garten Eden, daß er ihn bebaue und bewahre«), so daß es durchaus einseitig wäre, die Stellung der Bibel und insbesondere auch des Alten Testaments zur Naturproblematik *nur* unter dem Gesichtspunkt der Beherrschbarkeit der Erde und der Natur zu sehen.

Es ist allerdings auffallend, daß im Neuen Testament der Naturbegriff fast überhaupt nicht vorkommt und daß etwa das Thema »Natur und die Stellung des Menschen in ihr« dort kaum behandelt wird. Hierauf sind sicherlich manche späteren Entwicklungen – auch Versäumnisse und Einseitigkeiten – bei der Deutung und Diskussion des Naturbegriffs in der theologisch-philosophischen Tradition zurückzuführen.

In der Antike entwickelten schon die Vorsokratiker einige Varianten der Naturauffassung, die einiges von dem vorwegnahmen, was in der Geschichte des Abendlandes dann vorherrschend geworden ist. Ich denke dabei etwa an Heraklit und sein Kreislaufprozeßmodell der Natur, an die Unvergänglichkeit der Natur, an das Prinzip jeglicher Hervorbringung durch die Natur (Natur als Ursache, Quelle, Rohstoff), an die Sicht der Natur als eines selbständigen Wesens, an die Auffassung der Natur als sozusagen biologisch-organisches Modell in dynamischer Entwicklung, an biomorphe Vorstellungen von der Natur (Topitsch), an die Natur als Gesamteinheit, die schon bei Thales in gewissem Sinne in der Einheit eines Grundbauprinzips des Kosmos, in einem Grundstoff, bei Thales: im Wasser, gesucht wird. Die Idee von einer Einheit in der Vielheit, der Gedanke, daß eine Veränderung nur an beharrlicher Substanz festgestellt werden kann, daß Wesen und Erscheinung getrennt werden – alle diese Vorstellungen spielen in der Platonischen Philosophie eine große Rolle. Von Aristoteles wird besonders die Idee aufgenommen, daß es so etwas wie ein wesenhaftes Urprinzip, »Arché«, gibt, aus dem sich etwas entwickelt oder anhand dessen alle Entwicklung verstanden werden muß. Für Anaximander schon stellte sich das erste umfassende Fundament als ein abstraktes Ordnungsprinzip dar, welches das Weltgeschehen beherrscht. Bei Parmenides finden wir besonders die Unterscheidung zwischen Seiendem und Scheinendem, bei Anaxagoras die Betonung des Werdens, des Anordnens, auch des durch ein abstraktes Prinzip (nous = Geist) beherrschten Kosmos. Schließlich – und das ist ebenfalls sehr wichtig, aber wenig bekannt – versteht der Vorsokratiker Philolaos »Natur« erstmalig als einen Bereichsbegriff. Natur bildet für ihn zudem einen einheitlichen Kosmos, und Natur prägt auch das Wesen der einzelnen Dinge. Also ist hier eine Dreifaltigkeit der Naturinterpretation vorgebildet, die in gewissem Sinne bereits auf die Aristotelische Naturproblematik und Naturdeutung hinführt, die wesentlich bekannter geworden ist. Aristoteles faßt »Natur« als dasjenige auf, das das Prinzip seines Werdens in sich selbst hat. ›Physis‹ kommt ja von ›phyein‹ = ›wachsen‹, Natur ist also das, was dem Bereich des Wachsenden zugehört oder aus ihm entspringt. Natur steht im Gegensatz etwa zur Techne, zu dem Gemachten, und im

Gegensatz zum Nomos, zu dem vom Menschen Gesetzten. (Es gibt auch noch andere Gegensatzpaare, die man in der Aristotelischen Philosophie der Natur entwickeln kann, aber »Natur – Geschichte«, »Natur – Übernatur« etwa gehören kennzeichnenderweise nicht dazu (Moser 1961, 266).) Bei Aristoteles ist also »Natur« dasjenige, das das Prinzip seines Werdens, der Bewegung und der Ruhe, in sich selbst hat (Physik II, 192 b 8 ff. Metaphysik 1015 a). Sie wird also auf den Stoff des Werdens bezogen, aber auch auf eine vollendete Form, auf ein bestimmtes Telos: ein Ziel des Werdens – und besonders auf die Ousía, das Wesensprinzip einer Sache, die sozusagen aus dem telosgerichteten Entwicklungsprozeß hervorgeht usw. Ein Naturding hat also den Grund der Bewegung und der Ruhe in sich selbst (schon bei Pseudo-Philolaos B 21!) oder – wie es etwa in der »Physik« des Aristoteles (192 b 14 f.) heißt – es hat einen eingewachsenen Drang nach Wandlung; das Künstliche dagegen, das handwerkliche Ding hat sein Bewegungsprinzip außerhalb seiner selbst, nämlich im Technites, im Hersteller, im Künstler usw. Im übrigen sind solche Formulierungen sehr lange bestimmend gewesen, bis hin etwa zu Kant, der noch von der Natur schreibt, daß sie sich selber organisiert, daß sie von sich selbst Ursache und Wirkung sei – etwa in der *Kritik der Urteilskraft* (§ 64 f.): Der Baum z. B. als »Naturprodukt« erzeugt sich selbst der Gattung nach, in der er einerseits als Wirkung, andererseits als Ursache von sich selbst unaufhörlich hervorgebracht wird und ebenso sich selbst oft hervorbringt, sich als Gattung beständig erhält – eine durchweg aristotelische Sicht. Man kann in die Irre geführt werden, wenn man die Natur und ihr Vermögen, sich in organisierten Produkten zu reproduzieren, als ein Analogon zur Kunst auffaßt; denn denkt man sich bei dieser den Künstler, ein vernünftiges Wesen, der das Kunstwerk schafft, so müßte man den Künstler als Schöpfer der Natur auch außer ihr suchen. Sie – die Natur – organisiert sich aber vielmehr selbst. Das liefert auch schon den Grundstock für eine Kritik an gewissen späteren Auffassungen, die etwa im Beginn der Renaissance auftreten, als man die Natur als Kunstprodukt verstand, eine Deutung, die übrigens sehr interessant ist, auch gerade für die später zu entwickelnden Thesen über die »Zweite Natur« und für eine Deutung von Natur in einem weiteren umfassenderen Sinne.

»Natur« wird also in der vorsokratischen und in der Aristotelischen Philosophie verstanden als eine Art schaffender, anonymer, biologischer, wenn auch nichts sinnlos tuender geregelter Macht, die das Prinzip ihres Werdens in sich selbst hat. In der Stoa später wird dagegen Natur im wesentlichen als vernünftiges Leben, als schöpferisches Prinzip, als Vernunftprinzip aufgefaßt, das es im Kosmos zu realisieren gilt. Darauf ist hier im einzelnen nicht weiter einzugehen. Festhalten sollte man jedoch, daß im Mittelalter die Naturbegriffe sich im wesentlichen an die Aristotelische Deutung, allerdings in theologischer Umdeutung, anschlossen. So wurde Natur einerseits auch als Seinsbereich verstanden, aber eben als Schöpfung, natürlich von Gott geschaffen, wobei das Schöpfungsprinzip »Gott« und sein wirkendes Prinzip als »natura naturans«, von der geschaffenen Kreatur und Natur, der »natura naturata«, unterschieden wurden, – eine Unterscheidung, die zentral geblieben ist bis hin in die neuzeitliche Diskussion, die aber insbesondere die mittelalterliche Deutung beherrscht hat. Auch ein emanatives Prinzip, die Natur, die aus Grundprinzipien fließt, spielt etwa bei Abaelard eine Rolle. Ferner findet sich die Auffassung der Natur als Ordnung, als prinzipiengeordnete Schöpfungsrangfolge. Übrigens ist auch dies schon in der Bibel aufzuspüren (Buch der Weisheit, 1. Buch, 21): »Alles ist nach Zahl, Maß und Gewicht geordnet.« Dieser Gedanke wirkt weiter bei Nikolaus von Kues und wird schließlich bestimmend für die wissenschaftliche Naturauffassung in der Neuzeit, indem er die Mathematisierung der Naturwissenschaft bei und durch Galilei mitprägen sollte. Allerdings war man im Mittelalter der Ansicht, Gott könne jederzeit noch durch Wunder in das Naturgeschehen eingreifen und er sorge auch ausreichend für eine ökonomische, sinnvolle Ordnung der Natur und jedes Geschöpfes in ihr. Die Natur ist also eine sinnvolle Offenbarung; sie ist in gewissem Sinne sogar eine »zweite Offenbarung«: Neben dem »Heiligen Buch« der Schrift ist das »Buch der Natur« eine Metapher, die immer wieder auftritt, die dann später bei den Naturwissenschaftlern zu der pointierten These weitergeführt wurde (etwa bei Galilei), das Buch der Natur sei in mathematischer Sprache geschrieben. Schließlich stoßen wir auch wieder auf eine essentialistische, substanzphilosophische Auffassung von »Natur« im weiteren Sinne als dem »Wesen einer Sache« – z. B. bei Duns Scotus. Die verschiedenen diesbezüglichen Unterscheidungen betreffen aber die Diskussion des Naturbegriffs im engeren Sinne kaum mehr. Bei Thomas von Aquin findet man die Idee, daß die Natur in ihren Prozessen die Tätigkeit Gottes nachahmt, und die Kunst wiederum ahmt die Natur nach. Auch dies ist eine Metapher, die stark die Diskussion bestimmte und die auch die Neuinterpretation zu Beginn der Renaissance mitprägte, wenn auch dann in säkularisierter Form. Die Bezüge zu Bacon und zu Descartes – beide verstehen die Natur als das mögliche Geschaffene, darunter auch das vom Menschen Geschaffene – sind aus dieser Analogie der theokratischen Naturtätigkeit, also der Interpretation, daß die Natur die Tätigkeit Gottes nachahmt, zu entwickeln – wenn auch in anthropozentrischer »verweltlichter« Abwandlung. Ähnlich läßt sich hier auch die spätere völlig säkularisierte, mechanisierte Auffassung der Welt und der Natur als eines Uhrwerks anschließen (vgl. Dijksterhuis 1956). Dieses Uhrwerk ist zunächst gewissermaßen ein göttliches »Machwerk«, das jederzeit auch noch von Gott betrieben und geleitet wird. Später erst wird das Konzept säkularisiert. Im Deismus etwa wird nur Gott noch als der erste Anstoßer benötigt. Das »Machwerk« läuft nun ganz von selber ab; es wird völlig mechanistisch gedeutet. So wird der Kosmos schon von Kepler nur noch »instar horologii«, also nur noch als Uhrwerk interpretiert, obwohl Kepler ja ein tief religiöser Mensch gewesen ist und es geradezu als eine Art Verehrung, ja Anbetung empfand, wenn er den Spuren des Schöpfers durch seine Astronomie, durch seine mechanistische Interpretation der Welt nachspüren wollte. Auf Cusanus wurde schon verwiesen, der die Beziehung zwischen Geist und mens (und mensura), damit also das Messen, das Zählen, das Quantitative, das Experimentelle bei der Naturforschung hervorhob und alle Naturforschung letztlich auch als eine Art Kunst, als »ars«, auffaßte – als Abbild der göttlichen Kunst.

Hier deutete sich wohl schon eine gewisse Überleitung zu Gedanken an, die dann bei den Ingenieurphilosophen und Ingenieurkünstlern in der Renaissance hervorstechen und zum ersten Mal einen Wechsel zu einem fast »neuzeitlichen« Naturbild ankündigen, bei Brunelleschi z. B., aber auch bei Leonardo und Bruno, der die Thesen vom Kusaner wieder aufnimmt und weiterführt.

Bei Bacon schließlich sollte man ein bißchen verweilen; denn Bacons Thesen über die Natur werden normalerweise ganz falsch wiedergegeben. Er war nicht einfach ein simpler Empirist, wie man meist denkt. Selbst wenn sein eigener konstruktiver Beitrag zur Naturforschung recht mager gewesen sein mag und er – anders als Descartes – die Entwicklung zur Mathematisierung der Wissenschaften falsch eingeschätzt und abgelehnt hat, so hat er doch eine neue Art des wissenschaftstheoretischen Ansatzes entwickelt, der in gewissem Sinne als operativistisch oder operationalistisch angesehen werden könnte. Und gerade auch beim Naturbegriff ist das besonders deutlich: Er sagt, Natur sei nicht länger nur als das Gegebene und das Vorhandene aufzufassen, Natur ist auch der Bereich des Machbaren, die Gesetze der Natur sind die Regeln der Herstellung (I, 229; IV, 121). Der Baconsche Naturbegriff ist also nicht mehr nur dadurch geprägt, daß er das darstellt, was den Sinnen unmittelbar gegeben ist und vernünftig erschlossen werden kann, sondern er umfaßt auch das durch die Erkenntnis der Naturgesetze Machbare, also die Technik. Das Ziel der Erkenntnis besteht nun also auch darin, zu entdecken, »was die Natur tut oder veranlaßt werden kann zu tun« (I, 236; IV, 127). Das ist ein Naturbegriff, den man mit Krohn einen »Begriff der möglichen Natur« nennen könnte. Dieser Naturbegriff reicht über die bloß aufnehmende begriffliche Naturbetrachtung hinaus und verbindet erstmals die operative mit der konzeptuellen Naturbetrachtung (vgl. z. B. a. I, 218). Das ist ein entscheidender Punkt, glaube ich mit Krohn, dem ich diesen Hinweis verdanke – ein Punkt, der auch festzuhalten wäre für die später zu entwickelnden Thesen von der »Zweiten Natur« des Menschen. Wenn die operative mit der konzeptuellen Naturauffassung verbunden wird, ist die Natur insgesamt nicht mehr nur einfach zu erkennen, indem man sie lediglich betrachtet, sondern wir erkennen sie, indem wir experimentieren, indem wir sie manipulieren, kontrollieren, »zwingen«, »stellen« (um Heideggers Terminus für den technischen Zugriff zur Natur zu verwenden). Wir erkennen die Natur, indem wir wissen und planen, wie wir sie behandeln, und erkennen, wie sie reagiert. Solche Gedanken kehren übrigens bei Hobbes, der die erste durchformulierte Theorie des Operativismus entwickelt hat, wieder und auch bei Vico, angedeutet in dem Spruch, daß Menschen eigentlich nur das richtig verstehen können, was sie *machen*, herstellen, konstruieren.

Ganz anders als bei Aristoteles – man denke an den erwähnten Gegensatz »Physis – Techne« – ist der Unterschied zwischen Natur und Technik für Bacon keineswegs ein prinzipieller, keineswegs ein ontologischer, sondern nur ein faktischer. Wie gesagt, die Natur ist nicht mehr länger bloß das Gegebene, sondern eben auch das Machbare, das, was der Mensch ermöglichen, herstellen, veranlassen kann, die durchaus lebenspraktische Kenntnis, wie Naturprozesse auf die Provokation durch menschliches Vorhandeln reagieren. Bacons Satz »Wissen ist Macht« und seine Meinung, durch Wissenschaft (durch geschickte, »gehorchende« Ausnutzung von Naturzusammenhängen) werde die Natur »besiegt«, sind in diesem Sinne zu deuten. Man fühlt sich in der Tat fast erinnert an Heideggers Definition der Technik, die das »Stellen« der Natur durch den Menschen, das Herausfordern der Natur in bezug auf eine Fragestellung als charakteristisch hervorhebt.

Die Künstleringenieure zu Beginn der Renaissance, auf die schon verwiesen wurde, drückten etwas Ähnliches dichterischer aus, nicht so methodisch wie Bacon, aber die Idee ist mit seiner verwandt; sie behaupteten, daß eben eine Analogie besteht zwischen Natur und Kunst und daß der Mensch, wenn er Ingenieurwerke, Kunstwerke schafft, die Natur nachahmt und in gewisser Weise (dies ist bei Bacon eben auch mitgemeint) zur Entwicklung anreizt, provoziert. Es gibt hier übrigens Parallelen zwischen Descartes und Bacon; bei Descartes findet sich nämlich auch eine Naturdefinition im Rahmen einer Bestimmung der Naturwissenschaft, die fast der Baconschen gleicht. Er sagt da, er habe durch die Erfahrungs- bzw. die Naturwissenschaft »versucht, im allgemeinen die Prinzipien oder ersten Ursachen aller Dinge zu finden, die in der Welt sind oder sein können . . .« (Discours VI). Dieses »Oder-sein-kann« würde bei Bacon natürlich – wirklich »natürlich«? – sehr im Sinne der Aktivität des Menschen interpretiert und als Wissen davon, wozu der Mensch die Natur veranlassen kann zu reagieren, was und wie dies herbeigeführt, »gemacht« werden kann. Die Technik, die Mechanik des Möglichen fällt damit unter den Naturbegriff: Die Regeln dieser Mechanik sind *mit den Gesetzen der Natur identisch* (ebd., V). »Natur« ist nicht das objektiv Gegebene, sondern das Objektiv-Mögliche. Sie ist in gewissem Sinne gebunden an Konstruktionsregeln des Menschen, an gesetzmäßiges Handeln unter Verwendung von Naturgesetzen und Erkenntnissen darüber, wie Objekte in experimentellen Situationen reagieren. Das Ziel der Naturerkenntnis ist nicht länger nur ein Auffinden und Ordnen von Tatsachen – eine Ansicht, die man normalerweise – und bei Bacon sicherlich fälschlich – den Empiristen unterstellt –, sondern die Naturerkenntnis; Naturwissenschaft besteht in der Konstruktion von Tatsachen nach Gesetzen, die den Bereich des Möglichen abstecken. Gesetze beziehen sich nicht nur auf Tatsachen, sondern auch auf mögliche Zustände. Sie sind zugleich umsetzbar in Regeln, die diese Zustände verwirklichen. So etwa läßt sich dieser operativistische Zugriff zur Natur umschreiben. Man sieht, daß damit eine bedeutsame und weitreichende Ausdehnung des Naturbegriffs vorgenommen ist.

Es kommt noch ein weiteres Moment hinzu – jenes, das normalerweise, jedenfalls in den Lehrbüchern der Physik, als das Entscheidende beschrieben ist, nämlich daß das Buch der Natur in mathematischen Lettern, in rein mathematischer Sprache geschrieben sei (Galilei). Man meint nun, daß die Naturgesetze mathematische Prinzipien der Natur selbst seien. Nach Descartes kann die Physik nur »par raison de mécanique« beschrieben werden, d. h. nur nach mechanischen Prinzipien. Der menschliche Geist erzeuge das Wissen über die Natur in gleicher Weise aus sich selbst, wie er das mathematische Wissen, die Mathematik, die mathematischen Regeln und Gesetze konstruiert. Der konstruktive Gesichtspunkt ist hier durchaus noch enthalten.

Descartes geht so weit, zu behaupten, es gäbe gar nicht mehr so etwas wie eine »natura naturans« (wenn es für ihn auch Gott gibt), im Grunde sei Natur, sei *in* der Natur keine schöpferische, dynamische Potenz, sondern eigentlich nur ein mechanisch-mathematisch zu rekonstruierendes Prinzip. Das ist letztlich die Ideologie von der »Uhrwerknatur«, wie man sagen könnte; die Keplersche These, die Natur müsse »instar horologii«, also in der Weise eines Uhrwerks analysiert werden, wird hier zum theoretischen Extrem getrieben und ontologisiert. Die Mathematisierung der Naturwissenschaft wird als äußerstes und oberstes Ziel angegeben. Man verliert angesichts der rationalistischen Interpretation bei Descartes fast die Möglichkeit, zu unterscheiden zwischen den rein geisteswissenschaftlichen Konstruktionen der Mathematik – Mathematik ist ja reine Geisteswissenschaft – und dem eben für die moderne Naturwissenschaft charakteristischen Experimentellen. Die Verbindung zwischen den beiden Elementen der Wissenschaft, zwischen der physikalischen Interpretation und den mathematisch formulierten Kalkülen selbst ist noch nicht in zutreffender und einsichtiger Weise erfaßt. Die Fragen der erfahrungswissenschaftlichen Interpretation von Kalkül, Formel, mathematischer Struktur sind noch offen. Andererseits wird auch sehr stark von Descartes hervorgehoben, daß die Analyse der Natur im Dienste der Beherrschung der Welt durch den Menschen zu stehen habe. Der Mensch ist Meister und Besitzer, Herrscher der Natur; und für ihn allein ist diese geschaffen. Hier findet sich also das Motiv wieder, das von der Bibeltradition und der Auffassung vom Menschen als der »Krone der Schöpfung« herrührt – ein Motiv, das weiterhin die ganze Wissenschafts- und Technikgeschichte bestimmt, mindestens bis hin zu marxistischen Interpretationen.

Die Baumeistermetaphorik, die Auffassung der Natur als ein Bauwerk des Naturschöpfers, eines ersten und absoluten Künstlers, war eigentlich kaum mehr als ein Zwischenspiel bei den Renaissance-Philosophen in der Nachfolge des Kusaners. Sie wurde schließlich zu einer Baumeistermetaphorik ohne Baumeister. Wenn der Baumeister einmal verschwunden war, wenn nur Mechanik übrigbleibt, dann fragt man sich, ob dann überhaupt noch die »Natur« als Begriff nötig ist. Und so hat Boyle etwa vorgeschlagen, zugunsten des »mechanismus cosmicus« überhaupt auf den Begriff der Natur zu verzichten. Er will also gar nichts mehr von »Natur« wissen, sondern kennt nur noch Mechanismus, Mechanik.

Bei Spinoza schon war eine neue Idee hinzugekommen – nämlich jene, daß die Natur ein ganzheitliches Wesen ist: der Gesamtkosmos als Ganzheitsprinzip, als ein Allumfassendes, das dann pantheistisch mit Gott identifiziert wird; darauf soll hier nicht näher eingegangen werden. Doch sei wenigstens festgehalten, daß diese Idee eines Gesamtzusammenhanges in Form eines integrierten Systems deterministischen Zuschnitts vorher – außer bei den antiken Atomisten – nicht in solcher Schärfe ausgedrückt war. Zu erwähnen wären jedoch die späteren Reaktionen auf die mechanistische Säkularisierung der Naturforschung, des Naturbegriffs, wie sie etwa in Rousseaus Werk kulminierten: Für Rousseau ist die Natur das Gute, das Schöne, das Ästhetische, das Vitale, das schwärmerisch Verehrte, das Moralische – im Gegensatz zu den durch die Vergesellschaftung und durch die Tätigkeit des Menschen – und durch den technischen Zugriff! – eingebrachten Störungen; man denke an die Auseinandersetzung Goethes mit der Newtonschen Physik oder seinen Horror gegenüber »Schrauben« und Mechanismen; die Naturgesetze sind für ihn selbst etwas biologisch-phänomenalistisch zu Erfassendes; es gibt kein Auseinanderreißen von Natur und Gott, von Natur und Moral, von Natur als ästhetischem Objekt und Naturgesetzlichkeit. Goethe wendet sich also gegen das Zerteilende, gegen das Mechanische, gegen das Mathematische, Mathematisierende, und er ist in gewisser Weise eine Art Pantheist. Er wollte Gott *in* der Natur verehrt wissen. Kunstwerke sind selbst auch, wie er sagt, Naturwerke, und als solche dann eben auch zur höheren Ehre Gottes verfaßt oder als solche deutbar, gleichsam gottesdienstlich. Die Denkgesetze selbst unterstehen den Naturgesetzen; Goethe, der bewußt an Spinoza anknüpft, vertritt eine Art biologistisch-psychologistischer Logiktheorie. Jedenfalls polemisiert er gegen jede mechanistische und technizistische Naturauffassung und votiert wieder für biomorphe Auffassungen.

Diese Sichtweise hat auch weitere extremere Auswirkungen im Deutschen Idealismus gefunden. Nur kurz erwähnt werden soll, daß bei Fichte Natur nur als Schranke der Freiheit verstanden wird, nur als notwendiger Widerpart zur Selbstdarstellung des Ich überhaupt eine Rolle spielt, während erst Schelling wieder eine positive Selbständigkeit der Natur vertritt. Fichte meinte, das Ich »schaffe« Natur; Schelling glaubte dagegen – in seiner späteren Philosophie wenigstens –, daß die Natur selbst schöpferisch, schöpferische Kraft ist. Der Gegensatz von Natur und Geist wird in eine Identität, aber mit gleicher Gewichtigkeit beider, aufgelöst. Beim späten Schelling findet sich diese Doppelheit von Ich-Philosophie (oder Geist-Philosophie, Philosophie des Geistes) und Naturphilosophie, wobei die Natur nicht nur als Objekt für die transzendentale Tätigkeit des Menschen, als Entwicklung des Ich und als bloße Externalisierung des Ich verstanden wird, sondern Natur selbst ist auch eine Subjektkraft; Schelling hat in gewissem Sinne die »natura naturans« wiederentdeckt. Diese Naturphilosophie hat zwar Beziehungen zu den früheren transzendentalphilosophischen Ansätzen, ist aber doch auch so zu interpretieren, daß das Selbst Teil der Natur sein kann, als solcher Teil interpretiert werden kann und daß auch der Natur eine eigene Rolle in dem philosophischen Gesamtsystem zugeschrieben wird. Dieser zweite allgemein *natur*philosophisch verstandene Ansatz ist oder scheint zunächst fiktiv, wie Schelling sagt, indem das Subjekt die Natur als das Selbständige sich gegenüberstellt. Die Natur ist nun aber selbst als produktive Kraft zu analysieren. Sie ist produktiv und sie bringt auch Selbst und Ich hervor, aber das ist nur ein Wechsel des Interpretationssystems. Schelling ist es, glaube ich, nie gelungen, das System des doppelten Ansatzes strikt in eine Einheit zu integrieren, ganz widerspruchsfrei zu formulieren. Er forderte zwar eine Art Indifferenzpunkt, an dem beide, Natur und Ich, nicht mehr getrennt werden können, sondern ineins gehen. Beide seien gleich wichtig und gleich gewichtig. Aber die Integration ist nur spekulativ erzeugt, obwohl bei ihm auch schon so etwas wie eine Perspektive des späteren Evolutionismus angelegt sein dürfte – in der These nämlich, daß die Natur alle Wesen und schließlich auch das Bewußtsein selbst und Selbstbewußtsein produziert. Die Naturphilosophie könne dieses dann nur reproduzieren bzw. rekonstruieren. Das Produktive, sagt Schelling, ist das Ursprüngliche. (Dies wird später wieder aufgenommen von Bergson und Denkern der Emergenz-Evolution.) Zum Problem wird erst das Permanente, die Eingrenzung. Es ist also eine Art Eigenständigkeit der Natur, die erst die höheren Manifestationen des Geistes gleichsam »evolutionistisch« hervorbringt. Die spätere eigentliche Evolutionsthese ist in diesen philosophischen Grundsätzen fast schon angelegt, obwohl sie viel später von Spencer und Wallace zum ersten Mal ausdrücklich formuliert wird, nicht etwa erst bei Darwin, wie die meisten meinen. Die Grundidee der Darwinschen Theorie oder besser: der Evolutionshypothese stammt also gar nicht von Darwin, sondern als erster hat sie wohl Spencer konzipiert. Spencer gilt sonst und zumal heute oft nur als recht unorigineller Soziologe, aber ganz so unoriginell war er denn doch nicht – (übrigens hat er auch die funktionale Systemtheorie der Gesellschaft entwickelt – auch keine ganz unoriginelle Leistung).

Bei Hegel, der das Modell einer dynamischen Verkopplung von Prozessen des Werdens und gezielter Entwicklung bis hin zu einer Verwirklichung des Geistes fortführt, spielt die Natur eigentlich keine Rolle; sie ist kein Thema, sondern stellt im wesentlichen nur als recht unorigineller Soziologe, aber so ganz unoriginell war wird verstanden nur als Form des Andersseins, als die enttäuschte Idee. Es ergibt sich gegenüber dem Geist eine klare Abwertung der Natur. Natur tritt nur einmal in Gestalt einer Antithese innerhalb der Entwicklungsprozesse des Geistes und des gesamten weltgeschichtlichen Prozesses auf; dieser aber ist gerade dadurch charakterisiert, daß er eigentlich das Menschliche betrifft oder das Begriffliche, das was eben *nicht* Natur ist. Allenfalls kann man sagen, Natur im umfassenderen Sinne ist ein System von Stufen, Entwicklungsstufen, und der Geist, zunächst der subjektive Geist, ist der Endzweck der Natur. Darüber hinaus ist Natur dann selbst nur eine Zwischenstufe in der Entwicklung des objektiven und schließlich des absoluten Geistes.

Hegels Themen und seine Methodik haben bekanntlich Marxens Thesen mitbestimmt, inhaltlich oft in oppositioneller Ausrichtung. Bei Marx aber ist sehr deutlich eine Naturauffassung zugrunde gelegt, die wieder an die Thematik von der Beherrschbarkeit der Natur anschließt – eine Auffassung, die – wie erwähnt – einer einseitigen Interpretation der Bibel entstammt. Entscheidendes entlehnt er wiederum von Descartes – nämlich die mechanistische Auffassung der Natur und der Beziehung zwischen Mensch und Natur – ferner die Ansicht, daß nicht nur Naturprozesse und biologische Prozesse, sondern daß auch der Mensch und selbst die Vernunft jeweils nahezu als ein mechanistisch-deterministisches System aufgefaßt werden müßten, soweit Überbauphänomene nicht eine relative Selbständigkeit *sekundär* gewinnen. Von Marx wird auch übernommen, daß die Natur das Operationsfeld eröffnet, das Material bietet, anhand dessen der Mensch nun durch Arbeit sich selber herstellt, sich selbst verwirklicht; und ebenfalls ist bei ihm sehr deutlich die Tendenz, die Natur ausschließlich anthropozentrisch zu deuten. Man könnte meinen (wie Künzli), dies enthalte einen Widerspruch zu seinem ursprünglichen Materialismus. Aber diese Schwierigkeit rührt wahrscheinlich von seinem technokratischen Verhältnis zur Natur her, das letztlich unter der Beherrschbarkeitsthematik steht, aber auch aus der Verbindung des Operativismus mit der mechanistischen Deutung, wie sie etwa von Bacon und Descartes angeregt worden ist, um schließlich dann zu einem technologisch-utilitaristischen Fortschrittsglauben zu führen, daß der Mensch sich die ganze Erde nun durch die *Technik* untertan machen wird. Die Bibel hat ja noch nicht von der Technik geredet, dieser technizistische Schub in der engeren Interpretation wurde aber sehr deutlich bei Marx. Marx ist im wesentlichen, im Grundlegenden ein Technologe gewesen, man muß fast sagen, ein Technizist und Technokrat, der eigentlich auch der Technik eine sehr viel bedeutendere Rolle zusprach als dem Wirtschaftsprozeß, welcher letztlich gegenüber der Technik, der Entwicklung der menschlichen Produktivkräfte und der Arbeit nur abkünftig ist. Daß der

Mensch sich selbst in seinem »Stoffwechsel mit der Natur« mit den Gegenständen der Natur auseinandersetzt und sich selbst als solcher erst durch Arbeit zu dem macht, was er ist, durch diesen Naturprozeß der Auseinandersetzung mit der Natur – das ist ein Moment, das übrigens später im Zusammenhang mit den Thesen über die »Zweite Natur« wieder aufgenommen werden kann. Bei Marx bleibt der Wille zur absoluten Naturbeherrschung vorherrschend. Das Verhältnis von Mensch und Natur kann aber nicht, wie wir heute meinen und wie es auch z. B. in den eingangs erwähnten biblischen Texten angedeutet ist, völlig erfaßt und verstanden werden, wenn man es nur als Verhältnis des Menschen zum Bearbeiten der Natur, nur als Arbeitsverhältnis unter dem Aspekt der Produktion, der Industrie usw. deutet. Es bedeutet auch eine Vereinseitigung, eine Einschränkung, wenn Natur im Grunde nichts anderes ist als das Material, das Arbeitsmaterial des Menschen zu dessen, sei es »gattungsmäßiger«, sei es gesellschaftlicher, Selbstvervollkommnung. Natur bloß als Arbeitsmaterial des Menschen, das ist im Grunde ein ebenso technizistischer wie fast ein pseudo-›idealistischer‹ Rest bei Marx, obwohl die Materie als *der* Grundbegriff gilt. Marx war letztlich vielleicht viel weniger ein monolithischer Materialist, als er glaubte. – Auch Marx spricht übrigens gelegentlich von einer »Versöhnung von Mensch und Natur«. Doch da die Natur das bloße Material für die Arbeit, die Selbstwerdung, Selbstgestaltung des Menschen darstellt, ist für ihn »die *wahrhafte* Auflösung des Widerstreites zwischen dem Menschen und der Natur« nur dann gegeben, wenn der Mensch die Natur völlig unterjocht hat, wenn er nur noch seine eigenen Werke, nur noch sich selbst in ihr wiederfindet, wenn die »Natur zum Menschen« geworden ist (Marx 1968, 515 ff., 536, 544). Duerr (1978, 303) verweist auf den Zynismus und die ironische Paradoxie, die sich daraus ergibt, daß dieses Ausbeutungsverhältnis gegenüber der Natur als »Versöhnung« bezeichnet und von einigen ökologisch sich progressiv verstehenden Marxisten als naturfreundliche Heilslehre »zur Kritik der politischen Ökologie« gedeutet und eingesetzt wird.

Eine große Rolle spielt natürlich der Gedanke des Evolutionismus, der Evolution. Auch darauf möchte ich nicht im einzelnen eingehen, weil das ein bißchen von der Gesamtnaturproblematik wegführt, recht deutlich ist jedenfalls, daß hier in gewissem Sinne die biomorphen (allerdings noch nicht evolutionären) Vorstellun-

gen von Aristoteles wieder aufgenommen werden, aber ihres Te-
loscharakters entkleidet werden: daß die Evolutionstheorie im
Grunde eine Art nicht-theologischer Dynamik der Entwicklungsprozesse bedeutet oder, wie H. Jonas in seinem Aufsatz »Philosophische Aspekte des Darwinismus« (1973) es beschreibt, daß
gewissermaßen die biologisch-systematische Funktion nunmehr
die Strukturen der Gattung, der Spezies, bestimmt und daß hier
auch der Mensch einbezogen werden muß, daß er im Grunde
auch ein biologisches Produkt ist, unter Umständen als eine bloße
Zwischenetappe interpretiert werden kann, als eine Etappe in der
Evolution und nicht als Ziel und Krone der Schöpfung, wie es die
Bibel sieht. Das sind durchaus Gedanken, die noch im Fluß sind,
die natürlich auch zu verbinden wären mit der vitalistischen, also
lebensphilosophischen Entwicklungstheorie Bergsons. Auch
Teilhard de Chardin wäre hier ebenso zu nennen.

Angeschlossen sei noch ein kurzer Exkurs über den Naturbegriff oder den angeblich vorhandenen, unterstellten Naturbegriff der modernen Physik. P. Mittelstaedt trägt in »Der Begriff der
Natur in der modernen Physik« (1964) die These vor, das Verhältnis zur Natur habe sich dadurch verändert, daß die Naturwissenschaft gewissermaßen an ihre Grenzen gekommen sei, an die
methodischen Grenzen, die durch die Heisenbergschen Unschär-
febeziehungen abgesteckt werden, aber auch durch die Abhängigkeit von menschengemachten Konventionen wie Meßsystemen,
Koordinatensystemen bei der Einsteinschen Relativitätstheorie,
und zwar bei beiden Varianten (der Speziellen und der Allgemeinen Relativitätstheorie), und daß in gewisser Weise die Verknüpfung der Messungen mit gewählten, konstruierten Meßinstru-
menten zu einer Art neuartiger Gesamtstruktur der Naturwissenschaft und damit auch des Naturverständnisses führt – übrigens
eine Struktur, die der ganz ähnlich ist, die von Bacon in dessen
operativistischem Vorentwurf gegeben ist. Die Hauptthesen Mittelstaedts besagen, durch die »Verknüpfung der Messung von
Raum und Zeit mit den Gesetzen des Lichtes«, etwa in der Speziellen Relativitätstheorie, ergibt sich eine »neuartige Struktur«
der Physik. »Die Mittel, mit denen die Natur erkannt wird, sind
nichts anderes als Teile eben jener Natur, nämlich Lichtausbrei-
tungsprozesse« (1974, 55). »Die physikalischen Gesetze (etwa des
Lichtes) sind zugleich die Gesetze der Meßgeräte und damit die
physikalischen Bedingungen, unter denen überhaupt experimen-

telle Ergebnisse gewonnen werden können. Der Einfluß, den die Gesetze von vornherein auf die Struktur der Meßergebnisse haben, muß in den Gesetzen bereits enthalten sein« (ebd., 55 f.). Es gebe eine »Notwendigkeit, physikalische Begriffe durch Angabe von Meßverfahren zu definieren« (ebd., 56). Darüber müßte man m. E. noch des weiteren diskutieren, weil diese Aussage ein bißchen vordergründig, einsinnig und total operationalistisch (miß)verstanden wird – eine Notwendigkeit jedenfalls, die vor Einstein überhaupt nicht gesehen worden ist. Die Physik wurde traditionell als »Wissenschaft einer vom Beobachter völlig unabhängigen Natur verstanden« (ebd., 56). Dies, meint Mittelstaedt, lasse sich besonders in mikrophysikalischen Bereichen nicht mehr vertreten. Die Situation änderte sich qualitativ, als die Beobachtungsmöglichkeiten so verfeinert worden waren, daß merkliche Reaktionen des Meßprozesses, des Beobachtungsvorganges selbst auf das Resultat erfolgten, so daß die »Gesetze der Meßinstrumente« quasi »einen direkten Einfluß auf die Resultate der Messungen« (ebd., 57) bekamen. Die Theorien, »deren Behauptungen sich sämtlich auf experimentell realisierbare Vorgänge beziehen« (ebd., 57), müssen sich dieser Situation anpassen. Man muß den Einfluß der Gesetze selbst auf die Meßinstrumente berücksichtigen, die wiederum dazu dienen, jetzt die Gesetze selbst darzustellen, zu verfolgen, zu bestätigen. Mit anderen Worten, er spricht von einer »zyklischen Struktur« (ebd., 60) der Naturerkenntnis, die dieser notwendig eingebaut ist. Das gelte besonders für die Deutung der Quantenmechanik, die auch einer Untersuchung der »inneren Konsistenz« (ebd.), der inneren Möglichkeit dieser zyklischen Anordnung der Meßverfahren bedarf, um überhaupt durchgeführt werden zu können, abgesehen von der üblichen experimentellen Bestätigung. Ein Satz Mittelstaedts, der die operationalistische Deutung des Zugriffs der modernen Physik besonders deutlich beleuchtet: »Seit Einstein ist daher die Physik eine Wissenschaft, die sich ausdrücklich als eine Theorie versteht, die die Natur beschreibt, wie sie sich zeigt, wenn sie mit realen Maßstaben und Uhren untersucht wird« (ebd., 57). Man fühlt sich nachdrücklich an das oben Gesagte, an die Bacon zugeschriebene Natursicht erinnert. Insofern gilt die These von dem operationalistischen Zugriff in der Naturdiskussion gerade auch und durchaus in der gesamten modernen Physik, wenn auch oft versteckter als in der Quantentheorie. Die meisten Physiker kümmern sich heute nicht um Naturphilosophie, oder wenn, dann gehen sie (wie Schrödinger und Heisenberg) auf die alten Griechen zurück, bei denen dieser operationalistische Zugriff nicht gesehen worden ist. Dieser letztere ist zweifellos nicht antik, sondern er ist neuzeitlich. Für die Antike gibt es die Metaphorik vom Schauen des Kosmos, der Natur mit den Augen des Geistes. Es gibt aber – sieht man von medizinischen Eingriffen ab – nicht diesen operationalistischen Zugriff. Es gibt auch kaum in Andeutungen den experimentellen Zugriff im Sinne des modernen Experiments, selbst wenn man Archimedes als einen Experimentator verstehen kann, aber er ist ein isolierter Vorläufer des neuzeitlichen Experimentalismus. Übrigens sind auch die Deutungen seiner Wissenschaftskonzeption unterschiedlich.

Auf die Heisenbergsche Unschärferelation, auf die Beschränkung der Meßbarkeitsgenauigkeit ist in diesem Zusammenhang nicht näher einzugehen, außer mit der Bemerkung, daß diese Auffassung auf die genannte operationalistische These hinsteuert, wenn sie sich nun auch im Unterschied zu Bacon und Descartes auf »Störungen« des Systems durch das Experiment konzentriert. Die physikalische Theorie muß sich auf die Natur beziehen, »wie sie sich uns zeigt«. Sie kann sich nur auf die experimentell »gestellte« (um nicht goethisch zu sagen: vergewaltigte) Natur beziehen, wenn und wie sie mit realen Maßstäben untersucht wird.

Es sind also bei der philosophischen Deutung physikalischer Theorien, allgemeiner auch bei naturwissenschaftlichen Theorien überhaupt, gewisse Voraussetzungen zu berücksichtigen, die sich selbst aus der Struktur des Meßprozesses, aus der methodologischen Struktur des Messens überhaupt ergeben. Mittelstaedt glaubt einen Zirkel festgestellt zu haben. Er sagt, es sei nicht die unbeobachtete Natur, die wir in der Naturwissenschaft analysieren, sondern die Natur, wie sie erscheint, wie sie mit den tatsächlichen in der Natur vorkommenden Gegenständen und Vorgängen untersucht und gemessen wird. Meßgeräte gehorchen als physikalische Gegenstände selbst wieder den Theorien, für die sie andererseits die experimentellen Vorbedingungen darstellen. Da kann man nur fragen, wie man die Natur denn früher untersucht habe. Wurde nicht auch vor der Entwicklung der modernen Physik die Natur untersucht, »wie sie uns erscheint«? Man hat nur dieses Erscheinen, auch bei Kant zum Beispiel, nicht ausschließlich quantitativ-meßoperationalistisch gedeutet. Man kann weiter fragen – und das ist meiner Ansicht nach die große Crux etwa der Weizsäckerschen Interpretation der Theorie der Quantenmechanik und der gesamten modernen Physik –: Wie kann eine Theorie, etwa wie die Quantenmechanik, hochstilisiert werden zu einer notwendigen Vorbedingung jeder möglichen empirischen Erkenntnis und ihrer entsprechenden wissenschaftlichen Theorien überhaupt? Die Quantenmechanik – besonders die nichtaufhebbare Unschärfebeziehung nach Heisenberg – wird bei Weizsäcker sozusagen zum transzendentalen Apriori allen Erkennens und Lebens, insbesondere auch der Wissenschaft. Die Quantenmechanik ist aber selbst eine empirische wissenschaftliche Theorie, sie muß also wiederum diesen Vorbedingungen einer empirischen Theorie genügen. Mit anderen Worten, man gerät nun in einen Zirkel, der nicht das Fundament einer Erklärung sein kann. Man kann also die Quantentheorie durchaus im Sinne der Erkenntnispsychologie oder einer erkenntnistheoretischen Deutung berücksichtigen, aber man kann sie nicht zum Apriori jeder Erkenntnis überhaupt machen, wie es bei von Weizsäcker und zum Teil – wenngleich eher unterschwellig – auch bei Mittelstaedt geschieht.

Das wäre das Wenige, was über den Naturbegriff und über die Naturdiskussion in der modernen Physik zu sagen wäre. Mit den Naturwissenschaftlern und den Physikern scheint es ähnlich zu stehen wie mit den Psychologen. Von ihrem eigentlichen Gegenstand reden sie überhaupt nicht mehr; der taucht auch nicht einmal mehr im Lexikon auf. Die »Seele« war ja auch von den Psychologen lange vergessen und mußte mühsam wiederentdeckt werden. Man könnte erwarten, ein solches Verdrängen finde sich bei den Naturwissenschaftlern in noch stärkerem Maße im Hinblick auf den Begriff »Natur«. In der Tat ist dieser auch so ein globalisierender Begriff, verdächtig für einen analytisch-akribischen Wissenschaftler, der vielleicht Elementarteilchenprozesse untersuchen will, aber nicht über »die Natur« oder derart allgemeine Begriffe reden will, außer in gewissen Festvorträgen zu Universitäts- oder Akademiejubiläen, bei solchen Gelegenheiten oder in gewissen quasi-religiösen Bekenntnissen (neuerdings manchmal auch in »Sachbüchern«) haben die großen Physiker gern und ausgiebigst über wissenschaftlich gesehen sog. Unseriöses geredet, spekuliert, kühne Thesen ungeschützt geäußert. Sie waren und sind ja zum Teil gläubige Menschen und waren von einem bemerkenswerten Pathos, einer Motivation des Naturforschens getragen. Aber dieses Pathos, dieses motivationale Moment wurde rein subjektiv verstanden. Es bezog sich auf den Forscher, der gerne die Natur, die Welt erkennt und vielleicht Gottes Spuren nachzuspüren glaubt – ähnlich wie Kepler. Bei Einstein ist dieses Moment durchaus deutlich, bei Planck ebenfalls – sublimierter auch bei Heisenberg – und in abstrakterer Form auch bei Schrödinger, der auch diesbezügliche quasi-philosophische Arbeiten veröffentlicht hat, wenn auch nicht in christlicher, sondern mehr in buddhistischer Ausrichtung. Solche Schriften, die eine allgemeine religiöse Weltdeutung enthalten, haben aber i. a. – und das ist das Kennzeichnende bei allen derartigen Äußerungen von Physikern – eigentlich mit dem unmittelbaren wissenschaftlichen Arbeiten und den methodologischen Deutungen desselben nichts zu tun; das ist sozusagen Freizeitbereich, Sonntagsnachmittagsbeschäftigung. Es ist eine kennzeichnende Dynamik in der Entwicklung der Naturwissenschaft, daß die Spezialisierung, die Konkurrenz im Fachdisziplinären soweit gegangen ist, daß man sich scheut, überhaupt noch allgemeinere Statements und Aussagen zu machen, selbst wenn man sich in wissenschaftlichen Zusammenhängen dazu auch vorsichtig äußern könnte. Das wird gar nicht offiziell oder offiziös versucht, gilt als Wagnis am Rande der Unseriosität und gewinnt dann fast immer das Flair des rein Subjektiven und rein Unverbindlichen, rein Religiösen, rein Privaten, eben des in der Freizeit Abzuhandelnden.

Die Physiker und die Naturwissenschaftler reden nicht von einem allgemeinen Naturbegriff. Man kann sagen, sie würden sich wahrscheinlich weigern, überhaupt etwas über »die Natur« als Gesamtzusammenhang oder als philosophische Kategorie auszusagen – jedenfalls wissenschaftlich. Man kann auch in einem anderen Sinne sagen, daß es nicht – oder nicht mehr – den einen einzigen allgemein etablierten und akzeptierten allumfassenden Naturbegriff gibt, jedenfalls in der abendländischen Diskussion. Allerdings stellt die Entwicklung des Naturbegriffs, wie sie hier zu belegen und zu erläutern war, eine Auswahl dar, bedingt durch eine bewußte Einschränkung des Blickes unter dem Gesichtspunkt der zu entwickelnden Operativisierungsthese. Ein eventueller wirklich allgemeiner Naturbegriff müßte auch die anderen Alternativen berücksichtigen und dürfte sich nicht auf eine einzige Variante allein stützen. Im übrigen macht der operationalistische Zugriff die Natur in gewissem Sinne der menschlichen Perspektive, und innerhalb dieser dem aktivistischen Moment, der technischen Verwertung und »Vergüterung« zugänglich, ist insofern den Handlungsmöglichkeiten nach quasi anthropomorphistisch orientiert, von kulturellen Zielen und Werten indirekt geprägt. Es ist logisch nicht auszuschließen, daß die gesamte kulturelle Tradition einen anderen Zugriff und eine andere Entwicklung hätte nehmen können. Deshalb kann man nicht von einem allgemeinen universalen, kulturunabhängigen Naturbegriff sprechen.

Aber die gesamte Dynamik der Entwicklung der angewandten Naturwissenschaft scheint zu einer Vereinseitigung geführt zu haben, deren starke, geradezu extreme Ausprägung angesichts wachsender Systemprobleme in der technisierten Welt nun zur Folge hat, daß man allmählich ein Bewußtsein für die Einseitigkeit des technisch-operativistischen Zugriffs entwickelt, daß man merkt, »daß hier umgeschaltet werden muß«. Dies führt in gewissem Sinne in die Technokratiedebatte hinein, und zwar in ihre ökologische Variante.

Jedenfalls kann man insgesamt sagen, wenn man den hier allzu kurz skizzenhaft resümierten Gang der Geistesgeschichte der »Natur« überblickt, daß die ursprüngliche Bibeltradition des »Macht euch die Erde untertan« im Abendland einseitig betont worden ist und die Begriffsgeschichte keineswegs ausschöpft, daß sie aber in folgenreichem Zusammenhang steht oder in einen solchen geriet mit gewissen Vorstellungen, die spezifisch christlich sind, etwa mit der Idee vom individualistisch-aktivistischen Zugriff zur Welt, mit der Konzeption von einer Entwicklung und Zielrichtung in der Geschichte (eschatologisches Moment), mit dem Monotheismus, der eine Entmagisierung zur notwendigen Folge hatte (Gehlen). (Der Monotheismus war, meint Gehlen, eine Art notwendiger Vorstufe zur Säkularisierung.) Auch die Übertragung von der Regnum-dei-Idee auf die Regnum-hominis-Idee bezüglich dessen, was der Mensch mit der Natur machen kann, ist hier anzuführen. Die Säkularisierung, die experimentelle Naturwissenschaft, der technische Zugriff – alle diese Entwicklungen bedingen einander und führen in ihrer Gemeinsamkeit dazu, daß der Kosmos, die Welt, einseitig verstanden wird als Macht- und Machfeld, als Material, als Wirkbereich des Menschen – und als eben sonst nichts. Es ist und bleibt natürlich eine sehr einseitige Sicht, das Weltall ausschließlich als Maschine zu analysieren, selbst wenn ursprünglich diese Maschine zum höheren Ruhme Gottes diente. Gott aber wurde dann immer mehr an den Rand gedrängt, herausgedrängt, verdrängt. Im Deismus spielte er noch eine anstoßende Rolle (ähnlich wie der Erste Beweger bei Aristoteles), später spielte er eine anstößige Rolle, und schließlich spielte nur noch die Mechanisierung der Welt eine Rolle. *Die Mechanisierung des Weltbildes* – in dem gleichnamigen klassischen Standardwerk von Dijksterhuis (1956) beschrieben – und die technologische Operationalisierung – im Sinne von Bacon, wie gesagt, auch bei Descartes angedeutet – führten dann gleichsam zu einem, wie man sagen könnte, im philosophischen Sinne technokratischen Naturverhältnis. Die Natur ist sozusagen den technokratischen Möglichkeiten des Menschen und dem Signum der Machbarkeit unterworfen. Die Perspektive wird einseitig, Welt und Natur werden »eindimensional« im Sinne H. Marcuses, fungibel, auf der Zweck-Nutzen-Dimension für beliebige Ziele einsetzbar, ausnutzbar. Die Normativität technologischer Möglichkeiten, wie ich das früher einmal genannt habe (1973), triumphiert, das heißt die Vorstellung, daß man alles machen solle, was man machen kann. Das ist sozusagen nun der (einzige) höhere Ruhm des Menschen. Der führt dann zu der in der Tat kaum glaublichen Äußerung Edward Tellers, daß der Mensch alles das, was er machen kann, auch machen soll. Bei einer Äußerung des sog. »Vater der Wasserstoffbombe« kann man sich denken, worauf das ideologische Rechtfertigungsargument hinausläuft. Er hat auch gesagt, daß man alles das, was man machen kann, auch *anwenden* soll (vgl. s. S. 212).

Die ganze andere Tradition der eher humanistisch-ethisch verantwortlichen Gesamtnaturauffassung, die das Mit(einander)sein aller Kreatur, Mitleid und »Ehrfurcht vor jeglichem Leben« und vor Naturschönheit thematisiert, spielt zwar ebenso eine gewisse Rolle – auch in der neueren Philosophie, z. B. bei Schopenhauer oder A. Schweitzer, aber doch nur eine Nebenrolle am Rande. Das Thema und das Konzept der Verantwortung für die Natur (vgl. Birnbacher) und der Partnerschaft, der Symbiose mit der Natur ist auch in den Bereich des bloßen Erbaulichen, des Religiösen, des Sonntagsnachmittagsthemas abgedrängt worden. Sie beeinflußte bisher die technische und industrielle Praxis kaum. Erst in allerletzter Zeit bahnt sich hier ein Wandel an. Das heißt insgesamt – und dies gilt überwiegend auch heute noch: Es gibt so etwas wie einen technizistisch-operationalistischen Machbarkeitswahn in der abendländischen Entwicklung des Naturbegriffs und der mit ihm verbundenen Naturauffassungen, ein geradezu tendenziöses Syndrom, das aufgrund der hier nachgezeichneten Einseitigkeit der Auswahl aus durchaus verschiedenen Möglichkeiten – eben unter Vernachlässigung von humanen Alternativen – entstanden ist, das aber gerade jetzt in einer Phase der Hochtechnisierung – darauf hat ja die ökologische Bewegung (z. B. das Bussauer Manifest) genügend hingewiesen – an gewisse Schwellen gerät, über die hinaus man nicht gehen kann, ohne entscheidende Schädigungen in Kauf nehmen zu müssen.

In einem Zeitalter, das durch Probleme einer stark zunehmenden Gefahr von Nebenfolgen der Industrialisierung in Ballungsgebieten, von Umweltverschmutzungstendenzen und einer systemhaften Verflechtung der Probleme gerade auch an Schwachstellen gekennzeichnet ist, das stärker, und zwar negativ, auf ökologische Abhängigkeiten aufmerksam gemacht wird, ist die Tradition der human-ethischen Verantwortung gegenüber der Natur (Birnbacher) neu zu beleben, müssen andere, die Erhaltung, Hege und Pflege der Natur und die Integration des Menschen in ökologische Systeme betonende Naturauffassungen wenigstens als notwendig zu beachtende Bedingungen berücksichtigt werden. Das gilt besonders auch für die Probleme in Ballungsgebieten und Industrielandschaften, in denen gleichsam als ein positiv-kumulativer Systemverstärkungseffekt unerwünschte Nebenfolgen der industriellen Umgestaltung und Technisierung der Welt unübersehbar geworden sind.

Wie stark die relativ einseitig auf Machbarkeit und Beherrschung der Umwelt ausgerichtete Komponente innerhalb des Sammelbegriffs »Natur« in der abendländischen Geschichte vorherrschend geworden ist, wie stark die Operationalisierung der Naturkonzeption Pate gestanden hat bei der Entwicklung der technisch-industriellen Zivilisation und ihrer Auswirkungen, besonders auch für das forcierte Vorantreiben und die ideologische Rechtfertigung der umfassenden Technisierung, ist im vorangehenden geschichtlichen Überblick deutlich geworden. Wie sehr selektive Grundmuster, kulturbedingte Sichtweisen nicht nur die Konstruktion der Welt, der Lebenswelt, mitprägen, sondern auch schon deren Erkenntnis, die Kognition, die Wahrnehmung, ja das Naturerleben und die Einordnung des Menschen in die Natur sowie dessen Selbstverständnis, darauf soll im zweiten Teil dieses Beitrages näher eingegangen werden, und danach sind die Fragen zur Operationalisierung der Ersten Natur mit den Problemen der Konstitution und Erfassung der Zweiten Natur zu verbinden.

Konstitution und Relativität, Gewordenheit oder Gemachtheit der Zweiten Natur

In der Antike hat offenbar sinngemäß Poseidonius als erster den Ausdruck ›Zweite Natur‹ in seiner Kulturentstehungslehre benutzt (Reinhardt 1953, Pöhlmann 1970). In neuerer Zeit hat sich besonders Arnold Gehlen ausführlich dieses Themas angenommen. Die anthropologische Grundkonzeption vom Menschen als dem handelnden Wesen, das in der Kultur (unter einem »Inbegriff der von ihm ins Lebensdienliche umgearbeiteten Natur«) darauf angewiesen ist, die Natur zu bewältigen, zu erfahren, umzuschaffen, weil er in keiner natürlichen Anpassung zu seiner Umwelt in diese eingebettet ist, weil er nach Instinktanlage und Funktionsdifferenzierung »unspezialisiert« ist – für diesen Menschen ist nach Gehlen »die Kultur . . . also die ›Zweite Natur‹ – will sagen: die menschliche, die selbsttätig bearbeitete, innerhalb deren er allein leben kann – und die ›unnatürliche‹ Kultur ist die *Auswirkung* eines einmaligen, selbst ›unnatürlichen‹, d. h. im Gegensatz zum Tier *konstruierten* (Hervorhebung d. Verf.), Wesens in der Welt. *An genau der Stelle*, wo beim Tier die ›Umwelt‹ steht, steht daher beim Menschen die *Kulturwelt*, d. h. der Ausschnitt der von ihm bewältigten und zu Lebenshilfen umgeschaffenen Natur.« (Ähnlich übrigens auch schon Plessner (1975³, 311 u. a.)) Der Weltoffenheit, der Mittellosigkeit, Unspezialisiertheit, langen Abhängigkeit und Plastizität des Menschen hinsichtlich seiner Naturanlage entspricht nach Gehlen die vom Menschen »selbst geschaffene ›zweite Natur‹«, die eine unglaublich flexible Anpassung an verschiedene Lebensmilieus ermöglicht, jedoch den Menschen von der Konstruktion einer solchen Zweiten Natur abhängig macht: »Er ist dann lebensfähig, wenn er dort Möglichkeiten erzeugen kann, sich eine zweite Natur zurechtzumachen, in der er dann statt in der ›Natur‹ existiert« (1962, 38). »Der Mensch lebt wesentlich in einer ›zweiten Natur‹, einer von ihm selbst umgeschaffenen und ins Lebensdienliche *seiner* Bedürfnisse umgewen-

deten Welt, in einer ›nature artificielle‹ wie dies G. Sorel nennt
(De l'Utilité du Pragmatisme, Paris 1928). Wir leben übrigens
nicht bloß in einer künstlichen, sondern in einer ›gezüchteten‹
Natur, indem wir aus ihr Möglichkeiten herausholen, zu denen
sie, sich selbst überlassen und urwüchsig geblieben, nicht käme.
In der unmittelbaren, ersten Natur, gibt es weder Nutztiere noch
Sprengstoffe« (Gehlen 1962, 303).

   Gehlen verweist darauf, daß die Zweite Natur künstlich geschaffen ist – eine erste Verbindung zur Konzeption der Operativisierung oder Operationalisierung der Natur ist somit auch hinsichtlich der Zweiten Natur deutlich. Die Zweite Natur ist kulturrelativ, und Kultur ist als solche konventionell, gemacht, kontingent.
Doch die Prägung greift noch viel tiefer: Die »unnatürliche«,
durch Handlung Triebentlastung leistende und substituierende
Weltbewältigung ist nur möglich, wenn gleichsam die gesamte
Welt des Menschen der Zweiten Natur untergeordnet wird, wenn
er seine gesamte Welt und sich selbst unter diesem Aspekt deutet,
ja, erst konstituiert. Dann »bekommen alle menschlichen Erscheinungen erst den ihnen eigentümlichen Gehalt, den der zweiten
Natur. Die Welt, in der der Mensch lebt, ist eine zweite Natur, die
er sich schafft – aber in dieser Leistung wird er notwendig sein
eigenes Thema« (ebd., 348), er steht gleichsam immer nur der
selbstgemachten Welt, sich selber bzw. seinen realisierten, konsti-
tuierten, interpretierten Exteriorisierungen, Selbstauslegungen
gegenüber. Für Gehlen ist die »Grundsituation des Menschen als
eines ›nicht festgestellten‹ (Nietzsche) Wesens dadurch charakterisiert, daß »es immer nur reflektierte Vorgänge gibt, indem jedes
Verhalten nach außen nur durch ein Verhalten zu sich selbst geht,
und umgekehrt«, daß selbst Wahrnehmung, Selbstwahrnehmung,
»Antriebsleben« »davon keine Ausnahme« machen – gleichsam
»reflexiv über sich selbst« sind: »Auch hier gibt es keine erste, nur
eine zweite Natur« (ebd., 348).

   Die Zweite Natur bestimmt aber auch die Deutung und Konstitution der Ersten Natur, meint Gehlen, und zwar mindestens in
zweifacher Weise. Nicht nur wird das Verhalten des Menschen
und dessen Lenkung von gewissen Natürlichkeitsdeutungen geprägt, nicht nur wird normativ Unbefragtes, das Selbstverständliche einer Kultur unter einem »neuen Begriff Natürlichkeit« als
das dem Menschen Natürliche verstanden – davon wird noch zu
handeln sein –, sondern die Zweite Natur prägt insbesondere auch

das Verständnis, die Erfassung und begriffliche Konstitution der Ersten Natur. Die Natur – im schlicht vorwissenschaftlichen oder im umfassenden Sinne? – wird »das Operationsfeld einer rationalen Praxis«, des experimentellen Zugriffs. Sie wird »im ganzen Umfang der erkannten Breite, ein sachliches, technisches Arbeitsgebiet, das sich längst in die ›Wirtschaften‹ der Agrikultur, des Bergbaus, der chemischen oder Elektroindustrie, der Medizin usw. ausgefaltet hat« (1956, 111). Gehlen meint sogar, »Naturwissenschaft und Technik« seien »im Grunde der Sache zwei Seiten desselben Prozesses, wie schon Descartes klar erkannte, der von seiner analytischen Erkenntnismethode erwartete, daß sie uns zum ›Herren und Besitzer‹ der Natur machen werde« (ebd.), weil »die Anwendbarkeit einer exakten Naturerkenntnis . . . unmittelbar« in der Natur selbst liege: »Die große mechanische Weltuhr des Cartesius wäre zugleich die potentiell völlig beherrschbare Welt, und natürlich die ganz entzauberte, in der keine Mondgöttin mehr Heimat hat« (ebd.).

Sicherlich verweist Gehlen zu Recht auf diese im vorhergehenden beschriebene Operationalisierung der Natur und den Zusammenhang zur Konzeption der technischen Beherrschbarkeit, der Machbarkeit. Er verweist auch zu Recht darauf, daß die magischen, polytheistischen Praktiken zunächst durch den Monotheismus entmagisiert, »magisch neutralisiert« (ebd., 110) und zugleich in einen umfassenden Systemzusammenhang gebracht werden mußten, damit die operative und technische Naturauffassung überhaupt konzipiert und durchgesetzt werden konnte. Eine ähnliche Rolle als notwendige Vorbedingung spielt auch die moralische Neutralisierung der Außenwelt seit der Aufklärung wie die nötige ästhetische Ergänzung im Verhältnis zur Natur und ihre Auffassung als eines »Seienden«, das »sich selbst genügt«, aber eben als ein bloß Daseiendes, Feststellbares auch bearbeitet werden kann (ebd. 113). Eine Enthistorisierung des unabhängig vom Menschen ablaufenden Naturgeschehens scheint damit ebenfalls eine notwendige Voraussetzung für dessen technische Beherrschung. Doch Gehlen möchte auf höherer, erkenntnistheoretischer Ebene die Historisierung der Natur in Gestalt der kulturbedingten, historisch wandelbaren Naturauffassungen einführen, um den Wandel des Naturverhältnisses verstehen zu können und um letztlich jede »Erste Natur«, wenigstens jegliche Form ihrer von Einflüssen der »Zweiten Natur« unabhängigen Erfassung aufzuheben. Im »Sinne des kulturell Bedingten gilt uns die Faktenaußenwelt als natürlich« (1956, 117), sie ist daher nicht unabhängig von kulturellen Instrumenten, Voraussetzungen, Zugriffsmöglichkeiten, Darstellungsformen zu erfassen.

In erster Linie interessiert Gehlen das, was, sozusagen aus der Ersten Natur stammend, in der Sichtweise der Menschen kulturell »als Natur« aufgefaßt wird – nicht nur im Sinne einer »Natürlichkeit« von Normen (s. u. S. 279 ff.) Dieses wäre der von der Zweiten Natur determinierte Begriff der Ersten Natur, bezüglich dessen Gehlen sagt, jede Auffassung der Natur sei letztlich »tendenziös«: »Da der Mensch wesentlich Kulturwesen ist, seine eigene Natur bis tief ins Innere hinein eine ›nature artificielle‹, ja da er sogar die objektive Natur selbst theoretisch und praktisch in dem Grade vereinseitigt, in dem er sie überhaupt erreicht, so daß jedes ›Naturbild‹ nur ein tendenziöser Ausschnitt ist, deshalb ist ein Moment des Künstlichen, ja Fiktiven schlechterdings apriorisch« (ebd., 238). Jedes Naturbild ist ein »tendenziöser Ausschnitt«, jedes Naturbild ist selektiv. Jedes Bild, das man sich von der Ersten Natur macht, ist letztlich von der Zweiten Natur bestimmt. Aber hinzu kommt eine »Hintergründigkeit«, ein Hintergrund, der nur durch eine Residualkategorie umschreibbar ist, von dem man sich aber kein treffendes Bild machen kann, den man als Mensch jedoch voraussetzt, über den man aber eben nur in Sprachformen, die notwendigerweise von der Zweiten Natur geprägt sind, etwas aussagen kann.

Im Rahmen unseres Gesamtthemas, besonders was die Operativisierung, die Operationalisierung der Natur und ihrer Konstitutions- und Erfassungsweisen betrifft, fällt auf, daß Gehlen trotz des zitierten Verweises auf Descartes' grundsätzlich herrschaftsorientierte Deutung der Natur als eines Operationsfeldes des Menschen unter Vernachlässigung der aktivistischen Naturkonstitution, der naheliegenden aktiv-operativistischen Deutung, sich nahezu ausschließlich auf die Analyse der Naturauffassungen konzentriert, ja fast einschränkt auf die Rezeption, auf eine Analyse der Art und Weise, wie der Mensch aufgrund seiner Zweiten Natur, seiner Kultur die äußere Welt selektiv wahrnimmt, deutet, verarbeitet. Er nimmt also in diesem Werk weniger Bezug auf die Unmittelbarkeit einer Ersten Natur und auf eine Möglichkeit, auch kulturelle Varianten bewußt zu erzeugen. Man könnte ja durchaus der Meinung sein, daß man nicht nur die Möglichkeit habe, *eine* Zweite Natur auszubilden, sondern daß der Mensch existenziell – und das muß Gehlen wegen seiner Weltoffenheitsthese (der Mensch ist das »weltoffene« Wesen) betonen – auf Alternativen angewiesen, stets auf Entscheidung und Handlung, d. h. aber zugleich auf alternative Möglichkeiten, ausgerichtet ist oder grundsätzlich mit einem anderen Handlungsverlauf, einer anderen Weltgestaltung rechnen muß. Das heißt mit anderen Worten: Es könnte durchaus sein, daß der Zweiten Natur Flexibilität, die ja schon durch deren weitgehende Kulturbedingtheit und damit durch deren konventionellen Charakter bestimmt ist, dazu führt, daß es so etwas gibt wie Zweite »Subnaturen« und daß eine Vielfalt von Angebotsmöglichkeiten, ein Pluralismus von Zweiten Naturen entstehen könnte, die dann gerade das Alternative und Relative (wenn auch für den *einzelnen* nicht beliebig Programmierbare oder Modifizierbare) daran deutlich machen würden. Mir scheint, in mancherlei Hinsicht haben wir solch ein Stadium erreicht. Eigentümlicherweise wird bei Gehlen die »Erste Natur« gar nicht mehr sehr eingehend behandelt, ja, kaum berührt, sie ist aber im Hintergrund, im sozialphilosophischen Unterbewußtsein sozusagen, immer noch sehr prägend vorhanden. Das, was man – unabhängig von jeder kulturellen Prägung – vielleicht die anorganische und die biologische Natur nennen könnte, bildet, wie Gehlen sagt – eventuell noch unter Nachwirkung der in seiner existenzphilosophischen Dissertation entwickelten Terminologie – den Hintergrund der Faktizität und einer Legitimation von Dingen, von Natur, die sich nur durch Faktizität ergibt. »Eine Erscheinung, ein Ding, eine Veränderung ist durch ihr bloßes Dasein und Sosein legitimiert oder darin, daß man sie auf andere Tatsachen oder Gesetze zurückführt, die selbst wieder in ihrer eigenen Faktizität gründen. Dies gehört zu unseren Selbstverständlichkeiten und zu den Strukturen unseres Bewußtseins, aber zu den historisch *gewordenen*« (Gehlen 1956, 114). Es geht ihm darum zu betonen, daß das, was als »natürlich« gilt, unser Bewußtsein, unsere Auffassung davon, selbst eine angeblich sachliche Rezeption der Natur, im schlichten Sinne historisch *geworden* ist, von kulturell geprägten Kategorien abhängt.

Selbst »Naturgesetze«, meint er, seien, »genau wie Dinge als Ausgangsdaten, ebenfalls durch ihr bloßes Dasein und Sosein legitimiert« (ebd. 115). Das ist freilich ein Begriff von Legitimation, der nicht ganz einleuchtet. Was soll in diesem Zusammenhang überhaupt »Legitimation« heißen? Man sollte diesen Verweis auf die Faktizität der Regelmäßigkeit und Gesetzlichkeit in der Natur gar nicht Legitimation nennen, man könnte höchstens sagen, es sei gar nicht nötig, die Sachgrundlagen dieser Welt zu »legitimieren«; denn weil wir eben in dieser einmal gegebenen Welt leben, müssen wir uns mit ihr auseinandersetzen. Erst der Zwang zur Auseinandersetzung, zur gestaltenden Bewältigung, zur Erkenntnis wäre dann zu rechtfertigen. Unser Wunsch, zu überleben und uns überhaupt in dieser Welt einzurichten, bietet Legitimation, geradezu existenzielle Notwendigkeit genug, sich mit den Dingen in der Welt auseinanderzusetzen, auch etwa Naturgesetze zu berücksichtigen in Hinsicht auf diese Bewältigungspraxis und diese Überlebensziele. Wieso sollten Naturgesetze aber schon durch ihr bloßes Dasein und Sosein »legitimiert« sein? Das ist in dieser unbedingten Formulierung nicht einzusehen. Man kann dann wohl auch nicht so einfach sagen, »die Anwendbarkeit einer exakten Naturerkenntnis« liege »unmittelbar in ihr selbst, nämlich im Experiment, schon beschlossen« (1956, 111).

Die Entwicklung und Durchsetzung des experimentellen Zugriffs zur Natur ist nach Gehlens eigenen Voraussetzungen wesentlich komplizierter, indirekter, als er meint.

Als ein weiterer Punkt wurde schon erwähnt, daß bei Gehlen die »Erste Natur«, die unorganische, anorganische, die organisch-biologische, sozusagen die nicht schon durch das Raster des menschlichen Erkenntnisvermögens erfaßte Natur offensichtlich doch eine Hintergrundfunktion und -rolle spielt, die aber nicht thematisiert wird. Die Zweite Natur ist zwar nicht der Ersten aufgepfropft, aber sie kann sich nur und erst entwickeln aus den Möglichkeiten, welche die Erste gleichsam zur Verfügung stellt. Gehlen hat recht, wenn er sagt, daß wir selbst die Erste Natur, wenn wir sie erkennen, wenn wir überhaupt darüber etwas sagen wollen, nur mit Kategorien, mit Erkenntnisapparaten, mit Erkenntnisbegriffen, mit Formen der Zweiten Natur – oder wenigstens solchen, die von der Zweiten Natur geprägt, bestimmt sind – erfassen können. Wir können nur im Medium der Zweiten die Erste Natur erkennen – also immer nur indirekt, in von der Zweiten Natur bestimmten Modellen. Jede Erkenntnis ist Erkenntnis in Modellen (vgl. Stachowiak 1973).

Deshalb kann man sagen, die Erste Natur spiele bei Gehlen eine ähnliche Rolle wie bei Kant »das Ding an sich«. Sie muß zwar immer dasein, sie ist unerläßlich, um dem Erkennen überhaupt eine realistische Bedeutung und Wirksamkeit zu garantieren – realistisch also durchaus in doppeldeutigem Sinne, nicht nur erkenntnistheoretisch, sondern die Praxis der Lebensbewältigung betreffend, aber diese Erste Natur kann grundsätzlich eigentlich nicht an sich erkannt werden. Sie kann nur mediatisiert, gedeutet werden – mediatisiert mit Hilfe der Begriffe, der Theorien, der Möglichkeiten des Zugriffs, die durch die Zweite Natur geprägt sind und die durchaus anders sein könnten. Das gilt übrigens auch für alle wissenschaftliche Tätigkeit. Diese besteht eben nicht einfach darin, daß der Mensch nun die Welt erkennt, wie sie an sich ist, an sich beschaffen ist, unabhängig von allen möglichen Instrumenten, unabhängig von aller Begriffsbildung, von aller Konvention usw., sondern das, was dem empirischen Gehalt eines Wissens, einer Theorie zugrunde liegt, sozusagen das empirische Fleisch, wird beispielsweise gerade auch durch Theorien der Physik oder der Naturwissenschaft nie unmittelbar ergriffen, sondern auch höchst mittelbar, wobei beim Aufbau der Theorien natürlich Konventionen, Konstruktionen, Sprachregeln, Abstraktionen aus dem Sprachverhalten, logische Regeln usw. eine ganz entscheidende Rolle spielen. Das heißt also, der Zusammenhang auch dort ist sehr viel indirekter zu sehen, als der Alltagsverstand und viele noch naiv-realistische (oder auch manchmal naiv-kritisch realistische) Wissenschaftler meinen. Es wäre durchaus möglich, daß man mit zwei ganz verschiedenen Theorien empirisch »dasselbe« leisten kann, daß verschiedene Theorien »denselben« empirischen Gehalt haben könnten. Man müßte aber versuchen zu präzisieren, was der »empirische Gehalt« einer Theorie dann überhaupt noch bedeuten kann und was die Identität einer Theorie bedeutet (bedeuten soll). Dazu habe ich früher auch einmal einen Gedanken entwickelt, der daraufhin abzielt, daß der empirische Gehalt erst auf einer semantisch höheren Stufe, durch metatheoretische »Wenn-dann«-Aussagen erfaßt und dargestellt werden kann. Wenn wir diese und jene Instrumente und diese und jene Theorie haben und dann das und jenes voraussagen, dann weist erst diese große metatheoretische »Wenn-dann«-Beziehung einen empirischen Gehalt auf und nicht schon die objektsprachliche Theorie selbst. Der empirische Gehalt einer anderen Theorie mit einem anderen Vorderglied jener großen metatheoretischen »Wenn-dann«-Aussage oder einer anderen könnte derselbe sein. Es könnte also derselbe empirische Gehalt sozusagen in verschiedenen Gestalten auftauchen. Ich glaube, daß die Zusammenhänge hier ähnlich verstanden werden könnten. Man könnte versuchen, einen residualen Naturgehalt, sozusagen einen »Erstnaturgehalt«, zu umschreiben, der dargestellt wird in Kategorien, in Begriffsinstrumenten, Zugriffsmöglichkeiten, die immer von der Zweiten Natur geprägt sein müssen, und man wird einräumen, daß man sich durchaus in verschiedenen Kulturen, verschiedenen »Zweitnaturen« – wenn man so will – unter Umständen auf »dasselbe« beziehen kann, dabei auch »dasselbe« an »Erstnaturgehalt« erreichen kann, vorausgesetzt, man hat eine etwa gleichgeartete Einordnung hinsichtlich der Funktionen, was dieser »Erstnaturgehalt« für das menschliche Leben bedeuten soll. Aber ich glaube nicht, daß – wie es bei Gehlen ausgedrückt ist – alles, was in der Ersten Natur – wenn ich so sagen darf: »vorhanden« ist, nun vollständig funktionalisiert und vollständig aufgelöst, weggezaubert werden kann, dann nur noch in der Zweiten Natur existiert. Das gilt im übrigen auch für die (Erste) Natur des Menschen selbst. Es ist ähnlich wie mit den vieldiskutierten Bedürfnissen: kein Zweifel, daß es etwa natürliche, physiologisch-biologische Grunddynamiken oder ein Grundmuster von Bedürfnissen gibt, seien diese auch nur aufspürbar z. B. im sinkenden Blutzuckerspiegel beim Hungergefühl. Nur kann man die Äußerungen eines solchen »Bedürfnisses« oder des Grundstocks der Bedürfnisse und die Art und Weise, wie solche befriedigt werden können, lediglich über eine bestimmte kulturell geprägte Zweite Natur, jedenfalls nicht durch die physiologische Dynamik allein erfassen. Dabei sei durchaus zugestanden, daß man auch durch Ereignisse, Interpretationen, die (zunächst einmal oder nur) in der Sprache der Zweiten Natur beschrieben werden oder durch diese produziert wurden, auch Ereignisse und Prozesse in der Ersten Natur hervorrufen kann. Man ist fast geneigt, die ontologisch recht fragwürdige Dreiweltentheorie Poppers (1973, 172 ff.) anzuführen und die Verbindung zwischen Poppers »Welten« zu parallelisieren mit dem Verhältnis zwischen den einzelnen Stufen hier. Was Popper »die Welt 1« nennt, entspricht fast dem Begriff der Ersten Natur, der bei Gehlen unterstellt ist, und die Zweite Natur ist dann das andere, also »Welt 2« und »Welt 3«, soweit diese schon von der Kultur modifiziert, geprägt sind.

Für die Selbstdeutung und Auffassung des Menschen von sich

und seiner »Natur« selbst gilt eine ähnliche Abhängigkeit von der Zweiten Natur. Dazu noch einige kurze Bemerkungen. In *Der Mensch* (1962, 348) sagt Gehlen über die Trieb- und Antriebsstruktur des Menschen, daß es gar nicht so etwas gibt wie ein unreflektiertes, natürliches Antriebsleben, sondern er möchte »weder mit einem ›Triebkatalog‹ noch nach dem Schema Anlage – Umwelt arbeiten, weil auch die Rede von Einflüssen des Milieus das Wesentliche des Sachverhalts« – eben das Handeln und seine Struktur – »unberücksichtigt läßt«: »Alle diese Formeln – auch die typologischen – begreifen nicht den Menschen und damit sein Antriebsleben durch die Handlung. Tut man dies aber, so bekommen alle menschlichen Erscheinungen erst den ihnen eigentümlichen Gehalt, den der zweiten Natur. Die Welt, in der der Mensch lebt, ist eine zweite Natur, die er sich schafft – aber in dieser Leistung wird er notwendig sein eigenes Thema; und er ist so beschaffen, daß er immerfort an sich selbst Aufgaben findet, deren Lösung zugleich ein Fortschritt in seiner Welt ist. Bei der Wahrnehmung, der Sprache, der Bewegung haben wir dieses einzigartige Geschehen aufgezeigt, in dem es immer nur reflektierte Vorgänge gibt, in denen jedes Verhalten nach außen nur durch ein Verhalten zu sich selbst geht, und umgekehrt: Das ist die Grundsituation des Menschen als eines ›nicht festgestellten‹ Wesens. Das Antriebsleben macht davon keine Ausnahme. Es ist schließlich *selbst ein Organ von Erfahrungen* über die Welt und die anderen und damit reflexiv über sich selbst, und auch hier gibt es keine erste, nur eine zweite Natur« (ebd.). Das heißt mit anderen Worten: Gehlen glaubt, daß der Mensch aufgrund seiner »Weltoffenheit«, seines »nicht festgestellten« Wesens nicht nur auf Zweite Natur, auf kulturelle Konventionen angewiesen ist, sondern auch auf Exteriorisierung. Das heißt also, er muß sich gleichsam immer in äußeren Spiegelbildern – seien diese magisch oder seien sie selbstproduzierte Werkstücke – spiegeln und finden. Er kann sich nur durch Veräußerlichung selbst bestätigen und muß das dann auf sich selbst zurückspiegeln. Daher dieses *R*eflektieren, daher die Notwendigkeit, daß der Mensch sich auch selbst immer zum Thema werden muß und sich selbst immer das interessanteste Thema ist. Im übrigen ist bekannt, daß Gehlen auch die Technik ähnlich deutet als »Resonanzphänomen« und als Ausdruck einer für den Menschen notwendigen Exteriorisierung: der Mensch sei auf Konstruktion und Auslegung in ein Nicht-Ich und also auf

magisches, stellvertretend erlebtes oder auf technisches Gestalten
der Wirklichkeit angewiesen, um sich selber entlastend überhaupt
reflektieren und bestätigen zu können (Gehlen 1957, 16, 18 f.).

In *Urmensch und Spätkultur* (1956, 110 ff.) gibt es ein ganzes
Kapitel über diese Zusammenhänge. Gehlen stellt dort unter dem
Titel »Natur. Faktenaußenwelt« heraus, daß das Bewußtsein im-
mer historisch geworden ist, daß die Selbstverständlichkeiten der
Natur gleichsam *als das Natürliche gelten* und in gewisser Weise
vom Menschen nach außen projiziert werden. Das Buch handelt
bekanntlich auch von der Institutionentheorie. Das was oben gesagt wurde, drängt natürlich auf die Exteriorisierung auch in der
Form von normativen Verfestigungen, in der Festsetzung, im
Festhalten oder gar in der Absolutsetzung von Normen, in der
Bildung von Institutionen. Das heißt also, letztlich meint Gehlen,
selbst das, was uns in einer Kultur als »Natur« gilt, ist als Norm
gesetzt, ist das, was für uns selbstverständlich geworden ist. (Gehlen kann »Natur« überhaupt nur noch in Anführungsstrichen
schreiben.) »Die Auffassung und Interpretation dessen, was als
›Natur‹ gilt, und was *selbstverständlich* so gilt, ist bezogen auf die
großen Kulturverhältnisse, mindestens auf die absoluten Kultur-
schwellen« (ebd., 116). Damit meint Gehlen in erster Linie die
Seßhaftwerdung und dann die Industrielle Revolution. »Da der
Mensch ›von Natur ein Kulturwesen‹ ist und seine eigene Auffassung von Natürlichkeit und Unnatürlichkeit selbst kulturell relativ ist, was man als tausendfach belegtes Faktum einfach hinnehmen muß, so ist auch kaum etwas anderes zu erwarten« (ebd.).
Nun ist Gehlen aber der Ansicht, es sei »für unsere Kultur . . .
typisch, . . . daß wir die ›Faktenaußenwelt‹ kennen« (ebd.). »Die
Faktenaußenwelt kennen« – was soll das nun eigentlich noch heißen? Man müßte eigentlich sagen, daß wir eine Faktenaußenwelt
als solche – eben als Selbstverständlichkeit – normativ setzen, vor-
aus-setzen.

»Ein großer Teil von ihr ist ›Rohstoff‹, der in unsere Kultur
eingeht« (ebd., 116); damit zielt Gehlen auf die Naturstoffe ab,
die wir benutzen, in Kulturgegenstände wandeln, einbeziehen,
angefangen vom Erdöl, von der Kohle usw. »bis zu dem Chemis-
mus, mit dem wir der ›Natur‹ nachhelfen«: »Dieser Bereich geht
mit verschieblicher Grenze in den unergriffenen über: die Sterne,
die Gräser, die Insekten sind schlicht vorhanden, doch sie sind
Gegenstand eines verselbständigten Kulturgebietes, der Natur-

wissenschaften. Der Unterschied zwischen beiden Sphären ist ein bloß praktischer, theoretisch dagegen und schon in der Wahrnehmung fallen sie zusammen, es ist das eben die Natur als Faktenaußenwelt mit ihren Eigenschaften und Gesetzen eigener Ebene« (ebd., 116).

Jedoch: bei den Gräsern und Insekten ist es nun auch nicht mehr ganz schlicht so. Sie sind ja zum Teil auch schon Zuchtprodukte. Der Karlsruher Soziologe Linde meint, es gäbe in der Zivilisationslandschaft, auch in der scheinbar noch natürlichen, fast ausschließlich nur noch Artefakte. Man könne sagen, daß auch Insekten oder die Schmetterlinge bei uns – die wenigen, die noch vorhanden sind – Artefakte sind – insofern, weil sie die Behandlung mit Pestiziden und allen möglichen bzw. entsprechenden Eingriffsversuchen überstanden oder auch der Depravation der Umwelt widerstanden haben. (Ist der Mensch selbst dann auch nur noch Artefakt, technisches Produkt? Technisierte er sich völlig selbst, so daß ihm – auch ihm – keine Erste Natur mehr verblieb? Dies denn doch wohl nicht – ganz.) Mir scheint damit jedoch der Begriff ›Artefakt‹ viel zu weit ausgedehnt zu sein; denn tatsächlich ist ja noch eine im traditionellen Sinne »natürliche«, biologisch-organische Grundlage unabhängig vom Menschen vorhanden. Der menschliche Eingriffsversuch verwirklicht sich überwiegend an den Grenzen dieses Bereichs. Er wirkt darauf hin, daß das natürliche Leben in gewissem Sinne eingeschränkt wird, aber es ist doch irgendwie noch vorhanden. Und schließlich unterliegen auch reine Kulturgegenstände, Zweckartefakte, wie z. B. Automobile, auch den noch als unabhängig vom Menschen gültig aufgefaßten Naturgesetzen. Deren Handhabung, deren Kenntnis, deren Nutzung wird allerdings nur in variablen, historisch *gewordenen* Formen der »Zweiten Natur« stattfinden können. Dennoch ist die Artefaktenwelt nicht einfach der »Zweiten Natur« gleichzusetzen. Letztere umfaßt eher die institutionelle Einbettung der Gegenstände, die Regeln und Normen, nach denen sie gedeutet, behandelt werden, die Verständnis- und Funktionsweisen, die mit dem Artefakt verbunden sind, mit dessen Material, dessen Realexistenz an sich. Generell sagt Gehlen (ebd., 117), Schelsky zustimmend zitierend: »Gerade wenn die sozial- und normgestalterische Kraft einer Gesellschaft diese Leistung vollbringt, die sozial gesetzten Normen absolut zu setzen, wird das Verhalten danach dann als ›natürlich‹ empfunden. Dabei ist der

Ausdruck des ›Natürlichen‹ keineswegs ein biologisches Datum, sondern ein Zeichen dafür, daß eine Norm unbezweifelbar ist« (Schelsky 1954). Gehlen meint, daß *kulturelle* Selbstverständlichkeiten auch ein Teilgebiet der Zweiten Natur seien, nämlich dadurch ausgezeichnet, daß sie quasi als »natürlich« erscheinen – z. B. etwa das Inzestverbot –, daß sie ebenfalls als nicht Veränderbares konstant (zu) bleiben (haben) und zu einem »Natürlichen« im Alltagssinne projiziert werden. Auch die Kultur im engeren Sinne wird uns sekundär quasi »natürlich« – unbefragt selbstverständlich; man denke etwa an bestimmte – z. B. moralische – Normen.

Gehlen sagt (ebd., 117) darüber hinaus allerdings auch – und das muß wohl kritisch eingeschränkt werden –: »Und in demselben Sinne des kulturell Bedingten gilt uns die Faktenaußenwelt als natürlich, wir können aus dieser Form der Wahrnehmung gar nicht mehr heraustreten. Das Natürliche ist generell das Selbstverständliche, und dieses ist das selbstverständlich Gewordene, dessen Gewordensein aber unserem Bewußtsein abgedeckt ist«; das heißt, dessen Gewordensein als solches wir wie eine Selbstverständlichkeit sehen und eben dann gar nicht mehr eigens sehen, weil wir es sozusagen projektiv naturalisiert haben. Gehlen meint, auf diese Weise ergebe sich ein neuer Begriff von »Natürlichkeit«: Eine von der Zweiten Natur aus bestimmte, bedingte, geprägte Erste Natur werde möglich: »eine vor-kulturell faßbare menschliche Natur« gebe es überhaupt nicht (ebd., 118). Es gibt für Gehlen beim Menschen *nur* (noch) eine Zweite Natur, weil »keine Aussage des Menschen über sich selbst möglich« sei, »die unabhängig wäre von einer bestimmten kulturellen Ausprägung«. (Hier verwechselt Gehlen allerdings semantische Ebenen – nämlich die des Ausdrucks und die der Referenz.) Die Tatsache, daß der Mensch über Erste Natur nur in Ausdrücken, die der Zweiten Natur entstammen, sprechen, diese nur so darstellend erfassen kann, hat nicht nur Folge, daß die Erste Natur gar nicht mehr oder nur noch sekundär, artifiziell existierte. Diese Kulturgebundenheit jeder Selbstaussage des Menschen über sich »hat eine sehr tiefsinnige Ursache: Der Mensch kann nämlich keine direkten zutreffenden Aussagen über sich selbst machen, er faßt sich nur über ein Nichtmenschliches hinweg, indem er sich mit diesem gleichsetzt und es dabei wieder von sich unterscheidet« (ebd.). Das ist das, was vorhin mit »Exteriorisierung« bezeichnet wurde.

Daher schließt Gehlen (ebd.): »Die ›natürliche‹ Selbstauffassung des Menschen besteht immer darin, daß er sich mit etwas anderem identifiziert, sie verläuft immer indirekt, über das hin, was außer ihm liegt; und was das ist, was außer ihm liegt, das Natürliche oder Göttliche, das interpretiert jede Kultur zusammen mit sich selbst« – und wohl jede Kultur für sich anders – eben in ihrer spezifisch anderen Weise. Die Unwahrscheinlichkeit der Kultur – und dennoch des Menschen Angewiesensein auf sie – führt Gehlen hierauf zurück; ebenso die Behauptung, der Mensch sei sich selbst »das unwahrscheinliche, das riskierte Wesen« (ebd., 118 f.).

Es gibt bei Gehlen in diesem Zusammenhang noch weitere Funktionen der anthropogen und anthropomorph konstruierten, konventionalisierten, institutionalisierten Welt, die sich entwickkeln – etwa daß diese durch die Zweite Natur geprägte i. w. S., interpretierte »Natur« selbst zu einer Art Ordnungsstiftung, einer Art »großen Heimat« wird und daß sich da auch eine nicht erwartete und nicht angezielte *sekundäre Zweckmäßigkeit* nichtselbstverständlicher Verhaltensweisen«, wie z. B. die »Stabilisierung« von Großgruppen (ebd., 120 f.), oder auch Bedürfnisse ausprägen, die selbst dann indirekt Triebcharakter gewinnen können usw. Darauf kann hier jedoch nicht näher eingegangen werden.

Es sei noch einmal zusammengefaßt: Gehlen behauptet: 1.) die Kultur des Menschen ist diesem gleichsam zur »Zweiten Natur« geworden. Er ist auf sie angewiesen, aber sie ist kulturrelativ. 2.) Selbst das, was als »Natur« gilt, ist kulturbedingt, ist kulturrelativ, ist das, was die jeweilige Kultur als das Selbstverständliche, Unbefragte, Unhinterfragte ansetzt.

Man kann kritisch bemerken, daß der Ausdruck ›Zweite Natur‹ mehrdeutig oder mißverständlich ist, daß er vielleicht die Analogisierung zur Ersten Natur ein wenig übertreibt, daß Gehlen sich ferner sehr übergewichtig, nahezu ausschließlich auf die Rezeption, die Wahrnehmungs- und Auffassungsverarbeitung des Menschen, auf die Interpretation allein einschränkt – also gerade die ihm naheliegende aktivistische Weltkonstruktion und -rekonstruktion hier fast gänzlich unbelichtet läßt, daß er z. T. Legitimationsvorgänge durch Verweis auf bloße Faktizität – sozusagen auf die »Normativität des Faktischen« – kurzschlüssig zu erledigen sucht, daß er nicht bedenkt, wie sehr innerhalb des kulturellen Rahmens Varianten und Alternativen möglich sind. Gehlen läßt in gewisser Weise den biologischen Hintergrund, die Residualkategorie dessen, was unabhängig vom Menschen existent ist, merkwürdig unterbeleuchtet, obwohl gerade sein Begriff der Zweiten Natur implizit doch immer zurückweist auf eine noch unbearbeitete, also schon vorausgesetzte Erste Natur. Wenn Gehlen schließlich sagt, es gebe gar keine Natur, wenn er aber letztlich doch so etwas wie eine Hintergrund-Erstnatur vorausgesetzt, dann kann und müßte man wiederum nach dieser Hintergrund-Erstnatur fragen, die der Mensch im Grunde eigentlich nicht erfassen kann, die aber eine gewisse Rolle zu spielen scheint wie das »Ding an sich« in der Kantischen Erkenntnistheorie.

Abschließend kann man feststellen, daß Gehlen etwas sehr Wichtiges gesehen hat – nämlich, daß sicherlich, viel mehr als man in der historischen Tradition gedacht hat, die Deutungen »der Natur« abhängig sind von kulturellen Zugriffen, auch von Sichtweisen, die durch bestimmte Konventionen oder Entscheidungen einmal geprägt worden sind.

Eingangs wurde die biblische Sicht des »Macht euch die Erde untertan« besprochen, als selektiv erkannt, als eine unter historisch und kulturell alternativen Sichtweisen. Diese Selektion hat zwar erheblich gewirkt, aber damit auch zu einer Art »Verzerrung« geführt, zu einer mißverständlichen Darstellung, gleichsam zur Verabsolutierung eines bestimmten Naturbildes, das als ein eben spezifisches, beschränktes, eingeschränktes, ausgewähltes nicht erkannt wurde. Das heißt: Man hat gewisse »Selbstverständlichkeiten« in diesen Projektionen nicht als solche erkannt. Dies erkennen zu können, hätte in der Tat bedeutet, daß man über diese Projektionen schon in gewisser Weise hinaus ist, daß man über die Einschränkungen der Selbstverständlichkeiten hinausblicken kann. Der Fisch nimmt das Wasser nicht wahr, in dem er und solange er darin lebt. Umso wichtiger ist eine kultursoziologisch, kulturanthropologisch vergleichende Sicht, gerade um auch die Relativitäten der eigenen Selbstverständlichkeiten herausbringen zu können. Man erinnert sich an ein frei nach Lichtenberg variiertes Wort: »Wer nur seine eigene Kultur kennt, der kennt auch die nicht« – oder wenigstens nicht richtig. So ähnlich dürfte es auch mit den Begriffen dessen sein, was dem Menschen in einer bestimmten Kultur jeweils als »natürlich«, als das »Natürliche« gilt. Aber man kann sicher nicht völlig von der Existenz jeder Ersten Natur abstrahieren, und man kann wohl nicht behaupten wie anscheinend Gehlen, es gebe überhaupt nicht (mehr) so etwas wie eine Erste Natur, es gebe überhaupt keine lebensnotwendigen biologischen Grundbedürfnisse (deren bloße Existenz von ihrer kulturrelativen Ausprägung unabhängig ist) oder es gebe überhaupt nicht so etwas wie ein »Ding an sich«, nicht die Realität – wenn man nicht in idealistische Bahnen zurückgleiten will. Selbst wenn wir nicht in der Lage sind, unabhängig von den kulturrelativen Sichtweisen die Erste Natur oder auch nur irgendetwas von ihr zu erkennen, müssen wir sie doch irgendwie in einer vom Menschen noch nicht angegriffenen, noch nicht bestimmten, noch nicht geprägten Gestalt – als Leitidee unterstellen – eben wie Kant sein »Ding an sich«. Wieweit diese Unterstellung auch nur eine erkenntnistheoretische Ideologie, *die* realistische Hypostasierung ist, die unserer technischen Welt zugrunde liegt, das soll hier dahingestellt bleiben.

Man könnte sagen, daß Gehlen sich in der Tat trotz seiner These von der allumfassenden Bedeutsamkeit und Prägekraft der Zweiten Natur noch auf eine Restkategorie der Natur im Sinne einer unterlegten, vielleicht vorwissenschaftlich benutzten Konzeption von der Ersten Natur stützt, insbesondere auch, wenn er sagt, der Mensch sei »von Natur ein Kulturwesen« (1956, 116). (Oder ist hier eine weitere Äquivokation von ›Natur‹ impliziert?) Kann man sagen, daß auch diese Hintergrundkategorie bloß eine Art anthropomorphistischer Sichtweise unter dem Diktat der »Zweiten Natur« ist? Oder unterstellt Gehlen doch unversehens wieder einen verabsolutierenden Standpunkt, wenn er etwa meint, daß wir heute die »Faktenaußenwelt kennen« (1956, 116), daß wir uns ihr durch die Naturwissenschaft doch wenigstens »approximativ« nähern (ebd., 238)? Offenbar *gibt es* für ihn doch eben eine Faktenwelt, unabhängig von der Zweiten Natur, selbst wenn wir alles, was wir über die Faktenwelt aussagen können, nur mit Begriffen, die von der Zweiten Natur geprägt sind, sozusagen »zweitnatural« sind, beschreiben oder auch nur meinen (denotieren) können. Oder eröffnet sich hier die Dynamik eines Regresses: die Konzeption der Ersten Natur als eine Hintergrundkategorie, die selbst nur wieder in Begriffen der Zweiten Natur erfaßt, definiert werden kann?

Fraglos ist es notwendig, letzte pragmatische Anknüpfungspunkte der Weltauffassung, der Einbettung in die Handlungs- und Lebenswelt anzunehmen, von denen jedes Selbstverständnis, jedes Naturverständnis ausgehen muß. Aber ist diese letztlich praktisch, undiskutiert vorauszusetzende lebensweltliche Grundlage selbst wieder eine »Erste Natur« zu nennen? Nach Gehlen offensichtlich nicht; denn es gehört ja z. B. die falsche Unterstellung, die Erde ruhe, phänomenologisch zu dieser Basis – und diese Auffassung kann nicht einer unveränderlichen, ungedeuteten Natur entstammen. Stützt sich diese lebensweltliche Grundlage, selbst wenn sie nur in Form kultureller Deutungen, also in Begriffen der Zweiten Natur gefaßt werden kann, nicht wieder auf »erstnaturale« grundlegende und zugrunde liegende Faktizitäten? Gerät Gehlen nicht in einen ewigen Regreß oder in einen ständigen Zirkel, in dem sich alle Fundierungsversuche zwischen Konzeptionen der Bedingtheit durch Erste und Zweite Natur bewegen? Geht Gehlen nicht zu wenig sprachphilosophisch-analytisch mit dem Begriff oder dem Ausdruck »Natur« samt dessen vielfältigen Konnotationen um? In der Tat scheint Gehlen trotz aller gedanklichen Differenziertheit und Vielfalt methodisch-philosophisch gesehen auf naiver Stufe zu verharren. Er kennt keinen Unterschied zwischen Objektsprache und Metasprache, macht ebenfalls keinen zwischen theoretischer Sprache, Alltagsbegriffen und Beobachtungsbegriffen. Ideologische, ideologiekritisch zu verwertende Begriffe und Faktenfeststellungen werden ebenfalls nicht genügend differenziert, voneinander abgehoben. Die unterschiedlichsten Bedeutungen der Ausdrücke ›Natur‹, ›natürlich‹ usw. werden kaum fundiert – weder auf objektsprachlicher noch auf metasprachlicher Stufe noch vorwissenschaftlich-phänomenologisch noch auch theoretisch (in der Verwendung seines Modells). Gehlen müßte eigentlich differenzierter typisieren, etwa Natürlichkeitsbegriffe auf verschiedenen Stufen und in verschiedenen Konnotationen unterscheiden – vielleicht ›natürlich$_1$‹ auf objektsprachlicher Ebene unterscheiden von ›natürlich$_2$‹ auf höherer semantischer Stufe – doch auch dieses legte Mißverständnisse nahe: ›Natürlich$_2$‹ hätte eine ganz andere Bedeutung als die ebenfalls wohl unnötigerweise und mißverständlich sogenannte »Zweite Natur«. Zweifellos könnte man hier differenzieren und würde vielleicht aus dem Zirkel herauskommen, in den Gehlen faktisch immer wieder verfällt, wenn er sich unreflektiert anscheinend auf einer Sprachebene bewegt und die wissenschaftliche Sprachverwendung, die natürliche und eine stilisierte Alltagssprache nicht auseinanderhält. (Vielleicht meint er, es gebe keinen archimedischen Punkt, um aus dem aufgezeigten Zirkel herauszukommen.) Andererseits sind solche überfeinen und artifiziellscholastischen Einteilungen auch oft steril, wie man bei den metatheoretischen und semantischen Differenzierungen mancher Begriffe der analytischen Philosophie feststellen kann. Gehlen geht es ja in erster Linie um eine Beschreibung des inhaltlichen Problems. Dies hat er deutlich und in neuer Sicht, wenn auch nicht in exakter Klarheit gesehen. Die analytische Feinstrukturierung könnte und müßte anderweitig folgen.

Ähnlich wie der Naturbegriff ist auch der umfassende Sammelbegriff »Kultur« zweideutig oder mehrdeutig, zumal auch den Naturgesetzen unterliegende Gegenstände zur »Kultur« – etwa im Sinne der bei den Kulturanthropologen und Soziologen untersuchten »materiellen Kultur« gehören. Wenn man aber in den Sozialwissenschaften die sogenannte »soziokulturelle Geburt«, den Prozeß und das Resultat der Eingliederung in die entsprechende gesellschaftliche Kultur, als »Zweite Geburt« bezeichnet, so mag die Analogie zwischen Erster und Zweiter Natur ähnlich aufgefaßt werden. Wird sie zu strikt genommen, zu stark überdehnt, zu wörtlich ausgedeutet, so mag sie zu ideologischen Unterstellungen oder zu semantisch-fiktiven Überzeichnungen Anlaß geben. Vielleicht ist der Ausdruck »Zweite Natur« wegen seiner Anspielungen und angesichts seines oft versteckt bleibenden Analogiecharakters sachlich nicht sehr empfehlenswert. Wäre der Kulturbegriff nicht selbst mehrdeutig, so könnte man statt von »Zweiter Natur« besser einfach von »Kultur« sprechen und würde vielleicht einige rhetorische Fallen vermeiden, jedoch auch notorische ideologische Manöver ausschließen. Die These von der Kulturrelativität würde dann angesichts der Existenz verschiedener Kulturen zu einer Trivialität, wenn auch philosophisch damit noch nicht gelöst.

Die interessanteste Folgerung, ja, die eigentliche Entdeckung Gehlens scheint zu sein, daß jede Deutung der Ersten Natur selbst kulturbedingt ist, kulturrelativ ist. Dies betont, beispielhaft an verschiedenen Begriffen und Deutungsansätzen der sogenannten natürlichen Außenwelt und der Weltorientierung des Menschen im pragmatischen Zusammenhang herausgestellt zu haben, das ist sicherlich die wesentliche Leistung der pragmatischen, auf Handlungen ausgelegten philosophischen Anthropologie Gehlens. Daß noch weitere Differenzierungen dieser These notwendig sind, daß analytische Feinheiten der Methodologie und des inzwischen weiter entwickelten begrifflichen Instrumentariums auch an diesem Ansatz ausgeführt werden sollten, versteht sich von selbst, diese Behauptung nimmt aber der Gehlenschen Einsicht nicht ihre Bedeutsamkeit, selbst wenn sie die ursprüngliche, allzu globale Trennung von Natur und Kultur nur vorerst unzulänglich weiter differenziert.

Denaturalistische und antirealistische Fehlschlüsse

Nachdem die Mechanisierung und Operativisierung des naturwissenschaftlichen »Weltbildes« nachgezeichnet worden sind, die zu einer operativen Deutung des Naturbegriffs, der Natur geführt haben, nachdem ebenso Gehlens These von der Denaturalisierung der Naturauffassungen dargestellt worden ist, die zu einer Mediatisierung und »Sekundarisierung« aller Realitätserfassung und für Gehlen damit zweifellos auch der Realität selbst führte, soll nun die Parallelität beider Versuche herausgestellt werden – auch als Feststellung der formalen Ähnlichkeit und als Übereinstimmung der Kritik an beiden Versuchen. Schließlich soll gezeigt werden, daß beide Versuche einem positivistischen Fehlschluß verfallen, einem Überdehnungsfehlschluß, der zugleich semantische Fehldeutungen enthält.

Sowohl das Totalbild des mechanisierten und operationalisierten Naturbegriffs als auch die Auflösung der Ersten Natur in Kategorien der Zweiten Natur sind selektive, methodologisch motivierte Ansätze, die gewisse Einseitigkeiten des Zugriffsverfahrens oder der Begriffsdeutung über den methodologischen Anwendungsbereich hinaus ausdehnen. Beide verwechseln menschliche Verfahren des Umgangs mit der Natur, des Naturerfassens, mit der nichtoperationalisierten, nichtdenaturisierten (nicht kulturell konventionalisierten) »Restnatur«, mit dem durch unsere begriffliche Erkenntnis nur indirekt zu bezeichnenden, aber nicht unmittelbar an sich erkennbaren »Realen«, das sich nicht so zeigt, nicht so zeigen kann, »wie es ist«. Der Mensch als erkennendes Wesen muß eben notwendig – das ist der unaufgebbare erkenntnistheoretische Gehalt des Kantischen transzendentalen Aktivismus der Erkenntnis – Erkenntnisinstrumente und Erfassungsweisen benutzen, um überhaupt erkennen zu können. Zu den

Erkenntnisinstrumenten gehören Erkenntnisorgane samt deren physiologischer Realisierung sowie deren struktureller Außengerichtetheit ebenso wie Verarbeitungsfähigkeiten (etwa Verstand, Bewußtseinsinhalte samt deren Form und Speicherung, operatives Zentrum usw.) und auch sprachlich-begriffliche Formen zusammen mit deren Struktur und Beherrschung. Natürlich sind die letzteren instrumentalen Formen, die zur Darstellung, ja, systematischen Ausbildung und Erfassung jeder Erkenntnis nötig sind, z. T. *kulturell* entstanden, konventionalisiert, sie stehen unter dem grundsätzlichen Prägestempel der Zweiten Natur – auch dann, wenn sie nur zum Teil bewußt verändert werden können. Es mag wahrscheinlich sein, daß diese Kulturbedingtheit für die Bewußtseinsinhalte und Formen ihrer Erfassung gilt, nicht nur für die äußere sprachlich-begriffliche Darstellung. Die Zweite Natur ist sozusagen die Folie für jede Erfahrungsform der Erkenntnis.

Soweit Naturerkenntnis systematisch vorgeht, auf Wiederholbares, Identifizierbares, Typisierbares, und Quantifizierbares sowie Struktur(alis)ierbares ausgeht, soweit kann sie nicht auf den schematisch-konstruktiven Zugriff verzichten. Die experimentelle Naturwissenschaft, wenn überhaupt unternommen, führt notwendig zu einer so verstandenen Operationalisierung des Zugriffs zur Natur. Sie entwirft Schemata für Reaktionsweisen, manipuliert Experimentalbedingungen, isoliert Größen, um »die Natur« zu einer kontrolliert-kanalisierten Reaktion zu provozieren, zu »stellen« (Heideggers Ausdruck kann hier durchaus einschlägig verwendet werden).

Nach beiden Ansätzen kann man nunmehr vertieft die erkenntnis-theoretische Frage stellen, die Heisenberg einmal (1955, 17; 1971, 120 f.) provokativ in die Behauptung gekleidet hat, in der modernen Naturwissenschaft – insbesondere im mikrophysikalischen Bereich – stehe erstmals »*der Mensch ... nur noch sich selbst gegenüber*«. Begegnet der Mensch in der Tat nur noch sich selbst? Gibt es nur noch ihn als Subjekt und Objekt der Erkenntnis? Wird die Erste Natur in die sekundäre, menschliche Zweite Natur vollständig aufgelöst? Ist der Mensch nur noch seinen eigenen Operationen und von ihm selbst veranlaßten Reaktionen konfrontiert? Den Reaktionen wessen – seiner Zweiten Natur oder doch einer von ihm unabhängig existierenden, von ihm nur »gestellten« Realität?

Der ›aktivistische‹ erkenntnistheoretische Ansatz Kants, der systematische Naturerkenntnis auf die Erfassung durch vorgegebene Erkenntnisinstrumente zurückführt – dieser so verstandene transzendentale Idealismus der Erkenntnistheorie – kann in gewissem Sinne auch heute noch aufrechterhalten werden, wenn auch in sehr reduzierter Weise insofern, als keine für jedes endliche Vernunftwesen ein und für alle mal von Natur aus vorgegebene Erkenntnisapparatur, keine für jedes menschliche Wesen auf immer unabänderliche Gesamtausstattung mit Erkenntnisinstrumenten (insbesondere was die begrifflichen Kategorien angeht) behauptet werden kann. Zum großen Teil haben sicherlich stammesgeschichtliche evolutionäre Selektionsprozesse zur Ausstattung des erkennenden Wesens mit Erkenntnisinstrumenten, nämlich mit Erkenntnisorganen einschließlich der hypertrophierten Großhirnrinde geführt und können insofern nicht zielstrebig bewußt vom Menschen selbst variiert werden, obwohl eine naturhistorische Langzeitevolution auch hierfür angenommen werden muß. Was jedoch die begrifflichen Grundkategorien und die sprachlichen Ausdrücke angeht, so sind diese im höchsten Grade konventionalisiert, Produkt einer historischen Kulturentwicklung, die auch zu anderen Erfassungsformen hätte führen können. Hier ist der Einfluß des kulturellen Rahmens, der sogenannten Zweiten Natur, unübersehbar.

Begegnet also der Mensch »nur noch sich selbst«, wenn er in der Erkenntnis auf konventionelle Kategorien, auf kulturell geprägte Formen der Erfassung und Reaktionserzeugung und auf ebenso historisch-konventionelle sprachliche Darstellungsmittel zurückgreifen muß? In der Tat kann er nur dann systematische Reaktionen auf experimentelle Zugriffe »provozieren«, wenn er dies im Zuge seiner vorentworfenen Zielsetzungen, Instrumente, seiner Terminologien und Theorienentwürfe tut, es wäre aber leichtsinnig, daraus schon zu schließen, daß er »nur noch sich selbst« begegnete, also nur selbst existierte. Er *muß* Formen und Modelle bauen, muß Bedingungen und Situationen manipulieren, um Erkenntnis zu gewinnen. Erkenntnis ist auch Handeln – und ist unerläßlich für jedes Handeln. Er muß Netze stricken, die er auswerfen und in denen er die Wirklichkeit gleichsam einfangen kann. Man erinnere sich an Novalis' Aphorismus, den Popper als Motto seiner *Logik der Forschung* (1976⁶, XI) zitiert: »Hypothesen sind Netze, nur der wird fangen, der auswirft. . .«. Aber wenn der Netzwerfer die Netze selbst vorher geknüpft hat, wird er dann nur sich selber fangen, im Netz verfangen können? Die Netzstruktur bestimmt in der Tat Grenzen und Formen der Gegenstände, die sich im Netz verfangen können. Man kann nicht alle Wirklichkeit im Netz fangen, sondern nur die so durch Strukturierung vorgeformte, eingeschränkte, manipulativ gerasterte Wirklichkeit. Dies ist und bleibt das transzendentale und zugleich das operationalistische Element der Wirklichkeiterfassung. Doch Wirklichkeit – und sei diese auch als idealtypischer Leitbegriff etwa im Sinne des Kantischen »Ding an sich« verstanden – läßt sich weder selbst total in Operationen des Menschen auflösen noch als eine bloße fiktionale Ausstülpung seiner Zweiten Natur, seiner kulturellen Weltkonstitution auffassen, ohne daß eine nicht-operationalisierte, nicht-konstituierte, nicht-interpretierte Erste Natur zugrunde läge.

Man mag hier Külpe zitieren und paraphrasieren, indem man feststellt, »daß die Bewußtseinsform, in der wir etwas erleben, mit den« in ihr »bewußt gewordenen Gegenständen nicht zusammenfallen und nicht deren einzige Existenz sein« kann (1912, 205), daß eine solche Unterstellung hingegen – um einen bei Külpe (ebd., 48) zitierten, gegen seinen Kritischen Realismus gerichteten Einwand gegen den Verfechter des Bewußtseinsimmanentismus umzulenken – »nichts Geringeres« wäre »als eine Aufgabe des Unterschieds zwischen dem Realen und der Wirklichkeit des Bewußtseins«.

Selbst wenn wir Erkenntnis von der Welt nur in Form des Bewußtseins und des Wahrnehmens, des experimentell-operativen Zugriffs, der konstruktiven Schematisierung und der sprachlich-konventionellen Begrifflichkeit leisten können, d. h., selbst wenn Erkenntnis eine Handlung des Menschen unter spezifisch menschlichen Handlungsformen und -bedingungen ist, wäre es verfehlt, die immer auch nur sprachlich zu bezeichnende oder in diesen Formen indirekt zu erfassende Wirklichkeit vollständig in solche Bewußtseinsgebilde (des Konszientialismus, gegen den sich Külpe wendet) oder in Deutungsprodukte des kulturellen Konventionalismus bzw. Kulturhistorismus und -relativismus oder in Konstrukformen des konstruktiven Operationalismus aufzulösen.

Die Totalsetzung des experimentalistischen Operationismus (Operationalismus) und Gehlens Totalsetzung der Zweiten Natur anläßlich jeder Erfassung der Ersten Natur begehen wie der von Külpe kritisierte Konszientialismus denselben letztlich quasi »positivistischen« Fehlschluß, von der Gegebenheitsweise auf die Abhängigkeit des durch das Gegebene Bezeichneten zu schließen. Man schließt fälschlich von der Form der Zugänglichkeit auf Existenz und Eigenschaft des indirekt Bezeichneten; man überdehnt den Schluß von der Form der Erfassung auf das von dieser Form Bezeichnete – ein geradezu »antinaturalistischer Fehlschluß«, ein anthropomorphistisch bedingter, antirealistischer Fehlschluß aus den menschlichen Erkenntnis- und Handlungsstrukturen heraus. Dieser Fehlschluß stützt sich auf einen implizierten semantischen Fehlschluß: Das Bezeichnete trägt nicht notwendig nur die Struktur, weist nicht notwendig die Eigenschaften des bezeichnenden Ausdrucks auf, läßt sich nicht vollständig durch sprachliche Instrumente erfassen, löst sich nicht in sprachlich-begriffliche Elemente auf. Freilich ist die Hypostasierung der Sprachform schon in der Tradition und in der metaphorischen Deutung des »Buchs der Natur« angedeutet. Wenn man meinte (wie Galilei), das Buch der Natur sei in mathematischer Sprache geschrieben, so wird die mathematische Struktur als wirklich existent unterstellt, ein begriffsrealistischer platonistischer Standpunkt unkritisch reproduziert.

Die operationistische Tradition in der Deutung der experimentellen Naturwissenschaft, die seit Descartes und Bacon den Naturbegriff auf das technisch Mögliche, das dem Menschen Realisierbare und instrumentell Provozierbare ausdehnt, begeht den gleichen Überdehnungsfehlschluß, indem sie nämlich alles Reale, Natürliche, Erkennbare nicht nur hinsichtlich der erfaßten Formen (dafür ist die These ja trivial gültig), sondern auch hinsichtlich der Existenz, der Referenz, des gemeinten Inhalts total in kulturelle oder »soziale Konstruktion der Wirklichkeit« (vgl. Berger-Luckmann 1969) auflöst. Als Schöpfer der Sprache und der Erkenntnis ist der Mensch nicht Schöpfer der Natur, sondern nur der äußeren Darstellung, der Erfassungsweise, der Form der Reaktion, in der sich die direkt nicht erkennbare Natur ihm darbietet, auf seine Zugriffe antwortet.

Wenn der Mensch die Frage stellt und sich die Instrumente schafft, konstruiert, mit der bzw. mit denen er die Natur »stellt«, zu einer Antwort herausfordert, so ist es nicht verwunderlich, daß die Antwort nur im Rahmen dieses menschengemachten Darstellungsinstrumentariums erfolgen kann. Der Mensch begegnet der Natur also in der Tat nur in seinen theoretischen Konstruktionen, und es sind auch die theoretischen Konstruktionen, die in Falsifikations- oder Bestätigungsversuchen verglichen werden. Dies alles bedeutet aber nicht, daß der Mensch »nur noch sich selber« begegnete, daß Erkenntnis nur noch Selbstbegegnung, erkenntnistheoretische Selbstbefriedigung darstellte. Man sieht, daß überdehnter Positivismus, erkenntnistheoretischer und gar subjektiver Idealismus sowie konstitutionalistischer Soziologismus gar nicht so weit voneinander und von einem ebenso einseitigen konstitutionellen Konszientialismus entfernt sind. Eine ähnlich fehlerhafte einseitige Struktur weisen auch überdehnte Varianten der Phänomenologie (eines konstitutionellen Phänomenologismus) wie auch einer transzendental-hermeneutisch-pragmatischen Lebensweltphilosophie und schließlich einer verabsolutierten Sprachspieltheorie (eines konstitutionellen Lingualismus) auf. Überdehnte Varianten oder extreme Ausgestaltungen einer Methodologie sind fast immer einseitig und daher – falsch.

Alle diese verabsolutierten erkenntnistheoretischen »Ismen« begehen einen ähnlichen teils erkenntnistheoretischen, teils semantischen »Überdehnungsfehlschluß«. Ähnliches läßt sich übrigens auch für einen Teil des begrifflichen Instrumentariums zur Erfassung »der Wirklichkeit« sagen, nämlich für die mathematischen Konstruktionen (Lenk 1979, 110 ff., 122 ff.). Selbst wenn die Natur nur in mathematischer Sprache präzise erfaßt werden kann, bedeutet dies nicht, daß die mathematischen Strukturen isoliert, unabhängig von einer inhaltlich-theoretischen Deutung in der Natur vorkommen, noch daß die Natur selbst und an sich mathematisch strukturiert sei. Mathematische Strukturen stellen wie andere begrifflich-sprachliche Instrumente nur Konstrukte, nur formale Gebilde dar, die zur Deutung verwendet werden, die eben instrumentalen Charakter, Konstruktcharakter besitzen. Die Analogie zwischen Sprache und Mathematik führt relativ weit; denn mathematische Strukturen sind präzise Darstellungsstrukturen von letztlich sprachlichem Charakter. Die Erste Natur, die »Wirklichkeit« (wenigstens im engeren Sinne der erstnaturalen Wirklichkeit) muß als existent angenommen werden. Sie hat, darf man schließen, die Eigenschaft, daß eine erfolgreiche Anwendung konstruktiver Erfassungsformen zusammen mit inhaltlich gedeuteten Theorien auf ihre Erscheinungsvielfalt möglich ist. Systematische Erfassung setzt Strukturierbarkeit bzw. (Re-)Konstruierbarkeit voraus. Diese wiederum implizieren Abtrennbarkeit, Vielheit, Wiederholbarkeit, Ähnlichkeit, Aufreihbarkeit – schon etwa für das Zählen und für räumliche Konstruktordnungsbildungen sowie deren Anwendungen. Erkennen, (Re-)Konstruieren und Handeln weisen ein gemeinsames abstrakteres Fundament auf, das schlechthin für das Handeln, auch für das »virtuelle Handeln«, das Denken im Sinne G. H. Meads, charakteristisch ist. Wenn man Wirklichkeit nur im Handeln, in der Reaktion auf eine manipulierende Aktion, im »Stellen« systematisch-experimentell erfaßt und erkannt haben kann, so sind Handlungserfordernisse und deren Strukturen auf Bedingungen der Wirklichkeitserkenntnis angewiesen und umgekehrt. Zumindest schließt der letztere Bezug den ersteren immer auch zum Teil ein. Wir kennen eben keine anderen Bedingungen des systematisierenden Erkennens und des systematisierenden Handelns als solche, in denen Untergliederungen, Zuordnungen, Reihungen, Identifikationen und andere Strukturerfassungen möglich sind. Es ist wohl eine in der Stammesevolution eingespielte Entsprechung von der Erfahrung und Verarbeitung sowie von den Entwicklungsbedingungen des systematischen Denkens einerseits und den Bedingungen erfolgreicher Strukturerfassung der »Wirklichkeit« in der Erscheinung andererseits, die für den erfolgreichen operationistischen Erkenntniszugriff sprechen. Trotz dieser Entsprechung läßt sich aber keine kurzschlüssige Theorie eines direkten Abbildes zwischen operationalem Konstrukt einerseits und Wirklichkeit andererseits vertreten, noch kann man den methodologisch berechtigten Konstruktivismus der Erfassungsformen zu einem empirismus- oder realismusfeindlichen absoluten Konstitutionalismus überdehnen. Konstrukt und Bewährung bei der Konfrontation von Theorie und Erfahrung, Struktur und Instrument, kulturelle Geprägtheit und Test, Sprache und Aktionsform, Theorie und Erfahrung selbst – erst *alle* diese Elemente zusammen können den modellmäßigen Zugriff zur Natur, insbesondere zur Realität im Sinne der Ersten Natur gewährleisten, ohne irgendwie an sich schon ein absolut gültiges Bild der Natur geben zu können, aber auch ohne diese und ihre Existenz total in die begriffs- und zugriffsabhängige Erfassungsweise des Menschen auflösen zu können. Die Formen der Erfassung bis hin zu den Formen der sprachlichen Referenz und Denotation sind menschengemacht, konventionell, kulturell und auf selektive Ziele ausgerichtet – etwa auf Voraussagemöglichkeit, Manipulierbarkeit, technische Anwendung usw. Das Gemeinte, der denotierte Gehalt, der Erfahrungs- und Realitätsgehalt muß sich darum nicht ausschließlich und vollständig im Gewirr der konventionellen und kulturellen Prägefaktoren auflösen.

Der Zugriff des Menschen auf die Natur ist selektiv, eingeschränkt, in gewisser Weise »einseitig«. Dies wurde an der Schilderung der operationistisch-experimentellen Tradition der Naturwissenschaft ebenso deutlich wie an der Geschichte der kulturrelativen Weltdeutungen. Damit ergibt sich aber, daß diese beiden Traditionen selbst Einseitigkeiten aufweisen, indem sie, als sie historisch herrschend wurden, andere mögliche, erweiterte oder alternative Naturdeutungen ausschlossen, beiseite schoben, verdrängten (vielleicht quasi in ein kollektives Unterbewußtes). Diese Einseitigkeiten zu erkennen, um sie kompensierend in einen größeren Integrationszusammenhang einzuordnen, darin »aufzuheben« (vielleicht in dem mehrdeutigen Sinne Hegels) – um diese Möglichkeiten zu wissen, das dürfte in einer scheinbar total technisierten Welt nicht ohne Bedeutsamkeit sein – selbst dann, wenn man weiß, daß die Technisierung kaum rückgängig gemacht werden könnte oder dürfte, sondern nur in umfassendere kulturelle und natürliche Zusammenhänge eingebettet werden kann und sollte. Der Mensch ist schließlich noch Element der (Ersten) Natur, selbst wenn er dies manchmal angesichts seiner »technokratischen« Selbstvergötzung nicht mehr wahrhaben will. Der Mythos von der totalen technischen Machbarkeit der Welt bis hinein in deren experimentelle Erfahrung, bis hin zu deren anscheinend absoluter Auflösung in kulturbedingte Deutung ist eben – ein Mythos: ein anderer, prometheischer Mythos des Abendlandes. Als allumfassende Erkenntnis drapiert, wird er zu einer abendländischen Ideologie, zu einer Ideologie der totalen Machbarkeit von allem. Diese Ideologie der totalen Machbarkeit wäre zugleich technizistisch – die Ideologie der Totaltechnisierung, der totalitären Technisierung – einschließlich des Menschen selbst und der Menschlichkeit. Sie mißverstünde die Technik und deren prinzipielle Begrenztheit – und sie deutete die abendländische Weltsicht zugleich höchst einseitig. Abendländische Existenz aber ist nicht alles. Der Mensch auch als Teil der Natur, selbst auch als Konstrukteur und Konsument einer für ihn lebensnotwendigen Kultur, ist nicht nur Abendländer. Das Humanum reicht über den abendländischen Entwurf hinaus.*

* Der Verfasser dankt seinen Kollegen Professor Dr. Simon Moser, Professor Dr. Ernst Oldemeyer und Dr. Wolfgang Breidert für gemeinsame Seminare über Aristoteles und über die Entwicklung des Naturbegriffs, für vielfältige Anregungen und Diskussionen sowie Dr. Wolfgang Krohn für die Überlassung unveröffentlichter Notizen zur Naturtheorie Bacons. Prof. Dr. Carl Graumann sowie Prof. Dr. Friedrich Rapp gaben dankenswerterweise eine Reihe von Diskussions- und Verbesserungshinweisen.

Literatur

Berger, P. L. – Luckmann, Th.: Die gesellschaftliche Konstruktion der Wirklichkeit. Frankfurt 1969.

Birnbacher, D.: Was kann »Verantwortung für die Natur« heißen? In: Meyer-Abich, K. M. (Hg.): Frieden mit der Natur. Freiburg 1979, 91-111. Überarb. Nachdruck als: Sind wir für die Natur verantwortlich? In: Birnbacher, D., (Hg.), Ökologie und Ethik. Stuttgart 1980, 103-139.

Dijksterhuis, E. J.: Die Mechanisierung des Weltbildes. Berlin–Göttingen–Heidelberg 1956.

Duerr, H. P.: Traumzeit. Frankfurt 1978.

Fiebig, H.: Erkenntnis und technische Erzeugung. Meisenheim 1973.

Gehlen, A.: Urmensch und Spätkultur. Bonn 1956.

Gehlen, A.: Die Seele im technischen Zeitalter. Hamburg 1957.

Gehlen, A.: Der Mensch. Bonn 1962[7].

Heisenberg, W.: Das Naturbild der heutigen Physik. Hamburg 1955.

Heisenberg, W.: Physik und Philosophie. Berlin 1959.

Heisenberg, W.: Schritte über Grenzen. München 1971.

Heisenberg, W.: Schritte über Grenzen. München 1977[4].

Jonas, H.: Philosophische Aspekte des Darwinismus. In: Organismus und Freiheit. Gütersloh 1973, 60-91.

Krohn, W.: Bacons reflexive Thematisierung der Dezentrierung der Erkenntnis (Referat Deutschlandsberg, Kolloquium über Wissenschaftsforschung 1979).

Krohn, W.: Francis Bacon. In: Höffe, O. (Hg.): Klassiker der Philosophie I. München 1981, 263-279.

Krolzik, U.: »Machet Euch die Erde untertan . . .!« und das christliche

Arbeitsethos. In: Meyer-Abich, K. M. (Hg): Frieden mit der Natur. Freiburg 1979, 174-195.

Krolzik, U.: Umweltkrise – Folge des Christentums? Stuttgart 1979.

Külpe, O.: Die Realisierung. Leipzig 1912.

Künzli, A.: Von der Kunst des Überlebens in der technologischen Gesellschaft. In: ders.: Aufklärung und Dialektik. Freiburg 1971, 81-100.

Lenk, H.: Technokratie und Szientismus. In: ders. (Hg.): Technokratie als Ideologie. Stuttgart 1973, 154-172.

Lenk, H.: Pragmatische Philosophie. Hamburg 1975.

Lenk, H.: Pragmatische Vernunft. Stuttgart 1979.

Mead, G.H.: Geist, Identität und Gesellschaft. (1934) Frankfurt 1968.

Meyer-Abich, K. M.: Zum Begriff einer praktischen Theologie der Natur. In: Evangelische Theologie 37 (1977), 3-20.

Meyer-Abich, K. M. (Hg.): Frieden mit der Natur. Freiburg 1979.

Meyer-Abich, K. M.: Zum Begriff einer Praktischen Philosophie der Natur. In: Frieden mit der Natur. Freiburg 1979, 237-261.

Mittelstaedt, P.: Der Begriff der Natur in der modernen Physik. In: Saarländischer Rundfunk (Hg.): Natur und Geist. Frankfurt 1964, 52-62.

Moser, S.: Der Begriff der Natur in Aristotelischer und moderner Sicht. In: Philosophia naturalis 6 (1961), 261-287.

NN.: Bussauer Manifest zur umweltpolitischen Situation. o. J. Bussau.

Passmore, J.: Man's Responsibility for Nature. London 1974.

Plessner, H.: Die Stufen des Organischen und der Mensch. (1928) Berlin–New York 1975[3].

Pöhlmann, E.: Der Mensch – das Mängelwesen? In: Arch. f. Kulturgesch. 52 (1970), 297-312.

Popper, K. R.: Logik der Forschung. Tübingen 1976[6].

Popper, K. R.: Objektive Erkenntnis. Hamburg 1973.

Reinhardt, K.: Poseidonios. In: Pauly: Real-Enzyklopädie der klassischen Altertumswissenschaft. 22 (1953), 719 ff.

Schelsky, H.: Normgerechtes Sexualverhalten und die Ehe aus soziologischer Sicht. Mitteilungshefte der Gesellschaft zur Bekämpfung der Geschlechtskrankheiten. 1954 (zit. bei Gehlen 1956).

Stachowiak, H.: Allgemeine Modelltheorie. Wien – New York 1973.

Alphabetisches Verzeichnis der suhrkamp taschenbücher wissenschaft